李静雅 著

随迁父母
生活质量研究

A Study on the Quality of Life
of Migrant Parents

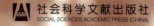
社会科学文献出版社
SOCIAL SCIENCES ACADEMIC PRESS (CHINA)

序

记得是 6 月 19 日下午 3 点 2 分，弟子李静雅发来一条微信："叶老师您好！上次跟您说的，我要出版专著的事情，想麻烦您写个书序。如果您有空的话，我把书稿先发给您，请帮忙提提修改意见。谢谢老师！"

电子版书稿发给我后，静雅补充道："我刚确定了社会科学文献出版社，下半年争取出版。您也帮忙指导下书稿，等您有空的时候再给我回复就行。"弟子又有新的学术成果，我高兴地回复："好的！祝贺静雅又有大作推出！"静雅总是那么恬静有礼，她回复道："谢谢叶老师多年栽培和鼓励！序不着急，等您有空时慢慢写，希望不要增加您的负担，您多保重！"

进入退休时节，时光越走越急，一下子就到了 11 月 3 日，初夏换成了深秋，上午 10 点 42 分，静雅给我发来一条微信："叶老师您好！您现在回福州了吗？如果方便的话，还想麻烦您帮我即将出版的专著写一个书序，因为月底前我需要向出版社交稿了。"

真不好意思，我拖了答应给弟子新作写序的重要事情。

本书为静雅承担的国家社科基金青年项目"生育新政背景下随迁父母的生活质量研究"的阶段性成果，也是她自 2013 年获得博士学位后出版的第二部学术专著。

在我看来，这是一部有温度的学术专著，因为它是和静雅扮演多重社会角色的过程、日常工作与生活经历交织在一起、彼此向前推进的，书成稿于对人间烟火的观察和思考，而接地气的烟火又直接点燃了蕴藏在字里行间中的生活热情和希冀。静雅在后记里很细腻地描述了起始于 2018 年、历经 5 年之久的学术和生活互相嵌入与激励的交融。"2018 年课题立项之后，我再次经历了怀孕和生育的过程，本以为帮我带到大宝上小学后便可稍稍轻松下来的父辈们，又马不停蹄地投入帮我照料二宝的忙碌之中"，身体不好的父亲托管在养老机构，"母亲则继续住在我家中一边帮我带孩子一边定期前往养老机构陪伴父亲"。"我和先生是典型的双独家庭"，加上自己身为高校教师，除了每天教书育人、科研咨政，还兼任系主任和党支部书记，需要完成行政和党务工作，真的是高强度的负荷，分身乏术啊！"这些发生在我个人身上的育儿之难和养老之忧集中折射出中国所面临的家庭功能弱化、社会化服务资源供给不足、家庭支持福利缺失等多重考验，亦可见抚育和赡养之于家庭整体幸福而言的内在统一性，以及完善'一老一小'家庭支持政策体系的迫切性。"

什么是百姓急难愁盼的问题？急难愁盼到什么程度？有哪些非常具体的实际表现和影响？社会科学者申请到课题研究资助，也下到基层、走进家庭了，但不亲身经历或者长时间地嵌入生活，能做到感同身受吗？静雅的研究很好地回答了这些问题。所谓"研究者的价值中立"，只是不能去猜测，甚至臆断被调查对象发自肺腑的心声，而我们的社会责任感却不能淡漠，要让我们的研究充满对百姓的牵挂、表达真正的情感，就要如同解决发生在自己身上的困难一样，借助国家资助的课题研究去及时有效地帮助百姓解困。所以我和静雅深有同感，"学术研究是有温度的，其来源于生活才能高于生活，立足生活才能服务于生活"。

这还是一部有厚度的专著，因为它涉及中华民族优秀传统文化，涉及如何把传统文化发扬光大去指导当今的生活实践，去优化宏观社会政策的顶层设计和服务方向。在与家庭存续和发展并行之中，代际关系一直是东西方社会关注的重点，随着观念和实践的中西分野，西方逐渐奉行"接力赛"的模式，而我国依然保持"反哺式"的互助，体现中华民族传统家庭美德的尊老爱幼、母慈子孝的父辈尽责、子代尽孝的家庭互助依然是中国人代际关系的主旋律。但是静雅也在自己的家庭生活当中，近距离地发现，"在现代性因素的冲击下，加之父代寿命延长以及子女数量减少，传统社会中父代抚育子代并在完成分家后就可以享受子代赡养的反哺阶段被不断推迟，转型社会中的家庭代际关系更多地以父辈任务无限绵延、责任边界不断突破为特征"。这种在"抚育"和"赡养"之间形成的传统平衡被打破后，不仅影响到父辈的生活质量和晚年幸福，还会改变人们对生育价值的传统理解，把原来只是暂时的政策性减少生育变成基于利益权衡的理性少生甚至不生，维持家庭生生不息的代际关系也在文化上断层了。

静雅从中华民族优秀传统家文化的历史视角聚焦现时随迁父母的生活质量，深化了对随迁现象已有的一般性人口研究，增加了社会科学研究不可或缺的情怀厚度，特别是从当前更注重婴幼儿照料的"向下"研究，转化到向下向上一起兼顾，也观照步入老龄的父辈生活质量和日常照顾的问题，加重了这个阶段性成果的文化分量，既从理论上进一步论证了建立在感恩、反哺伦理基础上的中国式代际关系的合理性和优越性，又把现在对代际关系的政策支持和实践调整上升到对年青一代的优秀传统家文化的教育重视、对形成社会主义家庭文明新风尚的全面推动。显然，如果不是在家庭文化建设上提高认知，从全社会文明进步的角度理解和承担"抚育"和"赡养"的责任，形成一种以爱和感恩为支撑的行为准则和文化自觉，为健康互惠的代际关系构建一个友好型、支持型的社会，那么当父辈在利益互换中随着年龄增大越发失去可以利用的资源和价值时，他们的赡养照顾就越会成为一个家庭外部的社会负担，而生育的"赡养"功能被弱化和替代，前面提到的家庭、家族的传宗接代、可持续发展确实会面临新的挑战。

最后，这更是一部有深度的专著，因为静雅在赓续社会科学早已蔚然成风的研究规范的同时，一直致力于学术创新，其在很大程度上深化甚至推进了这一领域的研究。在我看来，本书最值得一提的是以下三个方面的学术价值。

一是在梳理前人研究的基础上，把对已有研究成果的学术评价做得很认真深入，既表明其对所有列举的文献都扎扎实实地阅读了，又体现出自己的研究功力和学术站位。作为科研课题有机组成部分的文献史研究，在越发被重视的同时，也出现了一些需要进一步完善的现象，如省去对文献原本的阅读，更多依赖于他人的文献检阅，缺少自己的独立见解；又如重梳理轻评价，或者前人的研究与自己的跟进缺乏衔接，变成"两张皮"，或者只是一种对文献的简单综合，没有致力于自己研究的独立贡献。很欣慰的是，静雅克服了这些难题，在一定篇幅中，从六个方面对前人研究做了比较到位的评价，一方面进一步聚焦要深入研究的重要问题，另一方面从超越和创新的角度展开了自己的研究，实现了既站在研究最前沿，又立足学术最高处的研究目标。例如，静雅关于"已有研究在看待中老年人照料孙代行为时，大多是将隔代照料作为既定事实，考察其对于中老年人身心健康、养老预期、女性劳动参与以及孙辈成长的影响，而中老年人作为代际支持提供者的主体心境和观感意愿往往被习惯性忽视，也并未发展出针对中老年人参与孙代照料之观念态度和现实感受的量化指标及系统研究"的学术评价就已经形成了有别于以往文献的属于自己研究的新起点。

二是根据被研究问题的内在逻辑关系，把学术研究做大做细了，所形成的成果也随之变得更加有深度和内涵。尤其是沿着从行为表现到主观体验再到观念态度这样一条路线层层递进，再加上定性分析和定量建模检验的有机结合，使得每一个问题的研究既有细化的描述分析，又有分性别的比较观察，还有建立在多元回归基础上的影响因素估计，显示出静雅在特别用心深化自己的研究，以便赋予其尽可能多的创新价值。其中，随迁父母在流入地的社会交往与社会参与，隔代照料观念、孙辈照料意愿和照料主观感受，父母双双随迁、一方随迁的不同迁徙方式和家庭代际关系的性质与质量，还有流入地地域认同感、随迁后主观幸福感和继续居留养老意愿等，不管是单个概念的深入理解，还是概念之间内在联系的挖掘分析，都是很有新意和富有启发价值的。特别是关于父辈对家庭生活整体运行的人生意义、代际关系性质、内涵和边界的观念态度变迁及其主要动因的研究，对于了解这一代人在赓续和弘扬中华民族优秀传统家文化上的坚持和作用，异地随迁和更多嵌入孙辈照料会产生什么样的影响，还有在和子辈相互支持中是否形成新的代际互动模式和注入时代价值，更是具有理论和实践的学术效用。

三是在本书最后一章的对策分析中，也体现出一定的研究深度，努力拉近了两种关系，其一与前人对策相衔接，其二与本书原因分析结果相对应，使得对策思考有依据、有针对性和比较优越性，能从治本着力提出被研究问题的综合治理思路和措施，如"为随迁父母的婴幼儿照料工作'减负'，维护其隔代照料的积极性和可持续性"；又如"优化随迁中老年人相关福利政策和社会服务，增进该群体社会融合和养老福祉"等都是非常具有建设性的。还有"积极看待随迁父母现象的社会价值和时代意义"，提醒我们在加快老龄化的进程中，要注意在力所能及的前提下正确认识和充分发挥老年人口自我养老和服务家庭与社会的作用，另外，关于"引入'家庭思维'，加大以家庭为本理念下的政策探索"的政策设计建议，更是把随迁父母作为一支重要力量纳入家庭家教、家风建设的社会过程中来，十分有利于举全家之力，通过注入新时代价值，传承和弘扬中华民族优秀传统家文化。

当然，这本专著也还存在继续研究和提升的空间，也许最需要的是给出关于生活质量更加完整的科学界定和测度，并构建一个系统的联系和解释总框架，把整本书的内容更加富有逻辑地整合起来。

毕业十年的静雅，不懈耕耘，将又一本新作呈现在我的书桌上，我被静雅对家庭生活的深情和持守、对年迈父辈的孝心和关照、对学术研究的热爱和执着感动了。实际上，我早已经以她和她的同门为荣了，对他们走向更加成功的未来我一直充满着信心和期待。

在这里，我要请静雅代老师向你的母亲和公公婆婆深表敬意，他们既是你的观察和研究对象，更是你这项重要研究的合作者和贡献者，相信在你和爱人的共同努力下，他们的随迁生活质量和居留养老意愿都会得到提升。让我们师生一起衷心祝愿天下随迁父母都能轻松生活、快乐服务和幸福养老！

是为序！

厦门大学社会与人类学院兼职博导　叶文振教授

2023 年 11 月 10 日于福州闽都大庄园

目　录

第一章 导论

在当前城市中，中老年人随成年子女迁居并为其提供育儿照料等代际支持服务的现象十分普遍，由此形成了数量庞大的随迁父母群体。研究该群体的随迁境遇和生活质量状况，有助于深入理解他们对于降低子代家庭育儿成本和缓解生活压力的积极贡献和现实困境，丰富该群体相关研究的经验素材并发展相关理论，还可为探索适合中国式家庭育儿和养老需求的相关政策提供学理依据。本章将首先介绍本研究的选题背景和研究意义，紧接着阐述研究设想和篇章结构；在此基础上，对本研究所探讨的对象群体进行概念辨析和界定。

第一节 研究背景与研究思路

在当前家庭育儿成本不断加大、普惠性托育服务供给不足、女性劳动参与率高但就业权益保障不够、国家对生育的补贴机制以及生育友好型企业氛围较难推进等诸多不利环境下，中国家庭在应对诸如经济压力大、年轻父母精力不足、担心孩子无人照看等生育阻力时拥有比西方国家更具优越性的变通策略，即通过父辈随子代迁居并为其提供经济资助、幼儿照料或家务支持等方式来有效减轻年轻家庭的养育负担和生活压力。根据国家卫健委动态监测数据，我国流动人口的规模在经历了长期快速增长后开始进入调整期，全国流动人口规模从此前的持续上升转为缓慢下降，但其中老年流动人口的数量却在持续增长，从 2000 年的 503 万人增加至 2015 年的 1304 万人，年均增长 6.6%。照料孙辈、养老和就业是老年人流动的三大主要原因，其中照料孙辈的比例高达 43%（国家卫生和计划生育委员会流动人口司，2016）。北京工业大学、北京市委社会工委及社会科学文献出版社共同发布的《2017 年北京社会建设分析报告》也显示，北上广深流动老人的家庭化流动特征突出，其中因照料孙辈而流动的老人占比最高，达到 35.2%（宋贵伦、冯虹，2017）。王世斌等（2014）对广州市老年流动人口的调查也显示，老年人流动的主要原因是帮子女照看孩子及料理家务，二者占近六成（59.32%）。李含伟（2020）通过对上海、北京、广州、深圳、武汉、西安 6 个城市问卷调查数据的研究发现，在流动原因方面，照料孙辈的"被动型"老年流动人口在老年流动群体中占比最高，达 78.92%。

伴随生育政策的进一步放开，一些原本帮助子女照顾一孩至一定年岁便能回老家的随迁父母很可能需要延长随迁时间以便继续帮忙照顾二孩甚至三孩，一些已经返回老家的随迁父母可能需要"二次进城"重操带娃"旧业"，可以预见的是，当社会化家政服务及托幼服务等产业发展仍未能满足中国家庭的现实需求时，广大中老年人无疑将成为家庭育儿成本代际转嫁的重点对象并作为"从属人口"被卷入人口迁徙的浪潮中，以照料孙辈为目的的随迁父母群体将进一步壮大。然而随着年龄的增大和身体机能的衰退，大多数随迁中老年人适应新环境和学习新技能的能力不断下降，迁移后生活方式的改变和对陌生环境的适应等对其个人、家庭和社会整体而言将是个不小的挑战。对父辈随迁生活质量的关心和重视，不仅事关个人和家庭的安定幸福，也关系到包括该群体在内的中老年人口养老制度安排和老龄事业发展战略；不仅关乎该群体对于生育政策潜在助攻作用的发挥乃至二孩、三孩政策的推进成效，也关涉中国家庭整体发展的支持性政策走向乃至国家的长治久安。

当父辈随迁并参与子代家庭生活和幼儿抚养成为一种普遍的社会现象时，我们不禁想问，中老年人的随迁生活过得好吗？他们与子女家庭之间发生怎样的代际互动和资源流动？他们的社会参与情况和家庭关系如何？哪些因素可能影响他们的生活质量和主观幸福感？他们是如何理解自己为子代所提供的孙代照料支持行动的？这些意义建构是否有助于他们为子代二孩生育继续提供隔代照料支持？他们对迁入地的地域认同感和主观融入意愿如何？如果孙代长大不再需要他们的照顾，他们又是否愿意继续居留迁入地养老？如何回应他们的政策需求并巩固随迁父母现象对中国式家庭抚育和养老的双向助力作用？为了回答上述问题，本书将从三个层面开展研究（见图1-1）。

第Ⅰ层面 描述性研究	第Ⅱ层面 解释性研究	第Ⅲ层面 对策研究
系统描述随迁父母的个人及家庭特征；呈现该群体生活质量（包括随迁分居情况，物质生活、社会生活、身心健康等现状）、双向代际支持情况和家庭代际关系等方面的现状	重点针对随迁父母的社会参与度、地域认同感和融入意愿、二孩照料意愿、居留养老意愿以及主观生活幸福感等进行影响因素分析，并对相关影响机制进行学理解释	在描述性研究和解释性研究的基础上，讨论针对随迁父母个体及其家庭的支持性对策与社会服务策略；探索增进子代生育支持和父辈养老福祉的相关政策建议

图1-1 研究思路

本书以帮子代照料孩子的随迁父母为研究对象，围绕该群体的迁移特征、随迁生活质量、家庭代际关系、双向代际支持、地域认同感和主观融入意愿、孙代照料意愿、居留养老意愿等议题开展全方位研究，在描述性研究的基础上构建相关影响因素模型，在全面掌握随迁父母生活实际和政策需求的基础上探讨兼顾抚育支持和积极养老的社会政策，丰富和拓宽随迁父母群体的相关研究成果和学术视野，并为家庭育儿和养老乃至现代家庭发展贡献富有中国特色的经验素材和对策思路。其中，对随迁父母"向下"代际支持和家庭代际关系的关注，有益于深化理解该群体对家庭育儿支持的积极作用，并为探索以家庭整体发展为福利目标的家庭政策提供学理依据；对该群体社会参与、地域认同和融入意愿的重视，有利于为制定促进该群体城市适应和融合的相关对策提供实证参考，提升其随迁生活幸福感；对随迁父母留居养老意愿和被动分居现象等问题的关心，能够帮助我们增进对该群体养老意愿和晚年生活需求的了解，推动健康和积极老龄化社会目标的实现。本书的篇章结构安排如下。

第一章，导论。阐述本书的选题背景和研究意义，提出本书的基本思路和研究内容。在对随迁父母相关群体进行概念辨析的基础上对本书的调查对象加以清晰界定。

第二章，中老年人口迁移及其相关问题的研究述评。根据研究设想和研究目标，分别围绕中老年人口的迁移现象及适应融合问题、代际支持动力机制以及代际支持对中老年人生活的影响、中老年人口主观幸福感及迁居后的居留意愿等议题进行文献综述，并对已有研究进行学术评价。

第三章，研究方法。阐述本书所采取的研究方式和具体操作方法。根据研究目标，对本书所涉及的主要变量等进行概念界定与操作化说明。描述研究过程和资料来源，对问卷调查的样本质量进行评估，对深度访谈的受访者信息进行介绍。

第四章，随迁父母的生活质量。描述随迁父母的迁居概况，包括随迁来源地、当前居住安排和居住条件、迁出地和迁入地差异程度以及随迁分居情况等；描述随迁父母的身体健康和精神健康状况，并对可能影响身心健康状况的因素进行探索性分析；描述随迁父母在迁入地的社会交往、社会参与和个人闲暇娱乐情况，并对其社会参与程度进行影响因素分析。

第五章，代际支持与孙代照料意愿。描述随迁父母与子代家庭之间在经济支持、精神支持和家务支持三个维度上的"向上"支持情况和"向下"支持情况。分析随迁父母对参与孙代照料的观念态度以及付诸行动后的主观感受。描述随迁父母对子代的生育期望，并从孙代照料观念和一孩照料体验的角度分析影响其二孩照料意愿的因素。

第六章，随迁分居现象与家庭代际关系。描述父辈因照料孙辈而与伴侣分居的群体样貌、分居原因和分居影响，分析随迁分居现象对父辈随迁生活主观体验感的影响路径，为相关政策建议提供实证依据。在对家庭代际关系进行研究综述的基础上，描述该群体家庭代际关系的量化特征，通过对质性访谈资料的扎根理论分析描绘随迁父母家庭代际互动的不同类型，并根据不同类型家庭代际关系下的家庭优势和潜在服务需求提出相应的家庭社会工作介入策略。

第七章，地域认同感、生活幸福感及居留养老意愿。描述随迁父母对迁入地城市的地域认同感和主观融入意愿，分析影响随迁父母地域认同感以及外地户籍随迁父母主观融入意愿的因素；描述随迁父母的主观幸福感和居留养老意愿，并分别进行主观幸福感和居留养老意愿的影响因素分析。

第八章，研究结论与政策建议。阐述本书的主要发现、学术贡献和不足之处；针对随迁父母个人生活质量提升和家庭发展需要进行政策分析并提出对策建议；对本书未尽事宜进行讨论，并对今后的研究工作提出展望。

第二节　"随迁父母"群体概念辨析

已有文献曾使用诸如"流动老人"（任远等，2020）、"移居老人"（李珊，2010）、"随迁老人"（姚兆余、王鑫，2010；李立等，2011；曹维明等，2017；杨静，2019；张李越、梅林，2020）、"老漂族"（刘晓雪，2012；李容芳，2020；肖富群、陈丽霞，2021）、"候鸟老人"（赖新环、张尽晖，2008）、"'被动型'流动人口"（李含伟，2020）、"随迁父母"（张岳然等，2021）等多种称谓来表示看似相似实则各异的研究对象，因此有必要在对这些概念进行辨析的基础上进一步澄清本书的研究对象。

在与随迁父母相关的诸多称谓中，"流动老人"是一个外延相对较宽泛的概念，一般指代流动人口中的老年群体，统计口径应该是年龄超过60周岁的非常住人口，照顾孙辈、家庭团聚、治病养老、务工经商等都可能是造成老年人口流动的原因，概念上主要突出"流动"的属性和"老年"的属性。改革开放以来，在快速增长的迁移流动人口中，老年人口的数量和比例明显提高。根据我国相关部门组织的流动人口动态监测调查统计，2015年我国流动老年人口数量达到1800万人，占全国老年人口总量的8.4%（国家卫生和计划生育委员会流动人口司，2016）。任远等（2020）将流动老人分为三类：务工经商型、照料子女型（照顾子女和孙辈）以及养老型（看病或养老）。2015年全国流动人口动态监测调查数据显示，三类流动老人占流动老年总人口的90.3%，其中，务工经商型流动老人占比为25.9%，照料子女型流动老人占比为37.7%，养老型流动老人占比为36.4%。杨菊华（2018b）通过对2016年全国流动人口动态监测调查数据的分析发现，在流动的老年人口中，以务工为流动目的的比例为28.59%，经商的比例为5.95%，照料的比例为13.3%，随迁的比例为35.43%，占比最高，且在随迁老人中也有一部分是在照料孙辈，但因为调查问卷的设问局限无法将他们剥离出来。已有研究也关注到了家庭化迁移的现象，无论其子女是否已经获得流入地户籍，都出现了越来越多的老年人口迁入子女家庭户中实现家庭共同居住的情况（周皓，2002；孟向京等，2004；王世斌等，2013）。胡叠泉（2018）将随迁家庭分为扶幼、养病、养老、催婚、助业等五种类型，探讨了随迁家庭所面临的空间距离的近和心理距离的远、亲密关系的需求和家庭现实的需要、儿子的孝和媳妇的理、老人的权威和年轻人的自主难以两全的困境。

"迁移"① 一般被视为跨越重要政治边界（县、州、国家）的一种居住性移动，随迁是迁移的一种形式，而非迁移的原因。"移居老人"和"流动老人"的含义颇为相似，都进行了空间的位移，但"移居老人"更侧重老年人居住地的永久变更，甚至可能涉及户籍的转移。相比之下，有关"随迁老人"或"老漂族"的研究更多强调的是该群体为照顾子女家庭尤其是照顾孙辈而"被动"迁移的特点，如《北京社会治理发展报告（2016～2017）》（殷星辰，2017）显示，随迁老人来京原因主要是"照顾子女及孙辈"，占在京随迁老人总样本量的83%，仅8%的随迁老人是为了来京养老。自中国社科院唐钧（2011）提出"老漂"的概念后，便陆续有学者加入相关研究，王心羽和李晓春（2017）的研究认为，"老漂族"是一个形象的称呼，严格来说，狭义的"老漂族"指的是政府文件中"流动老人"②的核心人群，占"流动老人"的68%左右，而广义的"老漂族"就是指"流动老人"。总体来看，"老漂族"多以年龄的"老"以及随子女迁居的"漂"两个突出特点被外界所认识（李容芳，2020）。

现有研究大多根据迁移动机、在迁入地的居住时间、户籍是否变更以及年龄等要素中的一个或多个条件来对该群体加以定义，具体体现为以下三点。其一，年龄以及迁居时限需要达到一定程度，如一些研究中规定的60岁以上（50岁或55岁以上），迁入子女所在城市居住六个月（王建平、叶锦涛，2018）或一年以上（王雅铄、殷航，2016）。其二，不以从事经济活动为目的，为照顾子女或第三代而进行人口迁移（何惠亭，2014）。也有研究强调"老漂族"是以保持与子代的亲密联系并建立一种强烈的情感纽带，同时满足成年子女照料家庭和抚育下一代的需求为主要目的的（鲁兴虎、兰青，2019）。其三，改变个人养老需求，离开原舒适空间而融入新城市和新

---

① 国际上，一般将人口迁移定义为改变常住地超过半年或一年的人口移动，其和临时性的人口移动，特别是旅游、商务、通勤等类型的人口迁移有明显差别。

② 民政部发布的《2016年社会服务发展统计公报》显示，2015年我国60岁及以上的流动老年人口数量接近1800万人，但公报中尚未包含60周岁以下者。

社区（刘亚娜，2016；刘成斌、巩娜鑫，2020；李容芳，2020）。一些研究中进一步区分了照料孙代型"老漂族"和养老型"老漂族"（刘成斌、巩娜鑫，2020），一些研究将"老漂族"定义为进入老年以后且非自愿地流动到异地，在心理上具有较强不稳定感的人口，该群体的流动目的包括投靠子女、支援子女、提高生活品质和随孩返乡等（肖富群、陈丽霞，2021）。

现有相关研究存在争议的主要原因就是对该群体的对象界定和范畴理解尚未达成共识，一些文献即使使用了同一种称谓，实际探讨的对象也并非一致。本书采用"随迁父母"来指代我们所要研究的随迁中老年群体，但不打算使用"随迁老人""老漂族""移居老人"等称谓，主要出于以下几点考虑。

第一，从现实情况来看，从异地而来的随迁父母既可能保留原籍户口，也可能依据流入地户籍管理制度（如父母投靠成年子女落户等）获得本地户口，因此不完全属于流动人口。但是他们中的一些人即使加入了迁入地户籍，也因迁入前并未在该城市生活，大量人际关系网络甚至医疗保险和养老金发放等仍在原籍地，相比迁入地而言，他们对迁出地有更强烈的认同感和归属感，甚至还会定期在迁入地和迁出地之间切换生活空间，因而也可能不存在居住地的长久变更。因此，本研究认为，相比户籍性质来说，物理空间位移与心理归属或身份认同之间的张力更值得被关注，也更适合作为群体认定标准。

第二，就迁移目的、年龄构成的复杂性来看，该群体既不同于为生计而流向城市的中老年流动劳动力，也不同于纯粹为养老而投奔子女的老人，有相当一部分人在年龄上未达到官方定义的60岁标准，不完全包含于统计部门所报道的"老年流动人口"行列，也未见关于该群体规模的确切数据。Haas等（2006）在研究中辨析了老年迁移和退休迁移的区别，其认为概念定义的不同会带来不同的迁移量以及后续影响，对公共政策和社区发展的研究者而言至关重要。他们通过分析2000年美国全国人口抽样调查的样本发现，如果以年龄来划分，传统定义下的60岁以上的老年迁移人口有200多万人，但实际上有很多超过60岁的老年人并非退休者，而如果根据退休定义（50岁以上没有工作并领取救济金）来测算，那么60岁以上的退休迁移人口只有150万人左右。传统定义在没有排除60岁以上尚未退休的老年人的同时也忽略了一些50多岁但已经退休的人，因此单一的年龄并不是定义退休的标准。同样的道理，国内的随迁父母也不能简单按照"老年人"的官方标准来进行界定和统计，现实中不少人未满60岁就已经当上祖父母/外祖父母，他们虽不满60岁（男）或55岁（女），但实则已退出劳动力市场追随子代家庭迁居异地，投入照料孙辈的随迁生活中。一些文献（瞿红霞，2012；陈盛淦、吴宏洛，2016a，2016b；汪玲萍等，2017；靳小怡、刘妍珺，2017；何兰，2018）中虽然用了"老人"或"老年人"的称呼，但在实际调查中则对研究对象的年龄做了放宽处理；而另一些使用"随迁老人"概念的学者（姚兆余、王鑫，2010；李立等，2011；曹维明等，2017；杨静，2019）则坚持将研究对象限定在60周岁以上，导致看似研究的是同类群体，其结论却存在诸多分歧。

第三，就地域来源而言，已有多数文献关注的是农村流入城市的人群，如李立等（2011）将随迁老人界定为跟随子女进入城市并在城市生活的拥有农村户籍的60岁以上的公民，虽然相当一部分的随迁父母确实是来自农村的乡—城流动，但也不能忽视从小城市到大城市的迁移或从一个城市到另一个城市的城—城迁移，即使都来自城市，但是社交圈变动和文化差异的影响仍然不可忽视。他们在经济能力或在适应城市生活环境上可能比农村流入城市的父母更具优势，但同样要应对子女外出工作期间单调枯燥的家务劳动以及社会资源和社交关系的巨大改变……现实中随迁父母的来源地呈现多样化特征，相比多数研究中特指的来自农村的随迁老人而言，在生活境遇上实则存在更多可能性值得深入探讨。

第四，一些报道中用"老漂族"来指代这一具有时代特征的群体，他们从熟悉的故土到陌生的城市，语言不通、习惯各异、亲朋旧友远离，加上异地就医、养老保险等政策的转接缺失和户籍制度的壁垒（杨芳、张佩琪，2015），其社会适应和精神生活方面的问题凸显，影响了他们的生活质量。"老漂族"的研究（刘亚娜，2016；许加明，2017）大多因强调其"老"而"漂"（这里的"漂"不仅是空间上的流动，还包含了漂泊不定、心无所依的状态）的特殊性而将关注点聚焦于该群体的生活困境，是一种问题循证的立场。比如王婷（2011）和刘晓雪（2012）作为国内较早关注"老漂族"生存状况的学者，将该群体定位为"在城市的夹缝中生存"的一个"等待关爱的群体"。黄丽芬（2019）在研究中指出，居住空间的寄居者、生产劳动空间的依附者、家庭政治空间的受气者、城市外部空间的闯入者，共同形塑了"老漂族"在城市空间中的"他者"形象，城市空间的约束性带来了被围困主体的受挫感，使他们处于全方位的收缩状态，自我实现几乎没有可能。媒体与学者对"老漂族"随迁后的状况，常有"回不去的老家""放不下的子女""孤独的老漂""城市局外人""无处安放"等带有情感的描述，认为"老漂族"是家庭与社会交往中的"受损"主体（施艳琼，2011）。有研究对过去 10 年间网络新闻媒介中有关"老漂族"的报道文献进行分析发现，超过六成新闻标题和新闻内容都呈现对该群体生活状态的消极负面评价，这些报道极有可能对塑造"老漂族"在社会公众中的负面媒介形象起到推波助澜的作用（肖富群、陈丽霞，2021）。故"老漂族"的群体称谓虽带有对弱势社会群体的人本情怀，但基本被刻板地想象为孤独、茫然、无助等个体社会适应困境（甘晢，2015）。本书不否认随迁老人的困境之所在，也同样重视随迁现象的积极面向，如从随迁生活的正向体验中挖掘中国式育儿-养老模式的优势和正能量，因此主张用中性概念来进行群体界定。

本书采用"随迁父母"群体称谓，既最大限度地包容了该群体在年龄、户籍、来源地等方面的复杂性，又符合他们为子代家庭分担育儿重担的"为人父母"身份而做出随迁行动的核心内涵。所谓"随迁父母"，是指已退出社会生产性劳动，从异地迁入子女所在城市，并以实际行动为子代家庭减轻育儿负担或提供家庭照料支持（至少持续 3 个月）① 的中老年群体。从群体属性来说，我们想强调的是"随子女而迁"的迁移方式和"帮子女带孩子"的迁移目的，忽略的是年龄、户籍、来源地等方面的多元性。不过在进行研究综述时，我们仍会使用上述多种群体称谓作为检索词，以最大限度地收集前人文献。

---

① 已有相似群体研究常以"居住 6 个月"为群体对象的界定标准（刘庆、冯兰，2013；李芳等，2016），其主要参考官方对于"常住人口"的定义，即全年经常在家或在家居住 6 个月以上的（也包括流动人口在所在的城市居住）就被称为"常住人口"。但在试调查阶段笔者发现，不少随迁父母尤其是来自省内的随迁父母并不会连续居住长达 6 个月，他们一般在孙辈放寒假或暑假时会返回迁出地或把孙辈一起带回老家，因此以"持续 3 个月（大概一个学期之长）为子代提供育儿照料支持"为标准更为合适；如果居住时间太短（可能是短期探亲型）也难以成为子代家庭或孙辈的主要照料者。

第二章　中老年人口迁移及其相关
问题的研究述评

根据本书的研究思路和研究内容，本章将重点围绕中老年人口的迁移现象和适应融合问题、代际支持对中老年人生活的影响、中老年人口主观幸福感及迁居后的居留意愿等议题展开研究综述和学术评价。本书在设计中还涉及了隔代照料观念和隔代照料意愿研究、地域认同感和主观融入意愿研究、家庭代际关系研究等其他一些子议题，这些议题的相关文献述评将在相应章节中呈现，在本章不做赘述。由于随迁父母的关联性群体概念较多，在进行文献梳理时，本书将多种相近称谓分别作为检索词来扩大检索范围，以期最大限度地获取与该群体有关的研究文献。

第一节　中老年人口的迁移现象及其适应融合问题

一　中老年人口迁移动机、迁移规律和迁移特征

有关随迁中老年人的文献综述，要从人口迁移的相关研究开始说起。推拉理论作为研究移民迁移动因的重要理论和方法，常被用于解释老年人口的迁移和流动。最早对人口迁移问题的研究可以追溯到英国学者雷文斯坦（Ravenstein，1885）提出的七大人口"迁移定律"，即人口的迁移与迁入地经济水平、城乡差别、迁移距离及个体的性别、年龄有关，尤其指出人口迁移的根本动力是提高生活质量。在此基础上，博格（D. J. Bague）在《人口学原理》一书中进一步提出人口流动的目的是改善生活条件，流入地的那些有利于改善生活条件的因素为拉力，而流出地不利的生活条件为推力，人口流动就由这两股力量前拉后推所决定，该论断可谓推拉理论的

雏形。随后，迈德尔（Mydal）、索瓦尼（Sovani）、贝斯（Base）、特里瓦撒（Trewartha）等学者都对推拉理论做了修正。20世纪60年代美国学者E. S. Lee对人口迁移的推拉理论做了系统论述，并首次提出了影响迁移的因素。他指出，首先，推力和拉力都是双向的，迁入地和迁出地都存在一定的拉力和推力；其次，推、拉力间还存在第三个因素，即中间障碍，包括物质障碍、距离远近、语言和文化差异以及迁移人口对上述三种因素的价值判断等。当迁入地的吸引力和迁出地的排斥力之和大到足以战胜迁入地的排斥力、迁出地的拉力以及迁移时的干扰障碍因素之和时，迁移行为就会发生（Lee，1966）。Wiseman（1980）构建了一个替代就业因素的老人迁移多元动机模型，即迁入地和迁出地之间的推力和拉力表现在宜居环境、社会关系、养老服务和经济因素四个方面。Walters（2002）把美国老年人的迁移分为娱乐型移民、救助型移民和未与配偶同住的严重伤残型移民。迁出地较高的生活成本和犯罪率、环境问题、娱乐设施不足、家庭成员缺乏、婚姻状态变化等被视为推力因素，迁入地较低的生活成本和人口密度、完善的娱乐设施、倾向的生活方式被视为强有力的拉力因素，追求更好的生活质量被认为是国外老年人迁移的主要因素（宋健，2005）。

　　除了推拉理论之外，生命周期理论也为我们理解老年人口迁移提供了另一个视角，该理论认为老年人的迁移往往伴随着生命周期中重要事件的发生。Litwak和Longino（1987）根据老年人对周遭环境和照护需求的变化提出了老年人口迁移的三阶段模型：第一阶段，老年人刚退休不久，拥有健康的身体和完整的家庭，为了追求更高的生活质量，选择迁往气候和环境更舒适的"阳光地带"；第二阶段，随着年龄增加，他们的健康状况不断恶化，丧偶又加剧了生活自理压力，被迫靠近子女居住，以获取日常生活帮助，形成老年人迁移的"逆流"；第三阶段，当残疾程度进一步加剧，子女也没有足够精力照护时，老年人将迁往养老机构（Longino，1979；Serow，1978）。该模型获得了美国密歇根州（Oehmke et al.，2007）、日本（Kawase & Nakazawa，2009）、加拿大（Newbold，2007）、英国（Raymer et al.，2007）等地研究的证实，而后在不少学者的进一步研究下，又加入了对社区联系、个人关系（Longino et al.，2008）和经济原因等内容的分析，并逐步得以完善。生命周期理论不仅解释了国外老年人口迁移流动的原因，也展示了国外老年人口迁移的特点。具体来说，国外老年人口的迁移方向通常是从大城市迁往小城镇或农村地区，当这些老年人面临身体残疾或配偶死亡时，他们又会发生回迁，返回原来的居住地，目的是靠近能够为他们提供照料的家人，随着身体状况进一步恶化，有些老人还会再次发生迁移，移向养老机构并在其中度过晚年，这两到三次迁移构成了国外老年人口永久迁移行为的一个周期（宋健，2005）。Chevan（1995）比较了老年人丧偶前后的居住迁移行为，发现丧偶是导致迁移的重要机制，大部分与此相关的迁移发生在丧偶的第一年，大部分丧偶的老年人最终发生了迁移行为。Al-Hamad 等（1997）通过对英国 65 岁及以上老年人的迁居模式进行研究发现，英国老年人迁移主要是为了与子女共同居住，他们中的绝大部分处于丧偶状态，女性迁移者多于男性，长途迁移与短距离迁移数量相当。Liaw 等（2000）对美国的研究发现，成年子女居住地和环境宜人度是吸引老年人首次迁移的两个重要因素，并且无论是否有配偶，老年人都受成年子女的强烈吸引，但这种吸引对丧偶的老年人更强烈一些。

受西方理论影响和启发，国内学者也对中国人口流动和迁移现象进行了丰富的研究，其中涉及老年人口流迁的文献亦有不少。从流迁动机上看，国外老年群体迁移的动机或是个人生活变故或自身经济、健康等，或是追求更舒适的生活环境和更好的生活质量等，故而常被视为其度过晚年生活的一种策略。与之不同的是，国内中老年人流动与迁移的主要原因一般不是自身发展或生活享乐等个人因素，而是子女和孙辈需要等家庭因素，两者存在明显差异。总的来说，中国老人迁移原因以投靠子女和支援子女两种类型占较大比例（李珊，2010），并且是老年人与子女共同的理性决定（孟向京等，2004）。从推拉理论视角来看，对于迁移老人而言，迁出地的环境、家庭成员的缺乏、身体健康、退休等被视为推力因素，而家庭支持、低生活成本和更好的生活质量被视为迁入地的拉力因素（刘佩瑶，2015）。根据上述因素，老人及其家庭可能会在综合考虑随迁收益与代价之间的差值后，做出是否迁移的决策。因此有学者认为，作为推拉理论之基础的经济人假设并不适用于中国老人，但适用于家庭，国内中老年人的迁移行动不是以个体利益和偏好为出发点，而是以整个家庭利益和需求为基础来做出行动决策（汪玲萍，2017）。

除了流迁动机各不相同之外，中外老年人口的迁移性质和群体特征同样存在较大差异。国外学者通过对季节性迁移的老年人口的调查发现，迁移者通常是白人、已婚、退休人口、受过较高的教育、身体健康、有较高收入的群体（Longino & Marshall，1990）。Evandrou 等（2011）利用英国1991～2009 年家庭固定样本调查数据（British Household Panel Study over the period 1991-2009）研究了与 50 岁及以上人群居住流动性相关的因素，其中将长者迁移以减轻自己和子女负担的行动称为"支助行动"（assistance moves），并提出年纪较大的人迁移是出于健康的考量，地理上的接近使他们享受到照顾的好处，他们可能需要子女非正式或正式的照顾。针对伦敦东部老人的分析发现，相比当地白人老人，移民老人在移民地面临社会角色缺失、经济拮据以及健康水平下降的困境，这使他们生活满意度较低、抑郁感较高（Minkler，1999）。Tonatiuh 等（2007）针对从墨西哥农村地区移民到美国的老年男性的调查显示，这些人具有身体健康、家庭支持和经济保障等共同特征。而国内研究显示，中国老年人口的流动和迁移呈现向经济发达地带和大城市迁移的独特特征（吴要武，2013），这与发达国家老年人口"从大城市移往小城镇、从生活成本高的地区移往生活成本低的地方"的迁移规律有较大的差距（张伊娜、周双海，2013）。

从迁移动机和迁移规律的中西方差异可以看出，有关随迁父辈的研究在西方并没有先例可循。西方国家已经完成了城市化进程，但过程漫长、城乡二元差距小、家庭中子女独立性较强、老人资本积累丰厚、社会保障较为充分，所以父辈随迁现象并不明显，缺乏有代表性的研究（王心羽、李晓春，2017）。更进一步来看，西方社会老人参与孙辈抚养的现象也与中国的情况有较大差别。国外学者大多将隔代照料视为家庭问题或社会因素导致的被动行为，前者的代表性观念认为，诸如父辈的离世、违法入刑、吸食毒品、家庭暴力、家庭破裂和父母的生理或精神疾病等是产生隔代照料的原因（赵梅等，2004）；后者的代表性观念认为，由于孙辈父母长期在外务工或没有经济能力，祖父母不得不承担孙辈照料的重任（Bee，2001）。中国随迁父母参与子代家庭的幼儿照料工作则大多是基于家庭整体利益最大化和传统家庭文化影响下的主动行为和自愿选择。总之，中国父母随迁现象出现的原因，既有城镇化进程加快、家庭式迁居趋势明显、社会性托育服务供给不足以及独生子女政策效应显现等结构性因素的影响,又有整合家庭资源应对育儿压力、寻求代际团聚和代际交换等的现实需求,还有传统家庭责任伦理和"隔代情深"的文化渊源。基于此,本书对随迁父母生活状况及相关对策分析的文献综述将侧重对国内研究的梳理和回顾。

二　中老年迁移人口的融合困境与社会适应

针对迁移中老年人的社会适应和融入问题,西方学界主要从跨文化适应方面开展相关研究,如 Oberg(1960)提出,人们由自己所熟悉的生活环境迁移到陌生环境时的社会文化差异会导致人们产生焦虑、无能感等负面情绪,这种现象被称为"文化休克",不同国别地区及不同类型的老人在应对文化差异时的态度和行为反应各不相同。国内对随迁父母生活适应问题的研究大多侧重对该群体生活中某方面困境(主要集中于社会交往、代际关系、社会参与、福利保障等)展开研究。比如就生活现状而言,有学者指出,移居老人对新环境中生活方式的适应期较长,对生活的满意度下降(李珊,2010)。他们的社会融入水平不高,出现了经济、文化、生活、心理、角色适应、社会交往等方面的困境(许加明,2017;张艳红、张海钟,2019)且生存质量整体较低(胡艳霞等,2013)。其中,医疗等社会保障制度的安排不完善、社会网络的萎缩、社会支持的不足(李珊,2010)、居住环境的变化、父母权威的失落、生活方式的差异、家庭关系的调整(苗瑞凤,2012)等都是导致随迁中老年人难以适应新居住环境的主要原因。

就社会交往而言,随迁老人的人际交往呈现弱嵌入性,具体表现在交往规模、频率的有限性以及方式的单一性,导致上述社交困局的原因可以从群体外部和内部两个层面来寻找。从外部因素来看,城市社会的异质性强,多种价值观和信仰并存,导致随迁老人到来后,人际交往普遍偏少且表面、肤浅,很难重建亲密的人际关系(孙丽、包先康,2019)。因此,随迁老人囿于寻找同质性的社会网络,局限于由亲密的血缘或地缘关系形成的代际关系、同乡关系、邻里关系等。尤其是对农村随迁老人而言,社会场域的变化使其与流出地乡土社会积累的社会资本分离,但由于语言障碍或现代性观念差异，他们难以从新的社会环境中获得支持或情感安慰，一般与其身份相同的外来随迁老人交往。从内部因素来看，姚兆余、王鑫（2010）认为随迁老人尤其是农村随迁老人在思维方式上相对固化，认知能力相对较弱，同时对城市居民怀有警惕之心，人户分离的社会现实也使其难以建立对城市的归属感和认同感，故而社交意愿不高。也有学者提出，由于存在参照群体，随迁老人的社会交往越频繁，心理失衡也越严重，或者随迁老人在遇到困难向当地社区求助的过程中，反而可能强化其被排斥感，这种感受可能会导致他们负面情绪的产生，从而影响其精神健康状况，且这种排斥感还将转换为与当地人的社会距离（刘庆、陈世海，2015；许加明，2017）。总之，该群体人际交往中的泛人际圈潜力较大，流入地熟人网络的扩大对随迁老人的社会融入程度具有促进作用，新的社会支持网络亟待重建（王雅铄、殷航，2016；靳小怡、刘妍珺，2019）。

就社会参与而言，对迁入地社会活动的参与在一定程度上反映了随迁老人对城市社区的归属和对城市生活的认同，但已有研究大多表明随迁老人在社区内、外活动的参与率处于较低的状态。比如王世斌等（2015）通过对广东省中山市的调查发现，流动老人和户籍老人在参与志愿服务和社区活动方面的意愿都比较低，流动老人在参与社区志愿活动上更显"惰性"。刘素素、张浩（2018）通过对苏州市的研究发现，随迁老人在随迁初期较少参与社区组织的活动，随着随迁时间的增长，相关活动的参与度有所提升，但多是以观众或旁观者的角色出现，对社区治理以及社区外相关活动的参与度较低。随迁老人社会参与不足的原因除了时间受限、不感兴趣（孙丽、包先康，2019）等外，没有形成对城市社区的身份认同以及参与能力有限也是不可忽视的重要原因。有研究指出，随迁老人扮演的并不是一个完整的社会角色，他们在主观意识里仍然把自己认定为外来人，迁居城市的目的是为子女"略尽绵力"，并没有主动想过融入城市社区"内圈"，因而也很少参与社区活动（张新文等，2014）。他们通常文化程度较低，没有接受过先进的文化教育或发展文艺爱好，在参与城市社区的各种活动时存在一定困难（姚兆余、王鑫，2010）。

就代际关系而言，由于随迁老人对新城市的社会融入存在一定困难，有限的社会交往使他们不得不通过寻求与子女家庭更加频繁的联系和互动来缓和心理压力,因此家庭往往是他们最核心、最重要的支持来源。但国内研究发现,随迁老人在代际互动上只是涉及与同住子女的惯常交流或是与非同住子女出于义务的联系,这种联系并没有成为提升家庭成员亲密关系的一种手段,不利于改善他们的心理状况(崔烨、靳小怡,2016)。王雪、董博(2018)通过对进入子女所在城市并在城市定居生活的农村老年人的研究发现,很多老人来到子女家中从原来的"社会劳动者"变成了"家庭劳动者",在家庭中基本没有话语权,加上孝道约束力下降,家庭地位趋于边缘化。对于随迁老人而言,尽管保留着传统的乡土社会记忆,但在家庭内部所扮演的经济角色日益边缘化,处于资源分配核心地位的观念在城市社会中被不断瓦解(张新文等,2014),使得不少老年人在与子女相处的过程中出现了较大矛盾,导致老年人在家庭融入的环节中出现问题,更为进一步融入社会增添了障碍(胡雅萍等,2018)。为此,有学者针对随迁老人家庭代际关系的改善提出了相关对策建议。比如杨爱水(2018)基于"代际关系矛盾心境"理论,从代际团结和代际冲突两个维度探讨了随迁老人的代际关系,并建议子女应为随迁老人提供足够的支持;要充分认识到代际冲突的正向功能,通过代际矛盾的解决来了解彼此需求,构建代际双方都能接受的新的行为规范(顾溪羽,2017),还要强化代际学习的理念,即代与代之间要学习对方的文化,子代要具备应有的耐心,主动提供帮助,积极进行"文化反哺"(王雅铄、殷航,2016)。

就福利待遇而言,随着身体素质的下滑,随迁老人对于政策保障的期许大多集中于社会福利、健康医疗、公共服务等方面。但已有研究均表明,现行制度安排使得城市体系在客观上排斥随迁老人的融入,其中反映较多的政策瓶颈包括:养老金政策地域差异大、医保报销政策统筹层级低、在养老金领取政策转接和医保关系转接上不够人性化、福利不互通、缺乏双向性(杨芳、张佩琪,2015;陈宁、石人炳,2017)等。属地化的管理让随迁老人无法享受迁入地的社会关爱,一方面,迁入地出于地方利益的考虑,对外来人口均等化融入保持警惕(史国君,2019);另一方面,从城市治理的理性出发,由于无法再创造价值,随迁老人的融入需求不被社区所重视,而这背后代表的观念正是对随迁老人权益的忽视。很多福利政策只针对户籍老人，流动老人缺少相关福利待遇，需要选择办理"暂住证"，但是"暂住证"的办理手续较复杂，又导致不少老人"多一事不如少一事"的心理出现，从而放弃享受迁入地的老年人福利政策（胡雅萍等，2018），进而导致其持续的被排斥状态以及对迁入地的融入和参与意愿进一步降低。制度的缺失使随迁老人不仅无法享受迁入地城市的优惠政策，且由于常年在外，迁出地的优惠政策也享受不了，处于一种"两边不靠"的尴尬境地（孙金明，2015；刘素素、张浩，2018）。

　　针对上述生活困境，学者们除了从户籍制度、福利保障和公共服务等方面进行制度研究和政策建议之外，还从社会支持、代际关系、生态系统等理论框架出发探讨提升该群体生活福利的对策意见。社区作为随迁老人的生活单元，由于寄托了其社会交往、人际互动、精神生活、情感交流的空间，成为随迁老人除家庭之外能够找到的最重要的支持力量（刘亚娜，2016）。在社会治理和社区服务方面，已有研究提出，要建立和完善医养融合的养老服务体系，完善老年活动中心的功能，提供养老服务，并组织开展文体活动；扩大社区医疗服务覆盖面，配备老人友好型设施（周红云、胡浩钰，2017）；降低老年大学的门槛，与社区相结合进行趣味性方言培训，帮助随迁老人学习在迁入地生活所需的基本方言表达技能，增强其社会交往能力（王雅铄、殷航，2016）；完善信息化建设，搭建社区随迁老人网络管理服务平台（靳小怡、刘妍珺，2019）。也有学者从不同理论视角提出了针对随迁老人的精准服务对策。比如芦恒、郑超月（2016）根据子女在现居住城市的户籍情况和隔代抚养情况将随迁老人分为双漂型、保姆型、民工型以及受养型，同时运用"流动的公共性"视角，找出不同类型"老漂族"公共性建构的着力点，并探索社会精准治理的新模式；胡雅萍等（2018）也提出要在充分了解不同类型流动老人的社会需求基础上，建立精准化服务管理指标体系，实现"按需服务"，达到"分类化服务"。

　　在社会工作服务方面，老年小组工作法（范靖，2013）、社区工作法（董晔珏，2016）、个案工作法（张琰，2020）、社会网络介入法（张倩楠，2016）等专业方法陆续被运用到改善随迁老人在迁入地生活福祉的介入实践和研究中。李红飞、甘满堂（2017）认为社会工作者可以从服务对象的需求出发，成立冠名基金，提升"造血"能力，撬动社会公益资源，以项目化运作的形式来吸引社会资源、呼吁社会共同关注随迁老人这一群体，营造共同参与的社会公益氛围。刘素素、张浩（2018）结合社会工作理论、方法和技巧，针对随迁老人的微观、中观及宏观系统探索融入路径，指出在微观系统上，要培育个人社会资本，巩固家庭支持的基础地位；在中观系统上，运用小组工作和社区工作营造友好信任氛围，构建互助支持的关系网络；在宏观系统上，创新文化习得方式，构建本土化社区组织规范，同时加快社区组织培育，打造持续社区参与平台。具体而言，社会工作者可以主动帮助随迁老人链接社区中的各种服务资源，增进其与社区居民之间的互动与交流，提高新的社会角色认同（李红飞、甘满堂，2017）；促进随迁老人家庭的良性沟通和互动，整合家庭资源，增强随迁老人的家庭支持系统（唐佳伟，2019）；通过个案辅导疏解随迁老人的负面情绪（孙金明，2015），帮助其正确认识和坦然面对自身生理机能的衰退和生活环境的改变，增强个人适应能力（许加明，2017）；以朋辈支持网络的构建为切入点，通过组织社区内有共同兴趣爱好或面临共同问题的老年人，开展多种形式、多种主题的小组活动（孙金明，2015），以实现小组成员之间的良性互动，彼此提供情感上的支持、相互分享城市适应经验，借助小组的智慧和力量，共同学习新的城市文化，重建同辈群体间的社会支持网络（许加明，2017）。总之，已有研究普遍认为，社会工作在帮助随迁老人提升适应能力、摆脱融入困境、促进社会参与、增进家庭和谐、提高生活质量以及进行相关政策倡导等方面均有较大的发挥空间。

第二节　中老年人代际支持的动机及对生活的影响

一　代际支持的动力机制及其理论解释

代际支持是指家庭中上下代之间在经济、生活以及情感上的互惠互助（穆光宗，2002）。根据代际支持提供的方向，可分为父代对子代的"向下"支持（也被称为亲代支持），以及子代对父代的"向上"支持（也被称为子代支持）。对于随迁父母与子代家庭所构成的扩大化家庭而言，亲代支持的程度远胜于子代支持，这也是随迁父母群体的存在意义和价值所在，其背后关乎父辈随迁向子代提供代际支持的动力机制和行动逻辑。而代际支持动机的解释性理论则可以帮助我们从不同的视角理解父辈随迁支持子代家庭的社会现象。有关代际支持动机的研究主要形成了包括利他主义（Becker，1974）、权力协商（Cox，1987；杜亚军，1990）、互助交换和责任内化等在内的多种理论观点。

利他主义模式强调在不考虑自身福利甚至牺牲自身利益的情况下，向他人提供财务、照料等方面的支持（Becker，1974）。该理论认为，家庭作为代际支持的重要纽带，在家庭成员面临较多社会风险时会起到较强的保护作用，认为代际支持是出于利他的考量，来实现共同的家庭利益。父辈帮助成年子女照顾孩子常常是一种无私的付出和体现长辈对子女、对孙子女关爱的重要方式，是父慈子孝、母慈子孝、代际团结与和谐的表现。也有学者指出，老年人在退休后为子女提供帮助是一种继续体验和证明自身价值、减少退休带来失落感的方式，与子女合住的居住安排更适宜老年人继续发挥作用，寄托需求（张新梅，1999），这种"价值寄托论"在某种意义上可以说明父辈的代际支持行动是不指望从子女身上获取回报的"利他主义"的无偿奉献和自觉自愿行为。

互助交换论源于社会交换理论在家庭代际关系领域的运用，这一视角认为家庭内部的父母和子女之间存在一种付出与回报的自愿交换关系，无论是出于经济利益、道德义务、情感需求还是出于契约维护，代际资源的流动和分配都表现为一种在经济上、劳务上或者精神上的双向支持与互换（韦宏耀、钟涨宝，2016）。费孝通（1983）比较了西方与中国的养老模式后指出，区别于西方社会的"接力模式"①，中国亲子关系是一种双向交流、均衡互惠的"反馈模式"，这种"抚养-赡养"关系体现为，父母在年轻时抚养子女，子女成年后反过来赡养父母，即中国传统家庭"反馈式养老"，亦被称为"反哺"，也体现为子女对父母的精神反馈，如"天伦之乐""儿孙绕膝"。

不过，在现代性因素的冲击下，加之父代寿命延长以及子女数量减

---

① 西方社会的"接力模式"，是指祖父母对孙子女没有抚育的责任和义务，只有在子辈因犯罪、死亡、重大疾病等无力承担养育责任的情况下才需要扮演代理父母的角色，因此西方的隔代照料是基于祖父母角色拓展的一种代际支持。

少，传统社会中父代抚育子代并在完成分家后就可以享受子代赡养的反哺阶段被不断推迟，转型社会中的家庭代际关系更多地以父辈任务无限绵延、责任边界不断突破为特征。年青一代往往将父母的生养之恩看成理所当然的事，因而"生养"并不构成子代养老的充分条件，子代更看重的是父代在有劳动能力时是否尽力为自己付出（阎云翔，2006）。传统的以"孝道"为权威的权力模型已经无法完全解释当前的家庭代际关系，其更多的是交换与互惠（郑丹丹、易杨忱子，2014），比如父辈通过帮助子代抚育孩子或资助子代换取养老回报。余梅玲（2015）通过对浙江 A 乡三代家庭进行隔代照料行为的观察，发现在 A 乡有种普遍的交换现象，即父辈帮子代照料孩子的时间越长、照料得越好，子代对于父母的各方面回报越多，并会形成一种良性循环，在这种以隔代照料为核心的代际交换中，体现出一种双向即时性的特征。因此，完整的家庭代际关系是抚育 - 赡养关系及交换关系并存和互补的关系，其中"交换"就发生在"抚育"和"赡养"之间，即在"子女已婚、亲代尚未年老时，代与代之间有一个既不需要抚育，也不需要赡养的时期"（王跃生，2010）。按照这一逻辑，可以将父辈提供的隔代照料支持与子代提供的赡养孝顺看成计算过"付出 - 回报"或"成本 - 收益"后的理性决策行为（熊跃根，1998）。"理性"的祖父母有可能会选择投资那些具有最大回报能力的子女，照料孙子女的本质是向其成年子女发出养老契约的信号，促使其未来给予晚年赡养（宋璐、冯雪，2018）。李永萍（2018）通过对农村家庭的研究认为，中国农村家庭父代在分家后还继续为子代付出的现象与媳妇在家庭中地位的提高有直接关联，媳妇并没有受过公婆的抚育之恩，因而她与公婆之间关系的好坏，更多取决于公婆在有劳动能力时对自己小家庭的付出和帮助的多少。

也有学者认为，无论是利他主义还是代际交换的动机，都是代际关系中施、予双方自发达成的共识，但其实还存在由于外部压力而不得不提供照料的情况，即学者们所归纳的第三种动机——家庭伦理责任（Klimaviciute et al.，2017；Kalmijn，2018）。"责任伦理"是德国社会学家马克斯·韦伯于 1919 年在《以政治为业》一文中提出的命题，"责任伦理"以有无责任感为判定道德善恶的标准，并以行动者所负的责任是否与应然的后果一致为判断行为主体是否尽责的标准（陈盛淦、吴宏洛，2016a），该理论后经汉斯·约纳斯的发展形成了责任伦理学。中国家庭所秉承的责任伦理是一种家庭本位的价值体系，其表现为多个层次的内涵。首先，家庭是一个整体，个人利益需要服从家庭的整体利益，家庭整体利益是个人行动和努力的终极目标。其次，家庭再生产的实现依托于家庭成员的共同努力，即家庭再生产的资源和动力来自家庭内部的动员和分担，同时又不断反馈到新的家庭再生产阶段之中。最后，家庭本位是以家庭成员认同和践行家庭伦理为前提的，因此具有浓厚的价值意涵（李永萍，2018）。从这样的家庭伦理责任出发，父辈的价值实现不仅需要完成传统传宗接代的人生任务，还要实现家庭整体发展和家庭向上流动的目标，因此父辈帮助子代家庭照料孙辈或减轻城市生活负担被视为父辈应尽的职责，且蕴含着丰富的伦理色彩。在向子代家庭提供各种代际支持的过程中，父辈找到了自己的价值意义，子代也默认父辈这种付出的合理性。

　　已有不少研究指出，当前中国家庭的代际支持关系呈现"下位运行"态势，父辈"向下"代际支持的程度超过了子代"向上"代际支持的水平，这种现象被一些学者称为"恩往下流"或"责任上移"的代际转移机制，也被称为"代际剥削"或"啃老式"代际支持（王跃生，2011；沈奕斐，2013a；狄金华、郑丹丹，2016a）。从中国家庭主义文化传统来看，随着"光宗耀祖、传宗接代"的信仰只剩下"传宗接代"一个维度，对先人的"向上"义务变得不能与家庭延续等量齐观，家庭资源流动的方向发生变化，出现了资源向下流动的家庭儿童中心主义，儿童的未来承载着家庭整体利益，儿童的发展责任主要是家庭的，因此"逆反哺式"代际支持现象正是家庭实现资源投资-回报最大化的最佳策略，也是父辈履践以责任为本的传统家庭伦理责任的合理表现形式。由于家庭责任思想的存在，随迁父母帮子女带孩子被视为顺其自然的事情，无论个体是否愿意，这种动因下的代际支持行为可能缺乏自发性，更多的是在社会舆论的裹挟下发生的，因此也可能对父辈造成较大负担。

　　权力协商模式来源于经济学理论，运用权力模型分析家庭代际支持关系，认为代与代之间各自拥有的资源能得出他们在私领域中获得权力的筹码，所有的话语权竞争都依据资源的多寡来决定（Cox，1987）。家庭的代际支持关系是按照家庭的资源分配协商后的结果，每位家庭成员获得的代际支持是其协商能力的反映，而协商能力取决于每一代人对家庭的相对贡献，年老的父母会用遗产来增强自己的协商能力。不过，在市场经济思潮和"劳动价值论"的渗透下，对家庭的财富贡献成为家庭内部个体价值和权力地位的评判标准，子代对家庭发展的贡献不断增大，妇女的崛起也使得年轻女性逐渐掌握了家庭中的当家权力，为满足家庭发展主义的目标，家庭资源的聚集与整合不仅下移到子代，而且延伸至孙辈，相比之下，父辈则不断丧失资源优势和当家话语权，随着年龄的老化，其家庭地位也越来越边缘化。在家庭权力关系视角下，父辈对子代家庭的代际支持成为父辈为了弥合家庭关系或"笼络"子代而采取的策略性行动，在某种程度上是父辈在资源、权力和价值伦理等方面的弱势累积效应的结果，最终形成的以子代核心家庭为主导的、稳定的家庭权力结构弱化了家庭权力关系中的分裂力量，父代将自己的利益融入子代家庭，呈现家庭目标的高度一致性以及家庭代际关系的深度整合（李永萍，2018）。

不同理论视角下的研究均表明，当前扩大化家庭中的代际资源转移路径和代际支持关系发生着深刻的变迁，但这并不意味着代际关系从传统中国家庭的反馈模式走向西方社会的接力模式，而是走向了一种"新三代家庭"（张雪霖，2015）的代际合力模式（见图2-1）。这种模式实现了以子代发展为中心的家庭资源动员，也就是说家庭资源不再是面向家庭整体的均衡配置，而是有重点、有选择地分配。在此过程中，家庭资源的配置逻辑遵循家庭功能最大化的原则，以实现特定的家庭发展目标（李永萍，2018）。

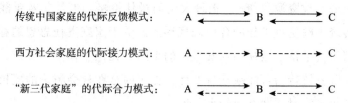

图 2-1　家庭资源流动和代际关系的三种样态

说明：实线代表代与代之间的厚重支持，虚线代表代与代之间的低度支持，A 为父辈，B 为子代，C 为孙代。

资料来源：李永萍，2018。

二　代际支持对中老年人生活的影响研究

出于各种动机的随迁父母来到子代家庭后，与子代家庭间建立起千丝万缕的代际联系，在对中老年人生活质量进行分析时，总离不开对代际支持之影响的探讨。下面将分别围绕"向上"和"向下"代际支持对于父辈生活之影响的相关研究展开综述。

1. 子代"向上"代际支持对父辈生活质量的影响

已有关于代际支持与父辈生活质量关系的研究中，探讨子代"向上"代际支持的影响效应相对较多，在研究结论上也存在一定争议。在经济支持方面，国内研究认为，受传统孝道观念影响，子女提供的经济支持是我国老年人的主要经济来源（Gu et al., 1995；孙鹃娟，2017），对于农村老年人甚至是首位经济来源。子女提供经济支持满足了老年人的生活需求，有助于提高老人的生活满意度（张文娟、李树茁，2005；贺志峰，2011；Lin et al., 2011；刘泉，2014；李春平、葛莹玉，2017）。王萍和李树茁（2011a）对安徽农村2001年、2003年、2006年的调查数据进行研究发现，在劳动力外流的背景下，中国农村子女提供的经济支持、代与代间双向的家务帮助和情感支持提高了老年人的生活满意度。但宋璐、李树茁（2006）通过对安徽农村2001年、2003年的调查数据进行分析得出，获得子女的经济支持不利于农村老年女性的主观健康，另外获得子女生活照料也不利于农村老年男性的主观健康状况。他们对其的解释为，中国农村老人与子女之间的代际支持是一种基于需要的交换模式，子女对老人过多的关注和支持不仅没改善老人的主观健康状况，反而给老人带来心理负担，破坏老人对自己健康状况和自我效用的评价，对主观健康产生不利的影响。Cheng和Chan（2006）也对子女在提供经济支持过程中未能对老年人保持尊重的现象做出了批判，他认为这将严重影响老年人的生活满意度。

在生活照料支持方面，一些研究认为，家庭照料的缺失会导致老人的心理福利变差（Zhang et al., 1997），如果子女提供的日常照料支持未能满足老年人的需求或者子女未能提供老年人所需的支持，都会导致老年人产生无助感、失望感并使代际关系紧张，从而影响其心理健康（Krause, 2001），因此子女提供日常照料帮助对老人的生活满意度有积极影响（Chen & Sil-

verstein, 2000; 高歌、高启杰, 2011)。特别是在中国, 子女提供日常照料
体现了对老年父母的孝养, 符合孝道家庭养老的传统文化, 使老年人感到欣
慰、获得存在的价值 (王萍、李树茁, 2011a)。张震 (2002) 对高龄老人
的研究显示, 子女给予生活照料和情感支持对高龄老人的存活具有显著的
积极影响, 有家庭支持的老人, 其存活状况要明显优于无家庭支持的老
人。但另一些研究发现, 从子女处获取帮助可能会降低老人的生活满意度
(Lowenstein & Katz, 2005), 子女的日常照料可能加快老年人认知功能衰
退的速度 (王萍、高蓓, 2011), Bonsang 和 Bordone (2013) 发现, 子女
给予非正式照料对其母亲的认知功能有负面的影响。贺志峰 (2011) 研究
发现, 由于代与代间关于照料和沟通方式的差异, 子女对老年人的生活照料
反而成为提升老年人主观幸福感水平的阻碍性因素。尤其是过度的日常照料
会使老年人依赖或过度依赖子女, 老年人自主生活能力逐渐消失, 并可能
丧失代与代间的互惠能力 (Chen & Silverstein, 2000), 从而降低其生活满
意度。

在情感支持方面, 已有研究证实, 代际情感与老人生活满意度强烈相
关 (Lowenstein & Katz, 2005), Zunzunegui 等 (2001) 发现成年子女给予
较低的情感性支持、工具性支持与老人较差的健康自评、抑郁症均有显著
相关关系。由于情感上的交流是互动的, 情感支持甚至比器械支持和经济
支持更能促进老年人的精神健康, 该支持不仅肯定了老年人的存在价值
(Heller et al., 1991), 也意味着潜在的、能满足未来需求的实际支持资
源, 而对未来支持资源的感知可增加老年人的安全感和对未来的信心, 缓
解经济紧张和身体健康情况带来的精神压力, 获得自我成就感 (Krause,
1997), 从而对老年人生活满意度产生积极影响。因此, 子女与父母感
情亲近, 有助于提高老人的心理福利水平 (Silverstein et al., 2006) 和主
观健康状况 (宋璐等, 2006), 家庭关系越和谐, 老年人的生活满意度则
更高 (Connidis & McMullin, 1993; Zhang & Yu, 1998)。宋璐和李树茁
(2006) 的研究还发现, 情感支持对农村女性老人主观健康的影响程度超过
农村男性老人。不过, 也有研究指出, 过度的情感支持达不到积极的效果
(Krause, 1995)。

有关过度接受子女支持可能导致对父辈生活质量的负面效应等研究结论

基本支持了社会衰竭理论（Social Breakdown Theory）（Bonsang & Bordone，2013；Lee，1985），即过度被照料和保护会让被照料者产生毫无自由和独立的感觉，最终给个体的身心健康带来负面影响（Bengtson & Kuypers，1985）。当老人从子女那里获得过多支持和帮助，尤其是接受子女的支持多于给予子女的支持时，老年人会产生负疚感（Fyrand，2010），最终不利于其身心健康。由此也进一步启发了学者们对代际交换中的均衡问题进行研究。社会交换理论常被用来描述和解释家庭代际互动模式以及代际交换关系对父代生活的影响。该理论借用了经济学的资源、投入和产出、行为心理学的报酬与代价等概念，假定个体为理性人，在社会互动中总是趋向于最大限度地合理化选择——以最小的代价获取最大的报酬，而且人们所追求的报酬（包括物质，也包括非物质/精神方面）中的大部分只能来自与他们互动的其他社会成员，个人拥有的资源越多，权力和优势就越大，就越能从交换中获利。在该理论中，互惠和均衡是交换关系不断持续下去的核心动力。互惠代表交换双方都能从交换关系中受益，而无论这种受益是过去/现在的，还是长期/短期的。均衡意味着交换双方在付出一定成本后，都能从交换关系中获得个体所认可的相同回报（但并不意味着绝对对等的交换），而且，交换双方会在社会交换过程中不断调整、互动，从而实现个体认可的互惠与均衡（黄庆波等，2017b）。根据社会交换的均衡原理，相对于均衡的代际支持，任何不均衡的代际支持都会给个体带来情感上的损害。Ramos 和 Wilmoth（2003）的研究发现，在那些接受支持的老人中，如果老人能回报，那么其患抑郁症风险会较低。Fyrand（2010）认为，均衡的社会交换或者给予支持大于接受支持对老年人的精神健康和生活质量有积极作用。黄庆波等（2017b）利用 2010 年中国妇女社会地位调查老年人专项数据分析代际支持对老年人健康的影响后发现，代际交换不均衡的老年人自评健康不好的发生比高于均衡的老年人。他们在文章中指出，传统的中国孝文化一味地强调成年子女要孝顺老年父母，老年父母是接受者，却忽略了老年人是支持者、贡献者的角色，但自积极老龄化提出以来，老有所为的理念也在我国逐步得到认可，从各方面支持成年子女也应该纳入老有所为的核心内涵之中，并建议相关政策应更多地倡导积极老龄化，鼓励老年人给予更多代际支持，以满足老有所为的精神需要和实现健康老龄化的双重目标。还有一些研究更进一步分析了子代支持对中老年人生活的差异性影响及其内在作用机制。比如余泽梁（2017）的研究表明，子代支持对老年人生活满意度的影响存在城乡差异，农村地区的子代支持在养老中的作用明显大于城市地区，使得农村老年人生活满意度可能性增加的有子女经济支持和日常照顾，但与城市老年人生活满意度相关的仅有子女经济支持，且子女的经济支持降低了老年人生活满意度。

2. 父辈"向下"代际支持对自身生活质量的影响

有关"向下"代际支持对父辈生活质量的影响，除了少数研究（Reinkowski，2013）认为提供隔代抚养对祖父母身心健康不存在显著影响外，大部分研究证实向晚辈提供支持，尤其是隔代照料孙辈或多或少会对祖父母的身心健康或生活质量产生一定影响，但主流研究结论存在两种不同的代表性观点，在此简称为"积极效应论"和"消极效应论"。

持积极影响效应的研究认为，给予子代支持是传承性的一种重要体现。老年人在退休后丧失的生产力能够通过为子代提供生活照料再次出现而不至于产生无价值感（吴芳、郭艳，2016）；在承担孙辈照料角色的过程中，老年人能够体验到一种独立感、效能感和意义感，减少孤独感的产生，从而能改善其心理健康状况，提升主观幸福感（Zhang & Chen，2014）。这种"向下"支持尤其反映在隔代照料行动中。相关研究指出，照料孙辈可以帮助老年人维持更好的语言交流能力，提高自身健康行为水平（Arpino & Bordone，2014）；通过与孙辈互动，老年人能够保持积极的活动状态和良好的认知功能（Balukonis et al.，2008）；通过与下一代分享知识和精力，老年人与他人之间的联系会更加紧密，生活更加有意义（Piercy et al.，2011），也能感受到自我价值的实现（瞿小敏，2015）。给予支持甚至可能提高腹面纹状体和隔膜区域的活跃性，降低左右扁桃体的活动，改善机体健康（Inagaki & Eisenberger，2012）。从老年人养老的角度来看，由于家庭养老仍然是主要的养老方式，隔代照料可以促进父代与子代之间的代际互助和交换。当中老年人为子女分担孙辈的照料责任时，子女的福利提高，子女对长辈的时间和资源支持也会相应增加，照料孙辈也能弥补子女情感支持的缺失，有助于长辈养老状况的改善（Croll，2006；Chen & Liu，2012）。

有关隔代照料对老年人健康的积极影响在不少国家和地区都得到了证

实。比如基于欧洲 10 国（丹麦、瑞典、比利时、奥地利、德国、法国、瑞士、荷兰、西班牙和意大利）历时性数据的分析（Di Gessa et al.，2015）表明，提供孙辈照料的老年人享有更大的健康优势，并认为，这主要得益于子女提供了更高水平的家庭支持，反向促进了祖父母对自身健康的关注（Di Gessa et al.，2016）。Ku 等（2013）通过对台湾老年追踪调查 1993～2003 年调查数据的分析发现，照料孙子女的老年人健康自评、生活满意度、抑郁情况和躯体健康都要优于没有照料孙子女的老年人。Kim 等（2017）通过对韩国养老追踪调查 2008～2012 年数据的研究也发现，高强度照料孙子女的老年人抑郁程度更低。不过，照料孙辈对老年人身心健康之积极效应的发挥机制存在一定差异，国内学者主要从中国传统家庭观念、父辈自身满足感、与子女情感交流等方面解释隔代抚养对中老年人身心健康的正面影响，而在国外，由于祖父母对照料孙辈的责任意识比较弱，隔代抚养孙辈对于祖父母而言往往只是对子女直接照料的补充，且主要通过子女提供有形支持、规范自身健康行为、增进各方面的身体机能以及子女情感肯定等方面提高身心健康水平和生活质量（王伟同、陈琳，2019）。

在国内，宋璐等（2008）研究发现，中国传统父系家庭体系下强调的"儿子偏好"及"社区情理"文化心理观念导致父辈更乐意为家族后代多做贡献，在尽到照料责任的同时也尽享儿孙之乐，因此为儿子提供孙子女照料会给农村老年人心理健康带来正面影响。其在后续的研究（宋璐等，2013）中又进一步指出，提供隔代照料对农村老年人心理健康和认知能力起到有条件的保护作用，高强度照料比低强度照料对祖父母认知功能的保护作用更大，但高强度照料的影响以祖父母的年龄和性别为条件。从隔代抚养影响中老年人生活质量的原因机制来看，与配偶或儿童共同居住的老年人患孤独症和抑郁症的风险更小，孤独感作为中老年人心理健康状况的体现，可能是隔代抚养孙辈提高中老年人生活质量的机制之一。除了隔代照料的积极影响外，向子代提供物质经济和家务上的支持也能对中老年人的身心健康产生正向影响。相关研究指出，有经济能力和有余力的老年人通过帮助子女来补偿子女对自身的支持，从而有利于其健康（宋璐等，2006）；给予子女经济支持和家务支持既能够使子女受益，也基本不会对老人造成负担而影响其生活质量（孙鹃娟、冀云，2017），还可以给老人价值感，抑制他们的孤独和抑郁等消极情绪的形成（唐金泉，2016），提升老年人的自我效能感，对其主观幸福感和心理健康有显著改善作用（Lee et al.，1994；Yeung & Fung，2007；Cong & Silverstein，2008），但提供的支持应保持适度，而不宜过度（Chen & Silverstein，2000）。余泽梁（2017）通过对中国健康与养老追踪（CHARLS）2011 年全国基线调查数据的分析发现，老年人对子女提供常规的经济支持有利于提高其生活满意度，但是对子女的大笔援助以及对孙代的经济支持即隔代经济支持则与其生活满意度无显著相关性。

尽管诸多研究证实了不同形式的亲代支持对中老年人生活质量有或多或少的积极效应，但仍有不少学者提出父辈"向下"支持尤其是过度的"向下"支持会对其生活质量产生不利影响。持消极影响效应观点的研究认为，如果长辈长期帮助晚辈，会被认为是父母教育的不成功，从而会对老年人的心理造成压力（Schwarz et al.，2010）并降低其主观幸福感（高歌、高启杰，2011）。向成年子女提供经济支持会降低农村随迁父母的心理负担（崔烨、靳小怡，2016）；老年人对子女的经济支持，尤其像婚嫁、住房等方面的较大开支，传统上被认为是父母对子女的义务，往往会造成老年人的经济负担，进而对老年人的生活和健康造成负面影响（宋璐、李树苗，2006）。同样，给予成年子女较多日常照料也会影响老年人的健康状况，使老年人容易产生厌烦和挫败感（Chambers et al.，2001）。就隔代照料的影响来看，国内外研究发现，照料孙辈者比未照料孙辈者在身体功能障碍、日常活动能力（肖雅勤，2017；肖富群、陈丽霞，2021）、自评身体健康状况和心理健康状况（Baker & Silverstein，2008）以及健康满意度（Minkler & Fuller-Thomson，1999）等方面表现更差。究其原因，由于照料孙子女需要祖父母付出较长时间进行体力劳动和家务料理，这非常耗费祖父母的精力和体力，不仅影响老年人的人际交往（Szinovacz et al.，1999），加重老年人的劳务负担，还占用了老年人身体锻炼和医疗就诊的机会（Baker & Silverstein，2008），高强度照料还会对老年人的认知功能产生不利影响，并可能影响其心理健康（Lumsdaine & Vermeer，2015）。此外，在照料孙辈的过程中，亲代与子代之间容易因生活经验、教育观念、教育方式等方面的较大差异而产生代际矛盾，形成不可避免的摩擦，从而不利于其身心健康发展（肖富群、陈丽霞，2021）。

照料强度或照料时间是学者们在阐述"向下"支持对老年人所产生负面影响时重点关注的影响因素。虽然老年人给予子女经济支持和家务支持对其心理健康有正向作用，但如果子女需求过多，则对其心理健康有负向作用（孙鹃娟、冀云，2017）。同样，隔代照料对老年人所产生的作用并非单一线性的，能够负担的照料强度不会对中老年人产生消极影响（Coall & Hertwig，2011），如美国的研究发现，每年提供 200~500 小时隔代照料时间的祖母，其活动能力和躯体受限情况要优于不提供隔代照料的祖母（Hughes et al.，2007）。但是高强度照料孙辈则会使中老年群体承受较大身体负荷，烦琐重复的照料工作也会影响祖父母的正常社交活动、推迟自身的医疗需求（肖雅勤，2017），有损身心健康进而降低中老年人的生活质量。Tang 等（2016）发现，在美裔华人中照料孙子女的老年人的心理健康更好，但是随着照料孙子女负担和压力的增加，老年人的心理负担也会增加。Lee 等（2003）通过对美国健康护理研究数据的分析发现，高强度地照料子女及孙子女会增加女性老年人身患冠心病的概率。黄国桂等（2016）通过对 2014 年中国老年社会追踪调查数据的研究发现，隔代照料强度对老年人的健康自评和孤独感产生显著负向影响，但是照料数量的影响不明显。隔代同住且提供高强度照顾的祖父母或隔代家庭的祖父母，精神健康都受到了不利影响（程昭雯等，2017）。韩保庆和王胜今（2019）通过对 2015 年中国健康与养老追踪调查截面数据的分析指出，中国中老年人在照料孙子女时间方面存在过度照料现象，并认为照料强度对中老年人生活质量之影响的变化存在边际效应递减的规律。随着照料孙子女时间的增加，隔代照料对中老年人健康的有利影响的增加速度逐渐降低，对中老年人健康不利影响的增加速度逐渐增加，照料孙子女对中老年人健康的总影响呈现先有利后不利的倒 U 形。究其原因，当照料孙子女时间较短时，中老年人的孤独感非常强烈，对照料孙子女来缓解孤独感的需求非常强烈，此时每增加单位时间的照料可以在很大程度上缓解中老年人的孤独感，但是当照料孙子女时间较长时，中老年人的孤独感较弱，对照料孙子女来缓解孤独感的需求也较低，此时每增加单位时间的照料对缓解中老年人孤独感的作用就很弱。同理，照料孙子女对中老年人自我价值认同感的提高也是边际效应递减的（韩保庆、王胜今，2019）。

有学者从文化情境、照料动机、认知评价的调节作用等视角对上述不同影响效应的结论做出了理论解释。从照料动机来看，自愿性照料者的健康状况要优于非自愿性照料者，当父辈感到给予晚辈支持是无奈的、不情愿的、被迫的、过度的，他们可能产生角色紧张的压力，在生理、心理乃至精神层面受到冲击，进而影响其晚年生活品质。反之，如果父辈对给予晚辈支持是感到愉快的、满足的、互惠的、实现自我价值的，则有利于心理健康（孙鹃娟、冀云，2017）。从角色认知评价来看，Goode（1960）的角色紧张理论和 Sieber（1974）的角色提升理论是分析隔代抚养影响中老年人健康状况的两种常用理论。角色紧张理论认为，个体在社会中承担各种不同的角色，这些角色对个体的要求不同，从而使个体在实现各角色任务时感到矛盾和困惑。提供隔代照料的中老年人不仅要照料孙子女，还有自我照料的需求，由于这两项工作的内容及要求并不完全一致，他们需要转移部分用于自我照顾的资源给孙子女，进而对自身健康的投资减少。此外，由于孙子女年幼，行为问题较多，他们需要为孙子女提供多方面的支持和看护，不同照护活动对中老年人的要求不同，往往令其感到困惑而产生角色紧张压力，增加其身心受到冲击的风险（Hayslip & Kaminski，2005；吴培材，2018）。角色提升理论则认为，个体在社会中扮演多种角色能够带来以下四种类型的收益：①角色的特权，②角色提升伴随而来的资源增加，③角色的丰盈，④自我满足感的增加（Sieber，1974）。这些收益甚至会抵消多重角色冲突所引发的"角色紧张"。多样性的角色能给中老年人带来角色履行的丰盈，中老年人会经由更多元的角色扮演而获得更多重要资源，例如社会支持、经验技艺或应对策略，且角色也意味着权力、地位或与健康相关的情感满足（Hayslip et al.，2014）。

随着相关研究的逐步深入，越来越多的学者开始关注隔代抚养对父辈生活质量的影响，并开展了更多同群体内部的差异性研究和内在影响机制研究。从性别来看，现有有关照料孙辈对不同性别父辈生活质量的影响研究存在不同的观点。一种观点认为，相比于女性老人，照料孙子女更可能对男性老人的健康产生不利影响（Lowenstein & Katz，2005）。在中国，只有当女性老人无法提供孙子女照料时，男性老人才会承担有限的照料责任

（Chen et al.，2011），而当男性老人与女性老人承担的照料责任相同时，男性表现出更差的健康水平（Chen & Liu，2012）。研究者对此的相关解释为，女性中老年人由于社会角色和传统的家庭分工，在家庭中扮演了更多"亲属照料者"的角色，她们比男性中老年人更有可能为子女提供孙辈照料和家务帮助，这在一定程度上使她们更融入家庭、家庭与家庭成员的联系中，因此中老年女性在家务上更多参与对其有利（Ghuman & Ofstedal，2004）。因缺乏伦理规范的支持，承担较重照料责任的男性老人会感觉"屈辱"，从而导致他们心理压力的加重和生活质量的下降（Chen & Liu，2012）。吴培材（2018）通过研究也发现照料孙辈对女性中老年人和农村中老年人身心健康的积极影响更大，且主要通过增加中老年人的社会交际、锻炼次数和从子女处获得的净转移支付来实现。另一种观点认为，适当强度的隔代照料对男性老人的心理健康有保护作用（Fujiwara & Lee，2008），使男性老人对自己的照料角色感到更加满足（Baruch & Barnett，1986）；而两性在青壮年时期的教育和劳动参与程度上的性别差异，使得女性中老年人的经济福利等资源比男性更差、更依赖他人的支持（宋璐、李树茁，2006），由于这种积累性社会劣势和经济劣势①的存在，照料孙辈更可能增加女性中老年人的照料负担（Zhang & Yu，1998）。靳小怡和刘妍珺（2017）通过对深圳市和河南省的调查数据分析显示，流动老人的隔代照料行为具有显著的性别差异，流动女性隔代照料强度的增长会降低其生活满意度，而流动男性老人照料强度的增加则会提高其生活满意度；但对于留守农村进行隔代照料的非流动老人而言，照料孙子女会提高其生活满意度，并且这种影响不存在性别差异。

一些研究还指出，虽然长时间、高压力下的照料对照顾者的生活质量产生负面影响，但情感支持和社会支持可以有效缓解这种负面影响（Leder et al.，2007）。周晶等（2016）的研究也发现，对于提供持续性隔代照料的农村老人而言，情感支持在照料经历对其自评健康状况的影响路径中发

---

① "累积性社会劣势和经济劣势"最早由默顿提出，在 20 世纪 80 年代被应用于老年化现象的研究，它是指个体在某些既定特征上随时间推移而产生的系统性分化（胡薇，2009）。比如姜向群和杨菊华（2009）的研究认为，女性老年人由于在受教育水平、就业比例以及收入水平上普遍低于男性老年人，在晚年生活中的弱势累积效应更加明显。

挥了一定的中介作用。多项研究还表明，隔代抚养对于中老年群体生活质量的影响存在性别和年龄差异。比如 Grundy 等（2012）基于对智力的中老年群体的研究发现，每周为孙辈提供 4 小时及以上帮助的祖父，其两年后的生活质量更高，而祖母生活质量变化并不明显，主要是因为女性在家庭中承担了绝大多数家务和照料责任，容易产生劳累和情感压力，而男性不是传统上的主要抚养者，即使参与照料活动也往往是由其配偶分担。王伟同、陈琳（2019）通过对中国健康与养老追踪调查（CHARLS）2011年、2013 年、2015 年三期调查数据的分析得出，在拥有 16 岁及以下孙辈的中老年群体中，隔代抚养行为有利于提高其生活质量，但这种影响会随着抚养强度和中老年群体年龄的增长而减弱，65 岁以上老年人群体并没有通过隔代抚养获得更高的生活质量。此外，流动因素对于照顾孙辈的中老年人的影响也是不容忽视的。Letiecq 等（2008）对比了照料孙子女对于美国的欧洲移民老人和美国本地老人所产生的影响差异发现，同样是照料孙子女，美国本地老人的福利水平明显低于移民老人，这是因为当子女不在身边时，美国本地老人并不希望承担照料孙子女的职责，但对于移民老人而言，由于之前就有过长时间照料子女的经历，所以他们表现出来的对照料压力的反应更小。但由于中西方照料文化的差异，国内研究则得出几乎相反的结论，靳小怡和刘妍珺（2017）发现，照料孙辈对非流动老人的生活质量存在正向影响，而与流动老人的生活质量存在非线性的倒 U 形关系，他们认为这是因为非流动老人无须面对迁移所带来的社会适应问题，照料孙辈可使其获得更高的生活满意度。

第三节　中老年人口主观幸福感及迁居后的居留意愿

一　中老年人主观幸福感及其影响因素

幸福感是一个跨学科的研究领域，自 20 世纪 50 年代在美国兴起以来得到了心理学、人口学、社会学、医学等领域学者的广泛关注。我国学者自 20 世纪 80 年代中期开始也进行了大量关于主观幸福感的研究。已有研究常将主观幸福感和生活满意度合并在一起使用，因此本书在进行综述时会同时参考主观幸福感和生活满意度的相关研究。一般认为，老年人主观幸福感的存在基础是老年人的现实生活，同时又受老年人观念的制约，反映老年人整体精神生活状况（孙鹃娟，2008）。就生活幸福观的现状而言，徐华等（2014）对北京地区随迁老人的研究显示，随迁老人处于幸福感中等水平，显著低于北京籍的中老年人，随迁老人的幸福感受到居住时间、从事活动的类型、对出行和气候适应的程度等因素影响。肖富群和陈丽霞（2021）对北京等五个城市"老漂族"群体的网络调查结果显示，"老漂族"的总体生活满意度较高，这得益于他们在家庭关系和社区环境方面的较高满意度，其研究还指出，这与新闻媒介或一些质性研究中所描绘的不适应、漂泊、孤独等形象是有出入的，而后者关于"老漂族"的形象刻画是缺乏足够实证资料支撑的。

随迁父母属于中老年人口中的一个子群体，学界已有不少有关中老年人生活幸福感及其影响因素的研究，这些研究对于我们分析随迁中老年群体生活幸福感也有重要的启发意义。中国老龄科学研究中心2015年进行的中国城乡老年人生活状况抽样调查数据显示，从宏观层面来看，影响中国老年人主观幸福感的主要因素有：家庭状况、健康状况、社会保障与公共服务、居住环境、社会参与和精神文化生活等。老年人家庭关系越好、健康水平越高、社会保障水平越高、公共服务越便利、住房满意度越高、社会参与度越高、精神文化生活越丰富，则主观幸福感越强烈（党俊武、李晶，2019）。针对随迁父母的相关研究也表明，性别、年龄、婚姻状况、业余爱好和是否患慢性病等个体因素（胡艳霞等，2013），家庭关系（崔烨、靳小怡，2016），社会支持网络规模和紧密度（王雅铄、殷航，2016），社会资本（刘亚娜，2016）等因素都会影响随迁父母的生活福祉或质量。下面将从个体特征、个人资源差异、家庭因素以及社会因素来对已有相关研究加以梳理。

第一，年龄、性别、婚姻状况（谈孝勤、解军，2005；冯晓黎等，2005；Dolan et al.，2008；金岭，2011；Sun et al.，2016）等个体特征是最常被讨论的影响因素。比如有学者指出，女性老年人相比于男性老年人，拥有更高的主观幸福感（蒋怀滨、林良章，2008）；但也有研究认为女性老年人的主观幸福感低于男性（李德明等，2007），且年龄越大主观幸福水平之间的性别差异越大（Pinquart & Sörensen，2001），特别是农村女性老年人在精神生活方面是较弱势的群体（孙鹃娟，2008）。就年龄的影响来看，有研究认为，老年人的主观幸福感会随着年龄的增长因身体机能退化而有所下降（谢少飞等，2007；Chen & Short，2008；孔塞桑、班德罗，2013），相比于低龄老人，高龄老人的生活满意度更低，更容易感到生活不幸福（于桂兰等，2005；阎寒梅等，2017）；但也有研究指出，随着年龄增长，老年人的主观幸福感水平呈上升趋势（骆为祥、李建新，2011），这是因为随着年龄增长，老年人的生活期望和生活压力逐渐降低，生活目标更容易得到实现（Easterlin，2006）。或许年龄增长的影响，既有积极的一面，又有消极的一面，不能一概而论（袁小波，2008）。婚姻生活在很大程度上对老年人主观幸福感有着积极作用（刘亚芳，2011），有配偶老年人的主观幸福感水平显著大于无配偶老年人的主观幸福感水平（郑宏志、陈功香，2005），无配偶的老年人缺乏来自家庭成员的情感交流，亲情感下降，孤独感上升，导致其生活满意度会有所下降（刘吉，2015）。

第二，老年人的经济收入水平（Jung et al.，2010；邢占军，2011；张伟等，2014）、受教育程度（吴盛海，2009；刘丹晨，2019）、健康状况（曲江斌、杨倩，2009）等个体资源差异也是影响其生活质量的重要因素。文化程度较高（李建新、李嘉羽，2012）、经济水平较高、生活相对富裕的老年人主观幸福感评价也相对较高（姜晶等，1998），较好的经济状况和有保障的经济来源可以提高老年人的主观幸福感（刘亚芳，2011），经济保障可以使老年人活得更自由、更有尊严，因而觉得更幸福（吴金晶等，2012），不过对于经济条件较好的老年人，经济状况对其生活满意度的边际影响较小（张文娟、纪竞垚，2018）。王积超和方万婷（2018）通过对2012年中国老年社会追踪调查（CLASS）的数据分析也发现，年龄大、个人收入高、自感身体健康状况好、有配偶的女性老年人的主观幸福感较高。健康情况对老年人主观幸福感存在显著影响，健康情况越好的老年人的主观幸福感越强（唐丹等，2006；孙鹃娟，2008），视力问题、失能、疼痛、摔倒会降低老年人整体生活满意度（刘吉，2015）。

第三，影响中老年人主观幸福感的家庭因素包括子女、双向代际支持以及家庭代际关系等，但其影响方向还存在争议。吴盛海（2009）对农村老年人的研究指出，子女数越多，农村老人感到生活满意的概率越高；但吴金晶等（2012）对北京朝阳区的调查显示，子女孝顺的老年人主观幸福感水平更高，而子女较多的老年人未必更幸福，可见子女因素对老年人幸福感的影响存在城乡差异。唐金泉（2016）发现适度的自下而上和自上而下的代际支持可以提高老年人的幸福感，能对其心理健康产生积极影响。有研究认为，代与代间的经济支持和情感交流状况对老年人主观幸福感有显著积极作用，但日常生活照料的作用并不显著（王积超、方万婷，2018）。也有研究指出，比起经济支持和日常照料等"有形支持"，老年人与子女之间的情感交流和情感互助更能够对老年人的主观幸福感产生显著影响（郭志刚、刘鹏，2007；胡晨沛，2016），代与代间的情感交流能够提升老年人的主观幸福感（李建新，2007；Nguyen et al.，2016），其主要是从自尊感、孤独感、恩情感和积极体验四个方面对老年人的主观幸福感产生影响（王大华等，2004；胡宏伟等，2013；陈红艳，2017）。刘泉（2014）的研究认为，接受和给予代际支持对老年人主观幸福感的影响程度并不相同，相比于给予支持，老年人接受子代支持所获得幸福感更强。特别是对于农村老年人来说，来自子女的经济支持能够显著提升他们的主观幸福感（贺志峰，2011）。而子女的支持和照料能够显著提升老年人的安全感、归属感，并有助于消除孤独、寂寞等不良情绪，进而提升老年人主观幸福感（刘亚芳，2011）。与需要照顾孙辈的"老漂族"相比，不需要照顾孙辈的"老漂族"的总体生活满意度更低（肖富群、陈丽霞，2021），但是，如果照料的孙辈年幼、与子辈常发生争吵等则对父辈的生活满意度有负向影响（吴祁，2017）。此外，隔代照料的动机、自身经济状况、孙辈性别、是否与丈夫共同照料孙辈、是否与子女共同居住等因素也会影响老年人的心理状态（张田、傅宏，2017）。总的来说，亲情对提高老年人的生活满意度极为重要，老年人的孤独感在很大程度上是可以通过亲情关怀来化解的（同钰莹，2000），积极的家庭关系有利于提高生活满意度（Kim & Sok，2012），与子女的关系好，不感到孤独的老年人对生活的满意度更高（章蓉、李放，2019）。

第四，社会参与、社会支持、社会网络（贺寨平，2002；向运华、姚虹，2016）和社会资本等外部因素的影响也不容忽视。社会支持与老年人的主观幸福感存在紧密的联系，不管是接受支持还是给予支持，高水平社会支持的老年人的自尊感要显著高于低水平社会支持的老年人（王大华等，2004）。从接受社会支持的角度来说，社会支持程度越高，主观幸福感越高（高健等，2010）。城镇职工养老保险能够提升老年人的生活满意度，而参加新农保和新医保将会显著提升家庭代际经济支持水平，从而间接促进老年人的身体健康和提高生活满意度（郑志丹、郑研辉，2017；Yin et al.，2019）。从提供社会支持的角度来说，参与志愿者活动的城市老年人与不参与志愿者活动的城市老年人相比，前者的主观幸福感水平比后者高（吴金晶等，2012）；经常参加活动的老年人主观幸福感高于其他老年人（王武林，2012）；与女性老人相比，男性老人参与公益活动更有可能提高其生活满意度（曹杨、王记文，2015）。从社会参与的角度来说，"老漂族"参加社区活动的频率越高、与外界保持经常联系的频率越高，其对流入地生活的总体满意度也越高（宋晓星、辛自强，2019；肖富群、陈丽霞，2021）。此外，老年人周遭的人际关系和社会环境也是影响老年人生活满意度的重要因素（金岭，2011）。

二 迁居中老年人口的居留意愿及其影响因素

留居意愿（也称居留意愿）常被作为衡量流动迁移人口社区或社会归属感和认同感的重要指标之一，它是一种主观态度，是指外来人口进入流入地并在该地生活一段时间后对未来迁居安排的愿望和想法（孟兆敏、吴瑞君，2011）。学术界对随迁老人城市居留意愿的研究主要包括居留意愿强弱程度及其原因分析。由于相关研究对调查对象的界定以及对居留意愿的询问方式不同，所得出的关于随迁父母相似群体居留意愿程度的研究结论也存在一定差异（见表2-1）。孟向京等（2004）对北京流动老人的调查显示，70.0%的老年人愿意继续留在北京生活，理由是子女留在北京，自己将来老了也需要子女照顾。景晓芬、朱建春（2015）对西安市农村迁移老人调查数据的分析显示，超过一半的农村迁移老人具有定居城市养老的意愿。侯建明和李晓刚（2017）通过对2015年全国流动人口动态监测数据的研究发现，大部分流动老年人口的居留意愿比较强烈，无论是哪种流动原因，他们均打算继续留在流入地生活，流动老年人口的居留意愿比劳动年龄人口的居留意愿更强烈。刘成斌和巩娜鑫（2020）对2017年全国流动人口卫生计生动态监测调查数据的分析显示，从整体上看，"老漂族"与子女共同居住的意愿保持在较高水平，只是因为有家庭照顾分工的影响，部分"老漂族"表现出不愿意继续与子女共同居住的倾向，但又因为社会保障的不足和文化模式的惯性，使多数老人在面临养老选择时不得不依赖于以子女为核心的主干家庭。

　　但是，也有研究结果表明，大多数随迁中老年人的城市定居意愿并不强，如同样是对北京流动老人的调查，祝银等（2010）则得出了与孟向京等（2004）相反的结论：有一半以上的老人表示愿意选择回到迁出地，原因是亲戚朋友都在迁出地。陈盛淦和吴宏洛对福建省的调研也显示，超过一半的农村随迁老人不愿意在城市定居（陈盛淦、吴宏洛，2016a）。刘庆和冯兰（2013）基于深圳市部分社区的抽样调查也得出，移居老人在城市的定居意愿并不强烈，"流而不迁"的非永久迁移是一种较为普遍的现象，绝大部分外地父母抱有一种"临时居住"的心态（沈奕斐，2013a）。对于为照顾子代而家庭化流动的随迁父母而言，他们往往是被动性流动，主要由子代的需要来决定其参与程度（李芬、风笑天，2016），他们的迁移行动不是在养老，而是被啃老（刘成斌、巩娜鑫，2020），如果这种啃老关系的说法成立，那么子代持续地啃老可能降低老年人无私为子女操心的打算，转而为自己寻求养老积蓄，代际关系将走向更加理性、更少亲情的新平衡模式。社会经济地位较高的老年人更倾向于机构养老，机构养老的市场化与规模化势在必行（贺雪峰，2009；刘二鹏、张奇林，2018）。刘庆（2014）利用武汉市调研数据在对农村户籍随迁老人社会认同的分析中也指出，农村户籍随迁老人的城市定居意愿较低，"金窝银窝不如自己的老窝""叶落归根"等说法很形象地说明了这个问题（郭星华、李飞，2009）。苗瑞凤（2012）则认为，共同居住的经历对老人留居意愿有一定影响。迁移之前，大多数老人对于和子女共同居住持乐观预期，但是在与子女居住一段时间之后，这个比例明显降低。还有研究认为，随着居住环境的改变，移居老人的定居意愿并不明确，他们更有可能会在对将来生活状况的变化进行分析判断的基础上做好移居准备（李珊，2011）。综合来看，已有研究得出的意愿居留比例介于31.9%～74.6%，且大多数集中在40%～60%的区间内（见表2-1）。

表 2-1　已有文献关于随迁父母相似群体的意愿居留比例

调查方式和调查对象	询问问题	意愿居留比例（%）	样本量（人）	文献来源
在北京海淀区 4 个小区收集数据，调查对象为由外省迁来北京投靠子女的流动老年人，且年龄设定为男性 60 岁以上，女性 55 岁以上	未明确说明	70.0	170	孟向京等，2004
2009 年 8～9 月，在大连市 2 个流动人口较多的街道收集数据，调查对象为户口关系不在大连的 60 岁以上的移居老人	"您是否考虑在本社区一直居住下去？"	73.9	199（移居老人）	李珊，2011
2012 年 11～12 月，在深圳市流动人口较多的 3 个社区收集数据，调查对象为户口关系在农村，在深圳生活至少半年的老年人	"关于今后的打算，您是否愿意继续留在城市生活？"	33.1	362	刘庆、冯兰，2013
2013 年 7 月，在西安市城六区收集数据，调查对象为居住在西安市以外，户籍为农村户籍，迁移类型为随子女迁移而非个体迁移的 60 岁以上的农村迁移老人	"如果子女不再需要您的帮忙，是否打算定居在城市中养老？"	54.1	429	景晓芬、朱建春，2015
2015 年，在福建省 3 个地级市收集数据，调查对象为 50 周岁以上，拥有农村户籍并长期生活在农村，后跟随子女在城市生活半年以上的长者	"如果子代再生育，您是否愿意跟继续居留城市？"	57.9	382	陈盛淦、吴宏洛，2016a
2015 年，在福建省 3 个城市收集数据，调查对象为 55 周岁以上，拥有农村户籍并长期生活在农村，后跟随在城市定居的子女一起生活半年以上的长者	"关于今后的打算，您是否愿意在城市定居？"	46.2	35	陈盛淦，2016；陈盛淦、吴宏洛，2016b
调查对象为 2015 年国家卫计委组织的全国流动人口动态监测调查数据中 60 周岁及以上的流动老年人	"今后是否打算在本地长期居住（5 年以上）？"	67.3	4684	侯建明、李晓刚，2017
2013 年 8 月，在浙江 4 个城市收集数据，调查对象为 60 周岁及以上、未迁移户口、在流入地居住 6 个月以上的跨县、市或同一县、市从农村流动到城市的老年人	未明确说明	49.5	423	李芳等，2016

续表

调查方式和调查对象	询问问题	意愿居留比例（%）	样本量（人）	文献来源
2014 年和 2015 年在北京 3 个区部分街道收集数据，调查对象为根据街道提供的常住人口信息库筛选出的年龄在 55 岁及以上的外省市老人	"您今后的打算是？"（答案中包含"打算在北京长期定居"这一选项）	55.1	501	张航空，2018
2017 年 5~9 月，在济南 12 个社区收集数据，调查对象为追随子女迁往异地且年龄在 50 岁以上的人群	"您是否愿意在济南定居？"	44.2	317	曲壹方，2018
选取北京、南京、郑州、绵阳、佛山五城市，以照顾成年子女和未成年孙辈或养老为主要目的，跨越一定行政区，流动到子女所在地生活较长时间但户籍所在地一般不变的中老年人	"未来很长一段时间（至少五年）您愿意继续在子女所在地生活"	74.6	503	肖富群、陈丽霞，2021

　　已有研究显示，有关随迁父母相似群体居留意愿的影响因素主要集中在个体特征、家庭特征、流动特征和社会福利等方面。从个体特征来看，年龄大、受教育程度高、无家乡资产（李芳等，2016）、经济宽裕、身体健康（杨妮等，2018）、有配偶的女性老年流动人口（景晓芬，2019）在迁入地的居留意愿更高；但也有研究发现，身体不健康、受教育程度越低的随迁老人居留意愿越高（张李越、梅林，2020）。从流动特征来看，来迁入地生活时间越长、参与社交活动和社区活动频率越高（刘庆、冯兰，2013；李芳等，2016；杨妮等，2018）、本地朋友数量越多的流动老人的居留意愿越强（侯建明、李晓刚，2017；张李越、梅林，2020）；主观适应感较强、感觉不孤独的、对流入地归属感强的老人定居流入地的意愿更强（李珊，2010）；此外，省内流动老人更倾向于在流入地长期居住（景晓芬，2019），城—城流动老年人口比乡—城流动老年人口居留意愿更高（谢东虹，2019）。从家庭特征来看，共同居住经历对老人居留意愿有一定影响，迁移之前，大多数老人对于和子女共同居住持乐观预期，但是在与子女居住一段时间之后，这个比例明显降低（苗瑞凤，2012）；与住在女儿家相比，与儿子同住的迁移老人定居城市意愿更高，与同住子女关系的满意度越高以及在迁入地有独立住房的迁移老人留城养老意愿更高（景晓

芬、朱建春，2015）。隔代照料也会对老人的居留意愿产生一定影响，相比于照顾成年孙辈的随迁老人而言，照顾未成年孙辈的随迁老人的居留意愿更强（张李越、梅林，2020）。年龄偏大的农村女性随迁老人有着更强烈地照顾家庭的责任意识，也更愿意在城市定居，以照顾子女及其家庭（陈盛淦、吴宏洛，2016a）。从社会福利特征来看，在流入地参保的老人留居迁入地的概率更高，医疗保险异地结算不便对随迁老人在流入地的居留具有负向作用（景晓芬，2019）；享受基本公共服务较多的流动老年人口居留意愿较强，特别是在公共卫生服务方面已建健康档案、享受免费体检等待遇能够显著提高流动老年人口的居留意愿（侯建明、李晓刚，2017）。

第四节　已有研究评价

通过对中老年人口迁移问题以及代际支持对于中老年人生活之影响的文献回顾，我们得以初步窥探随迁父母群体的生活状况以及他们随迁参与孙代照料后生活质量上可能出现的变化。上述成果对本书具有十分重要的启发作用和参考价值，但还存在一些局限。

第一，从国外研究的适用性来看，西方国家对于老年人口迁移及其养老方式的研究虽然在理论上有一定的借鉴意义，但是中西方存在社会制度和国情文化的较大差异，一些西方研究所得的结论在中国未必具有普适性指导作用。发达国家拥有更完善的幼托制度，一些社会为母亲创造的 M 型就业环境降低了小家庭对父辈照料的依赖，加之产后休养习惯和代际关系传统与中国相去甚远，致使西方社会并不存在父辈随迁并长期支持晚辈的大规模事实。而中国受传统家庭文化以及家庭代际结构的影响深远，即便中国家庭结构可能经历着"去家庭化"的过程，但在面临育儿需求时，一般而言，父辈会主动承担子代家庭的幼儿养育责任，因此，已经分家的多代家庭往往会形成一个过渡性的抚育单位（王晶、杨小科，2017），在多孩政策持续推行和老龄化形势加剧的背景下，这种代际团结模式可能延续多年甚至发展为家庭育儿-养老的主要模式，这也使得中国老年人的养老生活呈现有别于西方社会的独特图景。再者，与国内中老年人以支援或投靠子女为主的迁移原因相比，国外老年人口的迁移原因趋于多元化，除了代际支持因素外，还存在不少其他导致老年人口迁移的因素，如 Wiseman（1980）构建的老年人迁移动机理论模型将老年人迁移动机划分为宜居环境、社会关系、养老服务和经济因素四类；Litwak 和 Longino（1987）根据老年人在不同阶段所面临环境和照护需求的变化而提出以"原居住地—阳光地带—子女身边—养老机构"为特征的老年人口迁移流动路径，但这些理论显然无法解释国内随迁父母的迁移现象。总之，国外中老年人流迁的"逆城市化"和"利己主义"动力机制与中国随迁父母有着根本区别，且各国在经济基础、社会福利条件和文化背景等方面的差异也使得国外学界关于老年人口迁移问题及其对策研究的相关结论无法完全适用于中国国情。对生育新政背景下随迁父母生活质量的研究，唯有立足中国国情开展接地气的实证调研，方能做到用中国话语讲好中国故事、用中国方案解决中国问题，同时也有助于为养老和育儿等各国面临的共同问题提供中国智慧和中国经验。

第二，从现有文献的政策环境来看，先前有关随迁父母的研究多处于独生子女政策时期，随着二孩和三孩政策的推进，随迁父母群体的规模将不断壮大、随迁时间会继续延长，生育政策调整对随迁父母生活的影响逐渐凸显出来，及时掌握他们的随迁生活质量、对孙代的照料意愿以及居留养老意愿等情况，对于优化家庭育儿-养老支持性配套政策尤为重要。传统研究思路在评估生育政策调整的预期效应时，多从人口学视角强调其对于延缓老龄化进程的人口红利效应，或从经济学和社会保障视角分析其对于缓解养老金空账危机的利好效应，这探讨的都是中长期宏观后果，较少着眼于当下境况，关注二孩和三孩政策给那些长期为子女分忧解难、既出钱又出力的随迁父母所带来的切身影响。虽然大众媒介对"老漂族"做过不少新闻报道和政策呼吁，但是媒介报道带有比较明显的价值倾向，在个案、事实、措施等方面具有比较明显的选择性，所呈现的群体形象未必是全面和客观真实的（肖富群、陈丽霞，2021），而学界对该群体的研究并未成体系，目前该领域的研究人员比较少，多为一些硕士、博士研究生，对相关问题的学理性探讨还不够深入。本书认为，了解一个群体，首先要从了解其最基本的特征入手，对其生活全景做到心中有数，对其行为方式、人际关系和认知观念加以理解和把握，才能形成有助于满足特定群体需求的政策框架，进而改善他们的现状。但是现有相关研究或对"随迁父母"群体界定不够精准，或只关注该群体生活现状的某个方面，未能全方位描绘随迁父母的人群概况，难以多角度、综合性地展现该群体随迁生活的全貌，也难以为我们解决"一老一小"民生问题的现实需要提供充足的数据支持。

第三，已有研究在讨论随迁父母的生活现状及其影响因素时，缺乏对父辈流迁特征和家庭结构形态的重视。由于随迁父母在陌生城市难免需要应对家庭融入和城市融入等适应性问题，在迁移因素和多孩政策的共同影响下，随迁父母的生活质量可能呈现更为复杂的特点，除了以往研究中常见的个体特征、家庭关系和社会福利等因素外，其迁居特点（如迁移的时间和距离成本、迁入地与迁出地的环境变化程度、随迁后的适应和融入情况）、随迁分居、子代家庭生育情况以及相关内生性问题也应纳入分析范畴。再者，虽然有研究指出给予代际支持、接受代际支持、代际支持不均衡对老年人健康都有影响（Liang et al.，2001；黄庆波等，2017a），但出于孝道文化的思考惯性，大多数研究偏向将子女"向上"代际支持作为影响父辈生活质量的重要解释变量，探讨父辈"向下"代际支持对其生活质量之影响的文献数量远低于前者，且主要集中在对隔代照料之影响的分析上，而对双向代际支持其他维度的考察略显不足。此外，有关随迁父母所处的临时性主干家庭或扩大化家庭的家庭代际关系及其社会服务策略研究受学界关注的时间也并不长，这类家庭中的代际伦理规范和代际互动特征与传统大家庭有明显差异，不论是定量的解释性分析还是定性的建构性研究都有待进一步加强。

第四，已有研究在看待中老年人照料孙代行为时，大多是将隔代照料作为既定事实，考察其对于中老年人身心健康、养老预期、女性劳动参与以及孙辈成长的影响，而中老年人作为代际支持提供者的主体心境和观感意愿往往被习惯性忽视，也并未发展出针对中老年人参与孙代照料之观念态度和现实感受的量化指标及系统研究。鉴于调整后的生育政策实施时间较短，目前针对父辈帮助子代照顾二孩的意愿的相关研究可谓凤毛麟角，以随迁父母为受访对象的二孩照顾意愿专项研究也几乎没有。李芬和风笑天（2016）的研究显示，不论在照顾第一个孙子女时是否得到过经济补贴，大部分老人还是愿意帮助照顾第二个孙辈，因此得出经济因素并非老人照顾孙辈的必要条件，非经济性因素（代际关系质量、传统道德感与自我意识、照顾第一个孙辈时的个人经历和情感体验等）在老人照顾第二个孙辈的意愿中发挥了更大的作用。但现有对于老年人的二孩照料意愿的研究所使用的定量数据是通过对作为生育主体的年轻夫妇的调查间接获得的，并非直接询问作为主要照料者的中老年人或随迁父辈所得。近年来，新闻媒介中有关随迁父母在帮子女照料孩子过程中遭遇的异地融入困境、代际关系冲突和身心压力等的报道日渐增多，在现实生活中也不难发现，并非所有父辈都心甘情愿为子女提供照料支持，他们在参与子代家庭生活的过程中也并不都是其乐融融的，因此缺乏父辈视角的经验数据实为不足。父母参与子代家庭育儿过程在中国十分普遍，① 现有研究在讨论青年夫妇二孩生育意愿时不免提及幼儿照料人手不足是抑制其再生育意愿的重要原因之一，反观那些最有可能提供养育支持的随迁父母，他们的所想所感所愿却较少受到学术关注，这一缺乏主位视角的研究盲区也正说明我们对于随迁父母提供的生育支持效用还不够重视。

第五，目前虽有一些文献关注到了随迁父母等相关群体的居留养老意愿，但研究的总量并不丰富，仍处于零散的经验研究阶段，且真正以照料孙代型随迁父母为调查群体的居留意愿研究十分有限。该群体不同于为了生计而前往异地谋生的中老年流动劳动力，后者的流动诱因或居留策略以经济因素为主（陈英姿等，2022）；也不像纯粹为了养老而投奔子女的老人那样具有十分明确的居留意愿。虽然他们中的一部分人在孙辈长大、自己渐老后可能顺势定居下来，但就目前来看，留居养老只是未来诸多选择中的一种可能，这种不确定性也给了我们较多讨论的空间。虽然本书在进行已有文献梳理时将与随迁父母相似群体的同类研究均列入综述范畴，但不同研究在具体调查对象的界定和居留意愿的测量上存在较大差异，所得结论难以统一，也未必适用于对照料孙代型随迁父母群体居留养老意愿的推论参考。例如，同样是随迁老人的调查，不同文献中对受访者年龄、户籍、随迁时间等方面的抽样要求各有不同，有学者对北京流动老人的调查

---

① 全国妇联 2016 年发布的调查报告显示，六成以上的家庭在孩子上幼儿园前是由祖父母帮助带养的（田晓佩，2016）。

显示，70%的老年人愿意继续留在北京生活，理由是子女留在北京，自己将来老了也需要子女照顾（孟向京等，2004）；但同样是对北京流动老人的调查，也有学者得出了相反结论：有一半以上的老人表示愿意选择回到迁出地，原因是亲戚朋友都在迁出地（祝银等，2010）。有学者对农村迁移老人的研究显示，超过一半的农村迁移老人具有定居城市养老的意愿（景晓芬、朱建春，2015）；但也有学者指出该群体的城市定居意愿并不强（刘庆，2014），"金窝银窝不如自己的老窝""叶落归根"等说法形象地解释了其较低的居留意愿。又如，在一些研究中（陈盛淦、吴宏洛，2016a）所谓的"居留意愿"实则是指孙代照料意愿，而在另一些研究中（景晓芬、朱建春，2015）的"居留意愿"则是指养老意愿，还有一些研究中（侯建明、李晓刚，2017；肖富群、陈丽霞，2021）的"居留意愿"则对定居的最短年限做了特别规定。当前研究的理论视角较为单一，缺乏对随迁父母迁居后的个人生活、家庭生活和社会生活的统筹性分析，即使有对个体、家庭和社会等影响因素的综合考察，也多以常见的静态特征为解释变量，缺乏对迁居前后生活的对比以及其他迁居效应的关注，且往往将迁移动机和居留动机混为一谈，忽略了父辈个体的主观能动性。

第六，目前对中国随迁父母被动分居现象的报道仅零星见于大众媒介，以人文关怀的微观故事记录为主，缺乏高质量的实证研究和学理论证。各媒体以视频、图片和文字等新闻形式记录"老漂族"的群像，讲述他们的家庭故事，但只有极少数以老年分居为主线，如2016年9月12日《西安日报》的《照顾孙辈成"老漂族"父母们走进"新分居时代"》、2019年2月19日《半岛都市报》的《短相聚长别离，"漂爸漂妈"的爱与愁》等。实际上，由于配偶一方仍未退出社会劳动（如未达到退休年龄或需要继续打工、务农等），或需要到其他子女家中去帮忙，或无法适应异地生活，或因子代家庭住房紧张等因素，随迁父母"劳燕分飞"的情况在现实中并不少见。随迁所带来的"被"分居已成为不可回避的社会问题，缺乏对此类问题及其影响的关注实为不足。

第三章　研究方法

为实现本书的研究目标，我们以定量研究为主、定性研究为辅的方式进行资料收集和分析。其中，定量研究部分主要针对随迁父母的个人和家庭特征、迁居情况、随迁生活质量、孙代照料情况、双向代际支持情况、居留养老意愿等方面开展问卷调查，对所收集到的数据资料采用 SPSS 22.0 软件进行处理和分析。定性研究部分则是在问卷调查过程中重点选取多位随迁父母个案，围绕随迁生活中的主观感受、家庭代际关系以及相关困境和需求开展深度访谈，对所收集的文字资料采用 NVivo 11 软件进行处理和分析。本章将对定量研究中涉及的关键变量进行内涵界定和测量指标构建，对实证资料的收集过程加以说明，并对问卷调查和深度访谈的样本信息进行描述。

第一节　主要变量及其操作化

本书的定量研究部分主要采用调查研究方式，调查研究指的是一种采用自填式问卷或结构式访问的方式，系统地、直接地从一个取自总体的样本那里收集资料，并通过对资料的统计分析来认识社会现象及其规律的社会研究方式（风笑天，2022），本书将采用访问式问卷调查形式收集数据。根据定量研究的演绎推理逻辑和理论检验范式，对关键概念的测量和操作化是整个研究的重要基础之一。因此在正式开展抽样调查之前，我们先对本书所涉及的"生活质量""代际支持"等重要概念进行界定并发展测量指标，其他诸如"隔代照料观念""居留养老意愿"等次要概念的界定和测量会在后续探讨的具体篇章中予以澄清和说明。

一 随迁父母"生活质量"的界定与测量

随迁父母的生活质量，即父母随子女迁居后在迁入地的生活质量。"生活质量"（Quality of Life，QOL）是一个被广泛使用但至今仍难以被统一界定的概念，在医学、卫生学、经济学等其他领域相关文献中还有"生存质量"、"生活水平"和"生命质量"等评价生活优劣程度的相似称谓。学术界对生活质量的关注由来已久，其作为一个专门的研究领域始于20世纪50年代末60年代初。英国剑桥学派福利经济学家庇古（Pigou，1920）在《福利经济学》中首次明确使用"生活质量"来描述福利的非经济方面。美国经济学家加耳布雷思（Galbraith）（1965）在其著作《丰裕社会》（*The Affluent Society*）中进一步将"生活质量"定义为，人们在生活舒适度、便利度和精神方面得到的享受和乐趣。美国经济学家罗斯托（Rostow，1971）在其著作《政治和增长阶段》（*Politics and the Stages of Growth*）中正式将"生活质量"作为研究对象纳入其理论框架，并把"生活质量"当作人类社会历史发展的一种阶段特征加以描述。在这一阶段，经济增长的物质层面已经发展成熟，社会的主导部门自然转向服务业和环境改造事业，罗斯托将其定义为"追求生活质量"阶段。1994年2月，世界卫生组织生活质量研究组在比利时成立了国际生活质量研究协会（International Society for Quality of Life Studies），次年出版了《生活质量》（*Quality of Life*）会刊，而后，生活质量成为一个备受关注的主题，并进入理论研究者和政策决策者的视野。

随着生活质量之内涵的不断丰富，其测量维度也不断扩展，主要涉及客观和主观两个领域的评价标准。主张客观性评价标准的研究认为，生活质量是生活条件的综合反映，生活条件的改善就意味着生活质量的提高，因而倾向从影响人们物质和精神生活的客观条件方面来衡量生活质量的高低。客观生活质量的研究关注与他人共同生活的有形世界，包括个人经济状况、社会交往情况、是否有生产性贡献等。从某种意义上说，现代生活质量的研究源于西方经济学的福利概念，因此早期研究常以经济福利水平为衡量生活质量的逻辑标准。比如早期欧洲的生活质量评价标准建立在个人对资源（收入、资产、教育、知识）的支配基础上，其相应的观测指标也是围绕着客观生活条件来确定的。罗斯托（Rostow，1971）认为，生活质量与经济增长阶段相联系，是经济增长过程的必然产物，其包括自然和社会两方面的内容，自然方面即居民生活环境的美化和净化；社会方面是指社会教育、卫生保健、交通、生活服务、社会风尚乃至社会治安等条件的改善。我国人口学者冯立天（1992）也认为所谓生活质量，就是在一定经济发展阶段人口生活条件的综合反映，并主张从物质层面的生活质量指数方面进行测量和评价。美国未来学家梅多斯等（2013）撰写的《增长的极限》提出了一套衡量人民生活质量的客观指标模型，包括生活水平、人口密集程度、环境污染程度等指标。

　　主张主观性评价标准的学者们认为个体对生活质量的自我汇报更加稳定（欧阳铮、刘素素，2019），他们将生活质量理解为"人们对生活环境的满意程度和对生活各方面的评价和总结"（林南、卢汉龙，1989）。加耳布雷思（1965）指出，主观体验是生活质量的根本，包括个人自我价值展现的体验以及对自身经历的满意程度等。这种认识方法假定生活质量与个体对于生活快乐的主观评价高度相关。当社会的客观物质生活条件达到一定水平时，学界对生活质量的研究逐渐转向从个人的"满意度"或"幸福感"等主观感受出发进行测量，其指标体系主要包括人际关系、社会声望、才能、身体健康、生活环境、业余文化生活等方面。比如1957年美国学者古瑞等（Gurin et al.，1960）首次进行了美国民众精神健康和幸福的生活质量调查研究；1976年，坎贝尔等（Campbell et al.，1976）进行的美国社会生活质量抽样调查，重点研究居民生活满意度，并将生活质量定义为生活幸福的总体感觉。卡明斯（2017）进一步指出，生活质量的主观维度通常涉及生活满意度、幸福感、控制能力等，其内容可归为主观福祉（subjective well-being），每个人的主观福祉等级总是围绕着一个设定的点，主观福祉的动态平衡系统稳定在个体设定点周围，由此形成的"主观福祉的动态平衡"理论将人们自身的主观感受视为评价生活质量的关键变量，并解释了客观变量与主观福祉之间的低关联度现象，认为动态平衡机制会驱使个体从生理和心理层面对任何增加或减少客观资源的情况进行调适，使生活质量的主观层面维持在设定点附近。晚近的研究者们普遍认同生活质量是全面评价生活优劣并从社会发展结果来考察人口生活状况的一个概念，与之相应的衡量办法既包括客观评价，也包括主观感受，因此主张将客观维度指标与主观维度指标结合起来加以考察[①]，如风笑天和易松国（1997）曾指出，生活质量是社会成员满足生存和发展需要的各方面情况的综合反映，包括客观的生活条件和主观的生活满意度两个方面内容。

国内学界对生活质量的研究兴起于 20 世纪 80 年代中期，一方面是由于受到国外生活质量概念、理论和经验研究引入的影响；另一方面是由于我国改革开放后，人们生活水平不断提高，如何评价并持续改善人们的生活质量逐渐成为学术界的探讨焦点和社会发展的政策目标。风笑天（2007）将国内生活质量的研究大体划分了三个阶段：1980～1990 年为起步阶段；1991～2000 年为成型阶段；2001 以后为快速发展阶段。1982 年 11 月，美国社会学家林南教授和天津社科院社会学所合作在天津市进行了千户居民生活质量问卷调查，通过测量人们对生活各方面的感受和满意程度，提出了一系列生活质量结构与指标模式（林南等，1987）。1987 年 3 月，林南又与上海社科院社会学所合作在上海市进行了一次关于市民生活质量的抽样调查，并建立了关于社会指标与生活质量的结构模型（林南、卢汉龙，1989）。1987～1990 年，北京大学社会学系生活质量课题组在北京、西安、扬州三市部分地区进行了多次抽样调查，除了采用客观指标外，还对主观生活质量指标的影响这一项增加了参照标准，并通过中介评价指标将客观指标系列进行综合，形成了三级主、客观作用机制的生活质量模型。由复旦大学人口所、南京大学人口所、北京经济学院人口所共同组成的"中国人口生活质量比较研究"课题组于 1992 年出版了我国第一部关于生活质量研究的专著《中国人口生活质量研究》，该著作全面呈现了我国在生活质量评估指标与方法研究上的成果。2003 年，武汉大学生活质量研究与评价中心成立，该研究中心在《全面小康：生活质量与测量——国际视野下

[①] 从研究实践来看，国外文献中相对较少使用主观生活质量和客观生活质量的概念。风笑天（2007）认为，国外的生活质量概念在内涵上，主要对应国内的主观生活质量概念，即指的是人们对自身生活条件和状况的评价，对它的测量指标也主要是对处于认知层面的生活满意度的测量。国外对应国内客观生活质量含义的生活质量概念，则早已经演变成生活指标的内容，并且越来越淡出生活质量研究的领域，成为人类发展研究领域的一种指标了。

的生活质量指标》《中国生活质量：现状与评价》《社会发展与生活质量》等专著中，对生活质量指标体系、中国居民生活质量状况进行了深入、全面研究，这些代表性成果为国内学者开展丰富多样的生活质量研究提供了有益的学术启发。

在众多针对不同群体生活质量所做的研究中，对本书有较大启发借鉴意义的当数有关老年人生活质量的研究文献。不同学者从各自的学科专业视角、研究主题及侧重点出发，对老年人生活质量提出了相应的理解和测量指标。比如邬沧萍（1999）认为，老年人生活质量涉及该群体对自己的健康水平、生活居住环境、物质经济水平、精神生活以及自身品质与所拥有的权利等诸多因素进行评价所得出的满意度与幸福指数。其在后续的研究中又进一步指出，老年人生活质量是老年人针对生活各方面的主观感受与客观状态做出的综合评价，包括身心健康、物质生活、精神文化生活、自身素质、应有权力和立意、生活环境等（邬沧萍，2002）。陈琪尔（2000）认为，老年人生活质量是指 60 岁或 65 岁以上的老年人群，对自己的身体、精神、家庭和社会环境生活诸方面美满程度的主观、客观总结和评价。杨中新（2002）认为，中国老年人的生活质量应包括健康、经济、环境、家庭、婚姻、情趣、教育、从业、政治和人文等 10 个层次，其中，健康生活质量因其决定了老年人的总体生活质量水平而较受关注。刘渝琳等（2005）认为，老年人生活质量是社会提高老年人健康的供给程度和老年人健康的满足程度，是建立在一定物质条件基础上的，老年人对生命及社会环境的认同感。刘晶（2009）认为，老年人生活质量应该是一定社会条件下老年人在物质生活、精神生活、身体状况、生活环境中所处的状态及老年人自我感受的总和。陈英姿和邓俊虎（2011）构建了老年人生活质量评估指标，指出老年人生活质量可以通过经济、精神、医疗健康、家庭与社会生活四个方面进行评估。中国老龄科学研究中心发布的《中国老年人生活质量发展报告（2019）》提出，老年人生活质量是指老年期的人的客观生活条件、生活行为及主观感受的总和。该报告对老年人生活质量及其指标体系进行了理论梳理，根据科学性与实用性相结合、客观与主观相结合、多学科视角相结合等原则，第一次提出了以老龄国情调查为支撑的全面评价老年人生活质量指标体系的中国版本（1.0 版），并首次对全国老年人生活质量进行了分省份评价。综上，有关老年人生活质量的概念界定和评价指标并未达成共识，因此相应的测量工具也处于不断发展和演变进化中。

医学文献中通常使用的生活质量测量量表主要有健康状况调查问卷（SF-36）（李学龙等，2010；赵华硕等，2012）、世界卫生组织生存质量测定量表（WHOQOL-100，包含 100 个问题条目）（郝元涛等，2006；Billington et al.，2010）、世界卫生组织生存质量测定量表简表（WHOQOL-BREF，包括 26 个问题条目）、欧洲五维健康量表（EQ-5D）（Gutke et al.，2011）等。这些量表大部分是由研究者根据理论概念开发的，并未充分考虑老年人的特殊性。针对老年人的生活质量测量，WHO 于 2002 年在世界卫生组织生存质量测定量表简表（WHOQOL-BREF）的基础上研制了老年人生存质量量表（WHOQOL-OLD），其被证实在老年人生存质量的研究中具有可靠性和有效性（Peel et al.，2007；Halvorsrud et al.，2008）。Bowling 和 Stenner（2011）编制了 35 条目的老年人生活质量问卷（35-item Version of Older People's Quality of Life Questionnaire，OPQOL – 35）。Chen 等（2014a，2014b）对 OPQOL-35 问卷进行了翻译和修订，并用于上海市独居老年人生活质量研究，结果显示信度和效度较好。2013 年，Bowling 等又在此基础上对 OPQOL-35 做了精简处理，形成了 13 条目的简版老年人生活质量问卷（brief Older People's Quality of Life Questionnaire，OPQOL-brief）（Bowling et al.，2013）。此外，还有英国等欧洲国家推广使用的由英国学者 Hyde 等（2003）编制的老年人生活质量问卷 CASP – 19（Control，Autonomy，Satisfaction，Pleasure-19 Items），其将老年人生活质量分为四个维度：控制力（control）、自主性（autonomy）、自我实现（self-realization）和愉悦感（pleasure）。但该问卷在中国的应用较少，缺乏足够认可度（欧阳铮、刘素素，2019）。国内关于老年人生活质量的研究早期比较侧重描述一般的健康状况，即生命质量，但随后的研究表明，老年人生活质量无法完全通过客观健康状况指标反映，因为一些身患疾病的老年人的健康状况与他们感知到的生活质量并不一致，所以不能仅靠对健康状况的测量来评价老年人的总体生活质量（张继海、杨士保，2004）。中华医学会老年医学会流行病学组编制了"老年人生活质量调查表"及评价标准（卫生部北京老年医学研究所流行病学研究室，1996），但其应用性还有待考察（张迪、何作顺，2015）。刘娜等（2017）将 Bowling 等的简版老年人生活质量问卷（OPQOL-brief）翻译并应用于评估我国社区老年人的生活质量，结果表明其具有较好的信效度。尽管有关老年人生活质量的测量工具已有很多，但现有量表对不同地区、不同年龄层次、不同生活状态下的中老年群体的适用性还有待进一步检验。

在综合借鉴前人关于老年人生活质量的概念界定和测量方法的基础上，根据本书对随迁中老年群体生活质量的研究目的，将"随迁父母生活质量"定义为：在一定社会条件下，随子代迁居的中老年父母在物质生活、精神生活、身体状况和社会环境中所处的状态及其自我感受的总和。本书将从物质生活情况、社会生活情况、躯体健康/身体健康状况、心理健康/精神健康状况以及生活幸福感五个维度来综合考察该群体的生活质量（测量指标见表 3-1）。

第一，物质生活情况主要指随迁父母在迁入地的地区人文环境（包括语言、气候、饮食、风俗等因素）、社区客观条件（包括社区的绿化、噪声、卫生、交通便利度、安全感）以及室内居所条件（包括住房性质、居住面积、房屋设备等）等方面的情况。已有研究显示，随迁父母的子女在城市中一般拥有比较稳定的经济基础或较好的经济收入（孟向京等，2004），至少拥有让父辈前来共同生活的经济能力，因此可以推知大部分随迁父母在子代家中的生活条件比较好。本书主要通过随迁前后的物质生活情况对比评价来测量随迁父母在迁入地的物质生活状况，体现迁移所带来的物质生活的变化程度，以方便判断父辈随迁行动对其物质生活的直接影响。

第二，社会生活情况主要是指随迁父母在迁入地的社会参与、社会交往和闲暇娱乐状况。目前学术界对老年人社会参与的内涵和外延还没有形成一致的观点，邬沧萍（1999）认为，老年人的社会参与包括政治层面的参政议政、经济层面的再就业和文化层面的社区活动参与等。杨宗传（2000）认为老年人社会参与的内容包括以再就业为主的社会经济活动、以精神娱乐为主的社会文化活动、参与人际交往和旅游活动、以实现自我为主的社会公益和志愿者活动、在家庭范围内参与的文化娱乐活动以及家务劳动等。王莉莉（2011）认为，老年人社会参与是老年人在社会互动过程中，通过社会劳动和社会活动的形式实现自身价值的一种行为模式。还有学者从老年人自我价值的实现出发，认为社会参与强调老年人能够按照自己的需要、愿望和能力参与社会（刘颂，2006；杨华、项莹，2014），其涉及种类多样，包括就业、政策参与、家务劳动、隔代照料、志愿活动和教育培训等各种形式（王世斌等，2015）。本书所研究的随迁父母群体已经退出社会生产劳动，因此对他们社会参与的测量将不涉及市场经济活动和参政议政活动，而家务劳动属于代际支持行动范畴，也不考虑列入社会参与测量当中。随迁父母的社会参与主要指发生在家庭以外的社会活动，主要包括在迁入地参与各类民间社团、社区日常工作、老乡/老友聚会、志愿服务活动等。社会交往情况是指随迁父母与家人之外的其他人发生的人际交流和相互往来情况，主要包括在迁入地的交友数量和交往频率等。闲暇娱乐状况是指随迁父母在迁入地的休闲活动安排情况。除对上述社会活动参与情况的考察之外，还将增加随迁父母对社会生活满意度的主观评价指标，以此全面衡量他们在迁入地的社会生活情况。

第三，身体健康即躯体健康，是指人的躯体没有发生病理性变化，身体结构完好和功能正常，能够顺利完成日常生活或工作。健康自评是人们对自身各项健康状况的主观评价，是反映生活质量的重要指标。已有研究表明，健康自评与躯体健康状况等客观指标有良好的一致性（雷鹏等，2011）。由于大多数随迁受访者的年龄为 50～70 岁，能够为子代家庭提供多项代际支持，可见该群体有较好的认知能力和表达能力，因此本书对随迁父母身体健康和精神健康状况的考察均采用受访者健康自评方式进行。在借鉴以往有关老年人身心健康调查自测量表的基础上，结合本书研究目标和研究对象的群体特征，制定了针对随迁父母的睡眠、听力、视力、食欲、体力、咀嚼能力、语言表达能力、生活自理能力、钱财管理能力、记忆能力等的身体健康状况自评项目[①]，此外，还增加了对慢性病及其用药开支情况的调查，以及对个人总体身体健康状况的自评。

---

① 已有研究表明，听力、视力及牙科疾病等也是影响老年人生活质量的重要因素（Khaw，1997；Appollonio et al.，1997）。

第四，心理健康又被称为精神健康，指人的心理处于完好状态，包括正确地认识自我、正确地认识环境和及时适应环境。根据世界卫生组织的定义，"健康"指的是身体、精神和社会等各方面幸福的状态，不仅仅是没有疾病或不虚弱（杨凡等，2021；齐亚强，2014），因此心理或精神健康状况也是反映随迁父母生活质量的重要维度。在借鉴传统精神健康自评量表基础上，结合随迁父母的心理活动特征，本书对随迁父母精神健康状况的测量主要包括对积极情绪体验和消极情绪体验的感知情况以及对个人总体精神健康状况的自我评价。

第五，生活幸福感是个人对自己生活状态的总体评价和感受，是对自己生活的满意程度（Cummins，2005），当个人的愿望或者需求得到满足时就会对目前的生活状态产生幸福满意的主观感受。Diener 等（1985）提出主观幸福感（Subjective Well-being，SWB）是评价者根据自定的标准对其生活质量的整体性评估，对主观幸福感的评定应从认知和情感两个层面来进行，在认知层面上，幸福感即生活满意感，是人们根据自己特有的准则，对自身生活质量的自我评价（Andrews & Withey，1976；Shin & Johnson，1978）；在情感层面上，幸福感可等同于快乐感，可以通过积极情感和消极情感的平衡度来体现，即一个人的积极情感多于消极情感时，便会感到幸福（Watson et al.，1988）。国内不少学者也认同主观幸福感应包括认知评价、正性情感和负性情感三个方面。幸福感既包括个人对其生活状况的总体评价和对生活的满意程度，也包括消极情绪的消失以及积极情绪的出现等（刘仁刚、龚耀先，1998；唐丹等，2006）。老年人主观幸福感状况反映的是老年人的群体精神状态，它是评价者根据自定的某些标准对自身生活质量所做的整体性评价（王红，2015）。参照上述概念界定，广义的随迁生活幸福感是随迁父母对其随迁生活质量所做的情感性和认知性的整体评价。其中情感性评价体现为随迁父母精神健康状况调查中正面情绪和负面情绪的感受情况；认知性评价即狭义层面的生活幸福感，体现为随迁父母对当前随迁生活总体幸福感的自我评价。以此作为反映随迁父母生活质量的综合性评价指标。

表 3-1 随迁父母生活质量的测量

测量维度	指标说明	问卷中的主要变量
物质生活情况	• 在迁入地的居住情况 • 与随迁前物质生活条件的对比 • 随迁前后地区差异程度（反映客观融入难度）	• 居所的住房性质；是否拥有独立房间 • 与随迁前常住地相比，目前客观生活条件在社区安全、社区环境（绿化、噪声、卫生）、外出便利性（购物、看病就诊、社交会友等日常活动的便捷程度）、休闲娱乐和健身设施条件、屋内物质生活条件、人均居住面积等方面的对比评价 • 随迁前常住地与迁入地在日常语言、饮食口味、气候、风土人情/文化习俗、物价等方面的差异评价
社会生活情况	• 在迁入地的社会交往情况 • 在迁入地的社会参与情况 • 闲暇娱乐状况及其社会生活满意度	• 迁入地交友数量；和朋友互动频率 • 在迁入地参与各类民间社团、社区日常工作、老乡或老友聚会、志愿服务活动的频率 • 在迁入地参与运动类、智力类、休闲类活动的频率 • 对目前业余生活和社会参与情况的总体满意度
躯体健康/身体健康状况	• 自陈健康状况、慢性病情况及就医情况 • 对个人身体健康的总体自评	• 最近半年内，在睡眠质量、听/视力、食欲、咀嚼能力、语言表达能力、生活自理能力、钱财管理能力、记忆能力、精力/体力、情绪控制能力等方面的自我评价 • 是否存在慢性病？是否需要长期服用某种药物？慢性病治疗药物月均花费数额；近半年在迁入地的就医情况等 • 对总体身体健康的自评情况
心理健康/精神健康状况	• 对正面和负面情绪的感知情况 • 对精神健康的总体自评	• 最近半年内，自感平静/轻松、生气/愤怒、担忧/焦虑、愉悦/享受、忧郁/悲哀、情绪易波动/急躁、越老越不中用、自己的事情能自己说了算以及还感到和年轻时一样快活等情绪的频率 • 对总体精神健康情况的自我评价
生活幸福感	• 对目前生活的总体满意度	• 对目前随迁生活总体幸福感的自我评价

二 "代际支持"的界定与测量

代际支持就广义而言是双向的，包括上下代之间在经济上的互惠、生活上的互助和情感上的支持情况，以及分享生活体验和生活资源的过程。在观测维度上，一般包括日常经济支持、生活照料和情感交流三个方面（穆光宗，2002）。本书所考察的代际支持发生在随迁父母与其正在帮助的子代家庭之间，既包括随迁父母对子代的"向下"支持，也包括子代对随迁父母的"向上"支持。其中，子代家庭对随迁父母的"向上"支持沿用了三个通用指标维度，即物质经济支持、生活照料支持和情感交流支持（见表3-2）。

表3-2 子代家庭对随迁父母"向上"支持情况的测量

测量维度	指标说明	问卷中的主要变量
物质经济支持	• 子代为随迁父母提供经济或物质支持及心意表达情况	• 子女是否有给生活费或伙食费？如果有，月均金额多少 • 对子女为自己购买生活用品、保健品，支付旅游费用等方面的评价 • 子女是否帮忙购买商业保险？金额多少
生活照料支持	• 子代为随迁父母提供陪伴照料和休闲娱乐支持的情况	• 子女在陪同看病、治疗陪护、陪同参与社团活动和休闲娱乐活动等方面的付出程度 • 子女是否付出或表达过其他方面的孝心
情感交流支持	• 当遇到困难/挫折时，子代家庭能给予的精神支持程度 • 对子女孝顺程度的总体评价	• 当您遇到苦恼的事或心情低落时，子女或孙辈能否及时给予您精神安慰和情感支持 • 对子女孝顺程度的评价

对随迁父母而言，随子女迁居并参与孙代抚养是其最主要的"向下"代际支持形式。尽管过去30年全国幼儿园总数呈上升趋势，中老年人却越来越成为重要的儿童照顾者（Chen et al.，2011）。根据《中国家庭发展报告2016》的结论，在城镇地区父母双全的家庭中，孩子日常生活主要由父母照管的比例仅为13.3%，隔代抚养的比例占44.8%（国家卫生计生委家庭司，2016）。本书在考察"向下"代际支持时，除沿用以往代际支持研究中常用的三个测量维度——物质经济支持、生活照料支持和情感交流支持之外，还将增加随迁父母为子代家庭提供孙代照料支持情况的测量（见表3-3）。

表3-3 随迁父母对子代家庭"向下"支持情况的测量

测量维度	指标说明	问卷中的主要变量
物质经济支持	• 为子代家庭提供物质经济上的直接或间接资助	• 是否为子代家庭的购房/租房、购车、购车位等大额开支提供过资金支持；支持金额总计多少 • 是否为子代家庭的日常家用开支和孙代教育经费提供过资金支持；月平均支持经费多少
生活照料支持	• 为子代家庭提供无偿家务劳动的频率和强度 • 从事各类家务的总时长	• 对于打扫卫生、买菜、备饭、洗碗、洗晒衣服等各项家务劳动的承担程度 • 每天在所有家务劳动上的平均花费时间

测量维度	指标说明	问卷中的主要变量
情感交流 支持	● 与子代家庭成员的关系自评 ● 与子代家庭整体沟通满意度 ● 当晚辈遇到困难/挫折时能够给予精神支持的程度	● 对与子代家庭成员［儿子、儿媳、女儿、女婿以及（外）孙子女］相处关系的评价 ● 对与子代家庭沟通交流情况的总体满意度 ● 当子代家庭成员遇到困境/困难时，能够为他们提供精神支持和安慰的程度
孙代照料 支持	● 照料孙代的情况 ● 替代子代进行亲子陪伴和亲子教育职能等的情况	● 目前帮忙照看的孙代子女数量及最小年龄 ● 是否帮多个子女家庭照看孙代 ● 在接送孙代上学和放学、陪孙代上兴趣班、陪写作业或辅导功课等事项上的参与和承担程度

三　随迁概况的界定与测量

针对随迁父母的特殊性，本书将对其随迁概况展开全面调查，主要包括随迁形式、随迁时长、随迁距离、随迁前常住地性质以及对迁入地的地域认同度等方面测量（见表3-4）。就随迁形式而言，本书主要通过掌握随迁父母在迁入地与子代家庭的共居方式以间接判断受访者是随女儿迁居还是随儿子迁居，抑或在多子女家中轮流帮忙。所谓"随迁之前的常住地"（在本书中视为迁出地），是相对于迁入地/迁居地（本书的调查地）而言的，它是指包括老家在内的此前长期工作/生活的地方，是受访者在随迁之前感到最有归属感和认同感的地方。如果受访者在随迁前四处打工、居无定所或没有在任何地方长时期居住过，则以老家为随迁前的常住地进行提问。我们要求访问员在提问时必须向受访者进行上述界定的说明。之所以用随迁前常住地而不用老家或家乡作为受访者迁出地，是因为本书所调查的随迁父母（年龄介于50~70岁）大多出生于20世纪50~70年代，他们正好赶上中国改革开放后的人口大流动时代，在试调查中，我们发现不少中老年人在随迁之前就因为学习、下乡、婚姻、工作谋生等机缘而离开严格意义上的老家（有些人也理解为祖籍地）数年甚至数十年，他们对常住地（也可视为他们的第二故乡）的适应和融入程度实则超过了所谓的家乡，他们的社交关系甚至户口和社保关系也大多是在这些地方，也就是说，先前常住地对他们过往生活的影响可能大于狭义上的老家或家乡。以往研究指出，老年人居住位置和地域认同意识能够在空间上分离，身体的移动并不意味着情感的移动（Cuba，1989），由此可以推测现实中随迁父母的地域认同很可能不会因为居住空间的位移而发生变化，而我们要研究的正是他们从熟悉的常住地向迁入地流动时，能否自如地应对地区差异并适应新环境下的随迁生活。为了验证我们的观点，在调查中对于回答随迁前常住地并不是老家的受访者，我们又进一步追问他们的老家，结果发现，60%的受访者所回答的"随迁前常住地"并不是他们的"老家"。因此，本书认为对于新时期的随迁父母而言，不能以"老家或家乡"为受访者的迁出地，而要以受访者自感最有认同感和归属感的地方（当然也有可能是老家或家乡）为他们的迁出地。

考虑到随迁父母未必能准确测算出迁出地与迁入地之间的空间距离，本书对随迁距离的测量主要采用询问在随迁前常住地与迁入地之间往返时的常用交通工具、单趟花费时间以及单趟路费等方式来综合理解随迁父母的空间迁移距离。Cuba 和 Hummon（1993）将地域认同细分为住宅、社区和区域三个层面，并认为人口特征和亲属关系决定了住宅的地域认同，社区参与活动决定了社区的地域认同，而社区间的社会活动决定了区域的地域认同。与年轻人热衷于社交活动相反，老年人更倾向于依托住宅的地域认同。本书中对随迁父母地域认同的测量主要体现为对所居住小区/社区和城市的认同和亲近态度，以及对迁入地城市发展的关注程度，而基于住宅的地域认同则体现在对迁出地和迁入地客观生活条件的对比评价中。

表 3-4　对随迁概况的测量

测量维度	问卷中的主要变量
随迁形式	• 随迁后与子代家庭的居住方式（由此判断受访者是随女儿迁居还是随儿子迁居）
随迁时长	• 何时随迁至本地区（以 2019 年为标准计算年限）
随迁距离	• 随迁前的常住地是省内还是省外（由此判断受访者属于省内随迁还是跨省/省际随迁）
随迁方向	• 随迁前常住地属于什么类型（选项包括：省会城市、市级城市、县城、乡镇、村里。由此判断受访者属于"乡—城"随迁还是"城—城"随迁）
随迁交通成本	• 在迁入地与随迁前常住地往返时，最常使用的交通工具是什么？单趟需要花费的时间和路费各是多少 • 随迁后，一般每年能回几次之前的常住地

测量维度	问卷中的主要变量
对迁入地的地域认同度	• 对目前所居住小区或社区的喜欢程度 • 对迁入地城市的喜欢程度 • 对迁入地城市发展和变化的关注程度 • 对于加入迁入地户籍的意愿程度（仅询问非户籍者）

如今有相当数量的中老年人因为随迁照顾子代家庭而过起了老来分居的生活，一些媒体将这些与老伴分居的群体称为"单漂族"或"单漂老人"，这种被动分居现象虽然是隔代照料导致的中老年夫妻的阶段性分离，但在转型期的中国城市家庭中并不少见。比如《北京社会治理发展报告（2016~2017）》中显示，在京随迁老人中选择"与子女、孙辈同住"以及"与配偶、子女及孙辈同住"的老人分别占39%和43%，可见该群体中存在较大比例单独随迁的现象。这种新家庭居住安排模式不仅影响着随迁父母的身心健康，也考验着他们的夫妻关系和代际关系，应该引起我们的重视。本书认为，随迁被动分居现象及其影响在随迁父母生活质量的研究中不容忽视，如表3-5所示，本书将从是否存在随迁分居现象、随迁分居的原因、随迁分居的现状及影响等方面来考察随迁中老年人的分居现象。

表3-5 对随迁分居现象的测量

测量维度	问卷中的主要变量
是否存在随迁分居现象	• 老伴是否也一起随迁到本地长期居住
随迁分居的原因	• 老伴没有一起随迁到本地的原因是什么
随迁分居的现状	• 老伴是否支持您独自随迁照顾子代家庭 • 和老伴平均每年有多长时间因随迁分居而不能生活在一起 • 与老伴持续分居时间最久的一次是多长时间 • 与老伴在随迁分居过程中的通话联络频率
随迁分居的影响	• 与老伴因随迁而分居后，对您的生活造成了哪些影响 • 与老伴因随迁而分居后，对您老伴的生活造成了哪些影响

四 其他变量说明

除了上述各维度外，本书还将对随迁父母的隔代照料观念与照料感受、孙代照料意愿、对子代家庭的再生育期望、地域认同感和主观融入意愿以及居留养老意愿等展开调查，相关测量工具将在具体章节中予以说明。最后，本书还将对受访者的个人及家庭信息进行调查，一方面是为了掌握样本概况和研究对象的群体性特征，另一方面是为了将一些可能影响随迁生活质量的变量作为控制变量，以方便研究假设的检验。在调查问卷中，个体特征的测量涉及性别、年龄、婚姻状况、受教育程度、退出劳动力市场前的职业性质、个人经济收入、当前户口性质以及个人参保情况等；家庭特征的测量包括个人生育的子女数量及其性别构成、子代（特指正在帮助或正在同住的那个子女，下同）受教育程度、对子女家庭社会经济层级的评价（考虑到随迁父母可能未能清楚掌握子代的经济收入情况，因此使用该变量间接反映子女家庭的经济情况）、子女职业性质等。

第二节　资料来源和样本情况

一　问卷调查的数据来源及样本概况

本书所涉及的研究对象"随迁父母"，是指已退出社会生产劳动，为帮衬子代而从异地迁入子女所在城市，以实际行动为子代分担育儿负担或提供家庭照料等支持的中老年群体。根据上述界定，调查对象必须满足"从外地迁居到本地""已退出劳动力市场""目前已持续或即将持续三个月及以上为子代家庭提供育儿协助和生活照顾等支持"三个条件，至于年龄和户籍情况则不加以限制。针对上述要求，问卷在正式访问前设置了三个过滤性问题以筛选合适的受访者，具体包括：（1）您是否从外地而来？答案分为"是"和"否"，回答"否"的就终止访问并向其解释原因；（2）您为什么迁居？答案分为"为了帮子女带孩子"和"为了其他原因"，回答"为了其他原因"的则终止访问并向其解释说明；（3）您目前是否还在工作或从事有收入性的社会劳动？答案分为"是"和"否"，回答"是"的则终止访问并向其说明原因。

目前与随迁父母群体相关的权威数据只有国家卫健委发起的全国流动人口动态监测调查中涉及老年流动人口的部分数据，但是这类二手资料分析难免存在研究变量有限、测量方式不符合后续研究要求等局限，而政府管理层面也没有针对随迁父母群体的人口信息登记制度，城市社区人口信息管理系统中所登记的流动或常住中老年人口等现成数据对本书也不具有实际参考意义。鉴于此，本书采用立意抽样和滚雪球抽样方式来选取样本，于2019年3~11月组织经严格培训过的学生访问员在福建厦门地区开展一对一面访式问卷调查。[①] 厦门是典型的移民城市，[②] 拥有庞大的新定居居民，虽然经济体量和城市规模不及北京、上海、广州等一线城市，但作为东部沿海城市和计划单列市，其在城市经济和社会发展方面均表现良好，因此对于大多数城市地区有着较好的代表性；同时，厦门地处闽南文化圈，是中国家族文化较为兴盛的地区之一，对传统家庭文化的传承度较高，这对研究父辈随迁支持子代家庭的现象也十分有利。

受城市化进程和青年人口流动规律影响，随迁父母在地域分布上主要集中在城市地区，因此在调查社区的选取时以厦门岛内新厦门人居多的城区为主，兼顾岛外城郊的商品房住宅区，且主要在新兴移民人口比较集中的社区开展调查，尽量避开原住民较多的厦门岛内老城区和岛外农村地区。通过社区网格员、与社区有合作的社会工作服务机构（主要是在本社区有承接政府购买老年服务项目的各社工机构）以及社区社会组织骨干等的社区动员（包括在社区业主微信群发送调查通知、网格员入户即时动员、社区拉横幅设调查点等）和个别推荐，寻找合适的受访对象。本书共计发放问卷1000份，在最终回收的825份问卷中剔除不符合研究要求的个案（如大面积缺答、非随迁状况或随迁目的不是以照顾晚辈为主等情况），

---

① 厦门是笔者所生活的城市，开展调研工作具有较大便利性，且能够很好保证科学抽样和数据质量。笔者原计划在厦门调查基础上开展更多城市的数据收集，但2020年后受新冠疫情影响，外出审批和入户调查变得困难，而线上调查由于无法精准筛选填答对象，难以保证受访者符合调查要求，且对受访者的手机阅读和自我填答能力也有较高要求，经多次尝试，并不能收集到理想的第一手数据，加之对厦门地区样本数据进行分析时发现该数据代表性良好，能够基本满足研究需要，故最终放弃使用线上调查方式开展更多地区的数据收集。

② 第七次全国人口普查数据显示，厦门全市常住人口中有超过一半是厦门市以外流入的人口（占全市常住人口的52.58%），与"六人普"相比，10年间市外流入人口增长47.13%。在市外流入人口中，省外流入人口的比重为51.26%，省内流入人口的比重为48.74%，其中，省内流入最多的3个地市分别是漳州、泉州、龙岩，占全部省内流入人口的66.5%（《厦门日报》，2021）。贝壳平台购房成交数据显示，厦门的"城市移民指数"（根据常住人口和户籍人口比值计算而来，该指数越高，说明外来购房客占比越高）位居全国第四，仅次于深圳、东莞和佛山（中国经济网，2020）。

获得实际有效问卷 741 份①，样本基本情况如表 3-6 所示。在最终获得的样本中，湖里区样本量占比为 51.7%，思明区样本量占比为 31.8%，岛外（集美区和海沧区）样本量占比为 16.4%，样本区域分布与抽样要求相吻合。

我们未能找到随迁父母个体特征的权威统计数据，但通过与相似群体的全国性和地方性调查数据的比对可在一定程度上检视该样本的代表性。如表 3-6 所示，在最终样本中，男性样本 224 份，占比为 30.2%；女性样本 517 份，占比为 69.8%，随迁父母性别比约为 43，这与非概率抽样方式有一定关系，②但在一定程度上也反映出在随迁照料孙辈的中老年人中，女性多于男性的事实。比如周皓（2002）利用 1995 年北京市 1% 人口抽样调查的数据对省际迁入北京的老年人口特征进行研究时指出，女性老年人迁入比男性老年人要多得多，迁入老年人性别比为 60 左右。基于国内多个地区的调查都显示，进城照顾子代的农村老年人中以女性居多，"单漂"老年群体中的女性更是在数量上占据了绝对优势（靳小怡等，2015；陈盛淦、吴宏洛，2016b；刘亚娜，2016）。由于中国传统父系家庭文化的影响，男性与女性存在明显的性别角色分工，老年人代际支持的提供也存在性别差异（靳小怡、刘妍珺，2017），"照顾家庭"被社会整体视为对祖父母，尤其是外祖母和祖母的期待（钟晓慧、郭巍青，2017）。中老年人尤其是女性长辈主要以共居方式照顾孙辈，投入大量时间，也承担大量儿童生理性抚育和家庭照料工作（石智雷、杨云彦，2014），因此在随迁父母群体中表现出以女性中老年人的迁入为主。从随迁时长来看，随迁父母的平均随迁时间为 8.23 年（标准差为 6.822），其中迁居 5 年及以下者占比为 37.9%，迁居 6~10 年者占比为 31.2%，迁居 10 年以上者占比为 31.0%。从户口性质来看，外地农村户口占比为 46.4%，外地城市户口占比为 23.6%，

---

① 在最终获取的 741 份样本中，有少部分受访者（约占 1.5%）经筛查问询后属于子代家庭正在备孕或怀孕中，孙代实际尚未出生，父母提前随迁照顾子代并迎接孙代出生，这些人也属于本书的"随迁父母"行列，因此在此并未剔除。
② 在实际调查中，当遇到长者夫妻二人共同随迁的情况时，规定由双方当中承担更多家庭照料责任的那个人作为受访者接受访问，为避免问卷信息重复，另一位则自动剔除不参与调查。受家庭性别角色分工影响，女性随迁中老年人更容易成为我们的受访对象，导致女性样本的数量偏多。

表 3-6　随迁父母样本基本情况（$N = 741$）

单位：人，%

变量	频数	占比	变量	频数	占比
性别构成			随迁至本市的时间		
女性	517	69.8	迁居 1 年及以下	73	9.9
男性	224	30.2	迁居 1~3 年	102	13.8
年龄分布（以 2019 年为标准计算周岁）			迁居 4~5 年	105	14.2
55 周岁及以下	108	14.6	迁居 6~10 年	231	31.2
56~60 周岁	138	18.6	迁居 11~15 年	122	16.5
61~65 周岁	224	30.3	迁居 16~20 年	70	9.4
66~70 周岁	171	23.1	迁居 20 年以上	38	5.1
71 周岁及以上	100	13.5	当前户口性质		
随迁前的常住地（随迁来源地）			已获迁入地户口	222	30.0
省外	260	35.1	外地城市户口	175	23.6
省内其他地区	481	64.9	外地农村户口	344	46.4
随迁前常住地的城市类型			退出社会劳动之前的主要工作		
省会城市	21	2.8	无业	44	5.9
市级城市	213	28.7	农林牧副渔从业人员	259	35.0
县城	213	28.7	打零工	68	9.2
乡镇	123	16.6	个体工商户	64	8.6
村里	171	23.1	公务员	21	2.8
受教育程度			国有企业工作人员	119	16.1
未完成小学教育	143	19.3	事业单位工作人员	106	14.3
完成小学教育	192	25.9	私企工作人员	33	4.5
完成初中教育	185	25.0	其他工作	27	3.6
完成高中/中专/高职教育	154	20.8	宗教信仰情况		
完成大专及以上教育	67	9.0	有	207	27.9
目前正在照顾孙辈数量			无	534	72.1
1 个及以下	388	52.4			
2 个	310	41.8			
3 个及以上	43	5.8			

　　注：目前正在照顾孙辈数量为"1 个及以下"包括照料 1 个孩子及孙代未出生但父辈提前随迁到子代家中做好迎接孙代准备的情况。

外地户口者有七成，还有三成受访者已获本地户口，但是从社会保障的隶属关系来看，92.8%的随迁父母并没有享受迁入地的医疗或养老保险。即使是那些已经取得迁入地户籍的随迁父母中仍有76.3%的人养老保险参保地在外地，15.3%的受访者表示购买了其他商业保险来提升自我保障能力，换句话说，虽然一部分随迁父母通过落户政策取得了迁入地户口，但他们也并没有完全享受到迁入地的社会保障待遇。

2016年国家卫生计生委发布的《中国流动人口发展报告2016》（以下简称《报告》）中对60周岁以上的流动老人进行了专题调查，数据显示，流动老人以低龄为主，约八成低于70岁；流动老人受教育程度较低，以小学文化为主，受教育程度越高的老人流动距离越远（人民网，2016）。虽然本书的样本群体并非等同于《报告》中的流动老人群体，但本书样本在低龄化和低文化程度方面与《报告》中流动老人呈现相近特征，通过均值分析发现来自省外的受访者平均受教育程度（赋值1~5分，均值为3.01分）显著高于来自省内其他地方受访者的平均受教育程度（2.6分），从侧面印证了《报告》中论及的受教育程度越高者的流动距离越远这一规律，也说明本书样本具有较好的代表性。不过《报告》中提到流动老人多来自农村的情况与本书样本信息略有不符，这主要是因为本书以随迁前常住地而非随迁前的户籍地为随迁来源地的统计口径，且特别区分了随迁父母随迁前的常住地性质，结果显示近四成随迁父母在随迁前常住于农村（其中16.6%常住于乡镇，23.1%常住于村里），加上来自县城的28.7%，即七成左右随迁父母的流动方向是从城市化水平更低区域迁往城市化水平更高区域，还有三成左右随迁父母的流动方向属于在不同的平级城市间迁移。均值比较结果显示，来自大城市的随迁父母的受教育程度（按照受教育程度高低进行赋值1~5分，均值为3.24分）明显高于来自村里、乡镇和县城的随迁父母（受教育程度均值为2.51分），显著性为0.000。[①] 肖富群和陈丽

[①] 在一些研究中（谢东虹，2019；李含伟，2020；肖富群、陈丽霞，2021）会使用"城—城"流动和"乡—城"流动来指代随迁父母相似群体的流动类型，但其对应的分类标准是基于调查对象的户口性质而不是随迁前后的城市化水平变化，考虑到城市化水平往往代表着一个地区的社会经济发展程度和社会公共服务资源等方面的区别，本书对随迁前常住地的划分则更希望呈现随迁父母迁居前后的城市化水平变化，由此能更准确体现中老年人随迁前和随迁后所处的外部环境的差异。

霞（2021）对北京、南京、郑州、锦阳、佛山五个城市"老漂族"的线上问卷调查显示，"老漂族"平均年龄为 61.78 岁（与本书样本平均年龄 63.29 岁十分接近），"乡—城"流动的"老漂族"明显多于"城—城"流动，且"城—城"流动的"老漂族"的受教育程度明显高于"乡—城"流动的"老漂族"，虽然其对"老漂族"的界定以及对于城乡流动方向的测量方式（其以户口性质为流动方向判定标准）与本书（本书以随迁前后的地区城市化水平为判断标准）有一定差异，但研究结论基本一致。

任远等（2020）使用 2015 年全国流动人口动态监测调查数据进行研究，将流动老人区分为务工经商型、照料子女型和养老型，其分析结果显示，照料子女型流动老人具有相对年轻的年龄特征，70 岁及以下占比为82.0%（本书样本中 70 岁及以下占比为 86.6%）；其研究还发现，照料子女型流动老人的居留时间短、本地朋友少，主要分布在东部地区。张李越和梅林（2020）通过对上述全国性调查中 60 周岁及以上的随迁老人进行分析，进一步区分了流动目的为照顾子女和照顾孙辈两种，结果显示：就照顾孙辈的随迁老人（接近于本书的随迁父母）而言，其绝大多数年龄集中于 60~70 岁，80 岁及以上者占比仅为 1.8%。本书样本群体的平均年龄为 63.29 岁（标准差为 6.822），其中 80 岁及以上者占比为 0.8%，均与其相接近。通过对上述全国性数据的研究还发现，照顾孙辈型随迁老人的受教育程度总体较低，小学及以下受教育程度者占比为 65.3%（本书样本中该项占比为 45.2%），初中、高中及中专受教育程度者占比为 32.9%（本书样本中该项占比为 45.8%），大专及以上受教育程度者占比仅 1.8%（本书样本中该项占比为 9.0%），由于在抽样时并不考虑年龄限制，样本中包括 60 周岁以下中老年人，且本次调查年份相对较晚，因此受访者受教育程度整体高于全国抽样水平，但该群体的总体受教育程度仍然较低；此外，照料孙辈型随迁父母的健康状况（分为"不健康"和"健康"）良好，其中"健康"者占比为 90.9%（身体健康状况自评"非常好"、"比较好"以及"还过得去"者占比为 93.9%），"不健康"者仅占 9.1%（身体健康状况自评"非常不好"和"不太好"者占比为 6.1%），由于随迁父母流迁的主要目的是分担子代家庭的生活压力和育儿成本，而非休闲养老，这就要求他们虽已退出社会性劳动，但仍需保有较强的劳动能力，能够为晚辈提供诸多重要支持，而年龄较大者或健康状况不佳者显然难以胜任，故而被自动排除在外。上述研究还显示，从流动范围来看，跨省流动占比为41.5%，省内流动占比为58.5%，而本书样本中跨省流动占比为35.1%，省内流动占比为64.9%，同样呈现省内流动高于跨省流动的特征。本次调查的地区地处福建东部沿海城市，厦门作为闽南地区人口流入集中地，[①]与一线城市尚有差距，城市集聚水平有限，其主要对省内人口有较强的吸引力，因此聚集了更多来自省内的随迁父母，在样本来源地上也更明显地表现出省内跨市迁移多于跨省迁移的特点。综上，全国性抽样数据中所反映的照料孙代型随迁老人呈现的女性化、低龄化、低学历、身体健康、省内流动占比高等个体特征均与本书随迁父母群体的样本特征十分相近，足以说明本书样本具有较高的代表性。

另有一些地区性的调查研究中所反映的随迁中老年人群体特征与本书的样本特征也高度相似。比如王心羽和李晓春（2017）对江苏南京、苏州、无锡、南通四城的调查显示，"老漂族"呈现平均文化水平低、平均收入和消费水平低、平均社交水平低、农民占比较高等社会特征，该调查样本中的受访者小学及文盲占比为26.25%，中学（对应本书中的"完成初中教育"和"完成高中/中专/高职教育"两项占比值的累加）占比为70.81%，大学及专科仅占2.89%，这与本书样本总体受教育程度普遍不高的结果基本一致（本书调查显示，约七成受访者的受教育程度低于高中/中专/高职水平，完成大专及以上教育的仅占9.0%）。此外，对江苏的调查显示，"老漂族"中农民占比为44.09%，这与本书随迁父母样本中外地农村户口占比（46.4%）也基本接近。韦传慧（2019）对合肥市"老漂族"群体特征的研究[②]表明，"老漂族"以省内为主，省外较少；其中省内农村地区迁入最多，占比为55.1%，省外其他城市迁入占比为35.0%；从年龄来看，"老漂族"年龄呈U形分布，八成以上集中在56~70岁年龄段，低于56岁和高于70岁者的比例明显下降，在56~70岁者中尤以56~

[①] 根据福建省卫计委公布的数据，截至2013年底，福建省内流入人口指标中，共883450人流入厦门，超过全省省内流入人口数的1/3（占比为36.2%）（《厦门日报》，2014）。

[②] 该研究对"老漂族"流动原因的分类表明，照顾孙辈是近八成"老漂族"流向异乡的主导因素，尤其是照顾学龄前儿童的比例将近50%。

60岁年龄段比例最高；此外，"老漂族"的受教育程度较低，在性别结构上呈现"以女性为主"的女多男少特征，在居住方式上以三代同住占主流。这些都与本书随迁父母的群体特征相一致。

从受访者退出社会劳动前的工作性质来看，从事农林牧副渔的随迁父母占比最高，占比为35.0%；其次是国有企业工作人员和事业单位工作人员，合计占比为30.4%；打零工和个体工商户各占9.2%和8.6%。在某种程度上可以看出随迁父母退出生产性劳动前主要工作的时代特征，前三四十年，中国的市场经济尚未繁荣，产业结构比较单一，职业划分并不发达，多数人以农民或工人的身份进行谋生，因此体现为随迁父母多为农林牧副渔从业人员以及国有企业工作人员或事业单位工作人员。从宗教信仰情况来看，有宗教信仰者占27.9%，无宗教信仰者占72.1%。

二 质性访谈的资料来源及基本情况

本书的质性访谈从2018年11月持续至2019年11月，由经过培训的学生访问员在问卷调查过程中挖掘具有典型性且有意愿继续配合个案访谈的随迁父母，再与他们另约时间和地点进行深度访谈。调查对象的选取遵循理论抽样原则，即研究者充分考虑研究问题，以及影响研究问题的各种经验性、理论性要素，制定一系列标准，并以此来选择符合标准且有意愿参与研究的个人或集体作为受访者（Yoo et al.，2012）。为避免在访谈过程中因家庭其他成员在场而让受访者在回答问题时有所顾虑或访谈因家庭其他事务干扰而中断，我们将访谈地点尽量安排在受访者居住小区的公共区域（如凉亭、中庭）、物业办公室或社区社团活动室等可以与受访者单独交谈的场所。为了取得随迁父母的信任与配合，在研究过程中最大限度利用社区网格员、社区骨干和社区社会工作者的影响力寻找合适的访谈对象，最终在所有调查社区中共计完成了25位随迁父母的深度访谈。访谈内容包括但不限于随迁父母的个人健康状况、居住安排、社会适应、日常生活、家庭观念、代际相互支持情况、代际互动关系等。为提高访谈效率，课题组采用半结构访谈法开展访谈，每位访问员均拿到一份事先拟定的访谈提纲，在访谈过程中再根据与受访者的实际交流情况酌情调整具体访谈问题，每位受访者的访谈次数为1~3次，每次访谈时间为90分钟以上，均在征求受访者同意后对访谈内容进行录音，访谈结束后由访问员进行逐字稿录入和访谈信息建档。

由于照顾孙辈型随迁父母群体普遍存在女多男少的性别结构特征（陈盛淦、吴宏洛，2016a，2016b；刘亚娜，2016），在实际调查中当遇到随迁父母夫妻二人共同在场时，规定由双方中承担更多家庭照料责任者接受访谈，其配偶不再重复参与访谈，受家庭性别角色分工影响，女性随迁中老人更容易成为我们的访谈对象，且在访谈对象选取时也能感受到女性长辈的受访交流意愿更高，因此在正式受访者中女性占绝大多数。其中，有16位是随迁照顾儿子家庭，9位是随迁照顾女儿家庭。访谈对象平均年龄为63.04岁，年龄大多集中在50～70岁，60岁及以下者有10位，60～70岁者有9位，70岁及以上者有6位，符合照料孙辈型随迁父母总体相对年轻的年龄特征。从随迁时长来看，随迁3年及以下者有8位，随迁3年以上10年以下者有9位，随迁10年及以上者有8位，随迁时长分布较为均匀。此外，大多数受访者身体健康状况良好，个别随迁父母虽自陈有慢性疾病，但并不影响其正常生活。总体来看，访谈对象在性别、年龄、身体健康、随迁来源地、照看儿子家庭多于照看女儿家庭等方面与其他同类对象的定量研究结论（张李越、梅林，2020）基本一致，说明本书样本具有一定代表性。为保护受访者隐私，访谈个案以"访谈序号+受访者称呼"进行编号（见表3-7）。

表3-7 随迁父母个案访谈样本基本情况

编号	性别	年龄[1]（岁）	随迁时长[2]（年）	来源地	迁居性质	目前照看孙辈数量（个）	身体健康情况
1-YMS	男	58	5	福建泉州	与儿子儿媳同住	1	自陈健康
2-DDM	女	53	1	河南	与儿子儿媳同住	1	自陈健康
3-LAS	男	71	5	福建三明	与女儿女婿同住	1	自陈健康
4-CAY	女	76	20	福建漳州	与儿子儿媳同住	1	睡眠不好，耳鸣
5-WDM	女	67	10	福建龙岩	与儿子儿媳同住	2	糖尿病
6-HAY	女	63	10	福建龙岩	与儿子儿媳同住	1	自陈健康
7-TZY	女	70	10	东北	与女儿女婿同住	1	自陈健康

续表

编号	性别	年龄① (岁)	随迁时长② (年)	来源地	迁居性质	目前照看孙辈数量 (个)	身体健康情况
8-YDY	女	59	4	福建龙岩	与女儿女婿同住	1	做过胆结石手术，目前良好
9-QAY	女	74	7	福建泉州	未与儿子儿媳同住，但距离较近	2	高血脂、关节炎、颈动脉斑块
10-LAY	女	55	2	福建龙岩	与儿子儿媳同住	1	慢性咽炎
11-AY	女	56	3	福建莆田	与女儿女婿同住	1	自陈健康
12-XAY	女	62	8	湖南	与女儿女婿同住	2	做过手术，目前良好
13-GAY	女	64	2.5	内蒙古	与女儿女婿同住	2	高血压
14-HAY	女	69	8	湖北	与儿子儿媳同住	1	三高
15-TBB	男	51	1	安徽	与儿子儿媳同住	1	偶尔腰椎痛
16-WAR	女	59	3	河北	与女儿女婿同住	1	自陈健康
17-CAY	女	50	2	福建宁德	与女儿女婿同住	1	自陈健康
18-LHY	女	64	2	福建龙岩	与儿子儿媳同住	1	自陈健康
19-ZSS	男	70	10	福建龙岩	与儿子儿媳同住	2	自陈健康
20-RCC	女	60	9	福建漳州	与女儿女婿同住	2	胃炎
21-LY	女	65	5	福建莆田	与儿子儿媳同住	1	自陈健康
22-QYT	男	79	12	福建漳州	与儿子儿媳同住	2	白内障
23-JSA	女	55	8	福建龙岩	与儿子儿媳同住	1	自陈健康
24-LBY	女	63	14	四川	与儿子儿媳同住	2	自陈健康
25-ZXQ	女	63	11	福建泉州	与儿子儿媳同住	2	自陈健康

注：①年龄以 2019 年为标准计算周岁。

②随迁时长以 2019 年为标准计算年限，不到 1 年者记为 1 年。

第四章　随迁父母的生活质量

本章主要围绕随迁父母生活质量的四个分项度——物质生活情况、身体健康状况和精神健康状况、社会生活情况展开论述，作为综合性评价指标的生活幸福感议题将在第七章单独讨论。在物质生活情况方面，重点描述该群体的随迁背景、迁居安排、客观居住条件、地区差异感受以及随迁分居情况等；在身心健康方面，通过受访者自评方式了解随迁父母的身体健康和慢性病情况、消极情绪和积极情绪的感知情况等，并初步探讨可能影响随迁父母身心健康的相关因素；在社会生活情况方面，侧重阐述该群体在迁入地的人际交往状况、社区和社交参与程度以及闲暇娱乐活动参与情况等，并着重从个体特征、随迁特征和隔代照料投入情况来分析其对随迁父母社会参与程度的影响。

第一节　迁居概况与客观生活条件

一　迁居概况和居住安排

已有研究认为，"候鸟式"老年群体的异质性较强，他们来自全国各地，从事过不同的职业，经济状况和健康状况等方面存在较大差异（赖新环、张尽晖，2008）。本书将随迁父母严格界定为专程迁居至子女所在地，以帮助子女照料孩子为主要目的的中老年人，因此在所调查的受访者中排除了前来务工或养老等其他迁移目的的人群。数据分析显示，35.1%的受访者是从省外随子女迁居而来，64.9%的受访者是从省内其他地区随迁到本市。《北京社会治理发展报告（2016~2017）》显示，从流出地性质来看，在京随迁老人中来自农村、乡镇、中小城市、大城市的比例分别是

36%、18%、32%以及14%，可见该群体来源地的多元性。本书以随迁前常住地为随迁父母的迁出地，如图4-1所示，2.8%的受访者在随迁前常住于省会城市，28.7%的受访者随迁前常住于市级城市，28.7%的受访者随迁前常住于县城，16.6%的受访者随迁前常住于乡镇，还有23.1%的受访者常住于村里。这也印证了随迁父母是一个来源地差异较大的群体，不仅有来自农村和乡镇的，也有来自县城、其他城市甚至大城市的，而以往不少研究只关注从农村进城的随迁父母，忽视了来自城市甚至大城市的情况，从而导致对这一群体的认识不够全面客观。由于随迁前的常住地性质不同，他们的城市化经历、眼界、观念、资源等都可能存在差距，从而影响他们对迁入地的适应或融入情况，以及为子代家庭提供支持的潜在能力和实际支持力度。

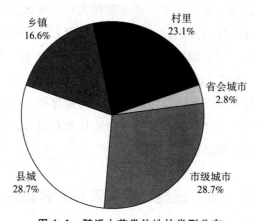

图4-1　随迁之前常住地的类型分布

由于迁入地对于随迁父母而言是一个相对陌生的城市，随迁前常住地（包括老家在内）才是他们生活已久、更为熟悉并拥有更多亲朋故友甚至归属感更强的地方，因此他们在随迁后仍会不定期往返于迁入地与随迁前常住地（迁出地）之间。调查发现，受访者在随迁前常住地和迁入地之间往返时，最常使用的交通工具（本题可多选）是火车/动车，其次是自驾车和城际巴士/大巴车，再次是飞机，使用较少的是的士/快车/顺风车/专车和公交车/地铁（见图4-2）。他们每年在迁入地和随迁前常住地之间的平均走访次数是3.5次。若以他们所选择的常规通行方式在两地间流动，其单趟行程需要花费的平均时间是5.24个小时，单趟行程的平均路费是353.98元。

相关分析显示，单趟花费时间越长，路费越高（显著性为 0.000，Pearson 相关系数为 0.186）。从随迁前常住地的来源情况来看，来自省内的随迁父母平均每年回随迁前常住地的次数为 4.7 次，单趟行程花费的平均时间为 2.9 个小时，单趟行程的平均路费为 122.17 元；而来自省外的随迁父母平均每年回随迁前常住地的次数仅为 1.5 次，单趟行程花费的平均时间为 9.2 个小时，单趟行程的平均路费为 780.75 元。偏相关分析显示，来自省外的随迁父母在单趟路程上的时间（偏相关系数为 0.482，显著性为 0.000）和经济花费（偏相关系数为 0.543，显著性为 0.000）远高于来自省内的随迁父母，行程时间和经济花费上的增多在很大程度上限制了省外随迁父母每年往返随迁前常住地的机会和次数，在一定程度上也提高了其随迁成本。

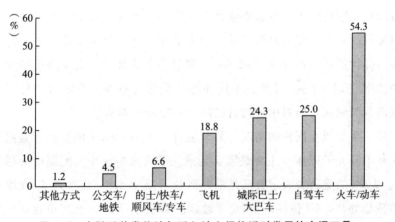

图 4-2　在随迁前常住地与迁入地之间往返时常用的交通工具

从随迁父母的居住方式来看（见表 4-1），94.3% 的受访者都跟子代家庭同住或住在距离子代家庭很近的地方，这意味着随迁父母日常与子代家庭发生着频繁的代际互动。其中，随儿子迁居的比例（占总样本的 66.4%）远高于随女儿迁居的比例（占总样本的 32.0%），即随儿子迁居并和儿子家庭同住是中国随迁父母的主要形态。国内研究曾指出，在大多数亚洲国家，老年人与成年后代特别是儿子一起居住是一种文化传统，无论其健康状况如何或有无需要（宋璐、李树茁，2006）。从父辈随迁后的居住方式可以看出，由祖父母照顾孙辈的比例远超过外祖父母照顾孙辈的比例。这一点与西方社会的情况有所不同，西方国家的研究者认为，与祖父母相比，外祖父母在隔代照料上会给子代提供更多的帮助，原因是在照顾孩子方面，母亲比父亲更需要帮助（Euler et al.，2001）。而中国父系继承的传统观念一般认为祖父母有更多照顾孙辈的责任，尤其是在非独生子女时代，根据亲缘选择理论，在面对众多子女时，父辈往往出于繁衍策略而选择为儿子而非女儿提供孙辈照料。数据分析显示，独生子女家庭的随迁父母中，随儿子迁居比例为 59.0%，随女儿迁居比例为 41.0%，二者比例相对接近；但在多子女家庭中，随儿子迁居的比例（70.1%）就远高于随女儿迁居或在多子女家中轮流提供代际支持的比例之和（29.9%），说明传统文化深刻影响着父辈进行代际支持时的性别选择。汪玲萍（2017）的研究指出，在男女平等国策和独生子女政策的影响下，从夫居和男性承嗣的格局受到较大冲击，在随迁中老年人中，表现为老人不只是随迁帮助儿子家庭，随迁帮助女儿家庭的比重也越来越高，照顾孙辈不仅是祖父母的义务，也是外祖父母的责任。交叉分析显示，独生子女家庭中跟随女儿迁居（外祖父母参与孙代照料）的比例（41.0%）明显高于非独生子女家庭中随女儿迁居的比例（24.6%）。可见，子代和孙代数量比较少，有能力的外祖父母也逐渐参与到隔代照料中，为自己的女儿减轻抚养负担。

除了与子或女同住的情况，另分别有 1.3% 和 0.8% 的受访者是跟单身女儿和单身儿子同住（主要是因女儿或儿子已离婚或与其配偶已分居等情况）。9.4% 的受访者表示自己是单独居住（其中 5.3% 住在离子/女家较近的单独住处，4.1% 住在离子/女家较远的单独住处）①，那些单独居住但与子代家庭距离较近的居住形态，体现了新时期中老年父母与其成年子女相处的一种新趋势，即所谓的"一碗汤的距离"②，这种方式既保证了父母与成年子女之间能随时相互照应，又因彼此独立而不会过多打扰对方生活，被一些人称为"恰到好处"的距离。笔者进一步分析发现，在那些选择单

---

① 在本书的调查中，随迁父母的单独住处距离子女家的远近程度，以日常到子女家的交通方式为测定标准。一般步行距离就能到达，则判定为距离较近；需要乘坐交通工具才能到达，则判定为距离较远。

② "一碗汤的距离"是日本学者于 20 世纪 70 年代提出的家庭亲和理论与亲情养老概念。当时日本空巢家庭现象非常严重，"一碗汤的距离"即子女的住处和老人的住处相互独立但又离得不太远，即"煲好一碗汤给老人送去还不凉"。这样既有自己的世界，又能方便照顾长辈，反过来运用在老人帮助照顾子代家庭上，也同样成立。

独居住的随迁父母中，约七成是住在自有住房里，说明这部分受访者家庭可能在本地拥有两套及以上房产，属于经济条件较好者，还有三成左右是住在出租屋等其他住房中。当然这种单独居住的方式也并不表明随迁父母的本意，多半是家庭内部基于各种考虑而做出的决策。

表 4-1 随迁父母的随迁类型及其居住方式

单位：人，%

随迁类型及其居住方式		频数	占比
随儿子迁居 （共 492 人，占总样本的66.4%）	和儿子儿媳同住	453	61.1
	有单独住处，但离儿子儿媳家很近	17	2.3
	有单独住处，但离儿子儿媳家很远	16	2.2
	和单身儿子同住（子代家庭离异或分居）	6	0.8
随女儿迁居 （共 237 人，占总样本的32.0%）	和女儿女婿同住	191	25.8
	有单独住处，但离女儿女婿家很近	22	3.0
	有单独住处，但离女儿女婿家很远	14	1.9
	和单身女儿同住（子代家庭离异或分居）	10	1.3
其他居住方式（如在同城的不同子女家庭间轮流居住等）		12	1.6
合计		741	100.0

二 居住条件及客观融入难度

从随迁父母的居住条件来看，74.0%的受访者目前的住房性质是自有住房[①]，25.0%的受访者是住在租住房屋中，1.0%的受访者住在亲朋好友家或子女单位宿舍等房屋中。其中，随迁父母能够拥有独立卧室[②]的比例占总受访者的七成以上。交叉分析显示，住在自有住房中的随迁父母拥有独立卧室的比例（85.3%）显著高于住在非自有住房中的随迁父母拥有独立卧室的比例（68.1%）。总体来看，相比其他类型流动老年人口而言，随迁父母群体在迁入地的居住条件并不算太差。我们还邀请受访者对随迁

① 所谓"自有住房"，既包括随迁父母名下所拥有的住房，也包括其子女（含儿媳、女婿）名下所拥有的住房。
② 所谓"拥有独立卧室"，是指受访者自己或与老伴一起拥有一个卧室，而不与保姆或孩子共用一个卧室。

前常住地与迁入地（调查所在地厦门）在社区客观环境、居家住房条件及居住感受方面进行对比评价，并分别询问受访者对所居住小区和迁入地城市的喜欢程度。均值比较结果显示，住房性质不同的随迁父母对随迁前后客观居住条件的对比评价并不存在显著差异，对居住小区/社区的喜欢程度以及对迁入地城市喜欢程度也不存在显著差异，可见随迁父母并不会因为住房性质的不同而对居住小区和迁入地城市产生不同的情感。

从随迁父母的户籍情况与其住房性质的交叉分析结果来看，在已取得本地户籍者中，约九成（90.2%）随迁父母是住在家庭自有住房中，这个比例远高于非本地户籍者住在自有住房中的比例（68.1%）；同理，自有住房者中拥有本地户籍的比例（35.4%）也远高于非自有住房者中拥有本地户籍的比例（11.3%）。而在外地户籍者中，外地城市户籍随迁父母住在家庭自有住房中的比例（82.4%）也显著高于外地农村户籍随迁父母住在家庭自有住房中的比例（60.7%）。虽然本书样本中仅三成受访者取得了迁入地户籍，但拥有迁入地户籍者与外地户籍者在家庭经济资源上存在较大差距。这是因为迁入地城市往往在老人投靠子女落户等相关政策中对家庭成员拥有住房情况设置了较高标准（比如，厦门地区父母投靠子女落户政策的条件之一就是"本人或配偶及被投靠子女或配偶在厦拥有'厦门市土地房屋产权证'或'不动产权证书'，房屋用途为住宅且所有权份额所占比例不得低于50%"），因此能够获得迁入地户籍一般代表着较好的家庭经济能力乃至良好的购房实力。此外，父辈随迁前的工作单位性质差异也会造成其个人及家庭的资源差异，交叉分析显示，随迁前工作单位属于国家机关、事业单位或国有企业等"铁饭碗"性质的父母中，住在家庭自有住房的比例（86.1%）远高于随迁前工作单位性质为非国家机关/事业单位或国有企业的父母住在家庭自有住房的比例（68.5%）。因为父辈在随迁前的工作性质在某种意义上体现了其家庭经济的原始积累差异，也影响了包括其子女在内的家庭整体购房能力。

从随迁前后的客观居住条件对比来看，除了"屋内人均居住面积"总体上不及迁出地宽敞外，其他不论是社区环境还是室内居所条件等方面均比随迁以前的常住地有所改善。随着城市化水平不断提升，代际总体呈现向上流动趋势，子代选择定居的城市（本书中所指的"迁入地"）在客观生活环境上多半要优于父代随迁前所生活的地区（本书所指的"随迁前常住地"，即随迁父母的"迁出地"）。在对目前客观居住条件进行总体评价时，过半数的受访者（占比为51.4%）表示"迁入地的条件更好"，27.9%的受访者表示随迁前常住地与迁入地的居住条件"差不多"，20.8%的受访者表示"迁入地的条件更差"，即认为其随迁前常住地的居住条件更好。如表4-2所示，我们对上述三个选项分别赋值1~3分，1分表示迁入地比迁出地的居住条件更差，2分表示迁入地和迁出地的居住条件差不多，3分表示迁入地比迁出地的居住条件更好，分值越大说明随迁父母自评随迁后的居住条件改善程度越大。均值统计结果显示，随迁父母对于迁入地的社区绿化情况、社区卫生整洁度、外出便利性以及社区休闲娱乐活动等设施条件方面均给出较高评价。这个结果与本书开展调查的厦门地区的城市建设与社区治理水平较高有一定关系。迁入地城市便捷的交通出行、相对丰富的文娱活动设施等让不少随迁父母体会到"过上好日子"的感觉。质性访谈中也有许多受访者向我们表达了对当前物质生活环境和客观生活条件的高度满意。

> 这里生活挺好的，讲文明、环境好。现在社会要说良心话，是在变好。我还经常去园博苑（附近的某公园），我们会背着吃的，早晨到那，下午三四点钟回来。还有图书馆，这个图书馆可漂亮了，去看看可好了，现在坐地铁很方便，在官任站下车就是图书馆门口……儿子都很关心我们，有饭吃、有好料就叫我们去，儿媳也很可以。儿子在这边买了房，我们是要开心一点，因为我们自己是穷人家出来的。（5-WDM）

在"屋内人均居住面积"上，超过六成受访者表示在迁入地的居住面积不如迁出地大，这与城市高昂的房价有关，也在一定程度上影响了他们在迁入地的居住体验，如14-HAY谈到住房条件时就再三抱怨："这边租的房，（是）破房子，（房租）还那么贵，一直很想养花，但是租的（房子）不方便，没法养花……"当随迁父母需要与子代共同生活在相对局促的空间里时会进一步影响他们的代际关系和随迁生活满意度。"哎呀，房价太高了，不满意，小区活动条件我很满意，就是消费（太高）。你说那个房子，造价哪有那么高的，（要）不是孩子赚点钱不容易，真没法活。"（13-GAY）独立样本 t 检验显示，除了"屋内人均居住面积"外，住在家庭自有住房和非家庭自有住房中的随迁父母对于随迁前后客观居住条件的对比评价不存在显著差异，也就是说，随迁后的家庭住房性质与随迁父母对客观居住条件的对比感受并不相关。我们单独针对"屋内人均居住面积"评价进行分组交叉分析后发现，住在非家庭自有住房中的随迁父母中，有72.0%表示随迁后的人均居住面积比随迁前小，这个比例远高于住在家庭自有住房中的随迁父母（59.6%），这说明，相比住在家庭自有住房中的随迁父母，住在非家庭自有住房中的随迁父母在迁居后的实际居住空间更加拥挤有限。

表 4-2　随迁前后客观居住条件的对比评价 （ $N = 741$ ）

单位：%，分

居住条件	迁入地的条件更差	两地差不多	迁入地的条件更好	均值
居住社区的绿化情况	6.5	12.4	81.1	2.75
居住社区的噪声情况	27.7	28.1	44.3	2.17
居住社区的卫生整洁度	3.5	21.3	75.2	2.72
居住社区的安全性/安全感	5.2	32.3	62.6	2.57
外出便利性①	5.4	27.8	66.8	2.61
社区休闲娱乐活动等设施条件	5.3	28.5	66.2	2.61
屋内物质生活条件（如是否有洗碗机、洗衣机、扫地机等）	8.2	55.3	36.4	2.28
屋内人均居住面积（房子宽敞程度等）	62.7	18.5	18.8	1.56
对客观居住条件的总体感受	20.8	27.9	51.4	2.31

由于上述题项过多，不利于统计分析，除"对客观居住条件的总体感受"这一总体评价项目外，我们采用因子分析方法将其余8个分项进行归类降维，KMO值为0.747，Bartlett球形度检验的 sig. 值为0，采用主成分

---

① 外出便利性，主要是指所在住处可乘坐公车线路的多寡，即乘坐交通工具外出的可及性和便利性等。

分析法提取公因素，再经过具有 Kaiser 标准化的正交旋转法得到了三个因子（见表 4-3），累计方差贡献率为 60.828%，根据所包含的项目性质将其命名为"社区环境改善度"、"活动便捷性改善度"和"室内居所条件改善度"。其中，"社区环境改善度"包括社区噪声、社区绿化、社区卫生和社区安全情况的改善程度；"活动便捷性改善度"包括休闲娱乐活动等设施条件和外出便利性的改善程度；"室内居所条件改善度"包括屋内物质生活条件和屋内人均居住面积/屋子的宽敞程度。以上三个因子与受访者对客观居住条件的总体感受之间均存在正相关关系（Pearson 相关系数分别为 0.327、0.270 和 0.352，显著性均为 0.000），三个因子在较大程度上能够反映随迁父母在随迁前后的客观居住条件变化。

表 4-3　随迁前后客观居住条件对比评价的因子分析

居住条件	社区环境改善度	活动便捷性改善度	室内居所条件改善度	提取公因子方差
居住社区的噪声情况	0.683			0.536
居住社区的绿化情况	0.678			0.462
居住社区的卫生整洁度	0.664			0.577
居住社区的安全性/安全感	0.662			0.562
社区休闲娱乐活动等设施条件		0.781		0.620
外出便利性		0.739		0.573
屋内人均居住面积			0.843	0.755
屋内物质生活条件			0.699	0.701
特征值	2.566	1.178	1.042	
解释的方差	32.074%	14.728%	14.027%	60.828%

注：提取方法为主成分分析法，旋转法为具有 Kaiser 标准化的正交旋转法；表中已删除系数小于 0.5 的因子负载值。

考虑到随迁前后地区间的实际差异对不同随迁父母造成的影响并不相同，而我们更需要了解随迁父母如何评价自己的空间位移对其日常生活的真实影响，因此邀请他们进行主观性的对比评价是最好的方式。除了对客观居住条件进行对比评价外，我们还邀请受访者对随迁前后居住地的日常活动便捷程度进行了对比评价。如表 4-4 所示，约 1/3 的受访者表示迁入地居所在到医院看病问诊以及外出会友或社交上不如之前的常住地方便，但在日常买菜/购物和锻炼健身方面，则有约四成受访者表示迁入地更加方便。不过从各项目对比结果来看，受访者的回答总体上比较分散，在某种层面上反映了随迁前常住地与迁入地在城市化发展程度上的客观差异（随迁前后的城市化发展差异还可以从受访者所回答的随迁前常住地类型与调查地厦门城市类型的比较结果上加以判断），但也可能与受访者居所所处地段、周边配套设施建设情况有关，还可能与受访者个人生活习惯有关（如一些受访者从农村随迁到城市后，不会坐公车或不习惯坐公车，从而造成其主观上认为在迁入地出行更不方便）。就迁居后的日常活动便捷程度的对比评价而言，选择"在迁入地更方便"和"两地差不多"的随迁父母比选择"在迁入地更不方便"的随迁父母拥有更好的随迁生活体验感。

表 4-4   随迁前后在日常活动便捷程度上的对比评价

日常活动	在迁入地更不方便		两地差不多		在迁入地更方便		均值（分）
	频数（人）	占比（%）	频数（人）	占比（%）	频数（人）	占比（%）	
日常买菜/购物	108	14.6	340	45.9	293	39.5	2.25
日常买药等（药店分布）	173	23.3	308	41.6	260	35.1	2.12
到医院看病问诊	250	33.7	215	29.0	276	37.2	2.04
外出会友或社交	243	32.8	271	36.6	227	30.6	1.98
锻炼健身	82	11.1	320	43.2	339	45.7	2.35

同理，表 4-5 展示了受访者对于随迁前常住地与迁入地之间在日常语言、饮食口味、气候、风土人情/文化习俗以及生活消费等方面的对比评价，如果选择"差异非常大"则在很大程度上说明其生活适应难度较大，反之，如果选择"没有差异"则表示其随迁后的生活适应难度较小。我们对地区差异感知程度进行赋值，用 1 分表示"没有差异"，4 分表示"差异非常大"。分析发现，随迁父母对随迁前常住地与迁入地在饮食口味（均值为 1.97 分）和风土人情/文化习俗（均值为 2.11 分）的差异感知较小，但在生活消费（均值为 2.61 分）、日常语言（均值为 2.42 分）以及气候（均值为 2.36 分）方面有较高的差异感知度。该结果可能与本书调查地厦

门的本土语言为闽南语以及沿海特殊气候有一定关系。为简化分析，我们同样针对上述题项采用因子分析方法进行归类降维（KMO 值为 0.841，Bartlett 球形度检验的 sig. 值为 0，说明这些题项适合进行因子分析），通过主成分分析法提取公因素，再经过具有 Kaiser 标准化的正交旋转法得到 1 个因子并将其命名为"随迁前后地区差异因子"（累计方差贡献率为 59.465%），以此代表随迁父母对迁入地的地区适应难度，以便参与后文更高级别的统计分析。

表 4-5　随迁前后在生活各方面差异程度上的对比评价

	没有差异		差异较小		差异较大		差异非常大		均值（分）
	频数（人）	占比（%）	频数（人）	占比（%）	频数（人）	占比（%）	频数（人）	占比（%）	
日常语言	150	20.2	250	33.7	219	29.6	122	16.5	2.42
饮食口味	221	29.8	366	49.4	107	14.4	47	6.3	1.97
气候	112	15.1	319	43.0	240	32.4	70	9.4	2.36
风土人情/文化习俗	169	22.8	364	49.1	164	22.1	44	5.9	2.11
生活消费（如物价等）	64	8.6	251	33.9	336	45.3	90	12.1	2.61

独立样本 t 检验显示，来自省外的随迁父母在生活各个方面感受到的地域差异值均高于来自省内的随迁父母（见表 4-6），可见对于外省随迁而来的中老年人而言，需要应对更多的生活适应挑战，其面临的随迁成本也更大。当进一步追问回答"差异非常大"和"差异较大"的受访者关于两地差异的具体表现时，他们大多提出了对于厦门地区房价物价偏高、闽南方言不通、气候温热潮湿、异地医疗报销不便、丧葬祭祖等习俗存在偏差、饮食口味清淡、吃不惯海鲜等的不适应，这给随迁父母增加了不少融入困难，但本着照顾子代家庭的初衷，他们都坚持克服了各种地域差异所带来的不适。

　　这儿说话我一般听不懂，除非我看她们的行动、手势。我参加腰鼓队也主要是看她们的手势，（讲解的时候）听不懂。刚来的时候她们这儿喜欢炖汤啊什么的，我们河北喜欢炒菜、捞点稀饭啥的。有时候他们这边带孩子和我们不一样，吃什么都说上火啊啥的，其实带孩子按我的方式还是挺好的，他们带都按他们的方式，她奶奶说我给吃的东西上火啥的。压力其实也有。我女婿也是，有时候我做饭他挑，生气。气候相差也大。我之前在北京7年，那边是挺好的，四季分明，这边没夏天也没冬天。冬天不像冬天，夏天不像夏天的，而且夏天太热了。其实哪儿也不如自己的家、不如自己的地儿好。不过为了孩子，只要她们高兴咋都好。（16-WAR）

因为这里（厦门）早晚海风比较凉，湿气比较大，我们湖南那边虽然热，但是它气候比这边好，刚来不太适应，一直生病，但是现在这么多年过去了，好一点了。气候之前不习惯就多喝水。口味的话湖南那边的口味比较重一点，辛辣嘛，这边的口味就是比较淡一点。但是好像这么多年过去也就那么回事了，我那姑爷是这边的人，他吃湖南菜，（嫌）辣，有点不习惯，所以我们就慢慢迁就他，（我）现在吃辣都吃得比较少了。（12-XAY）

刚来的时候当然不习惯，来的时候都流眼泪，每天被关在套房里。听普通话不是很懂，简单的可以听，稍微复杂一点的听不懂。家里（指老家）比较冷清，但是比较习惯，这边比较热闹，有小孩在这边吵吵闹闹，但是没那么习惯。（11-AY）

表4-6　省外迁入与省内迁入的随迁父母对日常生活差异感知度的均值比较

单位：分

	省外迁入	省内迁入	显著性
日常语言	3.00（0.893）	2.10（0.886）	0.000
饮食口味	2.54（0.883）	1.66（0.614）	0.000
气候	2.93（0.767）	2.05（0.720）	0.000
风土人情/文化习俗	2.54（0.851）	1.88（0.705）	0.000
生活消费（如物价等）	2.91（0.762）	2.44（0.785）	0.000

注：每个项目的均值最大值为4分，最小值为1分；括号里为标准误。

相比于气候和物价水平等个体自身难以改变的影响因素而言，语言不通是随迁父母在随迁初期与他人进行有效沟通或实现快速融入的一大障碍。语言不仅起到沟通的作用，还具有文化意义，表明其属于某个群体（孙丽、包先康，2019）。有效的语言交流是随迁中老年人社会融入的先决条件，若语言交流有障碍，则往往会使人际交往受到影响，进一步影响社会融入。有研究指出，随迁中老年人面临话语主题和语言方式的双重困境，兴趣指向难以改变导致学习困难，尤其是对于来自农村的中老年人而言，长期以来形成的农业文明惯习让他们固守农村的话语主题（许加明，2017）。Suzuki（1978）研究发现，对于土耳其老年移民来说，语言障碍使得适应更加有难度，因此提出在为老年人提供服务时，必须发挥土耳其人向导的作用，而不是简单地让德国专业人士或准专业人士学习土耳其语。欧洲长期以来将语言学习视为移民实现社会融入目标的重要支持工具，并将此纳入欧盟的两项跨国政策中，且随着时间的推进，避免语言歧视、尊重多语言主义和语言多样性已经深入欧盟的各种政策中。因此，为随迁父母尤其是为随迁初期的中老年人提供本地语言培训和语言融入支持是有益且可行的服务方向，值得进行尝试。

第二节　身体健康与精神健康

一　身体健康及慢性病情况

身体健康即躯体健康，是指人的躯体没有发生病理性变化，身体结构完好和功能正常，能够顺利完成日常生活或工作。已有研究表明，迁移过程本身可能对老年人福利造成负面影响，导致老年人健康状况在短期内轻度恶化（Ferraro，1982；Choi，1996）。虽然随迁父母总体不算年老，但随迁生活的负重以及异地生活的不适都有可能损害他们的身体健康。已有研究通常使用工具性日常生活活动量表（Instrumental Activity of Daily Living Scale，IADL）来测量老年人的日常活动能力或评价老年人的生理健康状况，该量表包括八个条目，分别是做饭、做重活、乘坐交通工具、做家务、打电话、外出购物、管理自己的财物以及就诊用药，答案分为完全不需要协助、有些需要协助、需要协助和完全需要协助四类，并分别赋值 1~4 分

（Lawton & Brody，1969）。考虑到随迁父母的健康状况要优于一般老年群体，在借鉴相关研究关于老年人身体健康检测指标的基础上，结合本书试调查阶段对随迁父母日常活动的观察和访谈，本书制定了针对随迁父母身体健康状况的自评量表，在问卷中询问受访者"最近半年内自己在各项健康指标和自理能力方面的情况"，具体自测项目涉及睡眠质量，听力、视力等功能，食欲、进食情况，精力、体力，躯体活动能力，牙齿状况和咀嚼能力，头脑敏捷/语言表达能力，生活自理能力，管理钱财物的能力，记忆能力，情绪控制能力 11 项指标。回答选项分为 5 个等级并赋值 1~5分，"很不好"赋值 1 分，"不太好"赋值 2 分，"还过得去"赋值 3 分，"比较好"赋值 4 分，"非常好"赋值 5 分，分值越高说明随迁中老年人在该项目上的健康状况越好，如表 4-7 所示，该群体在各项目上的健康状况自评程度普遍较好。

表 4-7　随迁父母身体健康状况自评情况（$N = 741$）

单位：%，分

近半年身体健康状况自评	很不好	不太好	还过得去	比较好	非常好	均值	标准差
生活自理能力（如洗澡、更衣、独自出行）	0.1	0.3	15.6	48.4	35.6	4.19	0.707
情绪控制能力	0.5	4.9	27.3	47.3	19.9	3.81	0.828
食欲、进食情况	0.3	2.6	31.1	50.1	16.0	3.79	0.745
头脑敏捷/语言表达能力	0.1	5.9	28.7	48.1	17.2	3.76	0.807
管理钱财物的能力	0.6	4.7	33.4	44.4	16.9	3.72	0.817
精力、体力	0.3	10.7	35.2	41.0	12.8	3.55	0.858
听力、视力等功能	0.4	18.9	33.7	35.7	11.3	3.39	0.931
睡眠质量	2.8	18.5	30.9	34.1	13.7	3.37	1.025
腰/腿/肩颈/手臂等躯体活动能力	2.0	26.2	29.6	30.0	12.2	3.24	1.037
牙齿状况和咀嚼能力	3.2	26.1	27.5	30.4	12.7	3.23	1.072
记忆能力	1.5	27.4	36.6	25.3	9.1	3.13	0.968

注：项目顺序按照均值从大到小排列（分值区间为 1~5 分）。

　　有学者根据 2015 年全国城乡老年人生活状况抽样调查数据进行分析发现，中国老年人自评健康状况"好"（包括"非常好"和"比较好"）的比例为 33.0%，自评健康状况"一般"的比例为 42.3%，自评健康状况"差"（包括"比较差"和"非常差"）的比例为 24.8%（党俊武、李晶，2019）。郭静等（2017）通过对 2015 年全国流动人口动态监测调查数据（该问卷中自评健康状况的等级分为不健康、基本健康、健康）的分析发现，流动老年人口自评健康状况为不健康的占 11.0%，自评为基本健康和健康的分别占 44.03% 和 44.97%，这表明老年流动人口的身体健康状况相对良好，而且健康状况自评结果较一般老年人更为积极。在本书中，除了分项健康状况自评外，我们也要求受访者对总体的身体健康状况进行综合自评，统计结果显示，11.3% 的随迁父母表示自己目前的身体健康状况"非常好"，46.7% 表示"比较好"，两项合计 58.0%；35.9% 表示"还过得去"，仅 5.8% 和 0.3% 表示"不太好"和"很不好"，再次证实随迁父母群体的身体健康状况好于普通老年群体。用 1~5 分来表示身体健康状况的总体自评情况，分值越高说明总体身体健康状况越好，统计结果显示，随迁父母总体身体健康状况自评均值为 3.63 分（标准差为 0.77）。因为老年人的生理功能一般随年龄增长而逐渐退化，上述研究中的流动老人和本书中的随迁父母的年龄结构均比较年轻，所以身体健康状况自评结果都比较良好。再者选择流动的老年人口（外出就医和养老的人口除外）身体状况通常满足流动对健康的要求，这在一定程度上就已把身体状况不好的老人排除在流动范围之外（郭静等，2017）。同理，能够维持随迁并为子代家庭提供代际帮助的随迁父母通常也具备较好的健康状态。

我们将受访者年龄（以 2019 年为标准计算周岁）与其身体健康状况总评情况进行相关性分析，可以发现二者呈微弱的负相关关系（sig. 值为 0.077，相关性在 0.1 水平下显著），年龄越大的随迁父母对个人健康状况的评价也越低，但这种相关关系并不强烈。从各项目的均值情况来看，生活自理能力、情绪控制能力以及食欲、进食情况三个项目的自评均值相对较高，而该群体自评分值相对较差的项目为记忆能力、牙齿状况和咀嚼能力、腰/腿/肩颈/手臂等躯体活动能力以及睡眠质量，不过这些显然不影响他们的日常生活以及为子女家庭提供力所能及的帮助。总体来说，年龄的优势，加上社会经济发展使当前中老年人的自养能力不断增强，随迁父母群体的身体健康状况总体较好，这也使得他们有能力向其成年子女家庭提供"向下"支持和帮助。而且由于身体健康状况并不容易在短时间内发生较大变化，本书也倾向于将受访者的身体健康状况自评情况作为分析其他随迁生活质量的预测变量。

对2015年全国城乡老年人生活状况抽样调查数据的分析显示，中国有32.1%的老年人患有一种慢性病，50.5%的老年人患有两种及以上慢性病，即患慢性病的比例超过八成，仅17.4%的老年人未患慢性病，中国老年人患慢性病比例较高，且随着年龄增长，患慢性病比例也越来越高（党俊武、李晶，2019）。虽然随迁父母群体总体比较年轻，但调查中也发现随迁父母患慢性病的比例较高，过半数（54.3%）的受访者自报患有慢性病①，且在开放性追问中所自报的慢性病种类繁多，包括高血压、低血糖、关节炎、鼻炎、腰/腿/肩颈病、胆结石、慢性肺病、动脉硬化、风湿病、心脏病、慢性胃病、青光眼、甲状腺疾病、口腔炎、神经衰弱、脑梗、头痛、乳腺增生、支气管炎、胃溃疡、冠心病、白内障等。池上新和吕师佳（2021）对深圳市随迁老人的调查显示，该群体自评健康的比例为84.5%，患有慢性病的比例为43.9%，该比例与本书相当。虽然随迁父母患慢性病的比例低于普通老年人，但长期带病生活使他们对药物和医疗服务的需求增加，且导致一定程度的经济负担。本书的调查结果显示，将近四成（38.6%）的随迁父母需要长期服用某种药物（不包含保健品），这些需要长期服药的父辈们每个月的医疗开支平均约300元（均值统计结果为298.7元/月）。年龄越大者，自报患有慢性病的比例也越大，如60岁及以下的受访者中有49.0%自报患有慢性病，61~70岁（含70岁）的受访者自报患有慢性病的比例为54.8%，而年龄为70岁以上者自报患慢性病的比例则高达65.3%。相关分析显示，在控制了年龄因素后，自报患有慢性病的受访者对总体身体健康的自我评价也较低（Pearson相关系数为-0.217，sig. 值为0）。

从性别来看，女性随迁者对个人身体健康状况的总体自评均值（3.59分）要低于男性随迁者的总体自评均值（3.72分），独立样本 t 检验显著性为0.039，即男性的总体健康状况自评水平要高于女性。2015年全国流

---

① 本书对"慢性病"的界定，泛指诸如高血压、糖尿病、风湿病等需要长期或经常性服用某种药物，但又无法在短时间内完全康复的长病程疾病。

动人口动态监测调查数据——流动老人医疗卫生服务专题调查数据的分性别比较显示，男性流动老人自评健康状况好于女性（聂欢等，2017；陈宁、石人炳，2017）。根据2015年全国城乡老年人生活状况抽样调查的分性别情况来看，男性老年人自评健康状况也是优于女性老年人的，研究认为健康状况对于老年人生活质量的影响不仅在于客观患病情况，还在于老年人是否有与其年龄相适宜的健康预期（党俊武、李晶，2019）。不论是流动老人还是普通老人的全国调查分性别比较结论都与本书一致。本书认为，女性随迁者健康状况自评水平低于男性随迁者的结果说明女性对自己的健康状况更不满意，这与女性随迁者自报患有慢性病的比例（57.6%）要高于男性随迁者（46.6%）的情况也有关，慢性病虽不会影响正常生活，但会让人长期处于"身体欠佳"的困扰中，从而导致较低的身体健康状况自我评价。

随迁父母中患慢性病的人数比例较高，他们需要长期依赖药物治疗或护理调养，因此对医疗保险等福利制度的需求较高。定量调查显示，从医保隶属关系上看，33.9%的随迁父母属于外地城市基本医疗保险，43.2%属于外地农村合作医疗保险，15.1%购买了其他商业保险。看病不便、医保报销等福利待遇的不完善不仅增加了其随迁成本，也成为影响他们随迁生活满意度的不利因素。

> 我的户口迁到了厦门，可是医保无法迁过来，异地医保，看病取药很不方便。说实话我们也是为厦门做了奉献，因为我们衣食住行都在这边。我们现在异地医保，看病、买药都要自己掏钱，所以说这个问题政府要考虑考虑。（12-XAY）

> 我糖尿病，吃了快八年的药了。我从老家带药出来，两个月拿一次。在这边十几年也没有办医保，都是回老家看病，这边没有医保卡，很贵很贵啊！（5-WDM）

> 我办的是异地就医，还没有全国通用。我们那个肯定要办异地就医，回去报销嘛。（7-TZY）

（我对自己身体）有时也有点担忧。小孩有自己的家庭，（我）有点病有时候不敢说，但是不说吧怕耽搁了更严重，害怕会带给他们更大的麻烦。（14-HAY）

由于身体健康状况自评量表涉及的项目较多，为了进一步降低变量维数，为后续分析做准备，我们通过 KMO 检验和 Bartlett 球形度检验方法来检验 11 个身体健康自评变量是否适合进行因子分析，结果得到 KMO 值为 0.925，说明这些测量指标间的共同因素较多，且 Bartlett 球形度检验的 sig. 值为 0，达到显著水平，因此这些题项适合进行因子分析。我们采用主成分分析法提取公因素（所有项目系数载荷量均大于 0.5），再经过具有 Kaiser 标准化的正交旋转法得到了 1 个因子，命名为 "身体健康因子"，且 11 个指标全部进入这个因子，因子得分越高，则说明自评身体健康状况越好，该因子与受访者对身体健康的总体自评度也是高度相关的（相关系数为 0.774，显著性为 0.000）。为便于直观了解随迁父母的身体健康情况，我们用公式将身体健康因子转换为 1~100 的指数①，转换前的因子最大值为 2.28599，最小值为 -4.24443，平均数为 0，标准差为 1；转换后的最大值为 100，最小值为 1，平均数为 65.3448，标准差为 15.15982。

学术界对老年人健康自评状况的影响因素研究已有不少，如有研究根据 2015 年全国流动人口动态监测调查数据——流动老人医疗卫生服务专题调查数据，通过对不同特征流动老人自评健康状况进行比较发现，受教育程度越高者自评健康状况越好，参与体育锻炼的流动老人自评健康状况较好，有医疗保险的流动老人自评健康状况相对好于没有医疗保险的流动老人，有配偶支持的流动老人自评健康状况相对较好，得到社会支持较强、朋友较多的流动老人自评健康状况相对较好，在流入地没有朋友的流动老人的自评健康状况普遍较差，此外年龄越高者自评健康状况越差（陈宁、

---

① 转换后的因子值 =（因子值 + B）× A，其中 A = 99/（因子最大值 - 因子最小值），B =（1/A）- 因子最小值，B 的公式亦为：B = [（因子最大值 - 因子最小值）/99] - 因子最小值（边燕杰、李煜，2000）。本书其他因子得分均采用这一标准化方法。

石人炳，2017）。在控制年龄和精神健康自评情况①下，有伴侣陪同随迁的中老年人的身体健康总体自评情况（均值为 3.7 分）要明显优于单独随迁者（包括因随迁而单独迁居的情况，也包括因其他原因而单独随迁的情况）的身体健康总体自评情况（均值为 3.48 分），偏相关分析系数为 0.149。如果用身体健康因子值替代身体健康总体自评值代入分析也能得到一致结论，如果按照百分制来衡量随迁父母的身体健康情况，有伴侣陪同随迁者的身体健康因子转换值平均得分为 67.0978，而单独随迁者的身体健康因子转换值平均得分仅为 61.8792，独立样本 t 检验显著性为 0.000，再次说明伴侣陪同随迁对于随迁父母身体健康的积极效应。

不过，本书更倾向于将随迁父母的身体健康状况作为影响其社交参与程度、提供代际支持和影响精神健康及生活质量的重要解释变量，从实践来看，虽然生活环境、生活方式和精神状况等因素也会对身体功能产生影响，但这种影响是相对比较缓慢的。本书的问卷调查仅仅是当下时间点的横截面取样，无法将现在的身体健康状况与随迁前进行对比并追溯受访者随迁以来的生活经历或生活方式对其身体健康造成的影响，因此笔者主张将目前的身体健康状况视为反映个人身体素质的基础性变量，它是导致随迁生活差异的前提因素，而不是结果因素。当我们以这样的思路进行随迁父母身体健康状况的影响分析时，发现身体健康状况与社会参与情况②呈显著正相关关系，如身体健康因子得分越高者，其闲暇娱乐活动参与因子的得分也越高（Pearson 相关系数为 0.173，sig. 值为 0），社区和社交参与因子的得分也越高（Pearson 相关系数为 0.185，sig. 值为 0）。我们尝试用每日家务劳动时间、对子代家庭的家政支持和教育协助情况③分别与身体健康因子进行相关分析后发现，"向下"代际支持程度与长辈健康之间并不存在相关关系；同样，目前照顾孙辈的数量、最小孙辈年龄等因素与身体健康因子之间也不存在相关关系，可见代际支持和隔代照料的强度与随迁父母当前身体状况没有明显关联。在后续的研究中我们将继续利用身体

---

① 有关随迁父母精神健康自评情况参考本节后文内容。由于受访者的身心健康自评情况之间存在高度相关关系，为了便于考察伴侣陪同随迁对父辈身体健康的独立影响，我们将精神健康也作为控制变量。

② 有关随迁父母社会参与情况的具体测量和相关分析见本章下一节。

③ 有关随迁父母家政支持和教育协助情况的具体测量和相关分析见第五章第一节。

健康因子进行更多的影响分析。

二 精神健康及情绪状况

移民的精神健康一直是移民研究领域的重要议题。世界卫生组织的报告显示,"迁移通常不能带来更好的整体健康状态……它经常会使迁移者面对非常多的社会压力……并增加精神疾病的危险"(World Health Organization, 2001)。国内大多数研究指出,随迁老人的精神健康状况不容乐观(刘庆、陈世海, 2015),他们精神生活单调,闲暇时间中的娱乐活动较贫乏、社会交往缺失、社区参与度低、缺乏对迁入地的了解和认同(姚兆余、王鑫, 2010);与子女家庭的沟通不畅或感觉为子女家庭付出太多而心理失衡;故土难回、乡愁难了(穆光宗, 2017a);缺乏良好的渠道缓解情绪紧张、常被孤独情绪困扰……总之,无论是以随迁前的自己为参照还是与本地老人相比,随迁老人的主观幸福感总体偏低,以负性情感和负性体验为主(李芳燕, 2016)。上述研究结论提示我们应当高度关注随迁父母的精神健康和情绪状况。之所以说迁移是一个充满压力的过程,是因为一方面,迁移过程常常伴随着大量朋友和关系的损失、周遭环境的改变、风俗习惯的变换(Hicks et al., 1993; James, 1997),迁移者可能面临气候、语言、文化、社会地位和社会关系的改变,这些改变往往直接作用于迁移者并使他们心情沮丧(Carta et al., 2005)。国内针对"老漂族"的研究也指出,传统社会关系和社会空间的变动以及对原有空间的依恋,使该群体容易产生孤独、排斥等消极情感,进一步导致自我隔离和社区隔离(王建平、叶锦涛, 2018)。另一方面,迁入地区的排斥也可能对移民的精神健康产生消极影响。比如鲁兴虎和兰青(2019)针对"老漂族"的研究指出,由于迁入地在医疗报销和老年福利制度上的不完善,迁移者及其家庭不得不独自承担处于保障体系之外的风险,该群体中部分人因担心由此给子女家庭带来潜在负担而对自己之于子女家庭的价值和意义产生怀疑并产生自我否定情绪。此外,经济社会地位(指随迁老人与当地老人在受教育程度、收入、养老保险、医疗保险和社会地位等方面的差异程度)、迁移后的压力也会影响随迁老人的精神健康,而社会资本既能促进随迁老人的精神健康,也可能产生一定的负向影响(刘庆、陈世海, 2015)。上述成果对本书有一定的参考意义，但是就目前的研究现状来看，专门针对随迁父母精神健康和情绪状态的实证分析不仅数量较少，且多以农村随迁父母的精神健康问题为出发点来概括全体随迁父母，未能关注到随迁父母精神健康状况的群体内部差异。

本书对随迁父母精神健康的调查是在借鉴已有中老年人身心健康研究的基础上，根据研究对象的特殊性和本书的研究目标，制作了包含 8 个项目的精神健康自评量表（见表 4-8），邀请受访者回想"近半年间产生各种正面和负面情绪或感受的频率如何"，答案分为 5 个等级，分别赋值 1~5 分，1 分表示最近半年"从来没有"出现该项情绪或感受，5 分表示最近半年"总是"出现该项情绪或感受，分值越高，说明近半年出现某种情绪或感受的频率也越高。为防止受访者出现答题惯性，问卷中特别将不同方向的情绪测量项目打乱顺序。在正面情绪的项目上，得分越高表示精神健康状况越好；在负面情绪的项目上，得分越高表示精神健康状况越差。除量表外，还要求受访者对个人总体精神健康情况进行自我评价，回答选项分为"非常差"、"比较差"、"比较好"和"非常好"4 个等级，并分别赋值 1~4 分，分值越高说明回答者对个人精神健康的总体自我感觉越好。

表 4-8　随迁父母精神健康自评情况

单位：%，分

	近半年的精神健康自评项目	从来没有	很少	有时	经常	总是	均值	标准差
正面情绪	感到自己的事情能够自己说了算	1.5	7.0	12.4	43.4	35.7	4.05	0.945
	感到平静/轻松	1.4	6.1	14.6	59.9	18.0	3.87	0.824
	感到愉悦/享受	1.9	8.4	18.3	54.8	16.6	3.76	0.894
	感到自己还和年轻时一样快活	10.5	26.9	20.9	30.1	11.6	3.05	1.206
负面情绪	感到生气/愤怒	24.5	48.3	24.6	2.2	0.4	2.06	0.783
	感到情绪容易波动、易急躁	34.5	35.9	21.8	6.6	1.2	2.04	0.968
	感到担忧/焦虑	34.4	39.4	20.5	5.2	0.5	1.98	0.898
	感到忧郁/悲哀	45.4	39.8	12.1	2.1	0.7	1.73	0.804

注：项目顺序已按均值从大到小排列。

从统计结果来看，随迁父母的精神健康状况较好，15.6% 的受访者认为自己的总体精神健康情况"非常好"，76.6% 的受访者自评"比较好"，仅 7.4% 和 0.4% 的受访者精神健康状况自评"比较差"和"非常差"。尽管如此，调查仍显示近三成的受访者表示自己存在不同程度的负面情绪，如表 4-8 所示，合计 29.6% 的受访者在近半年内"有时"、"经常"或"总是"感到情绪容易波动、易急躁；合计 27.2% 的受访者近半年内"有时"、"经常"或"总是"感到生气/愤怒。这些情况都是值得我们关注的。对于精神健康状况自评不良（筛选标准为在负面情绪项目中回答"经常"或"总是"）的受访者，问卷设置了开放性问题用于追问他们通常因为哪些因素而产生消极感受，得到的反馈包括："不适应本地的生活、想念老家""与子女沟通不畅、子女态度不好""带孙子女太累、孩子调皮不听话/难以管教""家务活太多、子女不帮忙""操心子女事业和生活、担心子女过得不好（还没买房、工作不好等）""操心孙辈的健康""担心自己生病、看病花费高、怕拖累孩子""跟老伴因为生活琐事吵架生气""跟子女的教育方法有冲突、跟子女的生活方式有分歧""家里还有上一代老人没能照顾到""身体精力不如从前、感觉老了不中用、年龄大了身体变差，很多事情做不了""没有养老保险和退休金，不能为子女提供更多帮助""自己受教育程度不高、生活经济压力大""睡眠不好/失眠、身体存在病痛""想念去世的配偶、一个人感到孤独""在本地没朋友、没有地方述说心事""为养老问题、住房问题、看病就医问题担忧"等。这些开放性问题的回答充分体现了中国随迁父母不论对自己、对子女，还是对孙辈都有操不完的心和潜藏的不安全感，其背后既有家庭集体主义和家庭系统动力的潜在影响，也反映了社会福利制度不健全背景下长辈将晚辈发展状况视为个人养老依托的现实焦虑和集体潜意识。

通过 KMO 检验和 Bartlett 球形度检验方法来检验 8 个精神健康自评变量是否适合进行因子分析，结果得到 KMO 值为 0.785，Bartlett 球形度检验的 sig. 值为 0，运用主成分分析法和 Kaiser 标准化的正交旋转法提取到 2 个因子，根据所包含的项目性质分别命名为"负面情绪因子"和"正面情绪因子"（见表 4-9），每个因子中均包含 4 个项目，2 个因子的累计方差贡献率为 55.5%。其中，负面情绪因子得分越高，代表随迁父母近半年的精神状态越消极；正面情绪因子得分越高，代表随迁父母近半年的精神状态越积极。为便于直观了解不同对象的精神健康程度，我们用公式将两种精神健康因子转换为 1~100 之间的指数①。转换前的负面情绪因子最大值为 4.15892，最小值为 -1.94748，平均数为 0，标准差为 1；转换后的最大值为 100，最小值为 1，平均数为 32.5735，标准差为 16.21250。转换前的正面情绪因子最大值为 2.28563，最小值为 -4.37051，平均数为 0，标准差为 1；转换后的最大值为 100，最小值为 1，平均数为 66.0047，标准差为 14.87349。

表 4-9　随迁父母精神健康自评项目的因子分析

精神健康自评项目	负面情绪因子	正面情绪因子	提取公因子方差
感到担忧/焦虑	0.823		0.705
感到生气/愤怒	0.765		0.605
感到忧郁/悲哀	0.753		0.600
感到情绪容易波动、易急躁	0.703		0.516
感到愉悦/享受		0.761	0.599
感到平静/轻松		0.734	0.601
感到自己还和年轻时一样快活		0.677	0.479
感到自己的事情能够自己说了算		0.574	0.336
特征值	3.160	1.281	
解释的方差	39.497%	16.015%	55.512%

注：提取方法为主成分分析法，旋转法为具有 Kaiser 标准化的正交旋转法；表中已删除系数小于 0.5 的因子负载值。

　　虽然年龄与随迁父母的身体健康自评情况存在微弱负相关关系，但是年龄与精神健康自评情况之间并不存在相关关系（显著性大于 0.1），也就是说，随迁父母的精神健康与年龄关系不大，但是与随迁时长有关。已有研究指出，流动对老年人的心理健康具有双重作用机制，一方面，流动过程将那些心理健康的老人"筛选"出来，因为根据流动的目的，流动本身需要老人有较好的心理健康水平；另一方面，流动过程会给老年人的心理健康带来不利影响，在流动初期，由于需要适应新环境和脱离熟悉的交往

① 转换后的因子值 =（因子值+B）×A，其中 A=99/（因子最大值-因子最小值），B=（1/A）-因子最小值，B 的公式亦为：B=［（因子最大值-因子最小值）/99］-因子最小值（边燕杰、李煜，2000）。本书其他因子得分均采用这一标准化方法。

圈，老年人面临多种心理压力，从而使其心理健康状况下降，但随着时间的推移和对当地生活的适应，其心理健康将逐渐恢复到原有水平（彭大松等，2017）。西方的研究也发现，移民老人与当地老人之间的抑郁度差异，可能是移民老人进入新环境后产生的相对剥夺感所导致的（Livingston & Sembhi，2003），随着流动时间增加，移民老人对流入地环境越熟悉，他们的紧张感和压力就越小，心理福利水平会慢慢提升（Kim et al.，2015）。

上述关于流动老人心理健康的非线性健康受损解释对本书所研究的随迁父母也同样适用。在将随迁时长分别与两个情绪因子进行相关分析后发现，其彼此间并不存在直接的相关关系，但相关分析显示，随迁时长越长者的社会参与程度越高（随迁时长与闲暇娱乐活动参与因子间的 Pearson 相关系数为 0.139，显著性为 0.000；随迁时长与社区和社交参与因子间的 Pearson 相关系数为 0.236，显著性为 0.000），而随迁父母的社会参与程度又与心理健康有正向关系（社区和社交参与因子与正面情绪因子间的 Pearson 相关系数为 0.274，显著性为 0.000；闲暇娱乐活动参与因子与正面情绪因子间的 Pearson 相关系数为 0.215，显著性为 0.000，与负面情绪因子间的 Pearson 相关系数为-0.078，显著性为 0.040），可见随着随迁时长的增加，随迁父母的社会交往和社会参与程度会越来越好，在某种程度上对他们的心理健康会有一定帮助。从随迁时长与受访者精神健康自评情况的相关分析结果来看，二者存在微弱正相关关系（Pearson 相关系数为 0.065，显著性为 0.079），具体来看，随迁 3 年及以下者的精神健康自评均值为 3.03 分，而随迁 3~15 年者的精神健康自评均值为 3.08 分，随迁 15 年以上者的精神健康自评均值为 3.15 分，换句话说，中老年人在不同随迁阶段的心理健康水平存在一定差异。随迁时长较短者可能因为生活环境变迁的不适而导致相对较低的精神健康水平，随着随迁时长增加，随迁父母对迁入地的社会融入程度有所提升，进而可能促进其精神健康状况的改善；同时，随迁时长本身也具有"筛选、过滤"属性，能够维持长时间随迁的中老年人通常具备较好的精神健康状态。

从性别差异来看，我们已经发现女性随迁者的身体健康自评情况要比男性更差，那么在精神健康方面，不同性别随迁父母是否存在差异？均值比较显示，女性受访者转换后的负面情绪因子均值（33.6217）高于男性受访者（转换后的负面情绪因子均值为30.2966），独立样本 t 检验显著性为0.012，可见女性随迁者比男性随迁者有更多的负面情绪。女性受访者转换后的正面情绪因子均值（65.7522）也略低于男性的正面情绪因子均值（66.6415），但独立样本 t 检验不具有统计显著性。结合上文对身体健康自评情况的性别比较结果可以发现，女性随迁者在身体健康和精神健康上的状态均不如男性随迁者，我们不排除身心状态之间存在相互影响的事实，但也有可能是因为女性承担更加繁重的家庭照料责任，而使得她们的身心健康压力加重。从受教育程度对比来看，在控制了性别、户籍性质及随迁时长后，随迁父母的受教育程度与个人精神健康总体自评值的偏相关关系具有统计显著性，相关系数为0.107，显著性为0.004。受教育程度越高者在实际生活中对外界资源的获取能力和对困难的调适能力可能越高，对随迁生活的自信感和掌控力也越高，因此可能产生更好的精神健康自我评价。

彭大松等（2017）在对南京市流动老人的研究中指出，"只身"流动状态对老年人心理健康的损害较大，甚至超过了离婚、丧偶等带来的负面影响。本书也支持这样的结论，在控制随迁时长的情况下，有伴侣陪同随迁中老年人的精神健康总体自评情况（均值为3.11分）要明显优于单独随迁中老年人的精神健康总体自评情况（均值为3.00分），偏相关分析系数为0.094，显著性为0.012。用精神健康两个情绪因子值替代精神健康总体自评值代入分析也能得到一致结论，如果按照百分制来衡量随迁父母的精神健康情况，无伴侣陪同的单独随迁者的负面情绪因子均值（34.4240）要高于有伴侣陪同随迁者的负面情绪因子均值（31.6635），独立样本 t 检验显著性为0.032；反之，无伴侣陪同的单独随迁者的正面情绪因子均值（63.7313）则低于有伴侣陪同者的正面情绪因子均值（67.0794），独立样本 t 检验显著性为0.004。探索性研究结果初步认为，"只身一人"面对随迁生活可能增加随迁父母的负面情绪，抑制其正面情绪。老年伴侣不仅能够在繁重的日常家务中提供必要的体力支持，降低一方因过度劳累而产生身体健康问题的概率，也能提供及时的精神慰藉，提升他们对随迁生活的积极体验感，因此应创造条件，鼓励伴侣陪同的随迁模式，降低单独随迁对中老年人身心健康的不利影响。

从城乡差异来看，已有研究对农村随迁老人的精神健康问题关注较多，如宁玉梅（2013）通过访谈发现，农村随迁老人觉得自己像保姆，每天的任务是照顾孙辈和料理家务，在学校、菜市场和家三点一线地徘徊，几乎没有自己的娱乐，感觉生活在笼子里。易艳阳、周沛（2016）发现大部分农村随迁老人不适应城市的居住方式，感觉自己"整天被困在高楼里"，失去了原先熟悉的活动空间与娱乐方式。朱冬梅和郑若楠（2019）的研究指出，农村随迁老人作为特殊的弱势群体，他们在经济保障和生活照料等物质方面的需求虽得到较大满足，但以心理慰藉为基础的情感保障还远远不够，农村随迁老人在城市生活面临着封闭的居住环境、不便的交通出行、不畅的语言交流、被忽视的家庭角色、沉重的育幼负担、阻隔的人际关系等"进城困养"状态，以及由此导致的社会融入、代际冲突、育幼矛盾、精神孤寂等情感问题。这些研究结论启发我们更加关注城乡随迁父母的精神健康差异。从户籍对比情况来看，本地户籍与非本地户籍的随迁父母对个人总体精神健康的评价情况并无显著差异，但外地农村户籍随迁父母的精神健康自评均值（3.02分）则要低于外地非农村户籍随迁父母的精神健康自评均值（3.12分），差异虽然不大但具有统计学意义，独立样本 t 检验的显著性为0.009。将农村户籍与非农村户籍随迁父母的两个情绪因子转换值进行独立样本 t 检验后发现，农村户籍随迁父母的正面情绪因子均值（63.9360）显著低于非农村户籍者的正面情绪因子均值（67.7491），显著性为0.001；但是在负面情绪上，两个群体因子转换均值的城乡差异则并没有统计显著性（显著性大于0.1）。我们大致认为，在随迁父母群体精神健康状况总体良好的前提下，相比于非农村户籍随迁父母而言，农村户籍随迁父母只是拥有更少的正面情绪感受，但并没有对随迁生活产生更多的负面情绪。农村户籍随迁父母精神健康自评度较差的原因，可能与他们较低的城市适配感有关，所谓"城市适配感较低"，是指习惯了农村自由散漫生活状态的中老年人以扁平认知进入立体化的城市空间后，难以适应现代高度规训的城市生活。比如，我们发现农村户籍随迁父母在迁入地的社区和社交参与程度、闲暇娱乐活动参与程度以及交友数量等均要低于非农村户籍随迁父母，而在控制了性别、受教育程度、户籍性质和随迁时长的情况下，随迁父母社区和社交参与程度及闲暇娱乐活动参与程度与其精神健康总体自评值之间的偏相关关系具有统计显著性，相关系数分别为0.142

和 0.127，显著性均为 0.000，因此初步断定农村户籍随迁父母精神健康自评度较低也可能与其较弱的文化资本等能力以及较低的社会参与度有关。有关随迁父母的社会参与情况将在下一节展开分析，在此不再赘述。

鉴于身心健康具有内在统一性，随迁父母对身体健康的总体评价与对精神健康的总体评价密切相关，在控制个体特征等变量的情况下，随迁父母身体健康总体自评度与精神健康总体自评度之间的偏相关系数为 0.447，显著性为 0.000。将身体健康因子与精神健康自评的两个因子进行偏相关分析后也显示，身体健康因子与负面情绪因子呈显著负相关关系（相关系数为-0.283，sig. 值为 0），而与正面情绪因子呈显著正相关关系（相关系数为 0.466，sig. 值为 0），换句话说，对身体健康状况自我感觉越好的长者，其精神状态也越好，产生消极或负面心理状态的频率也越少；反之亦然。谈孝勤和解军（2005）通过对上海浦江老年人的研究发现，有慢性病的老年人心理问题发生率高于没有慢性病的老年人。在控制身体健康自评以及个体特征等因素的情况下，随迁父母患慢性病情况与其精神健康自评度之间仍然存在负相关关系（偏相关系数为-0.088，显著性为 0.020）。独立样本 t 检验也发现，患有慢性病的随迁父母的精神健康自评均值（3.0 分）低于没有患慢性病的随迁父母的精神健康自评均值（3.17 分），显著性为 0.000。具体来看，前者的正面情绪因子转换后均值（64.6235）显著低于后者转换后均值（67.7525），显著性为 0.005；而前者的负面情绪因子转换后均值（33.7155）显著高于后者转换后均值（31.1206），显著性为 0.034。由此可见，慢性病不仅影响了随迁父母对个人身体健康状况的自我评价，在精神层面上，也会增加其负面情绪感受，减少正面情绪体验，进而影响总体心理健康水平。

第三节　社会交往与社会参与

一　社区和社交参与及闲暇娱乐活动参与情况

有关老年人社会参与的理论流派包括"减少参与理论"[1]（主张若要使

---

[1]　虽然该理论涉及的是老年人，但很多人 55 岁退休或此年龄段不再工作的人可称为准老年人，他们的生活同样适用于这些理论。

老年人安享自由、恬静的晚年，应减少职业性和社交性的活动，以避免充当消极角色）、"活动理论"（认为社会活动是人类生活的基础，老年人与其他成年人并无不同，同样需要参与社会活动）、"持续理论"（从心理学出发，认为一个人在特定环境下形成的习惯、爱好、性格、个性具有延续性，并支配着老年人的生活和社会活动）等（杨宗传，2000）。已有大多数研究表明，社会参与对于提升老年人心理健康水平具有积极作用，可以帮助老年人实现精神寄托和减轻孤独感，增进身心健康（刘颂，2006，2007）；老年人在各种形式的社会参与过程中可以更加客观正确地认识和评价自己，具有自我实现的价值意义（左伟、吕立国，2008）。国务院在 2016 年印发的《国家人口发展规划（2016—2030 年）》和 2021 年底印发的《"十四五"国家老龄事业发展和养老服务体系规划》中，均提出要促进老年人社会参与和丰富老年人文体休闲生活，要在全社会倡导积极老龄观，引导老年人根据自身情况，积极参与家庭、社区和社会发展。随迁父母虽然是来自异乡的中老年人，但也是迁入地城市发展的参与者和受益者。迁入地的社会参与和社会交往作为他们实现积极老龄化的重要环节以及反映他们在迁入地融入程度和生活质量的重要指标一直备受学术界关注，研究随迁父母在迁入地的日常交往、社会参与和闲暇娱乐活动参与情况也能够帮助我们掌握他们在家庭之外的社会关联状态和社会适应程度。

以往相关研究指出，随迁父母作为家庭的"后勤人员"，负担较重，他们进入迁入地的行动轨迹多围绕照料孙辈、买菜做饭等家庭内体力劳动，较少有自我时间和空间（李容芳，2020）开展社交活动，精神生活单调，且闲暇时间中的娱乐活动较单一。他们从迁出地的"熟人社会"进入迁入地的"陌生社会"，被迫失去了先前的社会关系网，又因缺乏对迁入地的了解和认同，切断了通过社区参与来重建人际关系网的这条重要途径，故而限制了个人交往活动，人际交往范围狭窄（刘庆、冯兰，2013），社区参与度低（姚兆余、王鑫，2010；刘亚娜，2016；顾炎，2017；许加明，2017；杨静，2019），无法享受到社区活动带来的快乐与充实，孤独与抑郁的情绪慢慢产生，精神健康与生活质量得不到质的提高（王雪、董博，2018）。生活状态的改变、旧社会关系的断裂，容易造成随迁父母的心理不适，群体性无所适从是社会融入和社会适应难以达成的解释路径之一

（李容芳，2020），因此他们迫切需要建立新的社会网络关系。流入地的人际交往活动和交流形式显得尤为重要（胡雅萍等，2018）。

本书通过对随迁父母社交和社会参与情况的调查发现，87.2%的受访者自报在迁入地（厦门）除了子女及家人/亲人之外"还有其他可以一起聊天闲玩的朋友①"，仅12.8%的受访者认为自己在本地除子女及家人/亲人外，"完全没有"朋友。自报在迁入地拥有朋友（如有多个朋友，以最常联系的1个朋友为回答标准）的受访者中，75.0%的人表示平时能和朋友"经常见面"，12.7%的人表示跟朋友"有时见面"，9.5%的人表示跟朋友"偶尔见面"，还有2.9%的人表示平时跟朋友"几乎没见面"。为方便后文分析，我们将随迁父母在迁入地的交友数量（由于对"朋友"的定义和计算有一定难度，本题存在较多缺失样本，最终回答者共计647人）转换为5个等级的定距变量，根据受访者回答的交友数量重新编码，新变量为："有3个及以下朋友"（赋值1）、"有4~8个朋友"（赋值2）、"有9~15个朋友"（赋值3）、"有16~25个朋友"（赋值4）、"有26个及以上朋友"（赋值5）。在实际回答者中，12.2%的受访者自报在本地的朋友数量为3个及以下，23.2%的受访者自报有4~8个朋友，25.8%的受访者自报有9~15个朋友，17.5%的受访者自报有16~25个朋友，还有21.3%自报有26个及以上的朋友。从统计结果来看，随迁父母在迁入地的人际关系网和社交情况并没有以往研究中所描述得那么差。

本书对此的解释是，首先，社交关系网中断大多发生在随迁初期，随着时间的推移，随迁父母一般会用自己的方式努力适应新城市的生活，包括发展迁入地的泛社交②圈，或许过程中会有不少困难，但结果不至于太差。如表4-10所示，随迁时长与迁入地交友情况的分析结果显示，随迁时间越长的受访者回答在迁入地有朋友的比例越高，回答完全没有朋友的比例越低。具体而言，随迁时长为3年及以下的随迁父母的交友情况是比较差的，34.2%的随迁1年及以下的受访者以及21.6%的随迁时长为1~3

_____

① 有关"朋友"的定义，主要以受访者自己的认定为准。

② 所谓"泛社交"，是指基于某种原因，人与人之间产生的临时性社交行为。比如照料孙辈的随迁父母在社区/小区里容易同其他照料孙辈的同龄人产生共同话题或发起临时性交流，这种社交行为虽然不会产生深层次的交互，但也能起到交换信息、彼此温暖的作用。

年（含3年）的受访者在迁入地的人际交往完全依赖子女和亲人，他们除家人外没有自己的朋友，这部分随迁父母的社交困境是需要我们加以重视和帮助解决的。由于交友过程需要时间，当随迁时间超过3年后，随迁父母的社交情况就有所改善，调查结果显示超过九成的随迁3年以上者能够在迁入地结交到除家人之外的朋友。因此，随迁父母的社交情况因随迁时长不同而具有阶段性特征，不能一概而论。调查中近八成受访者的随迁时长超过3年，因此就不难理解为何他们在迁入地的社交状况总体为良好了。

表4-10　随迁时长与迁入地交友情况的分析

单位：人，%

随迁时长	除家人外完全没有朋友		除家人外还有其他朋友	
	频数	横向占比	频数	横向占比
随迁1年及以下	25	34.2	48	65.8
随迁1~3年（含3年）	22	21.6	80	78.4
随迁3~5年（含5年）	10	9.5	95	90.5
随迁5~10年（含10年）	21	9.1	210	90.9
随迁10~15年（含15年）	11	9.0	111	91.0
随迁15年以上	6	5.6	102	94.4

其次，本书研究的随迁父母来源地比较多元，既有来自农村的，也有来自城市甚至大城市的。已有研究大多关注从农村随迁到城市的情况，一是因为这类随迁父母在随迁中老年人口中占比最大，统计结果也显示，拥有外地农村户籍的受访者比例明显高于其他户籍类型。二是因为乡—城型随迁中老年人在随迁生活中需要面对的差异更大，其适应困境更易被关注到。比如有学者指出，那些从农村来到城市子女家中的老人呈现低龄、受教育程度低、女性多、非夫妇式、以照料小孩为主等特征，并存在不同程度的城市适应问题（苗瑞凤，2012）。但事实上，随迁父母的来源地类型很多，不同随迁父母的城市融入难度不尽相同，他们在迁入地的交友情况也有所差异。交叉分析结果表明（卡方检验sig.值为0），已经拥有迁入地户籍的受访者在本地"有朋友"的比例高达95.8%，高于外地城市户籍的受访者在本地"有朋友"的比例（88.0%），也高于拥有外地农村户籍的受访者在本地"有朋友"的比例（81.2%）。而外地农村户籍受访者在迁入地"完全没有

朋友"的比例（18.8%）也明显高于外地城市户籍受访者（12.0%）和已拥有本地户籍的受访者（4.2%）。调查对象中有29.3%的受访者已通过各种方式（如购房入户、随子女入户等）获得本地户籍。即使是外地户籍的受访者，外地城市户籍和外地农村户籍的受访者在交友情况上也存在差异，均值比较发现，外地城市户籍受访者的交友数量显著大于外地农村户籍受访者，显著性为0.086。

基于上述解释，在整体随迁父母群体社交状况上的统计结论会比只研究来自农村地区随迁父母的同主题研究结论更乐观一些。另外需要说明的是，调查地区"厦门"的社区建设情况良好，湖里区是全国社会工作服务标准化建设示范区，建立了全省首个民办社工机构孵化基地，购买了全省首个社工服务项目，创下多个省市社工领域第一，在对随迁中老年人的服务和活动开展上可能比其他城市和地区更有优势。此外，由于研究是在社区社会组织和社工机构的筛选动员以及社区中老年骨干和网格员的滚雪球式推荐下才找到符合要求的调查对象，难以避免其中一部分受访者本身就是社区社团组织的成员，他们利用参与社区社团活动的机会较大程度增加了交友数量（对交友数量与社区和社交参与因子的相关分析发现，二者存在正相关关系，Pearson相关系数为0.287，显著性为0.000），这部分人的回答有可能拉高了总样本的社交参与和交友数量均值。

根据活动理论的观点，社会参与有助于老年人适应社会、延缓衰老、提升生命质量（Kulik，2015）。国内外学界对社会参与的界定和测量形式颇为丰富，根据不同的研究对象和研究需要也有不同的操作方式。本书结合随迁父母的群体特殊性，对随迁父母社会参与的调查不涉及劳动经济参与和政治参与，主要从参与社区或小区的文体活动、老乡或老友聚会、公益/志愿服务活动、各类讲座/培训/沙龙等学习活动、居委会或业委会的相关工作以及庙会等活动来进行测量（见表4-11）。根据参与频率对相关变量分别赋值1~4分，1分表示"从没参与"，4分表示"经常参与"，分值越高，表示随迁父母对某项社会活动的参与度越高。统计结果显示，随迁父母社会参与情况总体并不理想，各项目的均值统计结果均小于2分，半数以上的受访者没有参与过社区或小区的文体活动，七成以上的受访者没有参与过公益/志愿服务活动以及各类讲座/培训/沙龙等学习活动。通过对均值结果的对比发现，在总体参与度不高的情况下，他们对社区或小区的文体活动以及老乡或老友聚会的参与度相对较高，而对居委会或业委会的相关工作以及庙会等活动的参与度相对较低。王世斌等（2015）对广东省中山市的研究也发现，流动老人和户籍老人在参与社区活动和志愿服务方面的意愿都比较低，流动老人在参与社区活动和志愿服务方面更显"惰性"。本书认为，随迁父母较低的社区参与现状与当前城市老年人社区参与途径有限、参与方式单一、社区服务资源开发不足等因素有关，而且随迁父母群体往往更缺乏来自社区的动员和相关指导，获得社区参与信息的渠道较少，加之自身条件对参与能力的限制等，因而整体参与水平不高。庙会等民间活动在厦门城市社区中也开展较少，因此实际上能参与这类活动的机会并不多，频数分析显示，85.1%的受访者"从没参与"过该活动。

表 4-11　随迁父母的社会参与情况

社会参与内容	从没参与		偶尔参与		有时参与		经常参与		均值（分）
	频数（人）	占比（%）	频数（人）	占比（%）	频数（人）	占比（%）	频数（人）	占比（%）	
社区或小区的文体活动	409	55.3	99	13.4	90	12.2	142	19.2	1.95
老乡或老友聚会	404	54.6	159	21.5	87	11.8	90	12.2	1.82
公益/志愿服务活动（如护卫队等）	520	70.2	76	10.3	53	7.2	92	12.4	1.61
各类讲座/培训/沙龙等学习活动	537	72.5	79	10.7	63	8.5	62	8.4	1.53
居委会或业委会的相关工作	530	71.8	88	11.9	54	7.3	66	8.9	1.53
庙会等活动	631	85.2	49	6.6	34	4.6	27	3.6	1.27

注：个别项目有缺失回答，故样本总数不一致。

由于庙会等活动参与情况的同质性较高、分辨力不强，因此笔者决定将其排除在社会参与因子分析之外，其余5个题项通过KMO检验和Bartlett球形度检验方法来检验它们是否适合进行因子分析，结果得到KMO值为0.833，Bartlett球形度检验的sig.值为0，达到显著水平，说明这些题项适合进行因子分析。我们采用主成分分析法提取公因素，再经过具有Kaiser标准化的正交旋转法得到了1个因子，根据所包含的项目性质将其命名为"社区和社交参与因子"，累计方差贡献率为 58.157%，因子分值越高，即表示参与频度越高。运用公式将社区和社交参与因子值转换为 1~100 的指数①，转换前的因子最大值为 2.91001，最小值为 -0.82512，均值为 0，标准差为 1；转换后的最大值为 100，最小值为 1，均值为 22.8699，标准差为 26.5051。降维得到的社区和社交参与因子便于我们进行更高层次的分析。将社区和社交参与因子与随迁时长进行相关分析发现，二者存在正相关关系，Pearson 相关系数为 0.246，显著性为 0.000，可见随迁父母在迁入地的参与和融入状况与随迁时长密切相关。将社区和社交参与因子与随迁父母对业余生活安排的满意度进行相关分析发现，二者相关系数为 0.280，显著性为 0.000，在某种程度上说明业余生活满意度与社区和社交参与程度有密切关系，可能存在随迁父母的社区和社交参与程度越高，对业余生活的满意度也越高的影响关系。此外，社区和社交参与程度与对居住小区/社区的喜欢程度（Pearson 相关系数为 0.252，显著性为 0.000)、对迁入地城市发展关注程度（Pearson 相关系数为 0.345，显著性为 0.000)、对迁入地城市喜欢程度（Pearson 相关系数为 0.288，显著性为 0.000）都有显著正相关关系，可见，随迁父母对迁入地的认同感与在迁入地的社会参与程度密不可分。

在质性访谈中，我们看到一些社区购买了针对随迁中老年人社会融入的社会工作服务项目，通过社工介入的方式为社区随迁中老年人提供社会参与的机会和场所。参与社区活动和社工服务在增进随迁父母城市融入和提高生活质量方面起到了十分积极的作用。

> 当初刚过来，我们不是在厦大这边住的。我们是在区政府那边，外贸新村那边，我们在那住了 4 年。刚开始区政府那边也有跳舞的，都说闽南话，我去了几次，说完蛋了，听不懂也不会说啊，就慢慢地不想去了。后来儿媳妇又生孩子了，就更不去了。没办法跟外面沟通交流。我跟我儿子说，再在那边住下去我快要被逼疯了，后来他们就到这边（指现居住社区）找房子，搬到这边来，也 3 年多了……挺融洽的，生活过得还蛮有激情的。我还参加了一些社区购买的社工活

---

① 转换后的因子值 =（因子值 +B)×A。其中，A = 99/（因子最大值-因子最小值)，B =（1/A）-因子最小值（边燕杰、李煜，2000)。

动，比如剪纸啊，跳舞啊。慢慢地就觉得生活还蛮好的，也不孤单了，有老姐妹在一块，还是挺幸福的……我上个礼拜还去那边当了志愿者，然后看到那个课程上面还有桥牌啊，健步走啊，看起来就很丰富多彩。(14-HAY)

我后来参加了这个启福（承接政府购买服务的一个社工机构），（感觉）有依靠了、有奔头了，来到这儿上上他们的课呀，参加他们组织的什么活动呀，有了依赖了，吃了饭就上这儿来了。我还跟着他们集体出去玩……反正不参加这儿活动的时候心里就七上八下的，参加这儿的活动就不想家了，也不想那些乱七八糟的事儿了。(16-WAR)

我就这两次刚刚走出来，今天去剪纸，昨天去串珠，我原来也不知道社区他们有活动的。之前没走出来，因为来的时间比较短。没有和谁一起玩，没走出去哪来的朋友。这才刚知道，所以昨天第一天参加活动……（以后还会再来参加社区活动吗？）如果时间许可的话会再来看看，毕竟挺方便的。(17-CAY)

相比低水平的社区和社交参与而言，随迁父母对于个人闲暇娱乐活动的安排要好很多，如表4-12所示，三成以上的随迁父母能够保持每天参与运动类活动，六成以上的随迁父母能够保持每天进行休闲类活动，但是他们对智力类活动的参与较少。总体来说，随迁父母能够保持相对良好的闲暇娱乐生活，一方面是由于随迁中老年人比较注重养生，闲暇娱乐活动有利于其保持身体健康和身体活力；另一方面是因为相比社区和社交参与而言，进行闲暇娱乐活动更加便利，只需依据个人兴趣爱好和空闲时间安排就能实现。我们同样采用主成分分析法（KMO值为0.545，Bartlett球形度检验的sig.值为0）对上述三类闲暇娱乐活动进行因子分析，最终得到1个因子，命名为"闲暇娱乐活动参与因子"，其分值越高，表示随迁父母参与闲暇娱乐活动的频率越高。同样运用公式将闲暇娱乐活动参与因子值转换为1~100的指数[1]，转换前的因子最大值为2.32120，最小值为-1.77056，均值为

---

[1] 转换后的因子值=（因子值+B）×A。其中，A=99/（因子最大值-因子最小值），B=（1/A）-因子最小值（边燕杰、李煜，2000）。

0，标准差为1；转换后的最大值为100，最小值为1，均值为43.8386（比社区和社交参与因子转换后均值高20.9687），标准差为24.19497。

表 4-12　随迁父母的个人闲暇娱乐活动情况

单位：人，%

闲暇娱乐活动	从没参加		每月不足 2次		每月 3 次 及以上		每周 2 次 及以上		几乎每天 都参与	
	频数	占比	频数	占比	频数	占比	频数	占比	频数	占比
运动类活动（如舞蹈、球类、太极拳、爬山等）	316	42.7	73	9.9	46	6.2	82	11.1	223	30.1
智力类活动（如下棋、打牌、电子游戏、打麻将等）	520	70.3	70	9.5	33	4.5	61	8.2	56	7.6
休闲类活动（如散步、钓鱼、养花、书画、摄影）	116	15.7	30	4.1	47	6.4	82	11.1	465	62.8

注：个别项目回答有缺失，故总回答数与样本量不一致。

由于社区和社交参与及闲暇娱乐活动多属于集体活动，因此随迁父母参与闲暇娱乐活动及社区和社交活动的频率与他们在迁入地的交友情况密切相关，表示自己在迁入地"有朋友"的随迁父母的社区和社交参与因子转换后均值（25.3256）和闲暇娱乐活动参与因子转换后均值（45.4642）均显著高于表示自己在迁入地"没有朋友"的随迁父母（社区和社交参与因子转换后均值为6.1499，闲暇娱乐活动参与因子转换后均值为32.7539），显著性均为0.000。而且，方差分析显示，随迁父母在迁入地的交友数量与其社会参与程度也有密切关系（见表4-13），不同交友数量的随迁父母的社区和社交参与程度与闲暇娱乐活动参与程度存在明显差异，换句话说，在迁入地结交朋友与参与迁入地社会生活（包括社区和社交参与及闲暇娱乐活动）其实是相互促进、彼此成全的统一过程。

表 4-13　随迁父母在迁入地的交友数量与两个社会参与因子的方差分析

交友数量	频数（人）	占比（%）	社区和社交参与 因子均值	闲暇娱乐活动参与 因子均值
拥有 3 个及以下朋友	166	22.4	8.5591	30.8045

交友数量	频数（人）	占比（%）	社区和社交参与因子均值	闲暇娱乐活动参与因子均值
拥有 4~8 个朋友	147	19.8	18.4476	41.2864
拥有 9~15 个朋友	167	22.5	26.2501	46.2484
拥有 16~25 个朋友	119	16.1	26.4601	48.3937
拥有 26 个及以上朋友	142	19.2	37.1052	55.1908
F 值			27.942	24.278
显著性			0.000	0.000

针对随迁父母的社会参与状况，我们进一步询问他们对目前社会生活或业余活动的满意程度，并根据所回答的满意程度赋值 1~4 分，"非常不满意"赋值 1 分，"比较不满意"赋值 2 分，"比较满意"赋值 3 分，"非常满意"赋值 4 分。描述性统计结果显示，24.7%的受访者表示对自己目前的社会生活或业余活动情况"非常满意"，64.9%表示"比较满意"，二者总计近九成，还有 9.8%和 0.7%的受访者表示"比较不满意"和"非常不满意"，可见随迁父母对于自己业余生活安排的总体满意度较高。问卷中设置了开放性问题向那些回答"非常不满意"和"比较不满意"的受访者追问不够满意的原因，得到的典型回答包括"带孩子限制了能够自由支配的时间和活动范围""不熟悉本地环境和周围邻居/没有一起活动的人""带孩子太辛苦了，没有精力了""社区周边活动设施/娱乐设施不完善（缺少乒乓球、篮球等设施）""社区组织的老年活动太少""本地社区没有老家热闹""自己文化程度低，能参与的活动很少"等。可见随迁父母的社会参与既有个人参与时间不足、参与能力有限等内部因素的影响，也有社区组织不力、设施设备缺失等外部因素的影响。

由于随迁父母的日常生活安排多以照料孙辈为重，因此同时照料孙辈的数量越多或最小孙辈[①]的年龄越小，他们能够用于社会参与的时间和精

---

① 一般情况下，孙辈年龄越小，所需要的贴身照料和看护越多，随迁父母花费在隔代照料上的时间和精力就越多。如果受访者只顾一个孙辈，就以其正在照料的那个孙辈年龄为最小孙辈年龄；如果受访者同时照料多个孙辈，则询问其年龄最小的孙辈的实际年龄（以 2019 年为最小孙辈年龄计算标准）。

力越少。探索性分析发现，帮子女照顾一孩及以下的随迁父母（占比为52.4%）的社区和社交参与程度（因子转换后均值为 25.4594）显著高于帮子女照顾多孩的随迁父母（占比为 47.6%，社区和社交参与因子转换后均值为 19.9903），显著性为 0.005；同样，帮子女照顾一孩及以下的随迁父母的闲暇娱乐活动参与程度（因子转换后均值为 45.6132）也高于照顾二孩及以上的随迁父母（闲暇娱乐活动参与因子转换后均值为 41.9632），显著性为 0.042。可见，如果随迁父母需要同时照料多个孙辈，其社会参与程度可能会受到影响。偏相关分析显示（见表 4-14），在控制闲暇娱乐活动参与因子的情况下，随迁父母的个人文化程度、身体健康情况自评值、精神健康情况自评值、最小孙辈的年龄与社区和社交参与程度存在显著偏相关关系；而在控制社区和社交参与因子的情况下，随迁父母闲暇娱乐活动参与程度也与其身体健康情况自评值、精神健康情况自评值、最小孙辈的年龄之间存在微弱的偏相关关系，但与个人文化程度之间则不存在相关关系，这是因为闲暇娱乐活动多为兴趣爱好类项目，其并不像社区和社交参与那样需要具有一定的文化程度或参与能力。社会参与与随迁父母身心健康以及个人时间精力之间存在的相关关系被初步证实，正如他们在开放性问题中所回答的，孙辈的照料依赖和照料投入需求会导致对其迁入地社会参与时间和精力的挤兑。当然，上述分析仅能作为对变量之间潜在关系的初探，进一步的论证需要建立相应的回归模型，排除其他潜在因素的干扰。

表 4-14　随迁父母个体特征与社会参与的偏相关分析（偏相关系数）

项目	社区和社交参与程度	闲暇娱乐活动参与程度
个人文化程度	0.302（0.000）	0.012（0.757）
身体健康情况自评值	0.119（0.001）	0.106（0.005）
精神健康情况自评值	0.141（0.000）	0.086（0.021）
最小孙辈的年龄	0.149（0.000）	0.09（0.017）

注：括号中为显著性水平。

进一步分析发现，共有 23.5% 的随迁父母在三种类型的闲暇娱乐活动上的参与情况低于"每月不足 2 次"，可以认为，这部分随迁父母是几乎没有闲暇娱乐生活的，而他们对个人社会生活或业余活动的满意度比总样本的社会生活或业余活动的满意度更低，其中将近三成表示对自己当前的社会生活或业余活动安排"比较不满意"（24.7%）或"非常不满意"（2.4%）。当追问他们感到"比较不满意"或"非常不满意"的原因时，反馈意见大多是诸如"生活以子女家庭为主""家务做不完""希望参加文娱活动锻炼身体，但孩子太小，时间被占据"等表示缺乏可自由支配时间和缺乏个人生活之类的抱怨。钟晓慧和郭巍青（2017）在对广州市中产家庭的深度访谈中也曾指出，一些祖母表示，家人不理解她们花太多时间参与社会活动或者社交，埋怨她们忽视家庭。社会整体仍然高度期待女性尤其是女性中老年人以照顾家庭优先，如果想自由追求个人理想的晚年生活，对女性来说需要向家庭争取。本书受访者中女性占比较多，在调查追问中也存在类似情况，因此在今后的社区服务或家庭社会工作服务中，应该特别关注这一部分群体的生活处境和实际困难，让随迁父母可以获得必要的家政和育儿支持，以得到适当的照料喘息。

二 随迁父母社会参与程度的影响因素分析

已有研究普遍认为，鼓励和支持移民参加一些公共活动是很重要的，这会促进他们同主流成员建立紧密的关系，使其更好地融入主流文化社会中去。通过探索性分析，我们已经了解了随迁父母的社会交往和社会参与情况（包括社区和社交参与以及闲暇娱乐活动参与）。进一步分析影响随迁父母社会参与的相关因素及其作用机制，能够促进其在迁入地的社会融入，提升随迁生活质量，也能为有针对性地进行服务介入或政策倡导提供实证依据。

涉及参与的理论主要有活动理论、连续性理论、老年人亚文化群理论等。其中，活动理论又被称为活跃理论，它是作为社会撤离理论（也称脱离理论）的对立性理论被提出来的，该理论认为老年人应积极参与社会，只有参与才能使老年人重新认识自我，保持生命的动力。其认为老年人的生活满足感与参与活动间有积极的联系，成功适应老年生活的人是能够保持活力、力争不从社会生活中退出的人。因此其主张老年人可以找到其他社会参与活动来替代工作，用新环境中的人替代旧友，通过新的参与、新的角色来改善老年人因为社会角色中断而引发的情绪低落，用新的角色取代因丧偶或退休而失去的角色，在社会参与中重新认识自我，从而把自身与社会的距离缩小到最低限度（邬沧萍、姜向群，2015）。根据该理论的解释，活动水平高的老年人比活动水平低的老年人更容易感到生活满意和更能适应社会。总之，该理论强调参与、活动和社会认同。从该理论视角来看，随迁父母进行跨地区的代际支持行动也是一种新角色的承担，虽然老年期的新角色多为非强制性的，但仍然体现人的价值和人生价值，也能获得社会的尊重和回报，因此随迁参与隔代照料是与我们的社会价值相一致的"老有所为"的具体体现。在随迁生活中，也应该鼓励和支持随迁父母积极参与迁入地的社会生活和社会活动，以增加随迁生活满意度和幸福感。

当然，活动理论在解释老年人的社会参与时也存在一定的局限性。比如该理论没有考虑个体因素或生活方式等在老年人社会参与过程中的影响，也未能解释个人经历与老年人晚年活动需求间的关系。脱离理论和活动理论的局限性促成了连续性理论的出现，该理论是对活动理论和脱离理论的挑战，其重点在于解释老年人晚年生活的差异，并以老年人的个性研究为基础，用个体特征解释了老年人社会参与的差异。但是该理论将能否遵循早期阶段个性特征视为老年期结果良好与否的标准，而忽视了个性的发展性问题（邬沧萍、姜向群，2015）。对于随迁父母而言，环境的变迁、身份的改变、社会的变迁，都可能导致个性的发展或成长，且不论是随迁父母的早期个性还是当前个性都很难进行精准测量，因此，本书姑且仅从外显的个体特征来解释随迁父母社会参与的差异。

老年人亚文化群理论则旨在解释老年群体的共同特征，其认为老年亚文化群是老年人重新融入社会的最好方式。按照该理论的观念，只要同一个领域成员之间的交往超出和其他领域成员的交往，就会形成亚文化群（邬沧萍、姜向群，2015）。对于随迁父母群体而言，相似的随迁背景和代际支持动机、相似的客观居住环境（如同一个社区环境）或社会参与因素（如参与同一个社团组织活动等）、相似的隔代照料经历等都可能促进老年人之间关系的发展，使他们彼此之间交往加深，并结成新的友谊。该理论给我们的启示在于，可以通过构建有利于随迁父母社会参与的亚文化群来增加他们与外界沟通和交流的机会，促进其在迁入地的社会融入。不过，由于构成老年亚文化群的主观和客观背景在很大程度上是非意志所能左右的，所以该群体中重要的是身体健康和活动能力（邬沧萍、姜向群，2015），对于随迁父母而言，身体健康是影响其社会参与程度或加入亚文化群体的重要因素。该理论还认为，一些老年人可能因掌握较多资源（如知识、经济能力、权力地位甚至时间等）而拥有更多参与机会，而有的老年人的生活仅局限在家庭中，很少与外人交往，成为老年亚文化群的观望者。根据上述理论推导亦可得出，随迁父母的身体健康状况、资源能力（受教育程度）、时间精力（家庭照料负担）等均可能影响其社会参与和活动的程度。国内研究也显示，老年人的身心健康、性别、受教育程度、离退休前的职业声望、社会地位、经济状况等都会影响老年人社会参与的内容、方式和强度（李宗华，2009；陆杰华等，2017）。

本书的研究对象随迁父母不同于一般老年人，其日常生活以帮子女照料孩子为主，除了个体特征的影响外，其社会参与在很大程度上受制于照料孙代之外的闲余时间和精力。根据角色冲突理论的观点，在扮演多样化的角色时，个体承担着不同的责任，并受到相应社会期望的规训，而这些期望之间可能会发生冲突（Kate & Kahn，1978），主要为基于时间、压力和行为的冲突（Gutek et al.，1991）。对老年人的社会参与而言，角色冲突更多表现为家庭生活领域和个人生活领域之间的冲突（何文炯等，2022），随迁父母也不例外，在社会参与框架下，他们同时承担着隔代照料者的角色和在家庭领域外满足自身发展需求的个人角色。已有研究发现，一旦隔代照料成为定期任务，老年人的社会活动就会减少（Arpino & Bordone，2014）；Bulanda 和 Jendrek（2016）则发现照料同住的孙子/女的老人会减少志愿服务行为，而不同住的老人则会增加志愿服务行为，说明了家庭取向活动的责任程度对老年人个人取向活动的影响（何文炯等，2022）。根据上述理论与探索性分析所得到的部分研究发现，我们将着重从代际支持投入的角度讨论其对随迁父母社会参与程度的影响。与此同时，基于随迁父母的迁居特殊性，我们还要考察随迁因素对其社会参与程度的影响，为简化模型，以随迁时长、是否有伴侣陪同随迁、随迁距离为随迁特征的代理变量（见图4-3）。

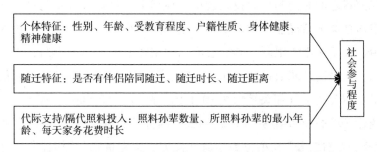

图 4-3　随迁父母社会参与程度的影响因素分析预测模型

　　虽然广义上的随迁父母社会参与包括社区和社交参与因子和闲暇娱乐活动参与因子中的所有项目，但是就狭义层面来看，闲暇娱乐活动参与因子中的测量项目更接近随迁父母自我休闲娱乐的性质，而社区和社交参与因子中的测量项目则更能反映随迁父母参与社会生活的状况，因此我们仅使用转换百分制后的社区和社交参与因子作为研究假设的待解释变量。为方便建立模型，我们对即将放入回归模型的自变量进行了转换处理，后文回归分析中也将沿用这些处理方式。其中个体特征包括：性别（处理为虚拟变量，0＝女，1＝男）、年龄（以 2019 年为标准计算周岁）、受教育程度（视为定距变量，1＝未完成小学教育、2＝完成小学教育、3＝完成初中教育、4＝完成高中/中专/高职教育、5＝完成大专及以上教育）、户籍性质（处理为虚拟变量，1＝已取得迁入地户籍，0＝外地户籍）、身体健康总体自评情况（视为定距变量，1＝非常不好，2＝不太好，3＝还过得去，4＝比较好，5＝非常好）、精神健康总体自评情况（视为定距变量，1＝非常差，2＝比较差，3＝比较好，4＝非常好）。虽然社会参与也可能促进身心健康，但笔者认为，参与社会性活动必须以一定的身心健康为前提条件，因此还是将身心健康自评变量作为影响社会参与的解释性变量。已有研究也指出，健康作为一种重要的人力资本形式，是影响老年人社会参与的重要变量（张文娟、赵德宇，2015），个人的身心健康状况决定了可以将多少时间和精力投入市场以及非市场相关的一系列活动中，以创造一定的价值（Grossman，1972；杨凡等，2021）。

　　随迁父母向"下"代际支持投入在理论上包括劳务支持、情感支持和经济支持三个面向。但从现实来看，影响社会参与的因素主要是家务劳动和隔代照料上的时间和精力投入情况，根据上文描述性分析的结果，大多数对目前社会生活或业余活动安排存在不满情绪的受访者表示是因为时间不自由、孩子太小等限制了其社会活动和闲暇娱乐活动的参与，偏相关分析显示，在控制孙辈数量的情况下，随迁父母家务劳动时间与孙辈的最小年龄呈负相关关系（相关系数为 -0.139，显著性为 0.000），即孙辈年龄越小，随迁父母的家务花费时长就越长。因此我们决定用受访者所回答的"每天家务花费时长"（单位为小时，视为定距变量）、照料孙辈数量（处理为虚拟变量，0 = 非多孩照料者，1 = 多孩照料者）以及所照料孙辈的最小年龄（当只照料一个孙辈时，以所照料孙辈的年龄计入）来代表随迁父母代际支持/隔代照料的投入程度。

随迁特征主要包括：是否有伴侣陪同随迁（处理为虚拟变量，0 = 单独随迁，1 = 有伴侣陪同随迁）、随迁时长（以 2019 年为标准计算年限）、随迁距离（处理为虚拟变量，0 = 省际随迁/随迁前常住地为省外地区，1 = 省内随迁/随迁前常住地为省内地区）。最终建立有关随迁父母社会参与程度的影响因素回归模型，其调整后的方差为 24%（见表 4-15），有较好的解释力。

表 4-15 随迁父母社会参与程度的影响因素分析

变量	回归系数	允差	VIF
个体特征			
性别（参考类别为：女）	-4.015* (-0.070)	0.742	1.348
年龄	-0.212 (-0.054)	0.728	1.373
受教育程度	5.027**** (0.243)	0.756	1.323
户籍性质（参考类别：外地户籍）	0.142**** (0.174)	0.695	1.438
身体健康总体自评情况	2.993** (0.087)	0.730	1.370
精神健康总体自评情况	6.168*** (0.114)	0.751	1.331
随迁特征			
是否有伴侣陪同随迁（参考类别：单独随迁）	4.258** (0.078)	0.817	1.224
随迁时长	0.042*** (0.120)	0.724	1.380
随迁距离（参考类别：省际随迁）	2.400 (0.044)	0.933	1.072

变量	回归系数	允差	VIF
代际支持/隔代照料投入			
照料孙辈数量（参考类别为：非多孩照料者）	−0.176（−0.004）	0.847	1.181
所照料孙辈的最小年龄	0.793****（0.130）	0.692	1.444
每天家务花费时长	3.076***（0.315）	0.081	12.286
每天家务花费时长的平方	−0.196**（−0.240）	0.084	11.877
常数	−29.498**		
N	695		
调整后的 R^2	24%		
F 值	15.862		

注：括号内为标准回归系数；* $p \leqslant 0.1$，** $p \leqslant 0.05$，*** $p \leqslant 0.01$，**** $p \leqslant 0.001$。

从回归分析结果可以看出，个体特征、随迁特征、代际支持/隔代照料投入情况对随迁父母社区和社交参与程度均有一定影响。具体来说，女性随迁者的社区和社交参与程度比男性长者更高，需要说明的是，受访者中女性占比较多，在一定程度上可能影响性别差异对比结果，但从现实来看，中老年女性在陌生社会文化场域下的泛社交能力确实比男性更强，这可能是他们有更多机会参与社区公共活动的优势所在。受教育程度越高的随迁父母在迁入地的社区和社交参与也越活跃，究其原因主要是一些社区公共活动的参与需要一定的文化资本和参与技能，受教育程度越高的随迁父母越有社会参与意识，也越有参与自信和勇气。从户籍性质差异来看，已获得迁入地户籍的随迁父母的社区和社交参与更加频繁，虽然拥有户籍未必代表对迁入地拥有完全的情感归属，但申请加入迁入地户籍的行为本身就是一种融入意愿的表达，而获得迁入地户籍意味着能够享受迁入地的市民福利，也能调动更高的参与积极性。假设将户籍身份看作一种隐性福利和优势资源，那么我们可以对户籍性质进行赋值并视为度量变量（1＝外地农村户籍，2＝外地城市户籍，3＝本地户籍），赋值越高表示资源优势越大，将转换后的变量放入模型后，发现户籍优势对社区和社交参与程度的影响有统计显著性（非标准化系数为0.191，标准系数为0.165，显著性为0.000），本地户籍随迁父母的社区和社交参与程度较高，而外地农村户籍随迁父母在迁入地的社会参与程度较低，这与已有研究中提及的外地农村随迁父母的社区参与意愿低、参与能力弱、参与程度低等结论也是吻合的。在控制其他因素的情况下，年龄对随迁父母的社会参与程度并不具有直接的影响，但身心健康状态越好的随迁父母，在迁入地的社会参与程度也越高，尽管社会参与程度与身心健康之间可能是相互促进的关系，但良好的身心健康状况必定是社会参与的前提。

随迁特征也对随迁父母的社区和社交参与程度有较大影响。随迁所导致的分居现象会抑制随迁父母的社区和社交参与，相比单独随迁的父辈而言，有伴侣陪同随迁父辈的社区和社交参与程度更高，因为有伴侣陪同随迁意味着日常生活中的家庭照料工作可以得到更多的人手支持，因此随迁父母有更多精力参与到社区和社交活动中去。从随迁时长来看，迁居时间越长的受访者的社区和社交参与程度也越高，随迁时长能够促进随迁父母对迁入地的了解和熟悉，从而增强其对迁入地社会活动的参与能力并增加参与机会。从随迁距离来看，省内随迁父母在迁入地的社会参与程度要高于省际随迁父母，这主要是因为远距离随迁所带来的认同归属和适应难度都较大，从而可能影响其社会参与程度。

从代际支持/隔代照料投入程度来看，虽然相关分析（Kendall 相关系数为 -0.068，显著性为 0.031）和均值比较结果（t 检验显著性为 0.005）都表明照料多孩者比照料一孩者的社区和社交参与程度更低，但回归分析结果显示，照料孙辈数量的差异对随迁父母的社区和社交参与程度并没有显著影响。不过随迁父母所照料孙辈的（最小）年龄越小，他们在社区和社交活动上的参与也越少。孙辈年龄小不仅需要随迁父母在隔代照料上付出更多时间和精力，而且可能制约他们在社区和社交参与上的积极性和潜在意愿。随迁父母每天家务花费时长与其社会参与程度之间呈现倒 U 形关系，在体力和精力允许的范围内，花在家务劳动上的时间越多，其社会参与程度也越高，这可能是因为家务劳动参与及社区和社交活动参与都属于中老年人表达活力、积极参与生活、展现积极老龄化的不同面向；但是当家务劳动时间达到一定程度后，过长的家务劳动时间就会挤兑随迁父母的社会参与时间和精力，对社会参与产生不利的影响。此外，我们将所照料孙辈的最小年龄与每天家务花费时长的交互乘积放入模型（模型方差为24.7%）发现，交互项对社区和社交参与因子的影响具有统计显著性，但所照料孙辈的最小年龄和每天家务花费时长的影响均消失，可见所照料孙辈的最小年龄对随迁父母社区和社交参与的影响受到每天家务花费时长的制约。

综上，在控制个体特征的情况下，拥有良好身心健康状况的、随迁时间越长的、随迁来源地为省内地区的、有伴侣陪同随迁的、所照料孙辈的最小年龄越大的随迁父母在迁入地的社会参与程度越高。本书中，定性访谈发现与定量统计结果基本一致。就总体而言，随迁父母的社交活动和社会参与随孙辈年龄状况以及随迁时长的不同呈现阶段性特征，且总体社会参与度有待提高、社会参与的途径有待拓展、闲暇娱乐的形式有待丰富。对于孙辈年龄较小的随迁父母来说，其日常生活多为孙辈和家务所绊，主要的休闲时间及外出安排都是围绕孙辈需求而展开的，很难拥有属于自己的闲暇时间，日常休闲娱乐方式颇为单一。

> 挺累的呀，现在他（孙子）要下地走路。他爸爸妈妈天天上班，我一个人在家带他。如果他不睡觉就来公园玩一下。这边也有我们的老乡，但没时间，不会聚。我们也没有什么时间，社区举办的演出也没去过，都在带小孩。（2-DDM）

> 我就像一个保姆一样，平时就是带小孩、做家务，在家里也不看电视，没有什么娱乐。一是我看不懂字，二是因为儿媳妇怕电视机影响孙子做作业就将遥控器收起来了，所以我也跟着没看了。（5-WDM）

> 这里的人都不熟悉，朋友怎么交得进去。孤独这个肯定啊，没有人玩，你都不熟悉，肯定很孤独的。（很多事情不要问）我不知道，我在这做家庭妇女没有出去。有（活动），（但）家里事情多就不去。管孙女没有什么时间。（18-LHY）

随着时间的推移以及孙辈慢慢长大，随迁父母对新环境的熟悉度也增加了，会主动参与到自己喜欢的互动中（王颖、黄迪，2016）。休闲活动和社区活动的参与能够给予随迁父母适当的放松与融入的愉悦，随迁父母有机会认识一些新朋友，拓展自己的社交网络。

> 我现在在这边做操，那个学太极拳的老姐姐她会教我，有时候我脚步不好，她就会教我，给我讲一下，她八十来岁了，身体还可以，记得很清楚，我每天都跟她后面学。她认为在厦门外出运动锻炼方面比永定（老家）要好。我是农村的，在家里都没锻炼，家里就是干活咯，现在有来做操学一下，身体会好一点。有认识更多的人，以前我没去学，路上看到人都没打招呼，现在都会打招呼。(8-YDY)

> 像我们异地到厦门来，参与社区的活动啊，特别是当上义工以后接触的人、接触的事比较多，再有一个，当义工，现在帮人家就等于帮自己，我们也会老的，是不是，现在帮一下对老了以后，其实很好的。（参与社区的活动）会学到很多东西。像我们这个剪纸班，我之前在剪纸班是学员，现在在剪纸班担任班长，我们现在剪纸班都是来自五湖四海的，都是些随迁的，当地的人很少。所以大家在一起呢，都好像很亲切，特别是社工，大家参加社区的这个平台之后，觉得好像我们从外地过来以后有了一个组织、有了一个家。(6-HAY)

第五章 代际支持与孙代照料意愿

在社会福利体系尚未健全的背景下，现代家庭成员常倾向于用抱团取暖的方式来防范市场经济所带来的不确定风险，在传统规范和现实期待之间寻求家庭生存和发展的策略，中老年父母随迁所构成的临时性扩大家庭就是这种策略的极致体现。代际成员在经济上同舟共济、照料上互助共生、情感上相互支持就是这种家庭的资源转移机制和实践运作逻辑。本章将重点考察随迁父母与其子代家庭之间的代际支持关系，既包括随迁父母的"向下"代际支持，也包括子代家庭的"向上"代际支持，深入分析随迁父母对于照料孙代的观念态度和主观体验感，以及继续为子代家庭提供二孩照料支持的意愿及影响因素。

第一节 "向下"与"向上"代际支持

在随迁父母所处的扩大化家庭中，随迁父母的家庭互动对象是子代核心家庭的全部成员，包括儿子、儿媳、女儿、女婿，也包括孙子女和外孙子女，因此调查中将随迁父母（受访者）作为代际支持的一端，而将他们正在帮助或同住的那个子代家庭整体作为代际支持的另一端。所谓的"双向代际支持"，就是发生在这两端之间的经济支持、精神支持、家务及日常生活支持，考虑到父辈随迁生活安排的现实情况，本书在探讨随迁父母向子代家庭所提供的"向下"代际支持时还增加了孙代教育协助的测量维度。

一 随迁父母对子代家庭的"向下"代际支持

中国人民大学中国调查与数据中心负责具体实施的中国老年社会追踪

调查（CLASS）基线调查于 2014 年在全国 28 个省（区、市）的调查显示：目前 54.97% 的老年人正在提供一项或以上的家庭照顾，如帮助子女做家务、照顾孙子女或者照顾自己或配偶的父母。其中，60~65 岁组老年人参与家庭照顾的比例高达 75.37%，高龄老人参与家庭照顾的比例约25.00%。本书中，受访者均为前往子代家庭所在地帮助或准备帮助照料孙辈的中老年人，样本数据分析显示，50.9% 的受访者目前正在照料 1 个孙辈孩子，41.8% 的受访者目前照料 2 个孙辈孩子，5.8% 的受访者目前照料3 个及以上孙辈，还有 1.5% 的受访者照料 0 个孩子（如子代还在怀孕中或正在备孕的情况）。在拥有多子女的随迁父母（占总样本的 67.9%）中，有 47.7% 的受访者曾帮助多个不同的子女家庭照料孩子。我们对照料孙辈数量进行赋值转换，将照料一孩及以下数量孙辈者归为一类（简称"照料一孩者"，占比为 52.4%），照料二孩及以上者归为另一类（简称"照料二孩者"，占比为 47.6%），二者比例相近。均值比较显示，帮子女照料多孩的随迁父母的年龄均值（63.87 岁）高于照料一孩的随迁父母的年龄均值（62.67 岁），显著性为 0.016。不过，当我们对一孩照料者和多孩照料者的身体健康总体评价、精神健康总体评价以及生活总体幸福感进行比较时①发现，两个群体并没有太大差异，t 检验不显著，说明照料孩子的数量或许并不会直接对随迁父母生活质量产生影响。

从随迁父母为子代家庭提供的经济支持情况来看，47.6% 的随迁父母为（正在同住或帮助的）子代家庭提供过至少一项经济支持（包括购房、购车位、购车、家用补贴或孙辈教育开支等），52.4% 的随迁父母表示没有为（正在同住或帮助的）子代家庭提供任何经济支持。具体而言，有 40.5%的受访者有为子女家庭提供过购买房子、车位或支付房租的资金支持；11.5% 的受访者有为子女买车提供过资金支持；22.8% 的受访者有为子女家庭提供日常家用补贴；6.3% 的受访者有为孙辈提供教育补贴。相关分析

① 问卷中，对身体健康的总体评价包括 5 个等级，分别赋值 1~5 分，分值越高，表示自评身体状况越好；对精神健康的总体评价包括 4 个等级，分别赋值 1~4 分，分值越高，表示自评精神状况越好；对总体生活幸福感的评价也包括 4 个等级，分别赋值 1~4 分，分值越高，表示目前的总体生活幸福感越高。均值比较发现，照料一孩及以下者与照料二孩及以上者在上述三个指标上的均值得分十分接近，而且 t 检验都没有统计显著性，初步判断两组照料者在身心健康状况和生活幸福感方面的差异不明显。

显示，随迁父母的受教育程度与其为子女提供的经济支持程度（处理为等级变量，1＝没有提供任何经济支持，2＝提供一项经济支持，3＝提供两项经济支持，4＝提供三项经济支持，5＝提供四项经济支持）呈正相关，二者的 Pearson 相关系数为 0.379，显著性为 0.000；受教育程度与为子女提供精神支持的程度也呈正相关关系（Pearson 相关系数为 0.236，显著性为 0.000）。这个结果提示我们，在探讨随迁父母的"向下"代际支持程度时不能忽视其自身潜在的资源差异。同样，随迁前常住地的城市化水平（经转换处理为等级变量，1＝村里，2＝乡镇，3＝县城，4＝市级或省会级城市）与为子女提供经济支持的程度之间也呈显著正相关关系（Pearson 相关系数为 0.258，显著性为 0.000），这或许是因为来自城市的随迁父母往往拥有更好的经济能力和见识眼界，因而可能为子代家庭提供更多的经济支持。本书的受访者中有 31.7% 在随迁前来自市级或省会级城市，28.7%来自县城，16.6%来自乡镇，23.1%来自村里，随迁父母的来源地不同，他们为子女提供的支持也各不相同。交叉分析结果显示，拥有本地户籍和外地城市户籍的随迁父母在为子代家庭提供经济支持上的差异不大（其中本地户籍者中有 63.2% 为子代家庭提供经济支持，外地城市户籍者中有 63.0% 为子代家庭提供经济支持），但与外地农村户籍随迁父母在为子代家庭提供经济支持上有较大差异，外地农村户籍受访者中仅 28.9% 能为子代家庭提供经济支持，该比例甚至不及城市户籍者的一半，卡方检验显著性为 0.000，说明随迁父母在代际支持的资源和能力上存在明显的城乡差距。

　　笔者在质性访谈中发现，大部分随迁父母都有强烈的"家庭责任伦理"，这体现在各方面对子代家庭的不计回报的付出、想办法尽量减轻子女的负担。由于为子代家庭提供经济支持要求随迁父母自身具备一定的经济能力，但是对许多无固定收入的农村随迁父母而言，这个条件有一定的困难；相比之下，为子代家庭提供无报酬的家务劳动则只需要随迁父母具备一定的劳动能力，相对来说比较容易实现。因此，对于没有退休金、缺乏经济资本的农村随迁父母，经济上的劣势可能让他们更多地通过照料抚育幼儿以及承担家务劳动来依附子女的家庭（林彬彬，2019）。

　　　　我们经济条件也不是太好。但是也就这么一个小孩，所以嘞，所有的资金都是他的，为什么呢，因为我们又不那么需要这个钱。所以都是给到他，他只要要钱，只要我有，全部给他们，只能说有多少给多少。（15-TBB）

我就是尽量给他们多干活，腾时间多工作。经济上支持不了，就在家务上多帮忙。这个能带就尽量带，主要是你不帮他们带孩子也没其他事可以做。（17-CAY）

我现在给她带孩子，我老了之后她会给我吃啊，我是没工资的，农村的人。（8-YDY）

为检验随迁父母的资源差异对于其向子代家庭提供经济支持程度的影响，我们以"向子代家庭提供经济支持的程度"（处理为等级变量，1＝没有提供任何经济支持，2＝提供一项经济支持，3＝提供两项经济支持，4＝提供三项经济支持，5＝提供四项经济支持）为因变量，以受访者性别、年龄、受教育程度以及户籍情况（处理为虚拟变量，0＝外地农村户口，1＝外地城市户口或本市户口）、随迁前的工作性质（处理为虚拟变量，1＝公务员、国企或事业单位员工，0＝非公务员、国企或事业单位员工）等个体特征，以及是否有伴侣陪同随迁（处理为虚拟变量，0＝单独随迁，1＝有伴侣陪同随迁）、是否随儿子迁居（处理为虚拟变量，0＝否，1＝是）、是否照料多个孙子女（0＝否，1＝是）、是否独生子女家庭（0＝否，1＝是）等家庭迁居特征为自变量，共同建立回归模型（见表5-1），最终建立模型的拟合度为21.5%。分析结果显示，受教育程度越高者，随迁前的工作为公务员、国企或事业单位员工且拥有城市户籍（包括本地城市和外地城市户籍）的随迁父母能够为子代家庭提供更多种类的经济支持；而年龄越大者对子代的经济支持类型越少，这或许是因为年龄越大者的个人经济收入能力越差，且随着年龄增大，子代家庭的经济能力也相对越强，对于父母提供经济支持的需求也越少。相比于随女儿迁居的父辈而言，随儿子迁居的父辈为子代家庭（儿子家庭）提供的经济支持项目更多。对比分析发现，随儿子迁居的父辈中向子代家庭提供至少一项经济支持的比例

（49.0%）也明显高于随女儿迁居的父辈中向子代家庭提供至少一项经济支持的比例（44.9%）。这与中国传统宗祧和家产继承制度以及婚姻文化有关，一般认为男方父母有更多义务为儿子结婚成家（包括准备彩礼、购买婚房等）提供一定经济支持。上述分析证实随迁父母向子代家庭提供经济支持的多寡受到父辈自身经济能力、社会文化期望的影响。从家庭特征来看，独生子女家庭中的随迁父母对其唯一子代的经济支持明显更高，可见子代数量的增多势必减弱父辈对于单个子代家庭的经济支持能力和支持程度。相比于一孩照料者来说，帮子女照料多孩的随迁父母对子代家庭的经济支持程度更小，笔者猜想这可能是因为能够生养多孩的子代核心家庭的自身经济能力较好，对来自父辈的经济资助的依赖较低。

表 5-1　随迁父母向子代家庭提供经济支持的影响因素分析

变量	回归系数	允差	VIF
个体特征			
性别（参考类别：女）	-0.015（-0.007）	0.811	1.233
年龄	-0.010*（-0.063）	0.842	1.188
受教育程度	0.125****（0.150）	0.521	1.921
户籍情况（参照类别：非外地农村户籍）	-0.188**（-0.092）	0.605	1.652
随迁前的工作性质（参照类别：非公务员、国企或事业单位员工）	0.497****（0.228）	0.535	1.869
迁居特征			
是否有伴侣陪同随迁（参照类别：单独随迁）	0.034（0.016）	0.856	1.168
是否随儿子迁居（参照类别：否）	0.232****（0.107）	0.965	1.036
家庭特征			
是否独生子女家庭（参考类别：否）	0.285****（0.130）	0.743	1.346
是否照料多个孙子女（参考类别：否）	-0.155**（-0.076）	0.951	1.052
常数	1.759****		
N	718		
调整后的 R^2	22.3%		
F 值	22.691		

注：括号内为标准回归系数；$^*\,p \leqslant 0.1$，$^{**}\,p \leqslant 0.05$，$^{***}\,p \leqslant 0.01$，$^{****}\,p \leqslant 0.001$。

为了解随迁父母对子代家庭的精神支持情况，我们请受访者根据自己的家庭经验判断：当子女或孙辈遇到困境/困难时，自己是否能够为他们提供精神支持和安慰？从回答情况来看，超过半数的受访者表示能给予晚辈较大或最重要的精神支持，四成左右的受访者则表示当晚辈遇到困境/困难时，能给予有限的精神支持（见图5-1）。对随迁父母能够为子女提供精神支持的程度进行1~4分的赋值，分值越高表示能够给予子女的精神支持程度越高。笔者随后进行户籍比较时发现，农村户籍随迁父母自报能给予子女精神支持的均值（2.43分）略低于城市户籍随迁父母（包括已拥有随迁地户籍者和外地城市户籍者，均值为2.63分），方差齐性检验结果显示方差相等，独立样本 t 检验显著性为0.001，可见城市户籍随迁父母能够给予子代家庭的精神支持程度高于农村户籍的随迁父母，这或许是因为相比于农村户籍随迁父母而言，城市户籍随迁父母事实上为子代家庭提供了更多的经济支持，而经济基础决定上层建筑，拥有"向下"经济支持能力越高的随迁父母也有更多潜在资源为子代提供更有力的精神支持，另外城市户籍随迁父母的受教育程度（赋值1~6分，均值为3.36分）也比农村户籍随迁父母的受教育程度（均值为2.1分）更高，因此不论是从受教育程度所赋予的文化资本来看，还是从城市生活的经验优势来看，城市户籍随迁父母在评价自己与子代的精神交流方面都更为自信。

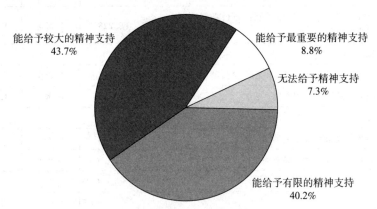

图5-1 随迁父母对子代/孙辈的精神支持情况

除了个体特征、迁居特征和家庭特征的影响外，随迁父母个人拥有良好的精神状态也是他们为子代家庭提供精神支持的重要前提，能够为晚辈提供强大精神支持的父母势必拥有较好的个人精神健康状态。此外，精神支持作为代际情感流动和互动关系的表征，意味着父辈的"向下"精神支持与晚辈的"向上"精神支持也是不可分割的，而且作为上层建筑的精神支持，还可能会受到其他维度代际支持情况的影响。综上所述，本书认为，影响随迁父母"向下"精神支持程度的因素可能包括个体特征、家庭特征、迁居特征、个人精神健康状况以及其他代际支持情况。为验证上述假设，我们将个体特征（性别、年龄、受教育程度、户籍情况、随迁前的工作性质）、家庭特征（是否照料多个孙子女、是否独生子女家庭）、迁居特征（是否有伴侣陪同随迁、是否随儿子迁居）、个人精神健康状况（负面情绪、正面情绪）以及其他代际支持情况（随迁父母"向下"经济支持程度、子代家庭"向上"精神支持程度）作为自变量，以随迁父母给予子代家庭的精神支持程度为因变量，共同放入回归模型，最终得到模型拟合度为 23.2%。

如表 5-2 所示，在控制其他变量后，个体特征和家庭特征几乎不影响随迁父母的"向下"精神支持程度。从迁居特征来看，相比于单独随迁者（包括随迁分居或老伴去世、离异等情况），有伴侣陪同随迁的受访者能够给予子代或孙代更多的精神支持。相比于随儿子迁居者，随女儿迁居的随迁父母认为自己能够为晚辈提供更多的精神支持，从现实来看，中国父母与女儿的情感互动更加频繁，女儿也比儿子更擅长表达自己的情感需求，有女儿作为家庭沟通桥梁，使得随迁父母有更多机会为晚辈提供精神支持；而在儿子家庭中的随迁父母则可能要应对婆媳关系等传统家庭矛盾，因此父辈与子代家庭之间的相互精神支持较少。当父辈遇到困境时，如果子代或孙代能够给予更多"向上"精神支持的话，这类随迁父母也会给予晚辈更多"向下"精神支持，这印证了代际精神支持是双向互惠流动的。在代际支持关系中，能够为子代家庭提供更多经济支持的随迁父母，也同样认为自己能够给予晚辈更多精神支持，这在某种程度上说明经济支持是精神支持的重要基础。从个人精神健康状况来看，正面情绪越高的随迁父母能够给予晚辈更多精神支持，说明随迁父母的精神健康和正面情绪都将有利于他们向晚辈提供必要的精神支持。

表 5-2　随迁父母提供"向下"精神支持的影响因素分析

变量	回归系数	允差	VIF
个体特征			
性别（参考类别：女）	-0.049（-0.036）	0.792	1.263
年龄	-0.005（-0.046）	0.803	1.245
受教育程度	0.026（0.042）	0.515	1.943
户籍情况（参照类别：外地农村户籍）	0.080（0.053）	0.604	1.655
随迁前的工作性质（参照类别：非公务员、国企、事业单位员工）	0.127（0.081）	0.508	1.969
家庭特征			
是否照料多个孙子女（参考类别：否）	-0.049（-0.033）	0.932	1.073
是否独生子女家庭（参考类别：否）	0.102（0.065）	0.734	1.363
迁居特征			
是否有伴侣陪同随迁（参照类别：单独随迁）	0.120**（0.076）	0.854	1.171
是否随儿子迁居（参照类别：否）	-0.144***（-0.091）	0.941	1.063
个人精神健康状况			
负面情绪	-0.032（-0.043）	0.936	1.068
正面情绪	0.138****（0.189）	0.880	1.136
其他代际支持情况			
随迁父母"向下"经济支持程度	0.094****（0.131）	0.759	1.317
子代家庭"向上"精神支持程度	0.258****（0.296）	0.869	1.150
常数	1.895****		
N	706		
调整后的 R^2	23.5%		
F 值	14.375		

注：括号内为标准回归系数；$^* p \leqslant 0.1$，$^{**} p \leqslant 0.05$，$^{***} p \leqslant 0.01$，$^{****} p \leqslant 0.001$。

　　本书对随迁父母家务支持的测量不仅包括日常生活中的洗衣、做饭等家务劳动，也包括接送孙辈上下学和辅导孙辈功课等教育方面的支持（见表5-3）。从随迁父母对子代家庭的家务支持情况来看，七成的随迁父母在子代家庭承担了较多的家务劳动，具体包括打扫家里卫生，买菜，备饭、做饭，洗、晾、收衣服等。除去孙辈未上学或未出生（回答"不适用"）及上兴趣班的情况以外，在孙辈已经上学的随迁父母家庭中，32.6%和

36.5%的受访者表示完全承担了送孩子上学和接孩子放学的任务，19.7%和21.0%的受访者对送孩子上学和接孩子放学的事项承担了大部分，即有五成至六成的随迁父母完全或大部分承担了接送孙辈上下学的日常工作。相比之下，随迁父母对于陪孩子上兴趣班和陪孩子做功课等事项的参与就比较少，除去"不适用"的情况外，21.7%和14.5%的受访者表示自己"承担全部"或"承担大部分"陪孩子上兴趣班的任务，二者合计不到四成，另有46.9%的受访者表示自己"完全没承担"陪孩子上兴趣班的事项。仅6.5%和6.0%的受访者表示自己"承担全部"或"承担大部分"陪孩子做功课的事项，而73.5%的受访者"完全没承担"陪孩子做功课的事项。上述数据结果与日常生活的常见情形基本一致，即随迁父母在子女家庭中大多承担了低知识输出的日常家务劳动，李芬和风笑天（2016）在研究中也指出，随迁中老年人在子代家庭中所承担的照顾活动以体力活动居多，脑力活动偏少，其2015年在全国12个城市所做问卷调查的结果显示，随迁中老年人承担"辅导学习"任务的比例仅为6.1%，这一比例与本数据结果也相似。

表5-3　随迁父母对子女家庭的家务支持情况

单位：人，%

家务支持	完全没承担		承担一点点		承担大部分		承担全部		不适用（如孙辈未上学或未出生）	
	频数	占比	频数	占比	频数	占比	频数	占比	频数	占比
打扫家里卫生	89	12.0	153	20.6	204	27.5	295	39.8		
洗、晾、收衣服	110	14.8	140	18.9	189	25.5	302	40.8		
买菜	102	13.8	113	15.2	184	24.8	342	46.2		
备饭、做饭	102	13.8	110	14.8	190	25.6	339	45.7		
洗碗	96	13.0	130	17.5	209	28.2	306	41.3		
送孩子上学	183	24.7	116	15.7	124	16.7	205	27.7	113	15.2
接孩子放学	165	22.3	102	13.8	132	17.8	229	30.9	113	15.2
陪孩子上兴趣班	281	37.9	101	13.6	87	11.7	130	17.5	142	19.2
陪孩子做功课	439	59.2	83	11.2	36	4.9	39	5.3	144	19.4

均值统计分析显示，随迁父母花在家务劳动上的时间平均为 4.1 小时/天。88.1%的受访者家里没有聘请家政人员，8.3%的受访者家里有请钟点工，仅 2.0%和 1.5%的受访者家里有半天保姆和全天保姆帮忙，可见绝大多数随迁父母所在的家庭中并没有家政助手帮忙料理家务，主要还是随迁父母亲力亲为。虽然随迁父母在对子代的经济支持和精神支持方面存在明显的城乡差异，但是在家务劳动时间上的均值比较结果则显示，不同户籍者在对子代家庭的家务支持上没有显著差异（农村户籍随迁父母的每日家务时间为 4.178 小时，城市户籍随迁父母的每日家务时间为 4.067 小时，但是 t 检验结果显著性为 0.591，因此上述差异不存在统计学意义）。由于涉及家庭生活支持的测量变量较多，我们尝试降低观测维数，以为后续深度分析提供方便，分析结果显示 KMO 值为 0.809，Bartlett 球形度检验的 sig. 值为 0，适合进行因子分析，采用最大方差法旋转后得到两个因子（见表 5-4），根据所包含项目的共性将其命名为家政支持因子和教育协助因子，因子得分越高，说明受访者为子代家庭提供的某方面支持越多。其中家政支持因子包括打扫家里卫生，洗、晾、收衣服，买菜，备饭、做饭，洗碗等日常家务劳动，教育协助因子包括接送孩子上下学、陪孩子上兴趣班以及陪孩子做功课等有关孙辈教育的支持。用公式将上述两个因子转换为 1～100 之间的指数[1]。转换前的家政支持因子最大值为 2.15152，最小值为 -2.30592，平均数为 0，标准差为 1；转换后的最大值为 100，最小值为 1，平均数 52.2146，标准差为 22.21006。转换前的教育协助因子最大值为 1.94512，最小值为 -1.44053，平均数为 0，标准差为 1；转换后的最大值为 100，最小值为 1，平均数为 43.1226，标准差为 29.24106。

表 5-4　随迁父母为子代提供家务支持的因子构成

家务支持	家政支持因子	教育协助因子	提取公因子方差
打扫家里卫生	0.868		0.761

---

① 转换后的因子值 = （因子值+B）×A，其中 A=99/（因子最大值-因子最小值），B=（1/A）-因子最小值，B 的公式亦为：B=［（因子最大值-因子最小值）/99］-因子最小值（边燕杰、李煜，2000）。

续表

家务支持	家政支持因子	教育协助因子	提取公因子方差
洗、晾、收衣服	0.852		0.729
买菜	0.810		0.660
备饭、做饭	0.899		0.814
洗碗	0.895		0.810
送孩子上学		0.911	0.838
接孩子放学		0.907	0.830
陪孩子上兴趣班		0.874	0.772
陪孩子做功课		0.803	0.648
特征值	4.134	2.728	
解释的方差	45.930%	30.314%	76.244%

注：提取方法为主成分分析法，旋转法为具有 Kaiser 标准化的正交旋转法；表中已删除系数小于 0.5 的因子负载值。

随迁父母受访者对子代家庭的家政支持程度与每天家务花费时间呈显著正相关，二者的 Pearson 相关系数为 0.454，显著性为 0.000；对子代家庭的教育协助程度也与每天家务花费时间呈微弱正相关关系，二者的 Pearson 相关系数为 0.118，显著性为 0.002。相关分析显示，随迁父母的年龄与其对子代家庭的家政支持（Pearson 相关系数为 -0.131，显著性为 0.000）和教育协助支持（Pearson 相关系数为 -0.202，显著性为 0.000）均呈负相关关系，这一方面可以认为随着随迁父母年龄的增大，其身体健康状况将有所下降，因此能为子代家庭提供家务支持的能力及实际行动也随之减少；另一方面可以认为年龄较大者的孙辈年龄也较大，其对随迁祖父母在生活照料和教育协助上的客观需求也减少了，在数据上表现为随迁父母的支持减少了。

独立样本 t 检验显示，照料多孩者与照料一孩者在对子代家庭的家政支持程度上并不存在显著差异（t 检验显著性大于 0.1），我们用受访者的每天家务花费时间替换家政支持因子值代入分析后仍然得出同样的结论，也就是说，一孩照料者与多孩照料者在家务劳动的付出上并没有显著差异。但是两个组别在对孙辈的教育协助方面存在显著差异（其教育协助转换后的因子均值分别是 48.2827 和 37.1310），帮子女照料一孩的随迁父母对孙辈的教育协助比帮子女照料多孩的随迁父母对孙辈的教育协助更大，这个结果与我们的常识认知有差异。究其原因，这可能与他们的孙辈年龄有一定关系，研究发现，一孩照料者的孙辈平均年龄为 6 岁；而多孩照料者的最小孙辈平均年龄为 3.7 岁，最大孙辈平均年龄为 9.6 岁。对于大的孙辈而言，可能不再需要随迁父母的教育协助，对于小的孙辈而言，又没有达到需要教育协助的年龄，因此在数据上呈现为多孩照料者的教育协助程度较一孩照料者更低。此外，多孩照料者中的单独迁居比例（30.7%）显著低于一孩照料者中的单独迁居比例（40.1%），说明多孩照料者在日常生活中比一孩照料者有更多机会获得伴侣的协助，这在很大程度上降低了单个个体的照料负担。偏相关分析显示，在控制孙辈数量的情况下，随迁父母家务劳动时间与孙辈的最小年龄呈负相关关系（相关系数为 -0.139，显著性为 0.000），即孙辈年龄越小，随迁父母的家务劳动时间就越长。综上，随迁父母付出的家政支持情况与其孙辈年龄有关，但与照料孙辈的数量即子代的生育数量无关。

随迁父母的受教育程度与其对子代家庭的家政支持程度间呈负相关关系（Pearson 相关系数为 -0.155，显著性为 0.000），而且在控制户籍和"向下"经济支持程度的情况下，受访者受教育程度与家政支持因子值间仍然存在显著负相关关系（偏相关系数为 -0.147，显著性为 0.000）。笔者由此初步判断出，相比于受教育程度较低的随迁父母，受教育程度较高的随迁父母能够为子代家庭提供更多的经济支持和精神支持，但却提供更少家务劳动方面的支持。虽然大部分随迁父母家庭没有聘请家政人员上门提供家政服务，但是相比于受教育程度越低的随迁父母而言，受教育程度越高的随迁父母聘请家政人员的比例还是明显越高（Kendall 等级相关系数为 0.170，显著性为 0.000），在完成大专及以上教育的随迁父母中有 30.3% 的家庭聘请家政人员，在完成高中/中专/高职教育的随迁父母中有 16.6% 的家庭聘请家政人员，在完成初中教育的随迁父母中有 11.5% 的家庭聘请家政人员，而在更低受教育程度的随迁父母中仅 6.5% 的家庭聘请家政人员。这或许与受教育程度较高者的代际支持理念和生活习惯有关，通过对随迁父母受教育程度与其对于隔代照料认知观念（有关隔代照料认知观念的测量和分析见本章第二节）的相关分析发现，随迁父母受教育程度与其隔代照料的消极被动态度之间呈正相关关系，但与隔代照料的积极认同态度和工具理性态度间呈负相关关系，换句话说，受教育程度越高的长者，可能越不认同向子代家庭提供隔代照料帮助，他们更倾向于将照顾孩子看作子女的责任而不是自己的义务，也不认同自己应该通过向子代家庭提供隔代照料来换取子女的孝顺，而且较高的受教育程度还意味着较好的经济资源和自养能力，不仅能够为子代家庭提供经济援助，也同样能够通过购买家政服务来减轻自己的家务劳动负担，加之其颇具界限感的隔代照料观念，使得他们在为子代提供力所能及的经济支持和精神支持之余，不再为子代家庭提供过多家政服务或让自己陷于被家务缠身的局面。

性别是家庭代际关系研究中的一个重要视角。在隔代照料研究中存在共识性的观点，即认为女性中老年父辈比男性中老年父辈为子代家庭提供更多的育儿照料帮助，照料孙子女中的绝大多数是女性，男性只承担初级或次级的照料责任（Chen et al.，2011）。本书的分性别统计结果也显示，男性受访者每天在各项家务上花费的时间（3.200 小时/天）要比女性受访者（4.535小时/天）少1.335个小时（独立样本 t 检验显著性为 0.000）。我们对男性和女性受访者从事各项家务活动的程度进行均值统计，结果发现，女性在家政支持上的付出比男性更多，但在教育协助上的支持则比男性略低（见表 5-5），这与男主外女主内的传统家庭分工定势以及中老年人受教育程度的性别差异（男性受访者的受教育程度显著高于女性受访者[①]）有关。

表 5-5　随迁父母在家政支持和教育协助方面的性别差异

		男性的随迁父辈		女性的随迁父辈	
		均值	标准差	均值	标准差
家政支持	打扫家里卫生	2.41	1.063	3.19	0.942
	洗、晾、收衣服	2.26	1.084	3.20	0.964
	买菜	2.66	1.157	3.20	1.002
	备饭、做饭	2.42	1.177	3.30	0.911
	洗碗	2.40	1.118	3.23	0.918

[①] 用1分表示未完成小学教育，5分表示完成大专及以上教育，分值越高，表明受访者受教育程度越高。均值比较显示，男性受访者的受教育程度均值为 3.20 分，女性受访者的受教育程度均值为 2.55 分，显著性为 0.000。

		男性的随迁父辈		女性的随迁父辈	
		均值	标准差	均值	标准差
教育协助	送孩子上学	2.72	1.174	2.48	1.233
	接孩子放学	2.81	1.167	2.62	1.232
	陪孩子上兴趣班	2.17	1.194	2.08	1.225
	陪孩子做功课	1.50	0.868	1.43	0.868

注：各项目的最小值为1，表示受访者完全没有承担该项事务，最大值为4，表示受访者在该项事务上承担了全部职责，分值越大，表明随迁父母在该项事务上的付出越多。

二 子代家庭对随迁父母的"向上"代际支持

根据代际支持中的交换理论，家庭代与代之间存在双向的交换关系。中国父母与子女之间有持久的代际"向上"和"向下"的物质资源和服务资源流动，这种交换关系并非等价交换，而是一种彼此互助、互惠、互补的过程（陈皆明，1998）。随迁父母在为子代家庭提供各项帮助和支持的同时，也接受着来自子代家庭的孝心和支持。本书的调查结果显示，66.3%的子代家庭（包括儿子、媳妇、女儿、女婿）有向随迁父母提供生活费或伙食费，每月平均2138.6元（本题仅询问子代家庭有提供伙食费/生活费的受访者，实际回答人数为403人，均值标准差为1201.7）。对比研究发现，在为子代家庭提供经济支持的随迁父母中，从子代那里获得生活费或伙食费的比例（55.9%）要低于没有给子代家庭提供经济支持的随迁父母从子代那里获得生活费或伙食费的比例（75.6%），卡方检验显著性为0.000，这或许是由随迁父母与子代之间的实际经济能力差距决定的家庭经济资源的单向流动，经济能力较差的子代更需要父母的经济支持，同时能够给予父母的经济支持也更少；反之父母经济能力较好的话，其为子代家庭提供经济支持的概率越大，也越不需要子代的经济回馈。

有研究提出，中国老年人的家庭权威在下降，年轻人的自我意识在加强，传统孝道观念淡化导致家庭资源分配出现"重幼轻老"的趋势，老年人得到的子女的经济支持在减弱（王萍、李树茁，2011b）。不过我们在调研中发现，现实中不少长辈出于节俭等金钱观或是心疼晚辈等心理，会拒绝晚辈表示孝心的实际付出，尤其是拥有退休经济收入的随迁父母会表示自己"不需要"子女为他们花很多钱，甚至会将子女出于孝心的行为理解为"浪费钱"，比如访谈中有受访者表示"我在这里买菜，他们给钱（指儿子儿媳给生活费），但我不要。我自己有钱，我现在反过来给他们生活费……他们要（给我）买（保健品），不是不买，是我不需要他们帮我买，那些东西怎么选也搞不懂，我反对他们买"（3-LAS）。因此，衡量子代对长辈的支持程度并不能用实际资金给付的多寡来测算，为进一步贴近真实情况，调查中在询问子代家庭成员是否为随迁父母提供过某种经济支持或表示过孝心时，特别强调的是，如果子女有口头表达过想为长辈花钱，但被长辈所拒绝，这种情况在本书中仍视为子女有提供"向上"支持，虽然关于子代为长辈提供支持的程度仍属于主观感知性的回答，但由此更能直观反映受访者对子代"向上"支持的总体评价。从统计结果来看，六成以上的子代家庭能够为随迁父母购买各类生活用品或经常表达此类孝心；近半数子代家庭能够较多陪同随迁父母看病或治病；四成左右的子代家庭能够较多表示或实际带着随迁父母旅游或游玩（见表5-6）。这些行动的实际花费可能不大，但却是子代家庭对随迁父母表达孝心的最真实反映。还有不少受访者反馈了他们所认为的子女为他们尽的其他孝心，如"陪着过生日""生日、父亲节或母亲节等会买礼物""过年过节会出钱请吃饭、包红包""有空就帮忙做家务""不干涉父母的决定、尊重长辈的意见""嘘寒问暖、言语关怀""不嫌弃老人""有需要的东西都会给买""不和父母顶嘴、说话好听"等，上述回答再次表明随迁父母对于子女孝心的评价并非只看重子代的经济给予。随迁父母作为子代家庭的外来者，其在随迁生活中的情绪结果更多取决于子代的主动表现和"反哺"程度，这也符合中国传统的家庭文化，父辈们通常不会计较为子女奉献或牺牲了多少，但却十分看重子女对孝道伦理的践行情况，而且与子代家庭的沟通满意度在很大程度上影响了随迁父母代际支持的主观体验。与物质给予相比，中国老年人更看重来自子女的孝心和孝行（党俊武、李晶，2019）。

表 5-6　子代对随迁父母的"向上"生活支持情况

单位：人，%

子代向随迁父母表达孝心的项目	没有		有，但不多		有，比较多	
	频数	占比	频数	占比	频数	占比
购买衣服、鞋子、包包等服装类商品	43	5.8	207	27.9	491	66.3
购买各种生活用品	100	13.5	161	21.7	480	64.8
陪同看病、治疗、买药等	117	15.8	268	36.2	356	48.0
带您旅游或出钱游玩	96	13.0	333	45.1	310	41.9
购买按摩工具、艾灸、泡脚工具等保健用品	282	38.1	227	30.6	232	31.3
陪伴参加健身运动或休闲活动（打球、下棋等）	542	73.1	132	17.8	67	9.0
陪伴参加有意义的社团活动	588	79.4	107	14.4	46	6.2
购买商业保险	657	88.7	63	8.5	21	2.8

　　我们对表 5-6 中各种项目的回答进行赋值，分别为 1~3 分，分值越高代表子女在该项目上表示孝心的频率越高，同样采用主成分分析法进行降维后（KMO 值为 0.715，Bartlett 球形度检验的 sig. 值为 0）得到两个因子（两个因子方差贡献合计为 51.165%），其中"购买商业保险"因负载值系数小于 0.5 而被删除，根据最终包含的项目性质将两个因子分别命名为"子代的生活支持因子"和"子代的陪伴支持因子"，其中前者包括子女为随迁父母购买衣服、鞋子、包包等服装类商品，购买各种生活用品，出钱带长辈旅游或出钱邀请游玩，带长辈看病、治疗、买药以及为父母买按摩工具、艾灸、泡脚工具等保健用品五个项目，后者包括陪伴父母参加健身运动或休闲活动以及陪伴参加有意义的社团活动两个项目，从频数统计结果可以发现，子代的陪伴支持因子中的两个项目的实际发生频率较低，反映群体内部差异性的能力较差，相比之下，子代的生活支持因子中各项目的实际发生频率较高，更能体现群体内部的差异性。

　　谢桂华（2009）的研究指出，中老年人随迁照顾孙代既能维系对子代和孙代的情感，巩固纵向的亲子关系，又能通过向子代提供代际支持来换取子女更多的关心和尊重，相对而言，与子女同住更可能在日常照料和情感慰藉方面得到子女的支持。为了解随迁父母接受子女情感支持的程度，问卷中询问受访者"当您遇到苦恼的事或心情低落时，您的子女或孙辈能否及时给予精神安慰和情感支持"（本题的选项赋值 1~4 分，分值越高，表示得到子女的精神支持越大），从统计结果来看（见图5-2），当遇到苦恼的事或心情低落时，有15.7%和48.1%的子代家庭能够及时给予受访者很大或较大的精神安慰和情感支持，二者累计超过六成，略高于随迁父母对子代的精神支持程度。相关分析显示，子女在生活上提供的支持越多，随迁父母自报得到来自子代家庭的情感支持的程度也越高，子代的生活支持因子与子代的情感支持程度的相关系数为0.322，显著性为0.000；同样，获得子女在活动陪伴上的支持越多，随迁父母自报获得子代精神支持的程度也越高，子代的陪伴支持因子与子代的情感支持程度的相关系数为0.213，显著性为0.000。同时，子女有给予生活费或伙食费的随迁父母，自报获得子代的精神支持程度（均值为2.74）比没有获得生活费或伙食费的随迁父母自报从子代获得的精神支持程度（均值为2.58）略高，独立样本 t 检验显著性为0.021。可见随迁父母感知到的精神支持与子代的经济支持程度是相互影响的，子代在经济上和生活各方面向随迁父母提供的物质支持越多，能让随迁父母感受到越高的精神支持，而且与给予生活费或伙食费这种固定资金的方式相比，日常生活中的孝心表达与活动陪伴行为更具偶然性和金额不确定性，但随着发生频率的增加，其令随迁父母感受到来自子女的精神支持也更高。笔者进一步分析发现，随迁父母给予子代的精神支持程度与子代给予随迁父母的精神支持程度之间呈现显著正相关关系，相关系数为0.406，显著性为0.000，即受访者如果认为自己给予子代较高的精神支持，那么也会认为子代能给予自己较高的精神支持，反之则相反。

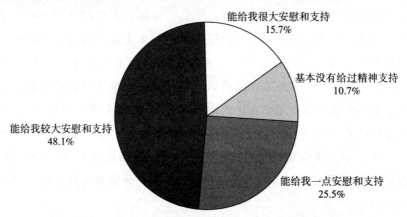

图5-2　子代家庭对随迁父母的精神支持情况

从随迁父母对子代家庭的精神支持程度（均值为 2.54，标准差为 0.756）与子代家庭对随迁父母的精神支持程度（均值为 2.69，标准差为 0.862）的对比情况来看，父母更容易将晚辈看作其精神依靠的对象，反过来相当部分父母却认为自己对晚辈的精神支持能力不足。

第二节　隔代照料观念与照料感受[①]

由于随迁父母最主要的目的是向子代提供育儿照料支持，这也是随迁父母"向下"代际支持过程中的核心行动，因此对随迁父母代际支持动机的研究可以简化为随迁父母对于"帮子女带孩子"究竟持何种态度或观念？这些认知观念对其代际支持的主观感受又产生怎样的影响？这种影响是否会作用于他们的二孩照料意愿以及随迁生活幸福感？根据认知行为理论，在认知、情绪和行为三者中，认知扮演着中介与协调的作用。认知不仅影响人们对行为的解读，也会影响行为的发生。随迁父母的随迁生活皆因跨地区参与孙辈的隔代照料而发生，因此在讨论他们的代际支持时，考察他们对于代际支持尤其是对向子代家庭提供隔代照料帮助的价值观念十分有必要，这些认知态度在某种程度上是他们所提供的代际支持（行动）和当前生活的主观幸福感（情绪）之间的重要中介变量。

所谓"参与孙代照料的观念态度"，是指随迁父母对于"帮子女带孩子"现象所持有的相关认知观念或动机偏好。由于目前并没有关于中老年人对照料孙代之观念态度的现成测量工具，根据已有代际支持动机的相关理论，并结合本书在研究初期与随迁父母进行探索性调查交流时受访者所谈及的常见表述，我们设计了一个有关老人帮子女带孩子的认知观念量表，让受访者回答对这些陈述的赞同程度，问卷经过试调查后删除了部分分辨力不高的陈述项，最终在正式调查中保留 13 个分辨力较好的陈述项。为防止受访者出现答题惯性，问卷中特别将不同方向的陈述语句打乱顺序，表 5-7 显示了受访者的回答频数。对四个选项进行 1~4 分的赋值，1分表示"完全不同意"，4 分表示"完全同意"，分值越高表示越赞同该项

[①] 本节部分内容以《随迁祖辈的二孩照料意愿及其影响因素——基于孙代照料观念和一孩照料体验的分析》为题发表于《人口与发展》2023 年第 1 期，收入本书时有修改。

说法，再计算均值。结果显示，随迁父母赞同度最高的几个陈述（均值大于3分）是认为"现在的年轻人生活负担很重，老人能帮他们的时候应该尽量多帮他们"、"不管儿子还是女儿，只要他们有需要，都应该尽力去帮他们带孩子"、"老人帮子女带孩子是中国社会的优良传统（没什么不好）"以及"帮子女带孩子，让我感觉自己很有价值、被人需要"。从这些获得高赞同度的说法的性质可以看出，大多数随迁父母对于老人帮子女带孩子的中国式代际支持行动是十分认同的，不仅将此看作社会优良传统，也在此过程中寻找积极的意义感和个人价值感。相反，大多数受访者不认同"老人帮子女带孩子是吃力不讨好的行为，不仅累坏自己还增加家庭矛盾"、"如果重新让我选择一次，我更希望让子女自己请保姆或想办法自己带孩子"以及"老人帮忙带孩子，容易让子女养成在家好吃懒做、依赖老人的坏习惯"等对于老人帮忙带孩子的批评式陈述（均值结果小于2分）。

表5-7　随迁父母对隔代照料的观念态度

观念态度	完全不同意		不太同意		比较同意		完全同意		均值（分）
	频数（人）	占比（%）	频数（人）	占比（%）	频数（人）	占比（%）	频数（人）	占比（%）	
老人帮子女带孩子是当前中国家庭的无奈选择	156	21.1	216	29.1	250	33.7	119	16.1	2.45
老人帮子女带孩子是中国社会的优良传统（没什么不好）	19	2.6	63	8.5	384	51.8	275	37.1	3.24
老人并没有义务帮子女带孩子	192	25.9	269	36.4	183	24.7	96	13.0	2.25
老人帮忙带孩子，容易让子女养成在家好吃懒做、依赖老人的坏习惯	303	40.9	266	35.9	133	17.9	39	5.3	1.87
不管儿子还是女儿，只要他们有需要，都应该尽力去帮他们带孩子	13	1.8	19	2.6	336	45.3	373	50.3	3.45
老人要帮子女带孩子，才能得到子女的孝顺和尊重	189	25.5	275	37.1	194	26.2	83	11.2	2.23
帮子女带孩子，让我感觉自己很有价值、被人需要	36	4.9	107	14.5	373	50.4	224	30.3	3.06
现在的年轻人生活负担很重，老人能帮他们的时候应该尽量多帮他们	5	0.7	19	2.6	319	43.0	398	53.7	3.50

续表

观念态度	完全不同意		不太同意		比较同意		非常同意		均值（分）
	频数（人）	占比（%）	频数（人）	占比（%）	频数（人）	占比（%）	频数（人）	占比（%）	
老人要帮子女带孩子，才能培养与孙辈的感情，否则不会有很深的感情	76	10.3	166	22.4	295	39.8	204	27.5	2.84
老人帮子女带孩子是吃力不讨好的行为，不仅累坏自己还增加家庭矛盾	373	50.3	288	38.9	59	8.0	21	2.8	1.63
有老人帮忙带孩子，更能促进子女生育二胎或三胎	106	14.3	240	32.4	286	38.6	109	14.7	2.54
照看孙辈可以弥补我过去对子女成长照顾上的遗憾和欠缺	204	27.5	280	37.8	195	26.3	62	8.4	2.16
如果重新让我选择一次，我更希望让子女自己请保姆或想办法自己带孩子	296	39.9	299	40.4	122	16.5	24	3.2	1.83

已有研究认为，随着中国后传统社会的来临，个人主义的倾向开始出现，但家庭整体利益取向并没有消失，仍然认同和鼓励个体成员对家庭的贡献，这已然成为中国社会的一种集体无意识，这便是随迁父母愿意为子女及家庭做出牺牲的社会心理基础（汪玲萍，2017）。此外，中国传统伦理依然重视老年人生产力的维持，社会道德鼓励老年人通过照顾孩子和料理家务来维持自身的价值（Chen & Silverstein，2000）。宋璐等（2013）提供了基于利他原则的代际资源转移理论解释，即一个利他的个体（家庭户主）控制大部分家庭资源，其关心全部家庭成员的福利高于自身的利益，家庭资源的分配是实现资源配置的帕累托最优。从家庭内部资源代际转移的利他主义视角来看，父母的效用水平受子女福利水平的影响，父母将子女的福利作为本身效用的一部分，当资源对父母本身的边际效用小于子女福利提升对父母的边际效用时，父母更愿意通过资源的"向下"代际转移来提升自身效用水平（Barro，1974；Becker，1974；Hirshleifer，1985）。晚近的研究倾向于用综合视角来解释中老年人的代际支持和隔代照料，即认为老人帮助照料孙子女既是出于亲情的不计回报的奉献，也是通过向子代提供照料孙辈的时间和劳动而获得经济支持、情感慰藉及未来的养老照

顾，并最终使家庭福祉最大化（李芬、风笑天，2016）。这些视角对于我们理解随迁父母的代际支持行动具有一定的借鉴意义。从本书调查情况来看，多数随迁父母对于老人帮子女带孩子持有正面肯定的思想观念，这无疑具有重要的自我暗示和自我赋能作用，笔者相信这些态度不仅是他们对当前生活状态的悉心维护，还是他们身为"父母"的内心最质朴的真情实感，也促使他们愿意用主动的心态去适应随迁生活或用更乐观、包容的心态去面对随迁生活中的挑战与不适。从群体层面来看，随迁父母的隔代照料行为既有家庭至上传统文化规范的深刻影响，也有代际交换的目的（如换取子女的孝顺和孙辈带来的情感慰藉）；既有出于不得已而为之的现实无奈，也有出于利他主义的无私精神。这可以说是多种价值选择的相互交织，这些认知观念在一定程度上体现了父母随迁帮子女带孩子的现实合理性，也让我们有理由相信，在托育服务尚未市场化和社会化的较长一段时间内，随迁父母对子代家庭的抚养支持依然会持续下去。

由于涉及隔代照料观念态度的测量变量过多，变量间的信息高度重叠和相关，因此仍采用因子分析方法有效降低变量维数（KMO 值为 0.760，Bartlett 球形度检验的 sig. 值为 0），因"老人并没有义务帮子女带孩子"项目的因子负载系数小于 0.5，故将其删除，最终得到的三个因子，根据所包含项目的共性将其分别命名为有关老人帮子女带孩子的"积极认同态度因子"、"工具理性态度因子"和"消极被动态度因子"，每个因子均包含四个陈述项（见表 5-8）。三个因子在关于帮子女带孩子的态度倾向上呈现明显的次序差异，积极认同态度表达出了对隔代照料之代际支持行动的主观认可与肯定；工具理性态度介于积极认同态度和消极被动态度之间，代表随迁父母对于帮子女带孩子的现实效用认知；而消极被动态度则反映了对老人帮忙带孩子的否定和抵触。从照料动机来看，积极认同态度因子中的项目内容接近于利他主义性质的动机，工具理性态度因子中的项目接近于交换互助型的照料支持动机，而消极被动态度因子中的项目性质则略接近于遵循家庭责任规范，虽然如此归类尚不严谨，但是三个因子充分展现了随迁父母在隔代照料之价值选择和动机取向上的明显差异，且三个因子两两间不存在相关关系（p 值均为 0，显著性为 1），说明它们是彼此独立的。

表 5-8　随迁父母对于隔代照料之观念态度的因子分析

观念态度	积极认同态度因子	工具理性态度因子	消极被动态度因子	提取公因子方差
现在的年轻人生活负担很重，老人能帮他们的时候应该尽量多帮他们	0.745			0.5788
不管儿子还是女儿，只要他们有需要，都应该尽力去帮他们带孩子	0.741			0.559
老人帮子女带孩子是中国社会的优良传统（没什么不好）	0.635			0.482
帮子女带孩子，让我感觉自己很有价值、被人需要	0.550			0.424
照看孙辈可以弥补我过去对子女成长照顾上的遗憾和欠缺		0.714		0.520
老人要帮子女带孩子，才能培养与孙辈的感情，否则不会有很深的感情		0.653		0.518
老人要帮子女带孩子，才能得到子女的孝顺和尊重		0.641		0.454
有老人帮忙带孩子，更能促进子女生育二胎或三胎		0.605		0.366
老人帮子女带孩子是当前中国家庭的无奈选择			0.704	0.501
老人帮忙带孩子，容易让子女养成在家好吃懒做、依赖老人的坏习惯			0.698	0.506
如果重新让我选择，我更希望让子女自己请保姆或想办法自己带孩子			0.588	0.414
老人帮子女带孩子是吃力不讨好的行为，不仅累坏自己还增加家庭矛盾			0.587	0.422
特征值	2.849	1.123	1.992	
解释的方差	21.914%	8.636%	15.326%	45.876%

注：提取方法为主成分分析法，旋转法为具有 Kaiser 标准化的正交旋转法；表中已删除系数小于 0.5 的因子负载值。

从隔代照料观念态度的描述性分析和因子构成来看，虽然以隔代照料为主的代际支持行动得到了多数随迁父母的认同和支持，但是随着社会转型和家庭观念变迁，中老年人对于隔代照料的价值态度也在发生分化并存在个体差异。比如陈盛淦和吴宏洛（2016b）在研究随迁老人责任伦理意识时指出，性别、年龄和受教育程度与老人的责任伦理存在相关性。其中女性、年龄偏大、受教育程度低的随迁老人有更强的子代责任意识。受此启发，笔者也尝试将性别、年龄、受教育程度等个体特征变量以及是否随儿子迁居、与子代家庭整体沟通满意度等家庭关系特征变量与上述三种观念态度分别进行相关分析和回归分析，检验个体和家庭特征对随迁父母照料孙代之观念态度的可能影响，但统计结果发现，各变量之间的相关性并不显著（个别有显著关系的变量间的相关系数也十分微弱），回归模型拟合度也很低，因此本书认为随迁父母的孙代照料观念更接近于其固有的思想意识和价值信念，它与长期的过往生活经历相伴而生，受个人和家庭特征的影响并不大。当然，不排除因为本书问卷调查所采集的样本信息比较有限，可能存在遗漏变量而未能清晰呈现影响随迁父母认知观念形成的复杂机制，这有待今后进行更多的研究论证。

所谓"参与孙代照料的主观感受"，即随迁父母在帮助子女带孩子的过程中所形成经验知觉与主观感受。目前同样没有现成可供参考的测量工具，我们仍然根据研究初期探索性调查阶段的访谈素材设置了 10 个陈述项（见表 5-9），请受访者根据自己在照料孙代过程中的现实体验进行作答，为避免回答惯性以提高测量信度，量表中既有正向陈述，也有反向陈述，且两种陈述在问卷中的实际排序是打乱的。每项陈述根据受访者回答的符合程度赋值 1~4 分，1 分表示"完全不符"，4 分表示"完全符合"，分值越高表示该陈述越接近受访者当前的主观感受。描述性统计结果显示，从积极的主观体验来看，96.6%的受访者认为能够见证孙辈子女成长感到很幸福；92.4%的受访者认为带孩子的过程增进了跟子/女一家人的情感；89.9%的受访者对于帮子女带孩子的生活感到充实。从消极的主观体验来看，33.4%的受访者感到自己"和子女在教育理念或照顾方法上存在较大分歧"；29.7%的受访者认同"帮子女看孩子觉得心理压力很大"的说法；24.6%的受访者认为自己"和子女在生活方式或生活习惯上存在较大差异"。从均值结果来看，大部分随迁父母在"向下"代际支持的过程中产生的积极主观感受明显比消极主观感受更强烈，总体上看，帮助子代家庭的行动给他们带来更多幸福感而非委屈和压力感。

有研究指出，尽管育儿支持能够增加子代对父辈的经济及情感支持，但是，父辈加入子代家庭的育儿过程本身，也使得代际关系变得复杂，父母与子代既合作协商，又容易产生矛盾和冲突（Cong & Silverstein，2012）。我们在问卷中设置了开放性问题调查随迁父母"您在帮助子女照顾孙子女/外孙子女的过程中有没有遇到过哪些问题/困境让您感到比较烦恼"（本题回答者 308 人，有效回答率为 41.6%），回答包括"感到比较累/疲劳""不自由/没有自己的时间""缺少私人时间/影响社会活动的参与""睡眠常受孩子干扰/影响睡眠质量""精力跟不上孩子/体力不好，但再累都得照顾孩子""只会用传统方式带孩子，令儿媳不满意""在孙辈的教育方式、饮食习惯和生活安排上与子女有分歧""带孩子压力大，怕不小心让他们受伤/怕不能把孩子照顾好，被子女责备""孩子顽皮、不听老人话，感到管教困难，甚至影响心情""孩子不好好吃饭/爱踢被子，总怕孩子生病/孩子生病会很着急""觉得自己的思维和理念跟不上年轻人""做的（饭菜）都不肯吃，不知道做什么（而发愁）"等。可见，随迁父母参与隔代照料，不仅承担着繁重的家务劳动，"部分地牺牲"了自己的晚年生活，甚至遭遇了包括体力精力不足、休闲娱乐受限、代际育儿观念矛盾、安全责任压力大等方面的挑战，但他们对于这些代际支持行动的主观感受结果仍比我们想象得更加乐观，这个结果与多数随迁父母对隔代照料的积极认同态度不无关系。

表 5-9　随迁父母隔代照料主观感受的描述性分析

主观感受	完全不符		不太符合		比较符合		完全符合		均值（分）
	频数（人）	占比（%）	频数（人）	占比（%）	频数（人）	占比（%）	频数（人）	占比（%）	
帮子女看孩子觉得心理压力很大	316	42.6	205	27.7	169	22.8	51	6.9	1.94
和子女在教育理念或照顾方法上存在较大分歧	256	34.6	236	31.9	219	29.6	28	3.8	2.03
常觉得精神孤独、寂寞空虚	404	54.5	217	29.3	112	15.1	8	1.1	1.63
和子女在生活方式或生活习惯上存在较大差异	276	37.2	283	38.2	159	21.5	23	3.1	1.90
和子女的沟通不好，家庭关系紧张	425	57.4	261	35.3	47	6.4	7	0.9	1.51
常觉得付出得不到子女的肯定和感恩，心里委屈	440	59.4	212	28.6	79	10.7	10	1.3	1.54

主观感受	完全不符		不太符合		比较符合		完全符合		均值（分）
	频数（人）	占比（%）	频数（人）	占比（%）	频数（人）	占比（%）	频数（人）	占比（%）	
帮子女带孩子让我感到生活很充实	13	1.8	62	8.4	411	55.5	255	34.4	3.23
能够见证孙子女/外孙子女的成长，感到很幸福	10	1.3	15	2.0	293	39.5	423	57.1	3.53
带孩子的过程让我跟子/女一家人的感情更紧密了	12	1.6	44	5.9	372	50.2	313	42.2	3.33
从晚辈身上学到很多新知识，感觉自己变年轻了	68	9.2	188	25.4	330	44.5	155	20.9	2.77

注：个别问题回答有缺失。

对上述项目进行因子分析后（KMO 值为 0.812，Bartlett 球形度检验的 sig. 值为 0）得到两个因子，分别命名为"消极感受因子"和"积极感受因子"，前者包括"常觉得付出得不到子女的肯定和感恩，心理委屈"、"和子女在生活方式或生活习惯上存在较大差异"、"和子女在教育理念或照顾方法上存在较大分歧"、"和子女的沟通不好，家庭关系紧张"、"帮子女看孩子觉得心理压力很大"以及"常觉得精神孤独、寂寞空虚"等负面主观体验；后者包括"带孩子的过程让我跟子/女一家人的感情更紧密了"、"能够见证孙子女/外孙子女的成长，感到很幸福"、"帮子女带孩子让我感到生活很充实"以及"从晚辈身上学到很多新知识，感觉自己变年轻了"等正向主观体验（见表 5-10）。两个因子之间彼此独立，不存在相关关系（p 值均为 0，显著性为 1）。为便于直观了解受访者提供隔代照料支持的主观感受，我们用公式将上述两个因子转换为 1~100 的指数①。转换前的消极感受因子最大值为 3.21680，最小值为 -1.91534，平均数为 0，标准差为 1；转换后的最大值为 100，最小值为 1，平均数为 37.9473，标准差为 19.2902。转换前的积极感受因子最大值为 1.92743，最小值为 -4.42355，平均数为 0，标准差为 1；转换后的最大值为 100，最小值为 1，平均数为

① 转换后的因子值 = (因子值 + B) × A，其中 A = 99/(因子最大值 - 因子最小值)，B = (1/A) - 因子最小值，B 的公式亦为：B = [(因子最大值 - 因子最小值)/99] - 因子最小值（边燕杰、李煜，2000）。

69.9549，标准差为 15.58815。

表 5-10　随迁父母隔代照料主观感受的因子分析

主观感受	消极感受因子	积极感受因子	提取公因子方差
常觉得付出得不到子女的肯定和感恩，心里委屈	0.727		0.559
和子女在生活方式或生活习惯上存在较大差异	0.694		0.497
和子女在教育理念或照顾方法上存在较大分歧	0.691		0.477
和子女的沟通不好，家庭关系紧张	0.689		0.515
帮子女看孩子觉得心理压力很大	0.663		0.444
常觉得精神孤独、寂寞空虚	0.629		0.433
带孩子的过程让我跟子/女一家人的感情更紧密了		0.816	0.706
能够见证孙子女/外孙子女的成长，感到很幸福		0.811	0.677
帮子女带孩子让我感到生活很充实		0.774	0.619
从晚辈身上学到很多新知识，感觉自己变年轻了		0.648	0.421
特征值	3.555	1.772	
解释的方差	35.545%	17.724%	53.270%

注：提取方法为主成分分析法，旋转法为具有 Kaiser 标准化的正交旋转法；表中已删除系数小于 0.5 的因子负载值。

　　相关分析结果显示，对隔代照料持积极认同态度与随迁父母对当前生活的总体幸福感之间呈正相关关系（Pearson 相关系数为 0.257，显著性为 0.000），对隔代照料持消极被动态度则与随迁父母对当前生活的总体幸福感之间呈负相关关系（Pearson 相关系数为 -0.232，显著性为 0.000），但对隔代照料持工具理性态度与随迁父母对当前生活的总体幸福感之间不存在相关关系（显著性为 0.617），可见工具理性态度对于随迁生活主观感受的关系比较中立。由于随迁父母迁居的主要目的就是帮助子代家庭带孩子，因此他们对隔代照料行动的主观感受与他们的生活幸福感密切相关。将隔代照料主观感受的两个因子与随迁父母总体生活幸福感进行相关分析，结果显示隔代照料主观感受与随迁生活幸福感高度相关，在隔代照料支持中的消极感受越多，其生活幸福感也越低（Pearson 相关系数为 -0.326，sig. 值为 0）；反之，在隔代照料支持中的积极感受越多，随迁父母的生活幸福感也越高（Pearson 相关系数为 0.276，sig. 值为 0）。此外，对隔代照料的观念态度也与隔代照料主观感受显著相关（见表 5-11）。对隔代照料的积极认同态度与消极感受呈负相关，而与隔代照料的积极感受呈正相关；反之，对隔代照料的消极被动态度与消极感受呈正相关，而与积极感受呈负相关。但是对隔代照料的工具理性态度则与隔代照料主观感受没有统计上的相关关系，这再次说明工具理性态度是一种情感中立的认知态度。

表 5-11　隔代照料观念态度与主观感受的相关分析

变量		对隔代照料的积极认同态度	对隔代照料的工具理性态度	对隔代照料的消极被动态度
隔代照料的消极感受	相关系数	-0.205	0.061	0.335
	显著性	0.000	0.121	0.000
隔代照料的积极感受	相关系数	0.337	0.074	-0.144
	显著性	0.000	0.061	0.000

从调查结果来看，利他主义理论、代际交换理论和责任内化理论等代际支持动机理论对于当代中国家庭似乎都有一定的解释力，但在现实家庭关系中，代际转移的动机常常是复杂且不容易划分的。本书所探讨的随迁父母群体，其随迁的最直接目的就是实现对子代家庭育儿照料的支持，这种育儿照料支持究竟是出于利他主义的自我牺牲还是基于交换动机的互助心态，或是出于家庭伦理责任的文化约束，事实上是很难被明确区分的。在质性访谈过程中，我们能够强烈感受到照料孙辈的使命感帮助随迁父母缓和了老年期社会身份转变的失落感，通过随迁的方式见证了孙辈的成长并切实减轻了子女的生活负担和压力，这让他们感受到价值感和需要感，自我效能感得到提升；且"含饴弄孙"的天伦之乐、其乐融融的家庭氛围能带给随迁父母一定的抚慰。

（和外孙感情）挺好的。你比如说这次家里研究春节上哪儿玩去，然后他说要去看雪，但是有两个条件，一个是看雪，另一个是必须得带着我。就这个条件，说明孩子还行，他比较懂事。我说他懂事了哈。他就说，他认为是一种尊重。好像是才这么懂事似的。(7-TZY)

我不太会说话，有点代沟，不过他们（指女儿女婿）都陪我。有段时间我说自己回去住段时间，女儿和女婿还说你自己能行吗，女婿还舍不得我。挺好的，我女儿确实挺好，女婿也非常好，比一般女婿好，我有时候和女儿拌嘴，他会让我女儿给我道歉，我能听到。(13-GAY)

良好的家庭关系以及家人之间深厚的情感能够给随迁父母带来较多的精神补偿和满足感，这体现在恋恋不舍的城市居留意愿上。当谈及之后是否会留在厦门养老时，14-HAY 说："（女儿）她肯定不让我走，我也不想走，就喜欢这边。我要是离开，两个孩子就舍不得。我有一天晚上九点多回来，孙女就跑出来问我去哪里啦，女儿也给我发短信，说你这么晚了怎么还不回来。"

除了想为子女减轻育儿负担之外，随迁父母的照料动机中也掺杂着"养儿防老"的工具理性观念，并在潜意识里将隔代照料行为看作自己衰老之后换取子女赡养的"筹码"。比如"我现在给女儿带孩子，老了之后她会给吃的"(8-YDY)。一些长者对于随迁生活中的不适选择"忍"下，有部分原因也是出于代际互助意识。当随迁生活中遇到适应困境时，这种互惠型的意义建构在解决其心理冲突时能起到一定的缓冲作用。

心里还是想回老家，自己多快活。但是为了子孙后代，必须付出。我们老人家都是服从下代的需要。这种东西我们觉得是一种义务。现在回老家的愿望不可能实现，原来我和老伴的计划就说："等孙子大一点，我们两个人回龙岩去住。"现在他先走（去世）了，我一个人儿子也不放心让我回去，这个愿望就破灭了。就是说人生总是有一些实现不了的愿望，好在儿子儿媳对我还好，以后老了走不动还是要靠子女的。(4-CAY)

　　我跟女儿说不帮她带了。女儿还要我继续带，但是我不想，她说明年户口给我迁过来，到老年大学去读书。我以前生活苦没得读书，想读书。带小孩子太辛苦了。我自己就是一个人带大三个孩子的。(8-YDY)

　　不过，对于那些对隔代照料难以认同的随迁父母而言，他们从心底缺乏随迁主动性和融入归属感，将自己当作城市的"过客"，迫切想完成随迁照料孙辈的任务回到老家，这一点我们也可以从他们的养老意愿中看出。

　　哎呀，这边房子很小，要是孙子去上大学，就不用待这边了。有些高中也不会在这边读啊，不需要人做事情我就可以回去了。老了回老家就很轻松啊。我叫我女婿去叫他爸爸妈妈来带孙子，我去休息，我带了很累，叫他们来带，一个人没办法带，要两个人轮替，这样一个月或者半年、一个半年来带，很轻松。他们一直没来，没来就没办法。我想回家去休息，我老公在家里也没人煮饭、洗衣服，都得自己做。我喜欢回老家帮忙（做）事情，但没办法，他爸爸妈妈都没办法来。(20-RCC)

　　此外，一些受访者表示，随迁之后与子女共同吃住，反而增加了产生代际矛盾的机会。代际沟通不畅在很大程度上是他们对随迁生活不满的重要原因。16-WAR早年丧偶，常年跟随女儿生活，但她说："女儿说话会顶嘴，她顶我我就感到不舒服，我说为什么非得顶我两句。她老是喊她的婆婆公公（称）老爸老妈，她一叫我这心里就不舒畅，一叫我就不舒服。我每天守着她，这么帮她们干事，还不如人家不守的好。"在访谈中，其还因谈及与女儿和女婿的紧张关系而流下委屈的眼泪，认为自己在家里是多余的，只是一个被使唤的老妈子，其女婿还经常嫌弃饭菜不合口味，"有时候他们说什么就听什么。有时候，你们弄吧，我回老家了，你愿意咋地咋地，不管了。马上又要搬家了，我说搬家让你老爸老妈来帮你搬，我不给你搬了，我受不了，每次搬家都找气。这个不好，那个不好。本来搬家就是麻烦事。每次都（这样），我说再搬就找你老妈搬……她们（指女儿的小家庭）要是都在家我就出来玩，（人家）一家三口在家，我在家就是多余的，感觉不舒服，所以我就出来玩来了。家丑不可外扬，不说了"（16-WAR）。

第三节　对子代的生育期望与孙代照料意愿[①]

一　随迁父母对子代的生育期望

由于生育在中国家庭中更多地体现为一种家庭成员的共同决策，作为专门帮助子女照看孩子的随迁父母，他们对子代生育的态度和作用不容忽视。父母对子女二孩生育决策的影响主要表现为两种：一是表达提供照料支持的态度和意愿，即表达是否愿意提供二孩照料支持；二是表达自身对于子代生育偏好的想法，即表达自己对子代生育问题的具体期望。一方面，父母对子代的生育期望可能影响子代的生育意愿，如有研究指出父母的生育观念与子女的生育意愿之间存在一定程度上的代际传递（Axinn et al.，1993；Barber，2000；Murphy & Wang，2001；Pluzhnikov et al.，2007）；另一方面，父母对子女生育所能提供的各类支持尤其是隔代照料也在很大程度上影响着子女的生育意愿乃至生育决策（陈胜利、张世琨，2003）。复旦大学 2013 年开展的长三角地区社会变迁调查（FYRST）的结果表明，"80 后"年轻夫妇中超过 2/3 需要父母帮助照料下一代，甚至父母能否帮助带孩子已经成为影响年轻夫妇生育意愿的一个重要因素（胡湛，2016）。陶涛等（2016）基于 2015 年底北京市空巢家庭调查数据考察"全面二孩"政策背景下空巢老人对子女生育二孩的态度，结果表明，空巢老人支持、反对和不干涉子女生育二孩的各占约 1/3，一旦子女生育二孩，近七成空巢老人表示愿意提供物质或劳务支持，而且与子女关系好、身体健康、有配偶等因素会显著提高老年人对子女生育二孩的支持率，而养老观念开放、受教育程度高和空巢时间长等因素则会显著降低支持率。

由于中国社会化托幼服务并不成熟，加之人们对保姆的普遍不信任，中国家庭依赖长辈抚养小孩的现象十分普遍（Yen et al.，1989；侯亚非

[①] 本节内容以《随迁祖辈的二孩照料意愿及其影响因素——基于孙代照料观念和一孩照料体验的分析》为题发表于《人口与发展》2023 年第 1 期，收入时有修改。

等，2008；王磊，2013），长辈是否愿意并且能够提供有效的照料供给在现行政策下甚至成为很多家庭生育二孩的重要限定性因素。长辈对子代的生育期望和生育意见不仅可能影响子代的生育决策，而且也能反映他们的代际支持意愿以及相关顾虑。从随迁父母个人的生育情况来看，32.3%的受访者只生育1个孩子，37.0%的受访者生育2个孩子，21.2%的受访者生育3个孩子，仅9.6%的受访者生育4个及以上孩子。可见九成左右的随迁父母的生育数量为3个及以下，部分受访者在育龄期赶上了计划生育政策主导下的少子化浪潮，因此这一代人的生育数量普遍不多。研究发现，受访者年龄与个人生育子女数呈正相关关系（相关系数为0.286，显著性为0.000），即年龄越大者，生育子女数量越多。交叉表分析结果显示，70岁以上受访者生育三孩或四孩的情况明显高于70岁以下的受访者。当问及"如果不考虑政策和其他任何因素的影响，您认为社会上的一般家庭应该生育几个孩子最为理想"时，89.3%的受访者认为一般家庭应该生育2个孩子，4.1%的受访者认为应该生育1个孩子，仅少数人认为应该生育3个或更多孩子（如认为一般家庭应该生育3个孩子的仅占总受访者的4.1%，认为应该生育4个孩子的仅占总受访者的2.4%）。同样，89.3%的受访者认为基于个人喜好，希望其正在帮助的子代家庭生育2个孩子，其中有93.5%的受访者认为最好是一男一女。由此可见，随迁父母对"二孩"政策的认同度相当高，且九成以上受访者将一男一女视为理想的生育状况。

随迁父母对子代家庭生活的高参与度使得他们对子代家庭的生育选择也可能有一定的话语权和影响力，其可能通过明确期待或意见暗示来影响子代的生育决策，本书在调查中直接询问了随迁父母对于子代家庭在生育孩子的数量、性别、姓氏以及孩子养育等方面的具体期望或意见。从随迁父母对子代家庭的生育期待或要求来看，32.1%的随迁父母就子代的生育情况提出过要求或暗示，其余67.9%表示自己对子代的生育情况没有具体要求或暗示。在有向子女提出过生育上的要求或期待的那些随迁父母中，62.5%的人提出过关于生育数量方面的要求；25.0%的人表示有过关于子代生育性别方面的期待；10.4%的人提出过涉及孙子女养育方面的要求或暗示；6.3%的人提出过关于孙辈姓氏方面的要求。在追问关于生育数量的期望时，大部分提出的数量要求是希望已经生育一孩的子女能再多生一个孩子。当追问关于生育性别的具体期望时，大多数受访者表示希望子女能够实现"儿女双全"，一些受访者表示希望已经生育一个女儿的子女，能再生育一个儿子，并解释了自己的这种期望是为了考虑"传宗接代"。在有关孙代养育的要求方面，受访者们给出的期望包括"希望子女不要再给孩子报那么多课外班""隔代不好插手教育，希望子女自己教育""如果再生一个，会主动帮忙照顾老二""不想再带老二""考虑到子女比较累，希望能把孩子带回老家帮忙带""希望能请保姆来帮忙""希望能给孩子创造更好的成长环境""希望子女有更多时间陪伴孩子""希望可以把孩子送到近一点的学校，方便我们老的接送"等。对于随迁父母的各种生育要求和期望，他们子女的回应如何呢？我们从受访者的回答中间接得知，11.4%的子女表示"非常反对"，38.9%的子女表示"比较反对"，14.9%的子女表示"无所谓"，28.0%的子女表示"比较认同"，仅6.9%的子女对随迁父母的生育期望表示"非常认同"。我们进一步追问了他们的生育期望遭遇子女反对的具体原因，虽然本题回答的人数不多，但受访者大多表示，其子女因为各种因素（如"担心养不起""培养孩子压力大""觉得自己年龄大""不想让老人太累""要上班，时间精力不够"等）而"不愿意生二孩"。

二 随迁父母的二孩照料意愿

目前关于隔代照料的大多数研究是将隔代照料当作既定事实，考察其对于中老年人身心健康、养老预期、女性劳动参与以及孙辈成长的影响，而中老年人作为代际支持提供者的主体心境和观感意愿往往被习惯性忽视。现有研究在讨论青年夫妇的再生育意愿时不免提及幼儿照料人手不足是抑制其再生育意愿的主要因素之一，而那些最有可能提供养育支持的中老年人，他们的所想所感所愿却较少受到学者的关注，尤其是以随迁中老年人为受访对象的专项研究更是凤毛麟角，这一缺乏主体视角的研究盲区正说明我们对于随迁父母提供的生育支持效用还不够重视。钟晓慧和郭巍青（2017）在对中产家庭的研究中指出，基于个人健康顾虑、对自由生活的追求以及害怕家庭再起矛盾等原因，拥有一孩照料经历的祖父母往往不愿意再带二孩。而在现有条件下，维持代际合作抚养模式，又是保障育龄夫妇生育二孩的重要因素，当父辈撤退，代际合作抚养模式中断，隔代照料"红利"消失时，家庭要么需要从市场上寻找补充资源，要么需要母亲从职场退出，即便内部重新协商形成轮换，也需要重新规划居所和家庭生活。这些育儿方案都增加了个人、家庭的成本与风险，降低了年轻父母生育二孩的实际意愿。因此，父辈愿意以及能帮助子女照料未来的第二个孩子，是已育一孩夫妇进行再生育决策的重要依据（郑真真，2015）和影响因素（靳永爱等，2018），甚至在一定程度上对育龄期职业女性的再生育意愿及行为具有"一票否决权"式的重要作用（李芬、风笑天，2016）；而对作为生育主要载体的职业女性而言，由其父辈帮忙照料孩子更是"工作母亲"赖以平衡事业与家庭的重要手段（金一虹，2013）。随迁父母对子代家庭的二孩照料意愿在一定程度上关系到生育新政的落实以及青年夫妇的家庭稳定与个人发展，有着重要的现实价值和学术意义。研究随迁父母对子代家庭的二孩照料意愿及其影响因素，探讨随迁父母的隔代照料观念、照料体验感和照料意愿间的关系，不仅能够帮助我们理解随迁父母的照料动因和照料压力，丰富有关中老年人随迁提供家庭抚育支持的经验研究成果，也能为帮助中老年人参与隔代照料的支持性政策制定提供依据。

李芬与风笑天（2016）在对全国 12 个城市的定量研究中指出，厦门地区中老年人愿意照料第二个孙子女的比例为 77.8%（与本书调查的愿意比例 78.5%相近），不仅高于 12 个城市的平均意愿结果[①]，也高于北京、上海等发达城市以及欠发达的兰州，文章认为闽粤两地虽因地势之利经济发达，但传统生育文化和家庭性别角色相对保存较好，故而出现中老年人照料意愿较高的结果。其研究表明，不论在照料第一个孙辈时是否得到过经济补贴，大部分老人还是愿意帮助照料第二个孙辈，因此得出经济因素并非中老年人照料孙辈的必要条件，非经济因素（代际关系质量、传统道德感与自我意识、照料第一个孙辈时的个人经历和情感体验等）在其照料第二个孙子女的意愿中发挥了更大的作用。不过，他们对二孩照料意愿研究所使用的定量数据是通过对为人父母的年轻夫妇的调查间接获得的，并非直接询问帮年轻夫妇带孩子的祖父母所得，且是以普通祖父母而非随迁

[①]　李芬和风笑天（2016）对全国 12 个城市开展了定量调查，通过向育龄夫妻询问"如果再生一个孩子，双方老人是否愿意帮助带孩子"发现，大部分老人（64.3%）表示愿意继续承担二孩照料之责。

中老年人为研究对象。上述研究发现对本书有较大启发，本书也将着力讨论非经济因素对于随迁父母照料第二个孙辈意愿的影响，以期为随迁父母参与孙辈照料行为提供学理解释。

在本书所调查的随迁父母中，50.9%的受访者目前正在照料1个孙辈（一孩照料者的样本特征见表5-12），照料2个孙辈的受访者占41.8%，5.8%的受访者目前照料3个及以上孙辈，还有1.5%的受访者尚未照看孙辈（主要是因为子代还在怀孕中或正在备孕，父辈提前随迁照料子代以便迎接即将出生的孩子）。针对目前照料一孩者的调查对象，我们单独询问了"如果您子女（指目前正帮助/同住的子女）生二胎的话，您是否愿意帮忙照料二孩？"描述性统计分析结果显示，随迁父母的二孩照料意愿总体较高，78.4%的一孩照料者表示"非常愿意"（37.8%）或"比较愿意"（40.6%）继续帮助子代家庭照看二孩（见图5-3）。该结论与上述钟晓慧和郭巍青的研究结论相悖，笔者认为，本书所调查的受访者来源较多元，在样本群体特征上与钟晓慧和郭巍青所研究的中产家庭不太一样，事实上，在接受本书调查的多子女随迁父母（占总样本的67.9%）中，已有47.7%的随迁父母曾帮助多个不同的子女家庭照看过孩子。另外，在其同住或正在帮助的子女已经生育多孩的家庭中，有77.5%的受访者表示大宝之前也是由自己带的，也就是说，这些受访者不仅带大了子女的第一个孩子，也正在继续照料着子女的第二个孩子。可见，随迁父母事实上连续提供二孩照料支持的比例是较高的。虽然不少受访者表示在照料孙辈的过程中遇到过一些难题，但从总体情况来看，大多数随迁父母在帮子女带孩子过程中的主观幸福感较高，且多数人在隔代照料的认知上持积极认同的观念，因此对于帮子代照料二孩的意愿并没有明显减弱。

表5-12　帮子女照料一孩的随迁父母的样本特征

单位：人，%

变量及赋值说明		一孩照料者的样本特征	
		频数	占比
性别	0=女	258	69.9
	1=男	111	30.1
年龄	以2019年为标准计算周岁，最小45岁，最大81岁，平均62.68岁		

变量及赋值说明		一孩照料者的样本特征	
		频数	占比
受教育程度	1=未完成小学教育	63	17.1
	2=完成小学教育	86	23.4
	3=完成初中教育	107	29.1
	4=完成高中/中专/高职教育	77	20.9
	5=完成大专及以上教育	35	9.5
身体健康自评	1=非常不好	2	0.5
	2=不太好	20	5.4
	3=还过得去	135	36.6
	4=比较好	165	44.7
	5=非常好	47	12.7
是否有伴侣陪同随迁①	0=否（受访者单独随迁）	146	39.6
	1=是（有老伴陪同随迁）	223	60.4
是否随儿子迁居	0=否，随迁照顾女儿家庭	133	36.0
	1=是，随迁照顾儿子家庭	236	64.0
在本地（迁入地）的交友数量②	1=不到4个朋友	41	11.1
	2=有4~8个朋友	76	20.6
	3=有9~15个朋友	102	27.6
	4=有16~25个朋友	69	18.7
	5=26个及以上朋友	81	22.0
与子代家庭的整体沟通满意度	1=很不满意	0	0.0
	2=不太满意	13	3.5
	3=比较满意	231	62.6
	4=很满意	125	33.9
合计		369	

注：个别项目有缺失值。

---

① "是否有伴侣陪同随迁"的选项为是和否，其中回答"是"，表示受访者有伴侣陪同一起随迁，回答"否"则表示受访者是只身一人随子代迁居的状况，既包括受访者与伴侣存在因随迁而老来分居的情况，也包括受访者离异未再婚或丧偶等情况。其中，因随迁而导致分居的情况在全部样本中占比为22.3%，在一孩照料者样本中占比为25.3%。

② 有关"朋友"的定义，以受访者个人的宽泛理解为标准。

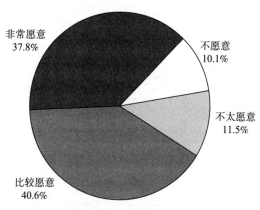

图 5-3　随迁父母对子代生育二孩的照料意愿

说明：$N = 358$；只询问一孩照料者。

　　本章上一节已经论证了随迁父母群体隔代照料动机和观念呈现多元价值相互交织的复杂性特征。那么从个体角度来看，哪些因素可能影响其二孩照料意愿呢？他们的照料观念以及照料一孩的主观体验是否会影响他们继续提供二孩照料支持的意愿？为回答这些问题，我们需要对随迁父母的二孩照料意愿进行影响因素分析。

　　认知行为理论经常被当作实务工作原理运用于心理咨询和社会工作介入活动中，但其有关认知-情绪-行为间关系的阐述能够为我们理解人们的情绪生产和行为结果提供重要参考。其主要观点认为，人们很少能够纯粹客观地知觉到经验诱发事件 A（activating event），而总是带着或根据大量已有的认知、价值观、动机偏好或信念 B（belief）来经验 A。同一情境之下，不同人的理念、认知评价与主观理解不同，所以会得到不同的情绪和行为后果 C（consequence），所谓"情绪"，是个体对环境事件知觉到有害或有益的反应，对随迁父母而言就表现为照料孙代的主观体验感。因此，事情发生的一切源于信念（信念是指人们对事件的想法、解释和评价等）。可见，认知评价或者说信念在其中发挥了十分重要的作用。认知的形成受到"自动化思考"（automatic thinking）机制的影响。所谓"自动化思考"，是经过长时间积累形成的某种相对固定的思考和行为模式。弗朗索瓦·德·桑格利（2012）在其著作《当代家庭社会学》中也明确指出"在研究家庭成员与亲属间的财务流动、互助情况和会面频率的定量调查中，除了数据之外，我们还应注意个人赋予亲属关系的意义以及他们以何种方式进行交流。在当代社会家庭人际关系研究中，这种'主观'层面的指标也应该考虑在内"。这就意味着我们不仅要研究随迁父母对子代家庭的实际支持行为，还要研究他们的主观意识，尤其是他们的价值规范和态度倾向。根据上述理论推导，参与孙代照料（A）在不同的随迁父母那里会引起不同的主观感受（C），这可能是因为他们的认知观念（B）存在差异。随迁父母对于向子代提供幼儿照料支持的观念态度和价值倾向，在某种程度上会影响其参与孙代照料过程的情绪知觉。此外，在认知、情绪和行为三者间，认知观念或者说信念（B）发挥着重要的作用，它不仅影响人们对行为的解读（C），还通过这种解读影响个体是否最终采取行动（D）。故本书假设，对于目前帮子女照料一孩的随迁父母来说，在控制其他因素的情况下，对照料孙代的认知观念（B）既可能直接影响其二孩照料意愿（D），也可能通过影响照料一孩时的主观感受（C）而间接影响二孩照料意愿（D），预测模型如图5-4所示。

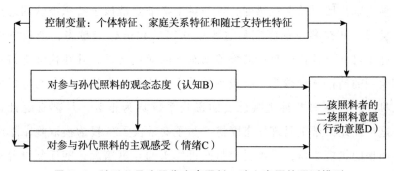

图5-4　随迁父母为子代家庭照料二孩之意愿的预测模型

　　本书问卷中对二孩照料意愿的调查仅针对目前正在照料一孩的受访者，具体问题是"如果您的子女（指目前正在帮助/同住的子女）生二胎的话，您是否愿意继续帮忙照料二孩？"本题实际回答人数为358人。根据回答的意愿程度分别赋值1~4分，其中1分表示"不愿意"，2分表示"不太愿意"，3分表示"比较愿意"，4分表示"非常愿意"。

　　为检验本书关于随迁父母照料孙代的认知-情绪-行动意愿之关系的研究假设，我们首先考察随迁父母孙代照料观念对其照料感受的影响。以照料孙代的两种主观感受因子为因变量，以三种照料孙代的观念态度因子为自变量，并将可能影响其孙代照料感受的个体特征、家庭关系特征和随迁支持性特征等因素作为控制变量，共同进行多元线性回归分析。其中，性别、年龄、身体健康自评和受教育程度代表随迁父母的个体特征；是否随儿子迁居、与子代家庭的整体沟通满意度代表随迁父母的家庭关系特征；是否有伴侣陪同随迁、在迁入地的交友数量和照料孙代数量代表随迁父母的随迁支持性特征①。其中，"性别""是否随儿子迁居""是否有伴侣陪同随迁"三个变量均处理为虚拟变量后放入模型，其余变量视为定距变量放入模型。

如表 5-13 所示，其中模型 1 和模型 2 是全部随迁父母样本的孙代照料感受影响因素分析，模型拟合度分别为 20.0% 和 15.6%；模型 3 和模型 4 是对照料一孩随迁父母样本的单独分析，模型拟合度分别为 23.4% 和 17.9%。两份样本的模型解释力相似，且预测变量对因变量的影响也基本一致。就随迁父母照料孙代之主观感受的影响因素来看，不同样本分析结果均证实，在控制其他因素的情况下，随迁父母对于隔代照料的认知态度显著影响着他们隔代照料的主观感受，越是对于帮子女带孩子持积极认同态度的随迁父母，其在参与家庭照料过程中获得的积极感受越多，消极感受越少；越是对参与孙代照料持消极被动态度的随迁父母，其在代际支持过程中体验到的消极感受越多，积极感受越少。值得指出的是，参与孙代照料的工具理性态度对两种主观感受的影响系数均为正数，且都有统计显著性，这可能是由于工具理性态度将"帮子女带孩子"视为换取晚辈孝顺或情感回报的投资策略，秉承付出与回报均衡的互惠信念，随迁父母容易因实际生活中所得到的代际回馈情况而产生较多的情绪波动。

两份样本的分析结果均显示，随迁父母照料孙代的主观感受还会受到个体特征、家庭关系特征和随迁支持性特征的影响。具体来说，女性随迁者比男性随迁者更容易产生消极或积极的情绪反应，尤其是在一孩照料者中，性别对两种照料感受的影响系数均为负值，这可能是因为女性通常比

---

① 所谓"少年夫妻老来伴"，配偶是中老年人生活中最亲密的伙伴关系，在现实的随迁生活中，子女常常忙碌，如果有伴侣陪同随迁或者在迁入地能够交到更多朋友，意味着随迁父母能够获得更多的伴侣支持和同伴支持，因此将是否有伴侣陪同随迁和在迁入地的交友数量视为随迁支持性特征。

男性更加感性，对照料体验的主观感受力更强，也可能与女性承担家庭照料角色更多有一定关系。身体健康自评情况越好的随迁父母，越容易获得积极感受，所产生的消极感受也越少，良好的身体条件是父辈随迁的前提，身体越好，父辈就越有能力和精力为子代家庭提供帮助，且对子代赡养的依赖感越低，自我效能感越强，也越能享受到与子代家庭共同生活的快乐。受教育程度较高的随迁父母拥有更多的知识技能和文化资源，能够在照料孙代的过程中发挥更多的主观能动性，也能获得更多的积极感受。与子代家庭的整体沟通满意度体现了随迁父母家庭代际关系的和谐程度，其对随迁父母的孙代照料感受有十分显著的影响，随迁父母与子代家庭的代际沟通关系越良好，越能增加其积极感受，并降低其消极感受。此外，有伴侣陪同随迁能够使中老年人获得日常生活的重要帮助和精神陪伴，适时分享随迁生活的喜怒哀乐，从而增加孙代照料过程中的积极感受；而在迁入地交到更多朋友有助于随迁父母拓宽自己的社会支持网，通过与同伴交流互动，他们能够缓解随迁生活中的不良情绪和照料压力，从而降低照料孙代过程中的消极感受。不过，是否随儿子迁居以及目前照料孙代的数量则不会影响随迁父母的孙代照料感受。

表 5-13　随迁父母帮子女照料孙代之感受的影响因素分析

变量	全部样本		一孩照料者样本	
	模型 1 消极感受	模型 2 积极感受	模型 3 消极感受	模型 4 积极感受
个体特征				
性别	-0.096 (-0.047)	-0.224*** (-0.104)	-0.261** (-0.124)	-0.275** (-0.125)
年龄	-0.008 (-0.057)	0.011* (0.072)	-0.003 (-0.019)	0.004 (0.029)
身体健康自评	-0.150*** (-0.117)	0.125** (0.093)	-0.185*** (-0.146)	0.174** (0.131)
个体特征				
受教育程度	0.032 (0.043)	0.095*** (0.120)	0.056 (0.074)	0.134**** (0.167)

变量	全部样本		一孩照料者样本	
	模型 1 消极感受	模型 2 积极感受	模型 3 消极感受	模型 4 积极感受
家庭关系特征				
是否随儿子迁居	-0.061 (-0.030)	-0.005 (-0.002)	-0.090 (-0.046)	-0.009 (-0.005)
与子代家庭的整体沟通 满意度	-0.411**** (-0.230)	0.193*** (0.103)	-0.367**** (-0.200)	0.090*** (0.046)
随迁支持性特征				
是否有伴侣陪同随迁	-0.006 (-0.003)	0.189** (0.088)	0.030 (0.015)	0.336**** (0.164)
在迁入地的交友数量	-0.104**** (-0.145)	0.039 (0.052)	-0.120**** (-0.167)	0.031 (0.041)
照料孙代数量	0.050 (0.031)	-0.067 (-0.040)		
照料孙代的观念态度				
积极认同态度	-0.077*** (-0.082)	0.268**** (0.274)	-0.133*** (-0.145)	0.310**** (0.322)
工具理性态度	0.062** (0.067)	0.132**** (0.135)	0.143*** (0.151)	0.121** (0.122)
消极被动态度	0.213**** (0.219)	-0.078** (-0.077)	0.217**** (0.230)	-0.125** (-0.127)
常数	2.539****￼	-2.010**	2.306****	-1.529**
N	643	643	317	317
调整后的 R^2	20.0%	15.6%	23.4%	17.9%
F 值	12.126 ($p=0$)	9.210 ($p=0$)	8.715 ($p=0$)	6.518 ($p=0$)

注：括号内为标准回归系数；$^* p \leqslant 0.1$，$^{**} p \leqslant 0.05$，$^{***} p \leqslant 0.01$，$^{****} p \leqslant 0.001$。

紧接着，我们以目前只帮子女照料一孩的随迁父母样本为分析对象，采用因果逐步回归分析法考察随迁父母的孙代照料观念态度（认知）、一孩照料感受（情绪）以及二孩照料意愿（行动意愿）间的影响关系。如表 5-14 所示，将二孩照料意愿程度作为因变量，在模型中逐步加入孙代照料观念态度的三个因子和照料一孩孙代的主观感受因子，并同样放入可能影响二孩照料意愿的个体特征、家庭关系特征和随迁支持性特征作为控制变量（相关变量赋值说明见表 5-12）。模型 5 结果显示，对照料孙代的积极认同态度和工具理性态度均能提升随迁父母的二孩照料意愿，而对照料孙代的消极被动态度则会降低随迁父母的二孩照料意愿。模型 6 的（a）、（b）、（c）三个子模型以照料孙代的三个观念态度为核心解释变量，分别考察一孩照料的主观感受在其中的中介作用。模型 7（共线性诊断结果显示，各变量容差均大于 0.1，VIF 均小于 3，变量间不存在明显共线性问题）用于考察所有变量的共同作用。再结合表 5-13 中的模型 3 和模型 4 可以共同得出，随迁父母对照料孙代的观念态度既直接影响其二孩照料意愿，也通过影响一孩照料感受而间接影响其二孩照料意愿。需要说明的是，可能由于工具理性态度对两种一孩照料感受均存在正向影响，因此其对二孩照料意愿的总效应可能存在被遮掩的情况。虽然认知-情绪-行为关系理论在实务工作中强调通过调整认知来达到行为修正目标的认知疗法原则，但正如该理论所言，认知的形成受到"自动化思考"（automatic thinking）机制的影响。"自动化思考"是经过长时间积累形成的某种相对固定的思考方式和行为模式。换句话说，随迁父母对照料孙代的认知观念具有稳定性特征，恐难轻易在短时间内发生转变，不过在控制照料孙代的观念态度的情况下，积极的照料感受能够增进随迁父母帮子代家庭照料二孩的意愿，而消极的照料感受则会降低其二孩照料意愿。结合上文对随迁父母的孙代照料感受的影响因素分析可以得知，身体较健康、有伴侣陪同随迁、与子代家庭沟通交流良好、在迁入地结交更多朋友等，虽然不会直接影响随迁父母的二孩照料意愿，但是这些因素均可以通过增加照料孙代过程中的积极感受或降低其消极感受而间接提高随迁父母的二孩照料意愿。

从个体特征和家庭关系特征来看，年龄越大的随迁父母对二孩照料的意愿越低。由于照料孙代是个体力活，需要倾注较多精力并持续较长时间，年龄越大者对个人未来身体健康状况的预估和照料能力的判断可能较低，因此对二孩照料的意愿也相对降低。相比于随女儿迁居者（外祖父和外祖母）而言，随儿子迁居者（祖父和祖母）对子代生育二孩的照料意愿更高。中国家庭深受从夫居习俗和男性承嗣规则的父权文化影响，一般认为祖父母比外祖父母拥有更多照料孙子女的责任，而且根据亲缘选择理论，拥有多子女的父辈往往出于繁衍策略动机而选择为儿子而非为女儿提供孙代照料。虽然独生子女政策和男女平等国策的实施使得外祖父母帮女儿带孩子的比重越来越高，但对本书样本的数据分析显示，随儿子迁居者（随迁照料孙子女）的数量（在总样本中占比为 66.9%，在一孩照料者中占比为 63.9%）仍远高于随女儿迁居者（随迁照料外孙子女）的数量（在总样本中占比为 33.1%，在一孩照料者中占比为 36.1%），由此也能解释随儿子迁居者继续照料第二个孙子女的意愿要高于随女儿迁居者继续照料第二个外孙子女的意愿。

表 5-14　照料一孩随迁父母的二孩照料意愿之影响因素分析

变量	模型 5	模型 6			模型 7		
		(a)	(b)	(c)	回归系数	容差	VIF
个体特征							
性别	-0.017 (-0.008)	0.018 (0.009)	0.008 (0.004)	-0.019 (-0.009)	-0.039 (-0.019)	0.829	1.206
年龄	-0.017** (-0.130)	-0.021*** (-0.162)	-0.018** (-0.138)	-0.023*** (-0.180)	-0.024**** (-0.180)	0.894	1.118
身体健康自评	0.087 (0.075)	0.012 (0.010)	0.028 (0.023)	-0.024 (0.020)	-0.001 (-0.001)	0.824	1.213
受教育程度	-0.062 (-0.085)	-0.100** (-0.135)	-0.067 (-0.090)	-0.088** (-0.119)	-0.047 (-0.063)	0.812	1.232
家庭关系特征							
是否随儿子迁居	0.282*** (0.150)	0.291*** (0.154)	0.268*** (0.142)	0.264*** (0.140)	0.229*** (0.121)	0.927	1.079
与子代家庭的整体沟通满意度	-0.068 (-0.039)	-0.072 (-0.040)	-0.069 (-0.039)	-0.094 (-0.052)	-0.150 (-0.084)	0.788	1.269
随迁支持性特征							
是否有伴侣陪同随迁	0.047 (0.025)	-0.025 (-0.013)	-0.047 (-0.025)	0.001 (0.001)	0.016 (0.009)	0.853	1.172
在迁入地的交友数量	0.012 (0.017)	-0.030 (-0.044)	-0.015 (-0.022)	-0.013 (-0.019)	-0.018 (-0.026)	0.890	1.124
照料孙代的观念态度							
积极认同态度	0.162**** (0.185)	0.064**** (0.073)			0.120** (0.137)	0.735	1.360

续表

变量	模型 5	模型 6			模型 7		
		(a)	(b)	(c)	回归系数	容差	VIF
工具理性态度	0.154*** (0.169)		0.204*** (0.224)		0.172**** (0.190)	0.754	1.327
消极被动态度	-0.249**** (-0.279)			-0.200**** (-0.220)	-0.214**** (-0.235)	0.881	1.135
照料一孩孙代的主观感受							
消极感受		-0.286**** (-0.296)	-0.312**** (-0.323)	-0.251**** (-0.260)	-0.240**** (-0.248)	0.699	1.430
积极感受		0.145*** (0.153)	0.136** (0.143)	0.143** (0.150)	0.080** (0.084)	0.762	1.313
常数	4.018****	4.824****	4.467****	5.087****	5.030****		
N	313	313	313	313	313		
调整后的 R^2	18.3%	14.8%	19.1%	22.2%	23.2%		
F 值	6.268 ($p=0$)	4.978 ($p=0$)	6.397 ($p=0$)	6.235 ($p=0$)	6.829 ($p=0$)		

注：（1）表中模型均以一孩照料者为分析对象。

（2）括号内为标准回归系数；* $p \leqslant 0.1$，** $p \leqslant 0.05$，*** $p \leqslant 0.01$，**** $p \leqslant 0.001$。

本书从照料孙代型视角出发关注该群体对参与孙代照料的观念态度、照料感受及其在二孩照料意愿方面的多元声音和不同看法。虽然大多数随迁父母对于向子代提供育儿照料协助持有积极的认同态度、积极的主观感受以及较高的二孩照料意愿，但也有不少受访者表达了在参与孙代照料过程中所承受的牺牲自我休闲娱乐、代际育儿分歧、身心疲惫、儿童安全责任压力大等烦恼和困扰，并坦陈不愿意继续帮子代照料二孩的真实态度。从群体层面来看，随迁父母向子代家庭提供孙代照料支持既有家庭至上传统文化规范的深刻影响，也有代际交换的目的（如换取子女的孝顺和孙辈的情感慰藉）；既有出于不得已而为之的现实无奈，也有出于利他主义的无私精神。这体现了随迁父母隔代照料之动因和观念的多元性和复杂性，也使我们有理由相信，在社会化托育服务尚未完善、家庭育儿成本不断加大的今后相当长时期内，父辈随迁为子代家庭提供代际协助的育儿模式仍将是中国家庭应对育婴扶幼压力的最佳策略，因此要充分理解、肯定和重视随迁父母为子代家庭提供幼儿照料支持现象的积极效用。随迁父母的适时"发力"，不仅增强了子代家庭应对城市化竞争风险的能力，"低成本"

地实现了城市立足和劳动力再生产，还在社会层面上有效缓解了托育照护需求旺盛与育儿公共物品供给短缺之间的结构性矛盾，保障了幼儿照料质量和健康成长。根据受访者所反映的在照料孙代过程中遭遇的现实困境以及本书统计分析的相关结论，我们认为应进一步通过支持性配套措施的制定提高随迁父母参与家庭抚育照料的幸福感和获得感，缓解中老年人晚年生活安顿和儿童照料资源不足间的矛盾。

在认知-情绪-行为关系理论的指导下，通过假设检验证实，随迁父母对帮助子代照料孩子的认知观念既会直接影响其二孩照料意愿，也会通过影响他们在孙代照料过程中的主观体验感而间接影响其二孩照料意愿。随迁父母的认知观念通常属于相对稳定的意识信念，虽然有可能因生活经历的改变而发生调整，但这种调整终究不是一蹴而就的。本书结果为我们提供了诸多有益的启示：在控制认知观念的情况下，可以通过增强随迁父母文化修养或育儿技能、提高身体素质、鼓励伴侣共同随迁或减少因老来分居而带来的不良影响、改善与子代家庭的代际沟通关系、拓展在迁入地的社会支持网等方式来增强其照料孙代的积极感受，减少消极感受，进而促进随迁父母向子代家庭提供孙代照料支持之红利效应的持续发挥。

第六章　随迁分居现象与家庭代际关系

随着随迁父母群体的日益壮大，因隔代照料而导致中老年夫妻的阶段性分离已成为转型期新的家庭居住形式，随迁父母"被"分居现象是一个亟须被关注的社会问题，本章将对有伴侣的随迁分居者的群体样貌、分居原因和分居影响进行描述，并考察随迁分居状态如何影响随迁父母生活的主观体验感，以便为这种转型期中老年夫妻阶段性分居的个人及家庭提供相应政策支持和社会服务。处理与子代家庭的关系既是随迁父母日常生活的重要内容，也是影响他们随迁生活质量的关键因素。家庭代际关系研究能够帮助我们了解随迁父母的家庭融入情况，寻找可能帮助其改善家庭关系的介入方案。对家庭关系的研究除了考察双向代际支持情况外，还要关注其家庭内部的情感联结和亲情互动模式。本章将围绕随迁父母家庭代际关系进行定量的群体特征描绘和定性的类属化分析，并针对不同类型家庭代际关系的潜在问题和现实需求提出家庭社会工作服务的实务策略。

第一节　随迁"被"分居现象及其影响①

中老年人因随迁照顾孙辈而过上老来分居的生活，在媒体报道中称这种被动分居现象为老年版的"牛郎织女"。西方社会学界曾发展出一种伴侣分离相守（Living Apart Together，LAT）的亲密关系模式用于界定夫妻分开居住的现象，即处于亲密关系中的伴侣没有居住在一起的现象（Levin，2004）。但 LAT 关系中涉及很多种情况，后续研究进一步区分了遗憾的分

---

① 本节部分内容以《随迁祖辈夫妻分居现象的实证研究——基于厦门地区调查数据的分析》为题发表于《人口与发展》2024 年第 2 期，收入时有修改。

居、高兴的分居和不确定的分居等伴侣分居的类型，即使是遗憾的分居倾向也多是个人职业选择、疾病或歧视性的社会政策所导致的夫妻不同居（Roseneil，2006），这些与本书想要讨论的中老年人因随迁照料孙辈而与伴侣分居的现象有着本质差别，因为前者并不涉及家庭代际关系的调适和对陌生环境的适应。鉴于此，本书在进行文献综述时会更多关注国内相关研究的成果。

然而，从国内文献搜索情况来看，目前尚未出现专门探讨该主题的高质量实证研究，这一现象既没有得到研究隔代照料的学者的重视，也没有受到研究农民工群体夫妻分离的学者的关注，至今在学术领域尚处于留白状态（翁堂梅，2019）。有关随迁父母被动分居现象的报道多见于大众传媒等非学术平台，新闻媒介多以视频、图片和文字等微观故事形式表达对该群体分居现象的人文关怀。现有学术文献中仅零星论及中老年夫妇随迁分居的现象及其影响。比如刘亚娜（2016）在对"北漂老人"的调查中发现该群体中存在较多"被"分居现象，女性老人有相当一部分是独自在京照顾孙辈，与老年配偶分居两地，出现了较为普遍的"黄昏分居"。陈盛淦和吴宏洛（2016b）对福建农村户籍随迁老人的调查指出，现实中比较常见的情况是，女性老人跟随子女到城市照顾孙辈，而其伴侣继续留在农村从事生产性劳动，这种看似是实现家庭收益最大化的分工方式对于老年夫妻来说可能是一种情感剥夺（陈盛淦、吴宏洛，2016b）。就老年分居的影响来看，相比之下，有伴侣陪伴的老年人会更有安全感和归属感，也更加乐观开朗，耐受挫折能力也更好（刘亚娜，2016）。老年夫妻如果长期分居，有话无处述说，不良情绪无法及时排解，也缺乏必要的身体互动，可能导致消极的身心健康后果（王侨蜀、赵欣，2015）。由于中老年女性在原有家庭中往往承担更多的家务劳动，这就造成男性晚年在生活上对伴侣的依赖较多，当女性随迁者单独成为子女家庭的主要照料者时，留在原籍地的中老年男性容易因失去生活照料者而陷入困境，同时，离开伴侣的"单漂"女性也容易因照料孙辈和陪伴伴侣的抉择困境而产生较大的思想负担（翁堂梅，2019）。

当随迁中老年人"被"分居成为不可回避的现实问题时，我们不禁想问，为照料孙辈而离开伴侣独自迁往子女所在城市的中老年人究竟有着怎样的群体样貌？哪些原因使得他们的伴侣未能共同随迁？随迁分居所带来的影响有哪些？相比于夫妻共同随迁照料孙代，与伴侣分居的中老年人对于随迁生活的主观体验感有何不同？随迁所造成的夫妻分居状态以何种机制影响他们对生活的主观感受？对于处在分居状态的随迁父母而言，哪些因素可以改善他们对于独自随迁的生活体验感？为回答上述问题，本书对与伴侣因随迁而分居的中老年人的群体特征、分居原因和分居影响进行了调查。以该群体对随迁生活的主观情绪感知为观察切入点，立足随迁父母生活实践和城市融入的特殊性，从家庭融入和社会融入两个维度分析随迁父母随迁生活体验感的影响机制，再将处于随迁分居状态下的群体样本单独抽取出来，考察其随迁生活主观体验感的影响因素，以此探索提升随迁分居者的积极生活体验感、降低其消极生活体验感的可行对策。对上述问题的实证研究不仅能够弥补现有文献重表象描绘、轻学理论证之不足，帮助我们探索因照料孙辈而导致的随迁分居可能给中老年人的随迁生活带来的影响效应和影响路径，也能为呼吁全社会积极关注老来分居问题并为有针对性地政策倡导提供重要依据。

一　随迁中老年人夫妻分居现象的描述性分析

为了精准比较在同样拥有伴侣的情况下，伴侣共同随迁与伴侣无法共同随迁两种状态对于随迁父母生活的不同影响，需要将随迁前已经离异分居或丧偶未再婚的受访者也排除在本书的分析之外（排除没有配偶或不是因为随迁而分居的情况），最终得到所有拥有配偶的随迁父母样本共计641份（见表6-1）。但在本书的其他分析中，我们还会视分析需要将因其他因素而单独随迁的父辈与因随迁而分居的父辈共同视为单独随迁者，以便与有伴侣共同随迁者进行对比分析。

表6-1　主要变量赋值和样本基本情况

单位：人，%

变量赋值说明	所有拥有配偶者样本		随迁分居者样本	
	频数	占比	频数	占比
是否处于随迁分居状态				
0=否（有伴侣陪同随迁）	477	74.4	0	0
1=是（伴侣未能陪同随迁）	164	25.6	164	100

变量赋值说明	所有拥有配偶者样本		随迁分居者样本	
	频数	占比	频数	占比
性别				
0 = 女	431	67.2	140	85.4
1 = 男	210	32.8	24	14.6
年龄（以 2019 年为标准计算周岁）				
1 = 60 岁及以下	224	34.9	74	45.1
2 = 61~70 岁	340	53.0	83	50.6
3 = 71 岁及以上	77	12.0	7	4.3
年龄均值	最小 45 岁，最大 82 岁，平均 62.9 岁		最小 48 岁，最大 77 岁，平均 60.83 岁	
受教育程度				
1 = 未完成小学教育	107	16.7	51	31.3
2 = 完成小学教育	165	25.7	48	29.4
3 = 完成初中教育	167	26.1	29	17.8
4 = 完成高中/中专/高职教育	142	22.2	26	16.0
5 = 完成大专及以上教育	60	9.4	9	5.5
当前户籍性质				
0 = 农村户籍	301	47.0	103	62.8
1 = 城市户籍	340	53.0	61	37.2
身体健康自评				
1 = 非常不好	2	0.3	2	1.2
2 = 不太好	37	5.8	15	9.1
3 = 还过得去	222	34.6	61	37.2
4 = 比较好	306	47.7	77	47.0
5 = 非常好	74	11.5	9	5.5
是否患有慢性病				
0 = 否	300	46.8	78	47.6
1 = 是	341	53.2	86	52.4
亲代支持				
询问"每天花在家务劳动上的时间约为多少小时"	最低 2 个小时，最高 14 个小时，平均 4.229 个小时		最低 1 个小时，最高 14 个小时，平均 4.683 个小时	

变量赋值说明		所有拥有配偶者样本		随迁分居者样本	
		频数	占比	频数	占比
子代支持					
询问"子代是否做过或表示过传递孝心的事情",得分越高表示子代传达孝心的方式越多		最低1分,最高7分,平均得分4.57分		最低1分,最高7分,平均得分4.58分	
家庭融入					
与子代家庭的整体沟通满意度	1=很不满意	0	0	0	0
	2=不太满意	28	4.4	10	6.1
	3=比较满意	398	62.1	108	66.3
	4=非常满意	215	33.5	45	27.6
N		641		164	

注:①"所有拥有配偶者样本"为剔除已经离异分居或丧偶未再婚的个案(排除不是因为随迁照料孙辈而导致分居的情况)后,实际拥有配偶的样本量。

②个别项目有缺失值。

③问卷调查中询问"子代是否做过或表示过传递孝心的事情"包括:购买服装、购买保健用品、购买其他生活用品、陪同旅游/游玩、陪同看病买药、陪同参加健身运动或休闲娱乐活动、陪同参加有意义的社团活动。子代(包括儿媳和女婿)有表示过一项得1分,最低1分,最高7分,得分越高说明子代表达孝心的方式越多。

　　调查结果显示,在所有拥有配偶的随迁父母中,与伴侣存在随迁分居现象的约占1/4。我们邀请处于随迁分居状态的受访者(样本数为164人)回答伴侣未能一起随迁的原因是什么(可多选),调查结果显示,导致随迁分居的首位因素是伴侣还需要继续从事生产性劳动(如尚未退休或需要继续务工、务农等),占全部回答者的43.3%。其次是伴侣需要去照顾其他子女及其家庭(占比为26.2%)。再次是伴侣在这里待不习惯(因为各种原因难以适应迁入地的生活),占全部回答者的19.5%。除此之外,随迁分居的原因还包括伴侣需要照顾家里长辈或其他家事(如一些受访者表示其伴侣需要留在家里照顾花草、牲畜、宠物或在家看房子等)、迁入地的居住条件拥挤以及其他因素等(见图6-1)。

　　如表6-2所示,与伴侣共同随迁者相比,随迁分居者在个体特征上呈现更加突出的女性化、低龄化、低受教育程度以及农村化等特征,这与已有相关研究(刘亚娜,2016;陈盛淦、吴宏洛,2016b)的结论是基本一

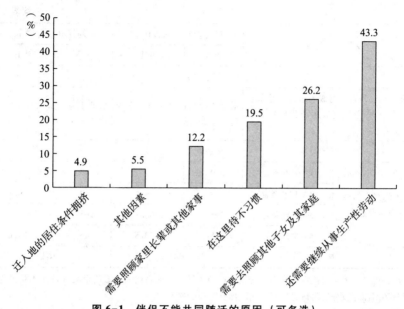

图 6-1　伴侣不能共同随迁的原因（可多选）

致的。换句话说，低龄的、低受教育程度的农村女性中老年人中存在较多随迁分居的现象。从性别来看，女性受访者中因随迁而分居的比例（32.3%）远高于男性受访者中因随迁而分居的比例（11.4%），卡方检验显著性为 0.000。受传统"男主外、女主内"性别角色分工的影响，"照顾家庭"被社会整体视为对祖父母，尤其是外祖母和祖母的期待（钟晓慧、郭巍青，2017），因此无论从家庭传统角色定位还是从实际照料能力上看，女性中老年人都更适合"独当一面"成为随迁照料孙代的主力。从年龄来看，越年轻的随迁父母中存在越多随迁分居的情况，这一方面是因为年纪较轻的随迁父母，其配偶通常也因年龄较轻而尚未达到退休年龄或因劳动能力较好而需要继续从事生产性劳动或其他家庭照料工作（如照顾家里长辈或照顾其他子女家庭等），故无法共同随迁；另一方面是因为年纪较轻的随迁父母自身劳动能力也较强，客观上对伴侣的依赖更小。

　　农村户籍随迁父母中存在分居现象的比例（占所有农村户籍者的34.6%）远高于非农村户籍者中的随迁分居比例（占所有非农村户籍者的17.2%），卡方检验显著性为 0.000。究其原因，农村中老年人往往较早当上祖父母，出于对家庭整体利益最大化的追求，当女性中老年人追随子女迁居投入孙辈照料的工作中时，年龄不大或没有固定的退休年龄的男性中老年人往往选择继续从事务农或务工等生产性劳动，一则能继续为家庭创造更多经济收益，二则能避免夫妻共同随迁所带来的子代家庭生活成本增加的负担，加之农村父辈一般拥有多个子女，如果多个子女不在同一个城市，则可能需要父母分开照料不同子代及其家庭，这些都是中国家庭尤其是农村家庭在特定生命周期的常见生态，因此，随迁分居者中较年轻的低受教育程度的农村女性居多。

表6-2　伴侣共同随迁者与随迁分居者的群体特征比较

	伴侣共同随迁者	因随迁而分居者	显著性检验
性别分布	女性占比 61.0% 男性占比 39.0%	女性占比 85.3% 男性占比 14.7%	卡方检验显著性为 0.000
年龄均值	63.6 岁（6.792）	60.85 岁（6.310）	t 检验显著为 0.000
受教育程度	2.98（1.178）	2.35（1.230）	t 检验显著性为 0.000
户籍性质	农村占比 40.2% 城市占比 59.8%	农村占比 63.1% 城市占比 36.9%	卡方检验显著性为 0.000
每日家务劳动时间	4.071 个小时（2.619）	4.683 个小时（2.780）	t 检验显著性为 0.015
身体健康自评	3.71（0.755）	3.46（0.789）	t 检验显著性为 0.000
N	477	164	

注：括号内为标准差。

同样邀请处于随迁分居状态的受访者进一步回答随迁分居的影响（多选题）（见图6-2）后发现，随迁分居的影响排在前三位的分别是互相牵挂对方的生活状况（占全部回答者的53.6%），没有人一起说话或分享心情（占比47.1%），以及日常生活缺少帮手/缺少劳力（占比45.3%）。调查结果显示，随迁分居者每天花在家务劳动上的时间（4.683个小时）显著高于有伴侣共同随迁者（4.071个小时），而随迁分居者的身体健康自评情况则比有伴侣共同随迁者低（见表6-2）。这不仅是因为高强度的家务劳动很可能导致老年人健康受损（Hughes et al.，2007；肖雅勤，2017），而且从老年伴侣的作用来看，朝夕相处了几十年的老夫老妻，能够敏锐地发现对方生理上的细微变化，这种"监督员"的作用是他人无法替代的。在现实的随迁生活中，子女们常常忙碌，伴侣不仅能够在繁重的日常家务劳动中提供必要的体力支持，降低随迁父母因过度劳累而产生身体健康问题的概率，还能互相进行健康监护并提供及时的嘘寒问暖，而随迁分居者则缺少来自伴侣的触手可及的健康关爱，容易忽视对自己的健康管理。不过两个群体患有慢性病的情况并没有明显差异（卡方检验不显著），这可能是因为慢性病的病程较长且起病时间不一定发生在随迁过程中。探索性研究结果还发现，随迁分居者在家庭融入和社交融入相关变量上的表现均不如有伴侣共同随迁者，鉴于变量间关系错综复杂，故将采用回归分析方式在控制其他因素的情况下再进行对比分析。

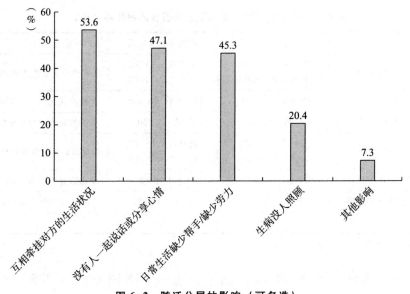

图 6-2　随迁分居的影响（可多选）

　　针对随迁分居者，问卷调查中还询问了"您和您的老伴大概平均每年有多长时间不能在一起生活"，均值统计结果显示，他们平均每年有 7.8 个月（标准差为 3.523）不能在一起生活，其中每年分居 3 个月（含 3 个月）以下者占总回答人数的 19.9%；每年分居 3~6 个月（含 6 个月）的占总回答人数的 21.7%；每年分居 6~9 个月（含 9 个月）的占总回答人数的 11.4%；每年分居 9 个月以上者占总回答人数的 47.0%。可以看出，在因随迁而分居的中老年人群体中，与伴侣聚少离多是他们生活的常态。如果说分居是一些随迁父母不可避免地选择，那么持续分居的时间越长，越有可能给这些长辈的生活带来不利影响。进一步询问因随迁而分居的受访者"最久的一次持续多长时间没有相见"时，统计结果显示，他们自随迁分居以来，持续最久的一次没有相见的时间平均为 5.5 个月，其中持续分居最久时长小于等于 3 个月者占总回答人数的 48.1%；持续分居最久时长介于 3~6 个月（含 6 个月）者占总回答人数的 23.4%；持续分居最久时长介于 6~9 个月（含 9 个月）者占总回答人数的 3.7%；持续分居最久时长超过 9 个月者占总回答人数的 24.8%。

对于因随迁而分居的中老年人而言，伴侣的支持无疑是莫大的鼓励，调查显示，伴侣"非常支持"其独自随迁的占全部回答者的 39.4%，"比较支持"的占 51.3%，"不太支持"和"非常不支持"的占比分别是 6.9% 和 2.5%。当追问伴侣"不太支持"或"非常不支持"的理由时，得到的回答包括"心里不想分开""希望有人陪伴""觉得带小孩责任很大""分开生活不方便""影响生活质量"等。在伴侣不能共同随迁的日子里，与伴侣维持一定频率的通话是一部分随迁父母获得精神支持的重要方式。已有研究也指出，因隔代照料而发生的老年夫妻分离具有阶段性和沟通频繁性两个共同特点，外出的老年女性都会想着要回乡去跟伴侣团聚，在新的城市照料孙辈只是权宜之计；而随着通信网络的发展，老年分居的夫妻尽管在地缘上处于分离状态，但是沟通却十分频繁（翁堂梅，2019）。图 6-3 显示了因随迁而分居的中老年人在分居期间与伴侣的通话频率（包括网络视频或语音通话，但短信等文字信息交流不算），从数据分析结果可以看出，超过三成的随迁分居者在与伴侣分居期间能够维持每天至少 1 次的通话频率，超过七成的随迁分居者与伴侣的通话频率在每周 2~3 次及以上，可见大多数随迁分居者能够与伴侣保持较高的沟通频率，这或许是他们互相表达牵挂和关心并提供支持的最直接方式。

二　随迁中老年人夫妻分居现象对其随迁生活主观体验感的影响分析

对大多数迁移者而言，成功的迁移不仅是指顺利地迁出原住地，而且是指定居迁入地后不断消除原住群体对自己的排斥，并最终适应、融入新的社会生活环境（胡雅萍、王承宽，2018）。不过，随迁父母所特有的短期生活目标（帮助子代家庭照料孙辈）和群体特征与劳动力流动人口或普通老年流动人口之间存在较大差异，因此其城市融入也呈现有别于其他迁移人群的特殊性质。对该群体融入问题的研究需要突出强调其以生活为中

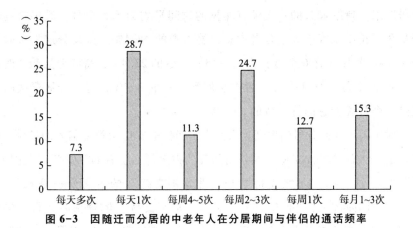

图 6-3　因随迁而分居的中老年人在分居期间与伴侣的通话频率

心的融入倾向（彭大松，2020）。从融入需求来看，青壮年流动人口追求的是多维度的城市融入或满足多元化的融入需求，如平等的工资收入和就业机会、无歧视的制度环境和政治参与等，而随迁父母大多已经退出社会生产劳动，其城市融入需求不再以追求个人发展为目的，而是转向了个人生活空间（李芳、李志宏，2016），集中体现为家庭和社会两个维度的融入追求。首先，家庭作为其随迁行动的实践根本和随迁生活的活动中心，发挥着较为重要的作用，只有在家庭中获得好的情感体验和归属，才能为城市融入奠定基础（彭大松，2020），有研究甚至建议将"家庭融洽程度"作为该群体城市融入的重要指标（李芳、李志宏，2016）。其次，除家庭生活外，随迁父母还面临社会生活领域的融入，对迁入地社会活动的参与或社交活动的开展是反映其在迁入地社会融入程度的重要指标。根据活动理论，老年人应积极参与社会，老年人的生活满足感与参与活动间有积极的联系，成功适应老年生活的人是能够保持活力，力争不从社会生活中退出的人（邬沧萍、姜向群，2015）。已有研究也表明，鼓励和支持移民参加公共活动是很重要的，这会促进他们同主流成员建立紧密的关系，使其更好地融入主流文化社会，作为社会人的中老年随迁父母同样也不例外。综上，随迁父母城市融入成效主要受到来自家庭和社会两个方面的影响（张岳然等，2021），同理，对其夫妻分居现象的影响效应分析也应聚焦于家庭融入和社会融入两个层面。

　　根据已有研究推论可知，随迁父母的夫妻分居现象将对该群体的迁移融入造成不利影响，结合随迁父母群体特征及其城市融入的生活化特性，本书提出的研究假设为：在控制其他因素的情况下，因随迁照料孙辈而与伴侣分居的处境将影响随迁父母的城市融入及其随迁生活体验，相比于有伴侣陪同随迁而言，与伴侣分居的状态可能通过降低随迁父母的家庭融入程度和社会融入程度，从而减少他们对随迁生活的积极体验感或增加其对随迁生活的消极体验感。夫妻分居对随迁生活体验感之影响的预测模型如图 6-4 所示。

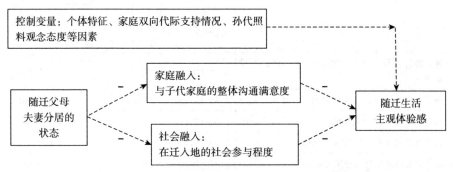

图 6-4　夫妻分居对随迁生活体验感之影响的预测模型

考虑到对认知幸福感进行评价的概括性指标（通常仅询问受访者对当前生活或某方面生活的总体幸福感/满意度）过于抽象单一，且难以立体反映中老年人对于随迁生活的情感体验和情绪判断。而且探索性分析发现，随迁父母主观幸福感水平在随迁分居者和夫妻共同随迁者两个样本中的表现并没有太大差异，均值比较结果表明，夫妻共同随迁者的主观幸福感均值为 3.27，随迁分居者的主观幸福感均值为 3.19，独立样本 t 检验显著性为 0.076，两个组别的生活幸福感存在微弱差异，但在控制其他变量的情况下，原有差异则不存在了，可见随迁分居对于主观幸福感的影响可能并不明显，如果随迁分居者努力适应分居生活并在其他方面获得满足的话，那么分居可能未必会导致总体幸福感的变化。鉴于上述原因，本书决定沿用对消极情感和积极情感两个维度的测量来反映随迁父母的生活体验感。选取所有拥有配偶者的样本，对随迁父母代际支持情绪感受的项目重新进行因子分析降维处理，得到两个因子，为了配合研究需要，在此分别命名为"随迁生活消极体验感"和"随迁生活积极体验感"（见表 6-3），两个因子间不存在相关关系（p 值均为 0，显著性为 1），说明它们是彼此独立的。其中"随迁生活消极体验感"因子反映了随迁父母在随迁生活中感受到的代际沟通不畅、心理失衡、精神孤独、家庭关系紧张、照料压力等负面情绪;"随迁生活积极体验感"因子反映了随迁父母在随迁生活中感受到的代际关系亲密、自我价值认可、生活充实和意义提升等正面情绪,这两个因子即为本部分的核心被解释变量。

表6-3　随迁生活主观体验感的因子分析（选取所有拥有配偶者的样本）

测量项目	均值（标准差）	因子分析		共量
		随迁生活消极体验感	随迁生活积极体验感	
常觉得付出得不到子女的肯定和感恩,心里委屈	1.51 (0.716)	0.729		0.549
和子女在生活方式或生活习惯上存在较大差异	1.88 (0.831)	0.708		0.501
和子女在教育理念或照顾方法上存在较大分歧	2.03 (0.903)	0.696		0.502
和子女沟通不好,家庭关系紧张	1.50 (0.655)	0.669		0.482
帮子女看孩子觉得心理压力很大	1.91 (0.958)	0.663		0.442
常觉得精神孤独、寂寞空虚	1.58 (0.745)	0.631		0.441
带孩子的过程让我跟子/女一家人的感情更紧密了	3.33 (0.650)		0.825	0.724
能够见证孙子女/外孙子女的成长,感到很幸福	3.53 (0.595)		0.816	0.680
帮子女带孩子让我感到生活很充实	3.23 (0.650)		0.764	0.602
从晚辈身上学到很多新知识,感觉自己变年轻了	2.77 (0.882)		0.629	0.339
特征值		2.880	2.440	
解释的方差		28.802%	24.402%	53.204%

注:(1)根据自评对各项目陈述的符合程度高低分别赋值1~4分,"完全不符"赋值1分,"不太符合"赋值2分,"比较符合"赋值3分,"完全符合"赋值4分,分值越高,说明受访者的实际感受与对应陈述越相符。
（2）KMO值为0.822,Bartlett球形度检验的sig.值为0,说明这些题项适合进行因子分析。
（3）提取方法为主成分分析法,旋转法为具有Kaiser标准化的正交旋转法,表中已删除系数小于0.5的因子负载值。

本部分的解释变量即受访者"是否处于随迁分居状态",处理为虚拟变量（1=处于随迁分居状态,0=不处于分居状态/伴侣有共同随迁）。根据研究假设,"家庭融入"和"社交融入"是本部分的中介变量。为简化分析，首先，将"家庭融入"操作化为随迁父母对与子代家庭的整体沟通满意度，以外来者身份进入子代家庭的随迁父母，与子代家庭成员相处越融洽、沟通越好，说明其家庭融入程度越好。其次，将"社会融入"操作化为随迁父母在迁入地的社会参与程度，以外来者身份来到子女所在城市的随迁父母，如果能够在迁入地参与更多社会活动，说明其社会融入程度越好。通过量表询问受访者在迁入地参与社区或小区的文体活动、老乡或老友聚会、公益/志愿服务活动、各类讲座/培训/沙龙等学习活动以及参与居委会或业委会的相关工作的频率，根据所回答的参与频率高低分别赋值 1~4 分，"从没参与"赋值 1 分，"偶尔参与"赋值 2 分，"有时参与"赋值 3 分，"经常参与"赋值 4 分，分值越高，表示对某类社会活动参与度越高，再经主成分分析法（KMO 值为 0.838，Bartlett 球形度检验的 sig. 值为 0，显示上述题项适合进行因子分析）进行降维处理后得到 1 个"社会参与度"因子。

在借鉴已有研究基础上，本书的控制变量选取了随迁父母的性别、年龄、受教育程度、户籍性质、身体健康自评、双向代际支持情况（为简化模型，仅选取随迁父母家庭生活中最经常出现的代际互助行为作为代表性变量，将亲代支持程度操作化为"每天花在家务劳动上的时间约为多少小时"，将子代支持程度操作化为"子代是否做过或表示过传递孝心的事情"[①]，得分越高表示子代所提供的"向上"支持方式越多）等变量（相关变量赋值见表 6-1）。此外，在上一章中已经论证过随迁父母的孙代照料观念态度会对其随迁生活感受产生显著影响，所以在此要将随迁父母孙代照料观念态度的相关变量也纳入回归模型中加以控制。对孙代照料观念态度的具体操作化方法是采用量表测量随迁父母对于"老人帮子女带孩子"的不同陈述的赞同程度，根据所回答的赞同程度赋值 1~4 分，再经主成分分析法进行降维处理后得到 3 个因子，根据因子所含项目共性命名为孙代照料的"积极认同态度"、"工具理性态度"和"消极被动态度"。

---

① 问卷调查中询问"子代是否做过或表示过传递孝心的事情"包括：购买服装、购买保健用品、购买其他生活用品、陪同旅游/游玩、陪同看病买药、陪同参加健身运动或休闲娱乐活动、陪同参加有意义的社团活动。子代（包括儿媳和女婿）有表示过一项得 1 分，最低 1 分，最高 7 分，得分越高说明子代表达孝心的方式越多。

根据研究假设，我们采用逐步回归分析法来检验随迁父母被动分居现象对其随迁融入和随迁生活主观体验感的影响效应及影响机制，将"是否因随迁而分居"作为主要预测变量，首先检验其对随迁父母家庭融入、社会融入和随迁生活体验感相关变量的直接影响，而后检验家庭融入和社会融入变量对随迁父母生活体验感之影响的中介效应。如表6-4中的模型1和模型2所示，在控制个体特征、家庭双向代际支持情况以及随迁父母孙代照料观念态度等其他因素的前提下，随迁分居者与子代家庭的整体沟通满意度以及在迁入地的社会参与程度均不如有伴侣共同随迁者。夫妻关系是家庭人际关系中最重要的一对关系，伴侣在生活照料和情感需求上的相互支持作用往往是子女无法替代的（陈盛淦、吴宏洛，2016b）。正如上文描述性分析中所述，老来分居不仅使随迁父母长期陷于与伴侣相互牵挂的窘境，而且很可能因为在日常生活中得不到及时的人手支持、情感抚慰和精神支持而影响他们参与社会生活的机会和热情；在与子代家庭的相处过程中也因为缺乏代际沟通的协调者或代际矛盾的调解者而更容易促发代际冲突或影响家庭关系的融洽。反之，有伴侣在身边，不仅可以分担中老年人应对家庭生活琐碎事务的压力，提高应对社会生活适应性挑战的积极性，还能够为彼此提供心理支持和精神陪伴，促进个体更好地融入子代家庭和迁入地城市。

表6-4　随迁分居对于随迁父母家庭融合和社交融入的影响

变量	与子代家庭的整体沟通满意度	在迁入地的社会参与程度
	模型1	模型2
预测变量		
是否因随迁而分居	-0.088^{**} (-0.070)	-0.204^{***} (-0.090)
控制变量		
个体特征		
性别	-0.018 (-0.015)	-0.270^{**} (-0.128)
年龄	-0.002 (-0.028)	0.011^{*} (0.077)
受教育程度	0.007 (0.016)	0.182^{****} (0.226)
户籍性质	-0.030 (-0.028)	-0.316^{****} (-0.159)

变量	与子代家庭的整体沟通满意度	在迁入地的社会参与程度
	模型 1	模型 2
身体健康自评	0.057 ** （0.079）	0.154 *** （0.117）
家庭双向代际支持情况		
每日家务劳动时间	-0.012 （-0.057）	-0.020 （-0.053）
子代孝心表达程度	0.049 **** （0.126）	0.080 *** （0.111）
孙代照料观念态度		
积极认同态度	0.152 **** （0.283）	0.009 （0.009）
工具理性态度	0.048 ** （0.087）	-0.010 （-0.010）
消极被动态度	-0.141 **** （0.254）	-0.045 （-0.045）
常数	3.088 ****	-1.963 **
N	641	641
调整后的 R^2	18.3%	16.7%
F 值	11.752 （$p=0$）	10.683 （$p=0$）

注：（1）括号内为标准回归系数；* $p \leq 0.1$，** $p \leq 0.05$，*** $p \leq 0.01$，**** $p \leq 0.001$。

（2）共线性诊断显示，各变量允差均大于 0.1，VIF 均小于 2，变量间不存在明显共线性问题。

我们继续考察随迁分居对于父辈随迁生活主观体验感的影响。如表 6-5 中模型 3 所示，在控制其他因素的情况下，"是否因随迁而分居"变量对于随迁生活积极体验感存在显著的负向影响，说明与伴侣分居会降低中老年人对于随迁生活的积极情感体验。我们在模型 3 的基础上分别加入代表家庭融入的"与子代家庭的整体沟通满意度"变量和代表社会融入的"在迁入地的社会参与程度"变量（见模型 4 和模型 5），结果显示"是否因随迁而分居"变量对于随迁生活积极体验感的负向影响始终具有统计显著性。再将所有变量都放入模型后（见模型 6）发现，随迁分居状态的影响依然显著。由此可见，与伴侣的分居状态不仅会直接影响随迁父母对于随迁生活的积极体验感，而且会通过影响随迁父母与子代家庭的整体沟通满意度以及在迁入地的社会参与程度来削弱随迁父母对于随迁生活的积极体验感，其中随迁分居对父辈随迁生活积极体验感的直接影响效应是-0.230，通过两个中介变量而影响随迁生活积极体验感的中介效应为-0.054。

表 6-5　随迁分居对中老年人随迁生活积极体验感之影响的逐步回归分析

变量	随迁生活积极体验感			
	模型 3	模型 4	模型 5	模型 6
预测变量				
是否因随迁而分居	-0.284 *** (-0.125)	-0.255 *** (-0.113)	-0.256 *** (-0.112)	-0.230 *** (-0.101)
中介变量				
社会融入				
在迁入地的社会参与程度		0.105 *** (0.106)		0.098 *** (0.099)
家庭融入				
与子代家庭的整体沟通满意度			0.187 *** (0.102)	0.161 ** (0.088)
控制变量				
个体特征				
性别	-0.246 *** (-0.117)	-0.220 ** (-0.105)	-0.240 *** (-0.114)	-0.218 ** (-0.103)
年龄	0.015 ** (0.099)	0.014 ** (0.091)	0.015 *** (0.103)	0.014 ** (0.095)
受教育程度	0.091 ** (0.114)	0.078 ** (0.097)	0.090 ** (0.112)	0.078 ** (0.096)
户籍性质	0.060 (0.030)	0.083 (0.042)	0.072 (0.036)	0.091 (0.046)
身体健康自评	0.123 ** (0.094)	0.110 ** (0.084)	0.115 ** (0.087)	0.106 * (0.079)
家庭双向代际支持情况				
每日家务劳动时间	0.007 (0.019)	0.004 (0.011)	0.010 (0.027)	0.007 (0.019)
子代孝心表达程度	0.030 ** (0.042)	0.016 (0.023)	0.023 (0.033)	0.012 (0.017)
孙代照料观念态度				
积极认同态度	0.313 **** (0.322)	0.319 **** (0.329)	0.286 **** (0.294)	0.296 **** (0.304)
工具理性态度	0.148 **** (0.148)	0.148 **** (0.148)	0.140 **** (0.139)	0.141 **** (0.141)
消极被动态度	-0.138 **** (-0.136)	-0.133 *** (-0.132)	-0.107 *** (-0.105)	-0.106 ** (-0.105)

变量	随迁生活积极体验感			
	模型 3	模型 4	模型 5	模型 6
常数	−1.687 ***	−1.467 ***	−2.302 ****	−2.019 ****
N	640	635	637	629
调整后的 R^2	17.3%	18.6%	17.8%	19.1%
F 值	10.692 （$p=0$）	10.618 （$p=0$）	10.120 （$p=0$）	9.964 （$p=0$）

注：（1）括号内为标准回归系数；* $p \leqslant 0.1$, ** $p \leqslant 0.05$, *** $p \leqslant 0.01$, **** $p \leqslant 0.001$。

（2）共线性诊断显示，各变量允差均大于 0.1，VIF 均小于 2，变量间不存在明显共线性问题。

但是，在控制相同变量的情况下，"是否因随迁而分居"对于随迁生活的消极体验感则并不存在显著影响（见表6-6中的模型7），加入社会融入和家庭融入相关变量后，随迁分居对随迁生活消极体验感的影响也不具有统计显著性（见表6-6中的模型8）。这可能与随迁父母通常具有强烈的家庭责任伦理抑或基于家庭整体利益最大化而自觉内化地接受分居的心态有关，也可能与本书的变量测量不完善、存在遗漏变量或调查样本数量有限等因素有关。不过，模型8中随迁父母对随迁生活的消极体验感受到家庭融入和社会融入的显著影响，对与子代家庭的整体沟通满意度以及在迁入地的社会参与程度越高，越能够显著减少其随迁生活的消极体验感，因此，仍需重视伴侣共同随迁对随迁父母家庭融入和社会融入的促进作用。综上，本书的假设得到了部分检验。

表 6-6　随迁分居对中老年人随迁生活消极体验感的影响分析

变量	随迁生活消极体验感	
	模型 7	模型 8
预测变量		
是否因随迁而分居	0.084 （0.039）	0.103 （0.047）
中介变量		
社会融入		
在迁入地的社会参与程度		−0.131 *** （−0.033）
家庭融入		
与子代家庭的整体沟通满意度		−0.397 **** （−0.225）

续表

变量	随迁生活消极体验感	
	模型 7	模型 8
控制变量		
个体特征		
性别	0.019（0.009）	−0.005（−0.002）
年龄	−0.006（−0.043）	−0.007（−0.048）
受教育程度	−0.003（−0.004）	0.012（0.015）
户籍性质	0.065（0.034）	0.056（0.029）
身体健康自评	−0.180****（−0.142）	−0.156***（−0.123）
家庭双向代际支持情况		
每日家务劳动时间	0.027**（0.074）	0.021（0.057）
子代孝心表达程度	−0.041**（−0.060）	−0.023（−0.033）
孙代照料观念态度		
积极认同态度	−0.209****（−0.223）	−0140****（−0.149）
工具理性态度	0.049（0.051）	0.065（0.068）
消极被动态度	0.305****（0.312）	0.248****（0.255）
常数	1.069**	2.261****
N	637	632
调整后的 R^2	18.0%	21.9%
F 值	11.207（$p=0$）	11.794（$p=0$）

注：（1）括号内为标准回归系数；* $p \leqslant 0.1$，** $p \leqslant 0.05$，*** $p \leqslant 0.01$，**** $p \leqslant 0.001$。

（2）共线性诊断显示，各变量允差均大于 0.1，VIF 均小于 2，变量间不存在明显共线性问题。

　　为了验证上述估计结果的稳健性，我们选择变量替换法进行稳健性检验。用随迁父母在迁入地的交友数量（通过询问"除子女及家人/亲人之外，您在迁入地有多少可以一起聊天闲玩的朋友"进行测量，所回答的交友数越多，说明其在迁入地较好地搭建了除家庭之外的社会关系网，在一定程度上也说明其社会融入度越好）替换社会融入变量；并用随迁父母"与媳妇或女婿的相处关系"（通过询问"您目前和子代家庭成员的关系如何？"进行测量，根据所回答的关系评价高低分别赋值 1~4 分，"很不好"赋值 1 分，"一般"赋值 2 分，"比较好"赋值 3 分，"非常好"赋值 4 分，分值越高，说明随迁父母与媳妇或女婿的相处关系越好）替换家庭融入变量后再次进行回归分析。根据已有研究发现，家庭代际冲突较多体现在亲子、婆媳、岳婿三种关系中（杨爱水，2018），随迁父母如果能与媳妇或女婿相处融洽，也能说明其家庭融入的成功。替换变量后的回归结果显示，随迁分居状态显著影响随迁父母与媳妇或女婿的相处关系及其在迁入地的交友数量，随迁分居对其随迁生活主观体验感的影响路径与基准模型基本一致（见表6-7和表6-8），表明研究结论具有稳健性。

表 6-7　夫妻分居对随迁父母家庭代际关系和社会参与度的影响

变量	与媳妇或女婿的相处关系	在迁入地的交友数量
	模型 9	模型 10
预测变量		
是否因随迁而分居	-0.170^{***}（-0.099）	-0.353^{***}（-0.109）
控制变量		
个体特征		
性别	-0.217^{****}（-0.137）	-0.265^{**}（-0.088）
年龄	-0.011^{***}（-0.103）	0.001（0.002）
受教育程度	0.030（0.050）	0.095（0.083）
户籍性质	-0.052（-0.035）	-0.296^{**}（0.104）
身体健康自评	0.060（0.062）	0.181^{***}（0.096）
家庭双向代际支持情况		
每日家务劳动时间	-0.035^{***}（-0.106）	-0.024（-0.045）
子代孝心表达程度	0.088^{****}（0.164）	0.074^{**}（0.063）
孙代照料观念态度		
积极认同态度	0.116^{****}（0.156）	0.131^{**}（0.094）
工具理性态度	0.009（0.012）	-0.053（-0.037）
消极被动态度	-0.166^{****}（-0.218）	-0.126^{**}（-0.087）
常数	3.592^{****}	-2.071^{***}
N	635	634
调整后的 R^2	15.8%	7.2%
F 值	9.844（$p=0$）	4.767（$p=0$）

注：（1）括号内为标准回归系数；显著性水平：$^*\,p \leqslant 0.1$，$^{**}\,p \leqslant 0.05$，$^{***}\,p \leqslant 0.01$，$^{****}\,p \leqslant 0.001$。
（2）共线性诊断显示，各变量允差均大于0.1，VIF均小于2，变量间不存在明显共线性问题。

表 6-8 夫妻分居对随迁生活主观体验感的稳健性分析

变量	随迁生活积极体验感			随迁生活消极体验感
	模型 11	模型 12	模型 13	模型 14
预测变量				
是否因随迁而分居	-0.264*** (-0.117)	-0.276*** (-0.120)	-0.260*** (-0.113)	0.210 (0.096)
中介变量				
社会融入				
在迁入地的交友数量	0.053** (0.076)		0.050** (0.071)	-0.099**** (-0.148)
家庭融入				
与媳妇或女婿的相处关系		0.059** (0.044)	0.054** (0.040)	-0.233**** (-0.183)
控制变量				
个体特征				
性别	-0.230*** (-0.109)	-0.230** (-0.109)	-0.215** (-0.102)	-0.045 (-0.023)
年龄	0.015** (0.101)	0.016** (0.103)	0.016** (0.106)	-0.010 (-0.068)
受教育程度	0.088** (0.110)	0.092** (0.113)	0.088** (0.109)	0.011 (0.014)
户籍性质	0.081 (0.041)	0.058 (0.029)	0.076 (0.038)	0.059 (0.031)
身体健康自评	0.111** (0.084)	0.124** (0.094)	0.112** (0.085)	-0.148*** (-0.118)
家庭双向代际支持情况				
每日家务劳动时间	0.009 (0.025)	0.008 (0.022)	0.011 (0.028)	0.017** (0.047)
子代孝心表达程度	0.029 (0.041)	0.026 (0.037)	0.026 (0.037)	-0.006* (-0.009)
孙代照料观念态度				
积极认同态度	0.302**** (0.311)	0.310**** (0.313)	0.301**** (0.303)	-0.183**** (-0.194)
工具理性态度	0.155**** (0.153)	0.158**** (0.154)	0.163**** (0.159)	0.030 (0.031)

续表

变量	随迁生活积极体验感			随迁生活消极体验感
	模型 11	模型 12	模型 13	模型 14
消极被动态度	-0.131 *** (-0.130)	-0.129 *** (-0.126)	-0.124 *** (-0.122)	0.250 **** (0.259)
常数	-1.835 ****	-1.931 ****	-2.061 ****	2.128 ****
调整后的 R^2	17.1%	17.6%	17.3%	22.5%
N	633	632	629	629
F 值	9.540（$p=0$）	10.030（$p=0$）	8.973（$p=0$）	12.056（$p=0$）

注：（1）括号内为标准回归系数；显著性水平：* $p \leqslant 0.1$，** $p \leqslant 0.05$，*** $p \leqslant 0.01$，**** $p \leqslant 0.001$。
（2）共线性诊断显示，各变量允差均大于 0.1，VIF 均小于 2，变量间不存在明显共线性问题。

随迁父母老来分居现象是中国家庭在特定情境下看似合理的选择，实则也透露了一丝无奈。对于为了照料孙辈而与伴侣分居的随迁父母而言，哪些因素可以缓解其"只身一人"面对随迁生活的消极体验感，增加其对随迁生活的积极体验感？为此，我们单独选取随迁分居者样本（164 人），对其随迁生活主观体验感进行影响因素分析，结果显示，家庭双向代际支持情况、与子代家庭的整体沟通满意度以及在迁入地的社会参与程度都具有较强的解释力，在控制其他因素的情况下，每日家务劳动时间的增加会提升随迁分居者对随迁生活的消极体验感，而子代多样化的孝心表达则能够降低随迁分居者对随迁生活的消极体验感。与子代家庭的沟通关系越好越能够降低随迁分居者对随迁生活的消极体验感，而在迁入地的社会参与程度的提高则能够提升随迁分居者对随迁生活的积极体验感（见表 6-9）。

表 6-9　随迁分居者对随迁生活主观体验感的影响因素分析

变量	随迁生活积极体验感	随迁生活消极体验感
	模型 15	模型 16
家庭双向代际支持		
每日家务劳动时间	0.037（0.095）	0.035 **（0.095）
子代孝心表达程度	0.062（0.081）	-0.123 **（-0.170）

变量	随迁生活积极体验感	随迁生活消极体验感
	模型 15	模型 16
社会融入		
在迁入地的社会参与程度	0.223*** （0.183）	0.006 （0.005）
家庭融入		
与子代家庭的整体沟通满意度	0.161 （0.120）	−0.265*** （−0.208）
其他控制变量	是	是
常数	−2.283	4.352****
N	164	164
调整后的 R^2	12.5%	34.5%
F 值	2.433 （$p = 0.047$）	6.394 （$p = 0$）

注：（1）括号内为标准回归系数；显著性水平：$^* p \leqslant 0.1$，$^{**} p \leqslant 0.05$，$^{***} p \leqslant 0.01$，$^{****} p \leqslant 0.001$。

（2）共线性诊断显示，各变量允差均大于 0.1，VIF 均小于 2，变量间不存在明显共线性问题。

综上分析，由于配偶一方仍未退出生产性劳动（如未达到退休年龄或需要继续打工、务农等）或需要照顾其他家庭成员（如需要照顾家里长辈或照顾其他子女及其家庭）等诸多因素，随迁父母分居的情况约占全部有配偶者的 1/4，这个比例看似不大，但是具体到个体现实生活的影响却是实实在在的。因随迁而与伴侣分居的中老年人以低龄的、低受教育程度的农村女性居多。与伴侣分居的随迁中老年人面临着夫妻相互牵挂、缺少伴侣生活协助和精神支持等诸多困境。回归分析结果显示，夫妻分居状态会直接抑制随迁父母对随迁生活的正面情绪感受，也会通过影响其在迁入地的家庭融入和社会融入效果而降低其对随迁生活的积极体验感，但对随迁生活消极体验感的影响并不显著，尽管如此，分居对于随迁父母家庭融入和社会融入的消极影响也是不容忽视的。

在当前家庭化迁居趋势不断增强的背景下，应积极探索系统性的家庭支持政策，鼓励伴侣共同随迁的中老年迁居模式，不断改善随迁父母对随迁生活的主观体验感，在发挥随迁父母为现代家庭提供育婴扶幼支持之红利效应的同时，保障和提升该群体的生活福祉。首先，迁入地城市和社区应充分发挥其作为随迁父母城市融入之依托单位的重要作用，对于将与伴侣分居作为阶段性权宜之计的随迁父母，在实际工作中应注意给予更多关怀和支持服务，如加大普惠性的托育服务和家政服务资源的供给力度，缓解他们因家务劳动时间过长或过度劳累而造成的对身心健康的损害和对个人社交精力和时间的挤压，使其有更好的心境感受随迁生活的充实与快乐。与此同时，可以通过开展社区活动和社区服务，帮助随迁父母在迁入地搭建社交桥梁、扩宽社会参与渠道、拓展新的社会网络、构建新的朋友圈和社会支持系统。其次，要强化家庭的情感慰藉功能，发挥亲情关怀作用。家庭是父辈随迁以后直接的依赖对象和重要的支持来源，随迁父母参与子代家庭生活，既增强了代际联系和代际团结，也增加了代际冲突和代际矛盾发生的概率，使这种临时性扩大家庭中的代际沟通关系充满了张力。通过加大优良家风文化和孝道文化的宣传报道力度以及开展传授家庭沟通技巧、孝心孝义传达技巧的主题性社区教育活动，改善随迁父母与子代家庭的代际关系，不断提高他们在随迁生活中的获得感和幸福感。

本书对随迁中老年人分居问题的实证分析结论对于预估因丧偶或离异等其他因素而单独随迁的中老年人的影响效应也有一定的借鉴意义。但由于力量有限，总样本量尤其是随迁分居者样本数量还比较有限，如果未来有条件的话，后续研究可以就随迁分居者的身心健康特征、生活适应问题、家庭关系处理、政策需求和社会服务支持等进行更细致深入的探讨。

第二节　家庭代际关系的量化特征

一　家庭代际关系研究综述

西方家庭代际关系的研究基本上经历了从家庭衰落论到代际团结理论再到代际冲突论和代际关系矛盾心境理论这样的一个过程。美国社会学家奥格本很早便指出，家庭的七个功能中有六个功能都已经被其他的社会机构所取代（Ogburn，1938），代与代之间在一起居住的现象减少，代际关系逐渐减弱，养老功能发生了变化（埃什尔曼，1991），家庭衰落论曾在家庭代际关系研究中占据主流，并认为核心家庭孤立化是经济高度发达社会的必然产物。然而20世纪60年代后的大量实证研究表明，亲属关系网络在人的个体化进程中仍然维持并发挥着重要的作用，家庭依然是人们获得支持和帮助的重要来源（鲁兴虎、兰青，2019）。成年子女与他们的父母之间虽然存在较大的空间距离，但他们并没有孤立自己的父母，他们依然同父母保持着较为频繁的互助和联系，于是学者们开始反驳核心家庭与工业社会的职业结构不相容、传统大家庭不适应现代工业结构的观点，由此孕育出了代际团结理论。其中以本特森（Bengtson）及其同事创建的代际团结概念与测量模型最具代表性。他们分析了美国成年子女与父母之间的代际关系类型，认为应该从行动（代与代之间的劳务和资金往来，以及接触联络的频率）、情感（代与代间正向的情感）和态度（家庭成员价值态度的一致性以及对责任、孝道、家庭主义等方面的认知强度）三方面来描述家庭代际关系（Silverstein & Bengtson，1997）。后来扩展为强调从代际结构、联系、情感、功能、规范、共识六个维度去衡量亲代与子代之间的家庭关系（Bengtson & Roberts，1991）。根据代际团结理论，在现代家庭关系中，代际团结是重要的特征之一，尽管代与代之间的共同居住率、代际支持和代际交换可能不高，但代与代之间的支持还是可能在需要的时候出现，成年子女与其父母之间存在广泛的交流和互动，并在整体上呈现团结、合作的特征（石金群，2015）。该理论也被亚洲和欧洲学者广泛运用于本土家庭代际关系的研究当中，成为20世纪80年代后家庭代际关系研究的主导范式。

但随着家庭代际关系研究的进一步深入，其过于强调代际关系中团结与融合面向的缺陷也受到了不少批判，一些注重代际冲突论的学者批判上述理论过于强调家庭生活中稳定、和谐的因素而忽略了家庭代际关系中矛盾、对立的面向（鲁兴虎、兰青，2019）。在代际冲突论的影响下，本特森及其团队在修正的代际团结-冲突理论中将冲突的视角引入代际关系研究中，指出冲突在家庭代际关系中十分常见，其影响着家庭成员之间的相互感知并最终决定家庭成员之间相互帮助的意愿和行为（Klein & White，1996；Parrott & Bengtson，1999）。但是该理论并未突破"团结"和"冲突"二元对立的局限，而是从一种静态的、结构化的角度去解释代际互动过程（鲁兴虎、兰青，2019）。

后现代理论的兴起促使人们更加关注家庭代际关系中的多元性、矛盾性和复杂性特征。后现代理论不认同将家庭关系看成"融合-决裂"这种非此即彼的二元对立关系，旗帜鲜明地讨论现代家庭关系中存在的诡异性和矛盾性，关注家庭代际关系中存在的"矛盾心境"（ambivalence）。Lüscher和 Pillemer（1998）指出，以往代际关系研究中的代际团结-冲突（solidarity-conflict）理论框架将代际关系简单化为两种极端的情况：完全和谐与完全对立。和谐与冲突不能并存，无法反映出代际关系的复杂性和多样性，因此提议使用代际关系矛盾心境（intergenerational ambivalence）[①] 来作为传统视角的补充和完善。他们在研究成年子女与老年父母的家庭关系时注意到，代际互动常常伴随着行动主体矛盾的感受、想法、愿望和目的，以及主体对于家庭关系、社会结构、社会力量和自身利益的矛盾评估，这些评估相互刺激、影响导致矛盾情绪的聚集。研究家庭关系的学者们发现，当代社会的急速发展使一切结构性、稳定性的关系变得充满不确定性和模糊性，家庭关系由此变得多样、流动、未定。在家庭代际关系中，宏观层面的角色和规范与微观层面的个人感知、动机和行动时常会发生矛盾。人们渴望行动自由，同时又期望得到家庭制度的支持，向往独立自主，又不得不满足家族延续性的要求，这种矛盾心境在当代社会中日益明显（石金群，2015）。

　　家庭代际关系矛盾心境理论主张用矛盾性（ambivalence）这个概念来理解父母与成年子女之间存在的复杂关系，认为矛盾性才应该是代际关系研究的主要议题。其核心观点认为，代际关系的特点是矛盾情感，代际关系的表现形式可以理解为矛盾情感的表达，以及为解决和协调这些基本矛盾所做的努力。代际关系不是建立在绝对团结的基础上的，也并非处于冲突或解体的危险中，代际关系中双方在认知、感情和动机中存在主观而明显的矛盾，既有积极亲密的情感，也有消极对立的情感，二者可以并存，在日常生活中呈现一种复杂的、交错的、矛盾的情感关系。这种正面情感和负面情感共存的心理体验产生于结构和个体两个层面的压力，个体由于情感上的依赖和强烈的家庭责任感，同时又迫于社会结构的压力而处于团结与冲突此消彼长、相互转化的矛盾情境之中。这一理论解释了特定社会背景、家庭关系中的个人在面临个人情感、道德责任以及社会事实相互制约、难以平衡之时所经历的一种矛盾的心理体验。处于代际关系中的个人

[①]　吴明烨在 2009 年"台湾青少年成长历程"学术研讨会上将其翻译为"代间矛盾"及"代间矛盾情感"。

会在家庭生活中寻找自己对于整个家庭的意义、目标和价值，但当个人对于家庭生活的期许及其行为方式与社会现实、结构因素发生冲突时，又会面临一系列矛盾的选择。在此情况下，来自结构和个体两个层面的因素相互交织却又难以达到平衡，由此引发了个体矛盾的心理境况（Lüscher，2011）。皮勒默等（Pillemer et al.，2007）进一步指出，代际关系矛盾心境可能源于支持和独立两种规范之间的不一致。"我们的社会既推崇代与代之间的相互支持，又推崇代与代之间的相互独立。"一方面，支持规范指导成年子女和父母在整个生命历程中相互帮助和照顾；另一方面，独立规范又要求核心家庭应该在亲属网络中保持自己的独立性，其他亲属应该尊重核心家庭的生活，成年子女与父母努力在这两种规范之间寻求一种完美的平衡（Aldous，1995）。上海大学社会学院计迎春教授将现代城市家庭中传统与现代元素交错共存、代际亲密共生、父系与母系并重的模式称为马赛克家庭模式（澎湃新闻，2019），意指中国现代的家庭关系就像马赛克图案一样，传统与现代两种元素在中国的家庭制度中共生、杂糅、交错，又发展出新的东西，传统大家庭所重视的代际关系对现代中国家庭依然重要，同时家庭结构、关系和互动又出现了一些新变化，比如传统父权的削弱，父系母系双系并重，更为平等和亲密的代际关系的发展，从而出现了一种双系多核、代际亲密共生的马赛克家庭模式。

国内的研究（石金群，2014；鲁兴虎、兰青，2019）也发现，中国家庭代际关系中的"多样性"、"矛盾性"和"复杂性"日益普遍和明显，动机、感知和行动之间的矛盾在中国人的家庭代际行动中屡有体现，越来越多的研究关注到了转型时期中国家庭代际关系中代际团结和代际矛盾并存的特点。由于现代家庭中的长者为尊、家无二主的父权家长制日渐失去了存在之根基（徐安琪，2001），老年父母的家庭地位和家庭决策权逐步降低，加上社会制度的壁垒和城市融入的障碍，临时扩大化家庭中生活在一起的多代人之间的矛盾更容易被凸显。在家庭生活中，老人的生活、饮食习惯与子女不尽相同，很难避免与子女意见不合、发生矛盾的情况（易丹，2014）。有研究发现，同住的老人和子女之间最易发生矛盾的事项中，居前三位的分别是照顾孩子、教育孩子和生活习惯（吴祁，2014）。也因此，相较于核心家庭和主干家庭结构下的代际关系模式，随迁父母与其子女间的代际关系表现出了更为复杂和流变的特征。由于两代人在生活习惯、价值观念上的分歧，随迁父母在积极贡献自己在子代家庭中的价值的同时也存在"不被理解和尊重"的心理感受，并存在与子女及其配偶发生矛盾冲突的情况，为了家庭和睦且不给子女带来其他方面的负担，他们又独自承担着一定的心理压力（鲁兴虎、兰青，2019）。

虽然随迁老人迁移后实现了家庭团聚，但是随着年龄的增大及其固有生活方式较难改变，加之子女平时工作繁忙，双方难以形成及时有效的沟通交流，家庭作为随迁老人养老资源重要的提供主体，其功能正在逐渐弱化（李倩，2014）。而且在实务场域下，受传统"家丑不可外扬"观念的影响，随迁父母可能存在"治疗性害羞"，目前针对随迁父母城市融入的社会服务项目往往只能针对中老年人个人进行服务，缺乏对长者家庭关系的介入和干预，相关议题在学术上也同样体现为缺乏对于如何精准采取措施改善随迁父母家庭代际关系的探讨。考虑到量化数据并不足以呈现随迁父母家庭代际关系的真实面貌，且问卷调查过程的短暂接触也难以让受访者"卸下心防"将其对待家庭的复杂心境透露给陌生人，我们在定量分析的基础上，从深度访谈的素材中挖掘随迁父母家庭代际关系的类属特征，并尝试探索针对不同类型随迁父母家庭代际关系进行社会工作介入服务的对策方案。

二　随迁父母家庭代际关系的群体性特征

在充分了解随迁父母与子代家庭的双向代际支持情况后，我们要求受访者对自己与子代家庭成员（指正在照料或正同住的那个子代家庭的成员）的关系做出评价，以此直观反映随迁父母的家庭代际关系。表6-10的统计结果显示，大部分随迁父母与子代家庭成员的关系较为融洽，尤其是与孙辈的情感相当好。对四个等级的答案分别赋值1~4分（用1分表示关系很不好，用4分表示关系非常好）并计算均值发现，随迁父母与孙辈子女的关系均值为3.65分，与女儿的关系均值为3.46分，与儿子的关系均值为3.38分，与女婿的关系均值为3.34分，与儿媳的关系均值为3.28分。杨爱水（2018）基于代际关系矛盾心境理论，从生活适应、关系适应、心理适应三个维度分析了昆明市随迁老人的社会适应状况，从代际团结和代际冲突两个维度展现了随迁老人的代际关系。其认为代际支持表现在对随迁老人的经济、日常生活、文化反哺以及情感支持上；代际冲突体现在亲子、婆媳、岳婿三种关系中，主要是因为在生活习惯、消费观念上与子女存在较大的差异，容易发生摩擦。总体来看，随女儿迁居的中老年人与女儿女婿的关系要略优于随儿子迁居的中老年人与儿子儿媳的关系，数据显示出来的随迁父母与不同性别子代家庭的关系差异也正是中国家庭生活中微妙人际关系的真实写照。

表6-10　随迁父母与子代家庭成员的关系自评

单位：%

随迁父母与子代家庭成员的关系		很不好	一般	比较好	非常好
随儿子迁居者	和儿子的关系（69.6）	0.8	12.6	34.9	51.7
	和儿媳的关系（68.3）	0.8	17.4	35.2	46.6
随女儿迁居者	和女儿的关系（36.3）	1.1	9.7	30.8	58.4
	和女婿的关系（33.9）	1.6	13.1	35.1	50.2
和孙子女/外孙子女的关系（91.0）		0.1	5.3	24.4	70.2

注：括号里为该项实际回答人数占总体受访者的比例。

从样本数据的分析中可以看出，大多数随迁父母与正在照料或同住的子代一家人的沟通交流状况较好，其中33.9%的受访者表示对于同子代一家人的沟通交流现状"很满意"，61.6%的受访者表示"比较满意"，仅4.5%的受访者表示"不太满意"。中国自古是一个重视孝道的国度，当我们要求受访者评价其正在照料或同住的子/女对自己的孝顺程度时，结果显示，41.6%的受访者表示自己的子/女"非常孝顺"，45.6%的受访者对子/女的评价是"比较孝顺"，11.8%的受访者认为子代"一般孝顺"，1.0%的受访者表示子/女"不太孝顺"，但没有人认为子/女"很不孝顺"（事实上，如果中老年人与子代关系很差，也不太可能前往帮助照料其家庭）。根据2015年全国城乡老年人生活状况抽样调查的结果，中国有81.4%的老年人认为子女孝顺，有17.8%的老年人认为子女孝顺程度一般，还有0.8%的老年人认为子女不孝顺（党俊武、李晶，2019）。这与本书对子女孝顺度评价的结果相似，可以说，随迁父母与他们所提供支持的子代家庭的关系总体是比较融洽的，对子女所提供的"向上"代际支持也是比较满意的。

对于移居到陌生城市的随迁父母而言，他们在新城市所能够获得和利用的社会资源十分有限，也很难建立起新的社会关系和社会支持网络，因而随迁父母群体的社会交往呈现"内倾性"特点，即家庭内部交往是随迁父母生活的重心（刘庆、冯兰，2013）。正因如此，随迁父母往往表现出对子代和孙代在情感上的高度依赖，也看重将情感需求上的满足情况作为评价子孙孝顺度的重要参考依据。本书发现，随迁父母对子女孝顺度的评价与子女是否提供生活费或伙食费无关，但与子代家庭提供的生活支持和陪伴支持呈正相关关系，其中子代生活支持因子与随迁父母对子女的孝顺度评价之间的相关系数为 0.281，显著性为 0.000；子代陪伴支持因子与随迁父母对子女的孝顺度评价之间的相关系数为 0.120，显著性为 0.020。另外，对子女的孝顺度评价还与子代家庭所提供的情感支持程度呈正相关关系（Pearson 相关系数为 0.377，显著性为 0.000），也与他们对与子代家庭整体沟通满意度之间呈正相关关系（Pearson 相关系数为 0.434，显著性为 0.000）。与此同时，对与子代家庭的整体沟通满意度实际上也同子代家庭与他们的双向情感支持之间呈正相关关系，其中子女给予的精神支持与其对整体沟通满意度的关联更大，在控制随迁父母对子代家庭的情感支持后，子代给予父母的精神支持程度与父母对整体沟通满意度之间的偏相关系数为 0.284，显著性为 0.000；在控制子女给予随迁父母的情感支持后，父母给予子代的精神支持程度与父母对整体沟通满意度之间的偏相关系数为 0.071，显著性为 0.075。

综上可以认为，相比提供固定经济支持（如给予生活费或伙食费）而言，子女为随迁父母提供日常生活中的关心和陪伴支持更能够让父母感受到子女的孝心和精神支持，换句话说，子女在日常生活中为父母经常花费的"小钱"而不是定期支付的"大钱"更能让父母感受到来自子女的关心，长辈在乎的是这种日常互动背后的情感，而不是金钱本身。而且子代家庭与随迁父母的双向情感支持越多，尤其是子代向父母提供的精神支持越多，随迁父母对于当前与子代家庭的整体沟通满意度也越高，较高的整体沟通满意度将对随迁父母对于随迁生活的总体幸福感产生积极影响（Pearson 相关系数为 0.482，显著性为 0.000）。正如谢桂华（2009）在研究中指出的，随着社会生活现代化程度的提高和人们思想观念的革新，老年父母对子代履行孝道的期待逐渐由物质层面的支持和生活上的照料转向了情感需求的满足。子女在精神上的抚慰与关怀对帮助随迁父母消除孤独感和不适感等负性体验是非常重要的（李倩，2014）。这种来自子代的情感慰藉也是随迁父母愿意留居相对陌生的城市并为整个家庭做出贡献的重要动力（鲁兴虎、兰青，2019）。

第三节　家庭代际关系的类属化分析[①]

一　随迁父母家庭代际关系的扎根理论分析

社会建构理论认为，所有年龄的人的日常生活都建立在自己为之赋予的社会意义上（Ray，1996）。根据该理论，中老年人随迁及其后的家庭关系调适都是独特的意义建构过程，了解随迁父母如何看待自己与子代间的互动关系以及自己的家庭角色，有助于理解他们的现实处境和真实感受。许多人认为中老年人跟随子女来到大城市生活，特别是对农村老人来说是一件"享福"的事情，不仅可以一解"相思之苦"，享受子女和儿孙陪伴的天伦之乐，还可以体验城市便捷和高质量的生活。但在实际调研过程中，我们发现一些长者在谈及他们的随迁家庭关系时并非真心快乐，甚至还有不少难言的苦楚，这影响了随迁父母的生活质量和生活幸福度。已有研究在讨论随迁父母融入困境时，多考虑制度性因素的影响，容易忽视个人、家庭等非制度性因素的影响。从随迁动机来看，中老年人流动的以城乡二元化等制度性原因为主，流动的直接动因主要为家庭因素（周皓，2002），随迁本质上是家庭内部的一种代际互助安排，是传统中国家庭代际关系在新的社会形态下的表现或实现方式（彭希哲，2018）。从迁移融入来看，由于在迁入地社会关系疏离，子女便成为中老年人在迁移地最大的精神支柱与后盾，其首要面对的是家庭融入（胡雅萍等，2018）；刘亚娜（2016）在调查"北漂老人"时发现，使这些老年父母困扰、情绪低落的多是家庭关系。

[①] 本节内容以《随迁祖辈家庭代际关系的类型学研究——以厦门市为例》为题发表于《华南理工大学学报》（社会科学版）2023年第6期，收入时有修改。

　　如果说，家庭代际关系是不同社会结构、文化制度与自我主体性之间不断协商的结果，那么在相同的社会情境和文化背景下，家庭代际关系中的个体会根据不同的情况做出自己的策略选择，因此只有回到家庭代际关系中的微观层面即作为代际关系主体的个人层面，才能厘清代际关系变迁中的复杂性。代际关系的类型学研究被认为是家庭代际关系研究领域中除代际抚育和赡养功能研究之外的另一个重要议题，类型学方法是描述社会变迁背景下复杂多样家庭关系的重要工具（曾旭晖、李奕丰，2020）。Silverstein 等对来自六个发达国家（英国、德国、以色列、挪威、西班牙和美国）的 2698 名年长的父母和孩子关系进行了情感和冲突方面的测量，结果表明和睦型、超然型、不和谐型和矛盾型四种衍生类型在六个国家的研究中是相似且稳定存在的。但这些类型的相对流行程度因国家而异，和睦关系在英国更常见，超然关系在德国更常见，不和谐关系在美国更常见，矛盾关系在以色列更常见（Silverstein et al.，2010）。国内关于代际关系类型研究的文献大多是利用定量调查数据，在代际团结模式的指导下归纳代际关系的类型，其中紧密型家庭关系被证实是稳定存在的。崔烨、靳小怡（2015）利用中国深圳农民工调查数据，使用潜在类别分析的方法，发现了农民工家庭中存在紧密型、远但亲近型、近但有间型与疏离型等四种关系类型，其中最具传统大家庭特征和强凝聚力的紧密型关系是农民工家庭中最普遍的关系类型。黄庆波等（2017a）利用中国老年社会追踪调查2012 年试调查数据进行分析后发现，成年子女与老年父母之间的代际关系类型主要有紧密型、奉养有间型、疏远型三类，其中紧密型和疏远型被证明是我国家庭代际关系的主要模式和稀有模式。曾旭晖和李奕丰（2020）使用中国健康与养老追踪调查 2015 年抽样调查数据，从机会结构和功能实现两个维度构建了中国家庭代际关系分析框架，得出了紧密型、工具型、独立型和扶持型四种代际关系潜在类型，并提出代际关系类型的影响因素有亲代社会经济地位、子女和父母的世代效应、子女性别以及父母健康状况。郭秋菊等（2020）通过对 2016 年中国老年社会追踪调查数据的分析提出，家庭整体视角下代际关系包括紧密型、赡养有间型和疏离型三种潜在类型。

　　上述成果对于本书有一定借鉴意义，但当前研究仍存在不足之处。首先，就研究方法来看，已有家庭代际关系类型学研究大多采用量化统计技术和潜在类别分析范式，从大样本调查数据中勾勒家庭代际关系的基本类型和结构性特征，这种远距静态分析手段将家庭代际关系视为受制于宏观结构的稳定样式，虽然识别了家庭代际关系的潜在类别及其影响因素，但忽略了当事人行动意义建构和心理调适过程的主观能动性，无法描绘家庭整体团结与内部摩擦交织在一起的多元生态图景。其次，当前家庭代际关系类型学的相关研究在分析对象上还未能充分关注到随迁父母支援子代家庭所形成的"临时主干家庭"的特殊性。由于迁移所带来的生活流变性增强以及家庭代际关系传统受到现代社会发展的严重冲击，随迁父母家庭的代际关系可能呈现更多的复杂性和多变性，值得我们深入研究。最后，现有关于随迁父母等相似群体的研究（张新文等，2014；胡雅萍等，2018；鲁兴虎、兰青，2019）虽然对家庭代际关系问题有所关注，但缺乏对代际互动模式和代际关系形态的深度探讨，以及对如何精准采取措施改善其家庭代际关系的学术探讨。同样，在实务领域中，目前针对随迁父母等群体的社会工作服务项目往往仅围绕中老年人个人的社区融入或社会融合进行介入，受"家丑不可外扬""清官难断家务事"等观念影响，随迁父母可能存在"治疗性害羞"而难以"卸下心防"主动表露其与子代家庭相处的复杂情绪和家庭生活感受，因此在实际关怀服务中难以对其家庭融入和代际互动方式进行有效干预。鉴于上述不足，本书试图突破传统结构主义决定论的分析范式，侧重建构主义的程序化扎根理论策略，并从随迁父母主体视角出发，挖掘其家庭代际关系的类属特征，以便更好地呈现每种家庭代际关系的特点与问题所在，而不是让具有韧性和意义的家庭互动掩藏在全貌概括之中，这样更有利于支持性的服务介入和针对性的政策倡导。

扎根理论强调系统收集和分析经验事实，其可以对不容易观察到的行为模式进行概念化提炼（张敬伟、马东俊，2009），并在经验事实基础上进行理论抽象（胡雅萍等，2018）。借助质性资料分析软件 NVivo 11 对访谈所获得的有效文本进行分析梳理，并严格遵循扎根理论进行编码分析（见表6-11）。逐份逐句阅读文本材料，反复思考原始材料话语意义，对其中有关"家庭"部分的材料进行命名和类属化，标记了 404 个编码参考点，创建了 17 个自由节点（开放性编码），进一步对其进行关联性分析、筛选和整合，形成 9 个二级节点（主轴编码）。借鉴曾旭晖和李奕丰（2020）研究中所提出的中国家庭代际关系分析框架以及代际团结模式①进行选择性编码分析，抽取二级节点的核心概念建立树状节点，通过聚类分析检查各级节点之间的逻辑性和关联性，最终得到代际互动情境、家庭信念系统和代际沟通过程 3 个核心概念（选择性编码）。编码结束后，将剩余访谈对象资料导入软件中进行理论饱和度检验，结果显示，尽管部分概念在具体表述上略有差异，但总体并未形成新的概念和范畴，也没有发现新的范畴关系，说明上述理论模式是饱和的且具有较强解释力。

表 6-11　编码分析过程

原始资料（示例）	自由节点	二级节点	核心概念
22-QYT：我退休之前是中学老师，一个月 5000 元退休金……我儿子是开装修公司的	个人或子代职业地位等	个人与家庭资源	代际互动情境
25-ZXQ：骨质增生，上次都走不动，这次好点儿了。我这个身体前痛后痛的，痛的时候家里家务做不了，只能是媳妇来做	身体健康		
14-HAY：这边租的房子比较破，还那么贵，没法养花…… 24-LBY：我们住的房间很小，是两房的，很小很小。我都跟孙女住（一个房间里）	家庭居住条件		
23-JSA：买菜会给补贴，没多少，就三五百块钱，有买衣服、鞋子，但不多，一年两次……有经常带我出去玩	子代支持	代际交换/代际支持	
2-DDM：我没有拿钱（给孩子），因为我两个孩子嘛，他们上完学我就在家给他把房子盖了一下，农村嘛也没那么多钱	亲代支持		
6-HAY：像我们异地到厦门来，参与社区的活动啊，特别是当上义工以后接触的人、接触的事比较多，再有一个，当义工现在帮人家就等于帮自己，我们也会老的，是不是，现在帮一下对老了以后，其实很好的，会学到很多东西	社会参与	外部交往/社会支持	
8-YDY：我是农村的，在家里都没锻炼，家里就是干活咯，现在来这边做操，身体反而会好一点。也有认识更多的人，以前我没去学（做操），路上看到都没人打招呼，现在都会打招呼了	闲暇娱乐		

---

①　代际团结模式是描述父母与子女关系中情感、行为、态度、价值观和结构安排的综合方案，已被来自美国、日本、德国、荷兰和加拿大等多国的学者运用，并被证明为评估代际关系最有效的一个模式（Silverstein et al.，2010）。其可反映在亲子互动的情感、联系、共识、资源共享、家庭主义规范的强度和亲子互动的机会结构这 6 个要素（Bengtson & Roberts，1991）。

原始资料（示例）	自由节点	二级节点	核心概念
7-TZY：没有请保姆，我不就是保姆吗 10-LAY：我是觉得老人在家闲着也是闲着啊，那干嘛不让年轻人去上班呢，是吧	角色认同	孙代照料观念	家庭信念系统
16-WAR：看我自己的身体和他们的情况，我身体不好就回老家，身体好就在这儿，尽量不去拖累人	居留意愿	居留养老意愿	
21-LY：不能自理的时候打算住养老院，年轻人有自己的生活，不想干预他们……	养老规划		
4-CAY：在一起 57 年回忆当中啊，我们没有吵过架，只是有些意见不同，最多就保持沉默一段时间	夫妻关系	家庭关系评价	
22-QYT：我儿媳妇很孝顺我，我都在房间里面看报纸、看书，饭煮好他们会过来叫我去吃。我们关系还是不错的。关系不好，怎么可能接我过来住	亲子关系		
13-GAY：跟孙女特别好，比她父母还好。我有一天晚上九点多回来，孙女就一直问姥姥你到哪里啦？快回来	祖孙关系		
16-WAR：这边带孩子和我们不一样，她奶奶说我给吃的东西上火啥的，其实带孩子按我的方式还是挺好的	家庭生活分歧	情感表达方式	代际沟通过程
4-CAY：我现在会说："我现在在你这边是累赘，是增加你们的负担。"他们夫妇就会讲："妈，你不能这么说，你没有增加我们的负担，你还是帮我们的。"	情绪分享		
8-YDY：反正大家一个家，洗衣服有洗衣机，晒衣服挂在那边就好了，买菜他们（女儿、女婿）也有买，煮菜的话她们会自己做，因为会嫌我（做得不合胃口）。反正卫生都是我做，因为他们不喜欢做这些	家务磋商安排	代际沟通与协商	
25-ZXQ：但我儿子从早上一直工作到晚上 8 点，媳妇中午回来吃完饭马上就走，没时间（跟我聊天）呐	代际沟通频率		
21-LY：不过我现在也管不了，反正吵架我就走了。孙女她自己想办法照顾吧	矛盾处理	矛盾应对方式	

在最终确定的 3 个核心概念中，代际互动情境是随迁父母进行代际互动行动的机会，包括随迁父母个体特征和家庭特征（如家庭居住条件、个人或子代职业地位等）、代际相互支持情况、家庭外部联结和支持等基础性条件。它是影响家庭代际关系的重要因素。家庭信念系统是指随迁父母看待事物的价值观念以及对家庭规范的感知与认同度，包括随迁父母对随迁生活的意义建构、对家庭照料角色和晚年生活规划的观念态度以及对家庭成员关系的主观评价等。它是随迁父母参与家庭互动的隐性作用力量，也影响他们处理问

题的策略选择。代际沟通过程是指代与代之间传递信息、交换情感和解决问题的过程，具体包括代际共同生活的情绪表达与情感分享、代际沟通频率、家务磋商安排、家庭生活分歧及矛盾处理方式等。它是家庭功能是否完善的体现，也是充分展示家庭代际团结与冲突交织图景的重要向度（见图6-5）。

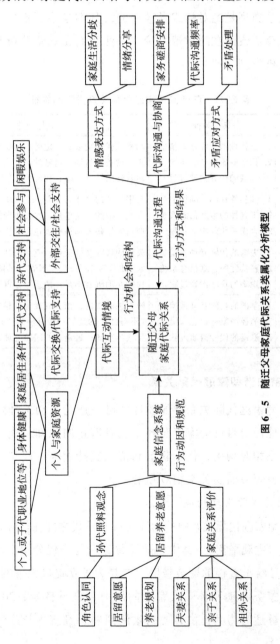

图6-5 随迁父母家庭代际关系类属化分析模型

通过剖析随迁父母与子代在代际互动情境、家庭信念系统和代际沟通过程3个维度上的具体表现，我们可以将随迁父母家庭代际关系划分为亲密和谐型、互惠有间型、疏离忽视型与失调冲突型4种类型（见表6-12）。需要说明的是，类属化是简化对世界认知的有效途径，但并不代表随迁父母家庭代际关系类型是绝对的或者唯一的，分类是为了更好地探究家庭代际关系背后已存在或潜在的形塑力量，以便我们在观察分析和实务介入时有可参照的理想类型。

表 6-12 随迁父母家庭代际关系类型和特征

代际关系类型	典型特征	具体描述
亲密和谐型	1. 支持性的代际互动情境 2. 积极的家庭信念系统 3. 真诚的代际沟通过程	均衡的代际交换；一定的社会联结与支持 正向的角色认知；清晰的代际边界 包容性的情感分享；代际分工协调默契
互惠有间型	1. 倾斜的代际互动情境 2. 工具性的家庭信念系统 3. 含糊的代际沟通过程	有限资源的"下位运行"，努力适应随迁生活 寻找积极的意义建构；养儿防老的理性考量 照料安排磋商和情感表达含蓄模糊
疏离忽视型	1. 失衡的代际互动情境 2. 裹挟性的家庭信念系统 3. 隐晦的代际沟通过程	失衡的代际交换关系；割裂的社会交往 家本位的责任伦理；"过客"的随迁心理 代际互动机会不足；情感慰藉得不到满足
失调冲突型	1. 单薄的代际互动情境 2. 消极的家庭信念系统 3. 逃避的代际沟通过程	匮乏性的支持；积劳成疾与"精神空巢" "不得已"的迁居；被排斥的"外来人" 受气与置气；逃避式的问题处理方式

（一）亲密和谐型家庭代际关系

亲密和谐型家庭代际关系中的随迁父母一般是主动选择随迁来帮子代照料孙辈的，他们对自己的家庭照料角色有着正向认知，代与代间的资源流动或互助关系相对均衡，代际联结和情感支持度高，代与代间在家务合作以及权利义务等方面的关系相对和谐。

1. 支持性的代际互动情境

亲密和谐型家庭代际关系中的随迁父母与子代之间在代际资源往来上通常达到了某种"主观平衡"。其中，随迁父母帮助子代分担生活压力一般有两种方式：一是给予直接的资金帮助；二是为子女提供无报酬的家务劳动，以减轻子女在家务劳动和孙辈教育上的压力（汪玲萍等，2017）。与此同时，子代也能够适时为其提供必要的生活照料、经济支持或情感慰藉，这种"你来我往"的双向互助使得代际双方对彼此均有较高的满意度。

> 我退休金每个月给他（儿子）1000元。为什么这样子呢？因为我生活在他这边，吃喝拉撒都在这边。如果你不给他，不是不公平吗？用我们的话讲，儿子可能没有意见，但儿媳妇就不一定，她会讲你妈妈不止生一个啊，为什么一直在我家（吃住）？对不对？再说，钱生不带来，死不带去，你干嘛不生前（就给他），大家高高兴兴的，死后东西也都是他们的……我的退休金是这样派发的，除了给他们1000元生活费，吃药费大约要1000元，那其他的钱干嘛呢，孙子们考试成绩优秀，一科奖励一百元。那孙子一想到考试回家还可以跟奶奶领到奖励，就很有动力是不是？我带孙子当中，从来没有和他大声说过话，骂那更没有……现在医院的手续过程太复杂，要跑来跑去，这些我们弄不来。但是我有生病或者有什么事，儿子、儿媳妇给我解决，不用我去，除非是要医生看我就去，拿药都是他们帮我拿。（4-CAY）

国内研究曾指出，随着社会生活现代化程度的提高和人们思想观念的革新，老年父母对子代履行孝道责任的期待逐渐由物质层面的支持和生活上的照料转向了情感需求的满足（谢桂华，2009）。正如4-CAY所说，当自己因生病需要照料或生活协助时，儿子、儿媳能够提供贴心服务，消除了其对数字化时代看病就医的焦虑和不安。当随迁父母的日常需求被及时满足，并感受到足够的尊重，便强化了其对家庭的归属感和随迁生活的幸福感。

亲密和谐型家庭代际关系中的随迁父母在家庭外部也能拥有相对稳定的社会支持，合理的个人休闲娱乐活动安排和公共活动参与不仅丰富了其随迁生活，促进了城市适应和融入，也为其提供了发展新的社交关系、重塑社会支持网络的机会，从而有更好的心态面对家人和生活中的压力。

> 有时家里事情做多了也烦，不想在这待，老伴就说，不要这样嘛，你要开心……刚来时，晚上去跳广场舞，但他们都说闽南话，我去了几次不敢说话，也听不懂他们的，所以就不爱参加了，没办法跟外面沟通

交流。我跟儿子说，再在那边住下去我快要被逼疯了……后来吧，搬到这个小区和那些老人参加一些活动啊，比如健步走啊，剪纸啊，跳舞啊。欸，慢慢地就觉得生活还蛮好的，感觉不再孤独了，有老姐妹在一块，还是挺幸福的……我感觉心年轻了，人老心不老，然后精神上也好了，就越活越开心了。（13-GAY）

2. 积极的家庭信念系统

亲密和谐型家庭代际关系中的随迁父母对自己的家庭角色有着积极的意义建构，对随迁照顾孙辈的代际支持行动有较强的主动意愿。特别对女性随迁者来说，这也是她们母职实践的一种延伸，"不帮儿子带孩子，那是当妈的不会当"（24-LBY），甚至将照顾孙辈视为一项职业来对待，"我把照顾孙子当作第二个职业……我们现在都自称'孙经理'了，专门料理孙子的'经理'，以后孙子长大（我们）就可以升职变成'董事长'了"（4-CAY）。创造性地"职业育孩"角色建构凸显了随迁父母对自身价值和效能的肯定；而正面乐观的心态也能激发他们自身的优势和潜能，增强其对压力的应对能力，这种应对能力有助于消除随迁父母的无能感，并增强其内心的能力和信心，在家庭之中会转化成较为清晰规范的家庭互动界限（Man et al.，2022）。

亲密和谐型家庭代际关系中的随迁父母与子代家庭成员间基本秉持开放的相处态度，这种相处之道的背后是代与代之间开明有序的家庭界限感。家庭成员间能够互相尊重彼此的代际差异和分化，自觉地为对方提供充足的自由度，在独立自主和互相依赖之间保持一定的弹性，使得代与代之间能够较好地调适家庭因同住可能带来的矛盾，同时也有效避免权威异位问题带来的张力，符合现代家庭的变化与需求。

我一般不会跟下一代发脾气，看得过去就看，看不过去就不看，他们的事情我也不管（对于自己跟女婿相处中的生活习性差异表示），人家夫妻（指女儿和女婿）之间都不要求，你就不要要求人家非得怎么样……你现在要管，其实没有这个能力，对不对？年轻人也不一定会服你管。就是说他不挑（挑剔）我，我就觉得很好了。你看整个社

会都是多元化嘛。时代不同了,要求不一样了……总归是他们的生活,自己过。(7-TZY)

子女遇到困难,你不要说,下一辈都有自己的主张。(22-QYT)

3. 真诚的代际沟通过程

亲密和谐型家庭代际关系中的随迁父母与子代之间拥有包容性的情感分享体验,当随迁父母有负面情绪时,这类家庭往往能够创设一个安全的氛围,使代际双方能够坦诚表达感受、分享心情,从而增进彼此的了解。"我有时候不开心,我儿子说:'妈你要开心,你不能生气哦。'我孩子对我挺好的。我有时候说儿媳妇做得不对,她也不会很生气,还给我买了一个手镯。"(24-LBY)已有研究表明,子女在精神上的抚慰与关怀对帮助随迁老人消除孤独感和不适感等负性体验是非常重要的(李倩,2014)。访谈的时候,4-CAY 的老伴刚去世不久,"我以前不会说,但现在会说:'我以后可能要成为你们的累赘,增加你们的负担。'他们夫妇就会讲:'妈不能这么说,你没有增加我们的负担,你是帮我们的'"。这种来自子代的情感慰藉也是随迁父母愿意留居相对陌生的城市并为子代家庭做出贡献的重要动力(鲁兴虎、兰青,2019)。

已有研究指出,在随迁父母提供照料支持的大家庭中,要让照料责任适当回归子代,让子代能够更多地参与家庭照料,从而减少照料负担过重给随迁父母带来的健康压力(肖雅勤,2017)。亲密和谐型家庭代际关系中的随迁父母与子代之间基本能够遵循上述原则,即在家庭劳务和照料任务安排上达成通力合作、均衡分担的家庭共识。虽然这类随迁父母对自己的家庭照料角色有较高认同,但是子代也不会就此充当"甩手掌柜",而是积极参与家庭照料和子女教育,使代与代间维持恰到好处的分工与协作,因此代际双方彼此都能拥有喘息休整的机会或享受个人生活的片刻愉快,并感激彼此所做的付出和贡献。

周一到周五是我和老伴来给他帮忙,我就是帮忙买菜,我老婆煮饭,孙子谁有空谁就去接;周末是儿子儿媳在家里自己带,我儿子也

会煮饭……他们也挺孝顺的，也会带我出去玩……今天（周六）是我儿子在家，所以我可以来公园这边走走。（1-YMS）

（家务）我和女儿一块管，她有空就她做，我有空就我做。洗衣服、买菜、做饭、洗碗大多数是我。接送孩子和辅导作业我不管，爸爸妈妈（指自己的女儿女婿）都是研究生，我教不了，再说现在教学方式都变了。（13-GAY）

（二）互惠有间型家庭代际关系

互惠有间型家庭代际关系中随迁父母和子代之间基本上遵循互惠交换原则，但是由于个人资源所限，父辈在"向下"支持上感到心有余而力不足，而子代也因工作繁忙等因素，除了能为随迁父母提供一定经济支持外，在情感慰藉和家务照料等方面并不能提供令父母感到满意的"向上"支持；随迁父母对帮子女照料孙辈有一定的价值感，但囿于繁重的家庭照料事务，无法向外拓展社会交往，个人需求在一定程度上受到压制，加上代际沟通和家务磋商不明确，有时难免对随迁生活有微词。

1. 倾斜的代际互动情境

已有研究（沈奕斐，2013a；狄金华、郑丹丹，2016b）指出，当下中国抚养责任加重，赡养责任弱化，代际支持关系呈现"下位运行"趋势，出现了家庭资源向下流动的家庭儿童中心主义。本书在调查中发现，高房价使得一些随迁父母的家庭住房条件比较局促，在总体居住空间有限的情况下，随迁父母的居住利益可能最先被挤压和牺牲，较低的居住舒适性不仅降低了随迁父母的生活质量，也影响了其对子代家庭的归属感和融入的积极性。"我们是一室一厅，里边是我女儿、女婿和孙子住，我睡在客厅，可移动的，晚上要睡的时候就拖过来，早上起来就收起来……年纪大了睡眠比较浅，半夜他们起来上厕所，我都听得清清楚楚。"（20-RCC）在访谈中20-RCC告诉我们，因为"这边太小了，住不了"，所以自己老伴也不敢来，"（和老伴）分开很不习惯啊，这也没办法，要带孙子……要是孙子去上大学，就不用待在这边了。回老家就很轻松。我叫我女婿去叫他爸爸妈妈来带孙子，他爸爸妈妈都没办法来。我带得很累，一个人没办法带，要两个人来轮替。我老伴在家里也没人煮饭、洗衣服，（他只能）自己做"。

互惠有间型家庭代际关系中的随迁父母对家庭外部社会生活的参与也比较有限。其中既有主观上的原因，如他们对城市生活的心理接纳程度不高，也有客观上的原因，如气候差异、饮食偏差等因素增加了其迁居生活的不适感，也影响了他们迁移融入的进度。尽管如此，我们还是看到随迁父母本着照顾好子代家庭的初衷，不断调整自己、克服地域差异所做的努力和付出。

2. 工具性的家庭信念系统

家庭信念决定了随迁父母看待随迁的意义，也影响着其可能做出的行动选择。有意思的是，互惠有间型家庭代际关系中的随迁父母对自己承担的家庭照料角色呈现两极化的意义阐释，既有正向也有负向，充分体现了在照料动机、养老观念和代际关系评价上的矛盾情感。从心理动机和主观意愿来看，这类随迁父母的迁居意愿有些勉强，从心底缺乏归属感，甚至迫切想完成照料孙辈的任务好返回老家。"我是过来做保姆啊，也是很辛苦的。主要是来看小孩，不然我宁愿待在老家。我自己家里的房子很大啊，哪像这里（指儿子家）都转不开身。"（5-WDM）进一步研究后，我们发现，努力寻找随迁生活的价值意义和"养儿防老"的工具理性考量在这类随迁父母身上起到了很大的作用。一方面，为子女分担生活负担的家庭责任传统使其拥有被需要的自我效能感，"我不带（孙子）他们（指儿子儿媳）没法工作啊。不给带，他们就要请保姆，贵不说，也不放心啊。他（指孙子）衣服都是我手洗的"（2-DDM）。而"儿孙绕膝"的天伦之乐和浓厚的祖孙情感也使他们的付出更加坚定，"外孙很孝顺，过节还画画（给我）"（12-XAY）。15-TBB 也表示自己"和孙子感情很好的，这个带孩子的过程啊让我感到一家人更亲了。如果孙子有需要或困难，我必须给支持"。另一方面，受传统孝道和"养老防老"观念影响，其随迁动机中也掺杂着工具理性的交换观念，毕竟在子代有需要的时候给予帮助更能"理直气壮"地得到子代的直接回馈。"我女儿当然得对我好，我帮她带孩子她会对我坏啊，不可能的，对不对！"（3-LAS）由于家庭养老仍然是当前主要的养老方式，一些随迁父母在潜意识里也将随迁照料行动看作自己年老之后换取子女赡养的"筹码"以及提升家庭整体福利的"催化剂"。比如，

8-YDY 就认为，"我现在给她带孩子，我老了之后她会给我吃啊，我就是没工资的人，农村的人"。

为了使随迁父母能够继续留下来带孩子，这类家庭中的代与代之间在一定程度上存在代际补偿的特征，子代可能用其他资源来"笼络"父辈，以换取父辈长期持续性的代际帮助。"不太想帮女儿带（小孩）了，帮她带小孩太辛苦了，我儿子那还没生，生了我就过去了。但我女儿还要我（帮忙），我说不帮她带了，她说明年户口给我迁过来，还说要给我报老年大学，让我去读书。我以前生活苦没得读书，挺想读书的，所以走一步再看吧。"（8-YDY）但在真正谈及留居意愿时，8-YDY 也表现出了一定的顾虑和犹豫，"他们买的（房子）记在他们的名下，不是我买的，我现在是住在这边帮她带小孩，以后会不会留在这里再看吧"。总的来说，出于"过客心态"和"落叶归根"等观念，这类随迁父母对留居迁入地养老的意愿并不强烈，"（老了）我还是回老家，根在那边，根在哪里还是回哪里，小孩总是要离开了。而且他们要上班，不给他们增加麻烦"（12-XAY）。

3. 含糊的代际沟通过程

互惠有间型家庭代际关系中的代际双方对家务安排的磋商机制比较模糊，代际沟通和情感交流也同样含蓄隐忍。由于倾斜的代际互动情境，随迁父母很容易受困于家庭照料者的角色中，他们大部分时间及外出安排是围绕孙辈需求展开的，较难拥有属于自己的休闲娱乐时间，这也符合该类家庭代际关系呈现明显"下位运行"的特征。

这类家庭中的随迁父母明显表现出对于回老家的渴望，很大一部分原因是他们感到自己的个人利益和需求在子代家庭中得不到应有的重视和满足，"有时觉得心里挺委屈的"（12-XAY）；或者因为自己被赋予繁重的家庭照料责任而感到负荷较大，但又碍于含糊的家庭沟通过程，而难以改变现状。在访谈中，即使 20-RCC 一直表示女儿和女婿对自己挺好的，但她还是想回家或者与亲家轮流照顾，这是因为"感觉太累了，回家可以轻松"。

由于中国家庭情感不外露的传统特质，互惠有间型家庭代际关系中代与代之间的沟通方式也比较内敛，长辈们大多不会主动告诉子女自己的需求，而子女则往往对长辈的付出抱有默认心理，或因不善于同长辈交流情感，代与代之间的沟通发生错位，双方的需求不能有效传达和满足，影响了家庭代际关系。"我如果跟她（指老伴）在一起生活都不用做家务，到这边来，我儿子媳妇都忙，所以有时候还要做一些家务。有时候有点孤独，毕竟有些话跟子女讲没有和爱人沟通顺畅。"（15-TBB）尽管内心十分期待得到子女们的言行关心和情绪感知，但随迁父母仍然表示非常体谅子女们的辛苦，对子女在城市打拼的生活压力也充满理解和心疼。"他们（指儿子儿媳）就不在家，星期天有时候休息，有时候不休息。他爸爸（儿子）今天又去值班了，是个律师"（2-DDM）；"看（他们）压力这么大，我们经济条件也不好，能帮点就帮点吧"（15-TBB）。总之，通过积极的意义建构与代际互惠的理性选择，互惠有间型家庭代际关系在整体上并无太大冲突。不过，也需要对此类家庭关系中的潜在矛盾予以重视。

（三）疏离忽视型家庭代际关系

疏离忽视型家庭代际关系下随迁父母与子代家庭的关系趋于松散，表现为在代际互动情境和代际支持上出现失衡状态，偏向于父代对子代的单方面付出；在代际沟通上，子代由于观念差异、工作繁忙或潜在的家庭矛盾而与随迁父母交流互动较少，沟通渠道被堵塞，虽没有明显的代际冲突，但二者情感疏离，无法给予彼此关心与支持，随迁父母甚至出现"精神空巢"现象，导致他们对亲子关系或随迁生活满意度呈现明显的负向评价。

1. 失衡的代际互动情境

疏离忽视型家庭代际关系呈现明显不对等的支持关系，随迁父母的"向下"代际支持明显超出子代的"向上"代际支持，这类代际关系中的随迁父母在主观上感到自己对子代的单方面付出"过多"，且并没有得到应有回报，代与代间的相互支持不平衡。9-QAY 是我们访谈中为数不多没有和子代共同居住的随迁父母，她和老伴两人在儿子家不远处另外买了一套小房子单独居住。"来厦门 7 年了，看孩子，儿子那时候买房、买车都有给钱，刚开始和他们在一块生活，给多少算不过来了……"当问及为什么选择和子代分开居住时，9-QAY 不愿做过多解释，只告诉我们"看孩子的心理压力比较大"。当问及儿子是否有给予生活费或其他"向下"代际支持时，9-QAY 的回答也透露出并不满意："没有，有时候生活费还要我自己贴补进去……想要什么一般是自己买，反正他们（指儿子儿媳）很少给我，管好自己就不错了。"不难看出 9-QAY 家庭的经济条件比较优越，因此才有能力做到为子代提供较多的经济支持。但是，对于经济收入不高的随迁父母而言，显然难以具备这样的条件，而为子代家庭提供无报酬的家务劳动则只需要父辈具备一定的劳动能力即可，相对来说，比较容易实现。林彬彬（2019）在研究中指出，相对而言，没有退休金、缺乏经济资本的贫困农村老年女性，在经济上的劣势让她们更大程度上靠照料抚育幼儿以及承担家务劳动来依附子女家庭，从而获得在城市生存的必要条件。

> 我就是尽量给他们多干活，他们（指女儿女婿）腾时间多工作。经济上还是支持不了，就在家务上多帮忙，能带就尽量带吧。（17-CAY）

从迁移融入的角度来说，迁入地社会关系重构不易，随迁父母需要紧密依靠自己的家人来实现对随迁生活的适应，但是在疏离忽视型家庭代际关系中，支持主体疏离、亲缘支持单薄，随迁父母的城市适应往往存在较大阻碍，由于缺乏子代这个异地生活的"引路人"，他们没有勇气走出家庭，加之家庭事务缠身、语言不通等原因，其活动范围拘泥于家庭内部，与外界出现割裂脱轨，"你问我（外面的事）这个我真的答不来，我不清楚，因为我们都待在家里面没出去，我们哪里知道"（17-CAY），访谈中他们大多表示自己在迁入地有比较强的孤独感。

> 没有人玩，这里的人都不熟悉，朋友怎么交得进去。跑出来你都不熟悉，肯定很孤独的。（18-LHY）

2. 裹挟性的家庭信念系统

疏离忽视型家庭代际关系下的代际情感虽然并不浓厚，但这类家庭中的随迁父母对于代际责任伦理依然有着强烈认同，正是因为这种家庭整体利益至上的思想，父母帮子女带孩子被视为是"天经地义""理所当然"的世代传统规范，而并不会过多考虑个人的意愿。"儿子叫我在这里就在这里，叫我回老家就回老家了。老人就应该去带孙子不然带什么，肯定帮儿子带的嘛，吃饭就吃儿子的，不是吃女儿的。"（18-LHY）这种代际支持行为可能缺乏自发性，更多的是在社会舆论或代际压力的裹挟下发生的。已有研究认为，在当前社会福利机制不健全的大背景下，家庭是个体抵御风险的最后堡垒，个体为了维护这最后的"避风港"，代与代之间时刻发生着妥协行为（翁堂梅，2019）。"我们如果尽力（帮带孩子），他（儿子）就会感到高兴是不是，不帮他会生气，他需要我们，我们就要去带……如果没带就不会有很深感情，如果带就比较亲嘛。"（9-QAY）从某种意义上来说，传统文化下的代际团结是一种主体文化，而现代的代际团结更像是一种无奈选择。比如访谈中，17-CAY 就认为，"老人帮子女带孩子是目前中国家庭比较无奈的选择，因为保姆请不起，你说是不是"。

正如卢休和皮勒默在研究成年子女与老年父母的家庭关系时注意到的那样，代际互动常常伴随着行动主体矛盾的感受、想法、愿望和目的，以及主体对于家庭关系、社会结构、社会力量和自身利益的评估，这些评估相互刺激、影响，最终导致矛盾情绪的集合（Lüscher & Pillemer，1998）。"无奈的被动团结"同样体现在随迁父母的养老观念和居留意愿上。比如当谈到是否希望跟随子女养老时，25-ZXQ 认为："老人家不会做事，不会赚钱，吃喝都是孩子的，走到哪儿吃到哪儿。"但又似乎对子代的赡养意愿或赡养能力不那么确信，"以后我怎么算呐，我算了没用。这边（指儿子家）有地方给我住，我就跟年轻人住，没地方住就回老家咯"（25-ZXQ）。

3. 隐晦的代际沟通过程

疏离忽视型家庭代际关系中的家庭表面上看似运行平稳，没有大冲突，但实则存在不安全的家庭沟通氛围。由于代际支持关系的不平衡，疏离忽视型家庭代际关系中的随迁父母在日常生活照料和家务劳动上往往得不到子代的充分协助，"感觉他（指儿子）就是把孩子都丢给我带……礼拜六礼拜天他（指儿子）也是早上睡觉，下午自己出去打球"（18-LHY）。失衡的家庭代际分工在一定程度上影响了他们对孙辈照料工作的耐性，降低了其对享受"含饴弄孙"乐趣的期待，甚至萌生烦躁焦虑的情绪。"他们（指女儿女婿）早出晚归的，就晚上在家，天天忙得够呛……有时候被孙女给气的，她不吃饭（我）就生气，吃饭不乖（我）也会生气。"（17-CAY）另一位受访者 18-LHY 也觉得"没有带孩子比带孩子好，孩子不听话就很烦恼"。

这类家庭中的子代往往忙于生计，并没有太多与父母进行坦诚交流的机会和时间，代与代之间只涉及义务性的惯常联系，这种互动方式并没有提升代与代之间的亲密关系，也不利于改善随迁父母的心理福利状况（崔烨、靳小怡，2016），再加上被掩盖和压抑的迁移压力，因此"精神空巢"问题在这类家庭的随迁父母身上表现得较为突出。当谈及与子代的日常交流时，18-LHY 没好气地说："他（指儿子）自己都没空，打工早上出去晚上回来，哪里知道我心情好不好。"有限的代际沟通使得随迁父母在子代家中难以自在表达和分享情绪，当心情不好或情绪低落时只能选择自我排解或隐忍，也因此难免形成了代与代之间的心理隔阂。

> 一般心情不好是自己排解，不让他们知道。反正也不住在一起了。总的来说，（和儿子儿媳）关系一般，也不是很满意……总有一些事情烦心，就是因为家里的小事有时候意见不统一，讲多了也伤感情。（9-QAY）

有关代际沟通不足的原因，除了代与代之间缺乏相处时间等客观因素外，也存在子代对父母需求的有意疏忽和主观忽视。"我生气他们当然知道，我自己一个人怎么生气啊？"（25-ZXQ）25-ZXQ 这句颇有意味的话反映了其内心是渴望被子代关心和关注的，并认定同住一个屋檐下的子代肯定能够察觉自己的情绪，但遗憾的是，25-ZXQ 的儿子和儿媳似乎并没有接收到长辈发送的需求或者说对长辈的需求视而不见，导致随迁父母的负面情绪不能及时纾解，长此以往增加了内心的压抑郁结。"我是很想（沟通）的……上次来就觉得无聊，现在是习惯了。一个人无聊就出去走路咯，在大城市没什么朋友……媳妇还说让我不要跑丢掉，让我记住电话号码。"（25-ZXQ）此外，由于家庭中未能建立有效、畅通的代际沟通机制，随迁父母认为自己的付出不但没有得到子代的认可与感恩，反而遭到嫌弃或挑剔，自我价值容易受挫，从而产生"吃力不讨好"的消极评价。

> 给他们（带孙子）怎么带他们都不满意，带不好还要被他们埋怨，我过去带自己孩子都没这么累，现在（带）孩子什么都要听他们的。（25-ZXQ）

（四）失调冲突型家庭代际关系

失调冲突型家庭代际关系中的随迁父母不仅会因家务繁重而产生生理疲惫，而且会由于与子代的生活分歧、情感支持匮乏或者家庭权威异位而产生较为严重的挫败感，自我角色认同较低。在家庭沟通过程中，这类家庭成员出现较为明显的抱怨和冲突，家庭关系评价呈现负向。不过就现实来看，能够让父辈维持随迁状态的家庭本身就有一定的困难克服能力，如果代际关系真的恶劣到无法修复的程度，父辈也不可能会继续出现在子代家中。因此在访谈中，属于失调冲突型家庭的数量比较少。

1. 单薄的代际互动情境

俗话说"家贫无孝子"，指子女因经济条件受限而无法为父母提供应有的赡养（曾旭晖、李奕丰，2020），子代的社会经济地位越好，越有可能也更有能力向父母提供支持（陈皆明、陈奇，2016）。对随迁父母所处的新三代同堂家庭而言，稳定的经济来源更是家庭幸福的重要保障。由于城市物价和生活成本较高，子代本身承受较大的生活压力，当父母迁入时，势必增加家庭生活开支，一些父母已经将大部分人生积蓄用于给城市中的子女买房、买车，其用于个人养老的储备和可支配性收入本就有限，如果这时子代经济状况出现困难，势必使随迁父母也陷入生活质量受损和养老尊严难保的窘境和担忧，最终影响代际关系的和谐。"儿子外面生意做不好的时候（我）能感受得到，他生意不好我也挺烦的呀……要是看不见也就算了，眼不见心不烦。"（19-ZSS）与其他类型代际关系中子代通常主动给予父母物质或经济支持不同的是，失调冲突型家庭代际关系中的随迁父母所获得子代的经济支持可能是自己索要来的，如 19-ZSS 表示："就算他生意不好，生活费我还是会照样叫他给，这些基本生活支出不能省，不能饿死……都是我叫他们给钱的，我没钱。"

虽然不少研究（宋璐等，2013；Di Gessa et al.，2015）发现不同形式的亲代支持既能够使子女受益，也能对老年人的身心健康产生积极效应。但也有研究（Baker & Silverstein，2008；Lumsdaine & Vermeer，2015）提出，过度的"向下"支持会对老年人的生活产生不利影响，其中，照料强度或照料时间是学者们在阐述亲代支持负面影响时重点关注的影响因素，即如果子女需求过多，则会对老年人的身心健康造成负面影响（孙鹃娟、冀云，2017；程昭雯等，2017）。高强度的孙辈照料会使老年人承受较大的身体负荷，烦琐重复的照料工作也会影响老年人的正常社交活动、不利于自身医疗需求的满足（肖雅勤，2017），有损身心健康进而降低他们对子代和随迁生活的满意度。

> 我一个人还要管这个家，还要煮饭、买菜呀，这个（指孙女）才会走路，我到厨房煮菜她要去吵，我一个人真的很累……请个保姆？请得起吗？（儿子媳妇）上班那一点钱。（21-LY）

> 我这儿还有一个小疙瘩（指向自己的手部），是太累导致的，（去看医生）说这个要割下来，叫我做手术。我没做，做手术就要花不了老少钱嘛（意思是得花不少钱）。（16-WAR）

与疏离忽视型家庭代际关系中的随迁父母遭遇相似的是，社会融入困难也是这类随迁父母绕不过去的坎。"她们这儿说话我一般听不懂，除非我看她们的行动、手势。我参加她们的腰鼓队主要是看她们的手势，（讲解的时候）听不懂。来的时候很不习惯，他们这儿喜欢炖汤啊什么的，我们河北喜欢炒菜啊、捞点稀饭啥的。"（16-WAR）

> 来的时候都流眼泪，每天被关在套房里。听普通话不是很懂，简单的可以听，稍微复杂一点的听不懂。（11-AY）

2. 消极的家庭信念系统

失调冲突型家庭的代与代之间明显呈现离心的特征，单薄的家庭互动情境、匮乏的社会支持、操劳过度而导致的欠佳的身心健康等，都使得随迁父母对于随迁生活的意义建构比较消极。"能动、能帮忙的时候就帮忙；不能动，他们要咋地咋地。"（16-WAR）这类家庭的随迁父母往往表示，他们怀揣着支援子女的初心来到城市，但随迁之后与子女共同吃住反而增加了代际矛盾产生的机会，因此对随迁生活或者子代家庭有一种失望的情绪。"（谈及自己和女儿的相处）就那样呗，反正我女儿那样的人就是（成家后）和在家时候（成家前）一样，生了两个孩子也不懂孝顺大人，一起做事情行不通，也不会安慰我，就让我自己生气……反正和他们（指女儿和女婿）感情都一般般，不是很好。他们嘴一点也不甜（不会）让父母开心。"（11-AY）消极的生活意义建构和家庭角色认同同样体现为他们对维持随迁生活的意愿都比较低，甚至也发生过主动放弃随迁生活但又"不得已"回到城市的情况。"雨涵（指孙女）小时候就我带的，后来跟她妈妈（指媳妇）不好……我想带孩子就是受气。我就跑回家不带了。这不是看孩子没人照顾嘛，要上初中了，他们忙不过来，我就又来了，唉……真的合不来，每次待久了就会吵架。"（21-LY）

有研究发现，同住老人和子女之间最易发生矛盾的事项中，居前三位的分别是照顾孩子、教育孩子和生活习惯（吴祁，2014），这些问题在失调冲突型家庭中表现明显。由于教育理念和生活习惯的地区差异和世代差异，一些随迁父母在子女家庭也很难得到真正接纳。"有时候他们这边带孩子和我们不一样，吃什么都说上火啊啥的，其实带孩子按我的方式还是挺好的，他们带都按他们的方式，她奶奶说我给吃的东西上火啥的……所以他们来我就不管了。"（16-WAR）这类关系中的随迁父母在家庭中的存在感和自我身份认同较低，更加敏感，甚至容易产生被排斥、被孤立的"边缘感"。受访者16-WAR在外给人的感觉就是一位积极的"社区活跃分子"，平日里热心参与社区文娱活动，但深入交谈后才发现这其实是她避免在家里"受排挤"的自我排遣方式。由于难以融入子代家庭，她只能选择"逃离家庭"或在随迁家庭之外寻求满足感，用社区活动的热闹来掩盖内心的冷寂与苦楚。

> 他们（指女儿一家人）要是都在家我就出来玩，人一家三口在家，我在家就是多余的，我感觉不舒服，所以就出来玩了。家丑不可外扬，不说了。（16-WAR）

3. 逃避的代际沟通过程

失调冲突型家庭中的代际气氛总体比较消沉和压抑，情感交流渠道不畅使得家庭处于随时随地可能爆发冲突的紧张氛围中，影响家庭功能的正常发挥。家庭成员的感受与需要被抑制而不能表达，家庭出现了"避免接触等于避免冲突"的不成文规则，成员采取逃避问题式的处理方式，主动减少互动。在调查中，这类随迁父母表示习惯采取避让和沉默的方式应对家庭摩擦，这虽然降低了冲突升级的概率，但也减少了彼此倾听、相互理解的机会，使代际分歧变成更长久的隔阂。

女儿说话会（跟我）顶嘴，她顶我我就感到不舒服，我说什么非得顶我两句。还有我女婿，做饭会挑。现在好了，他们自己做饭，自己想吃什么做什么，我自己做自己的。（16-WAR）

随着社会生产方式和传统伦理观念的转变，老年人的家庭权威逐渐式微和让位。一些随迁父母进入子代家庭后，其能动性受到较大限制，较难成为实质上的当家人。父辈和子代之间的摩擦虽然不会迅速导致关系的破裂，但家庭政治广泛地以"气"的形式存在，"气"是未能达到期待的常识性正义平衡感觉时，针对相关人和事所生发的一种激烈情感（陈柏峰，2007）。"我就感觉她（指儿媳）不尊重我，每次煮饭都嫌这嫌那。你看，看见我和家里亲戚连招呼都不打一个。你说我气不气？……不过我现在也管不了，反正吵架我就走了。孙女她自己想办法照顾吧。我自己在家种菜或者出去打工还能赚点钱，没必要受气。"（21-LY）当与子女发生严重冲突时，失调冲突型家庭代际关系中的随迁父母大多以终止随行为即"跑回老家"的方式表达自己的委屈和不满，以缓解在子女家庭中不被尊重或受到冷落的不愉快感。在访谈中，我们发现"回老家"成为随迁父母与子女们博弈的资本和筹码，其背后心理即"如果你让我不高兴，我就不给你带孩子了"，博弈的出发点和目的主要是达成亲密关系以及争取被重视或被尊重的权利。比如19-ZSS和21-LY都呈现这样的置气心态。"有时候儿子儿媳生我的气，我就很生气，就会跑回老家，不管他们了，给他们带小孩还要受气。我不跟他们吵，我就走。怎么说呢，老了要听儿子的话，有时候也会烦啊，老人家不要受气就好。后来是我儿子打电话，他打两三次我才回来，（儿子）说实在忙不过来，不然我就不回来了。"（19-ZSS）19-ZSS对于产生家庭矛盾的原因不愿做过多说明，但明确表达了"受气"的感受,我们从中可以窥探到由家庭地位转变、权力失衡所带来的不平与不适。从 19-ZSS 会选择回来照顾孙辈的讲述,我们可以理解为,儿子向他"屈服"了,他又挽回了一点尊严。

二 随迁父母家庭代际关系的社会工作服务方向

通过上述的分析,我们可以发现随迁父母在扩大化家庭中的代际支持行动和代际互动实践混合了传统家庭的伦理自觉和转型家庭的功能理性。中国目前正处于前所未有之大变局之中,中国家庭功能并没有在现代性的冲击下弱化,反而表现出相当的韧性,这与随迁父母的自觉付出、自发调适和积极应变是密不可分的。所谓"家和万事兴",中华民族自古以来就重视家庭、重视亲情。已有研究表明,影响流动老人社会融合的因素首先是家庭情感支持,其次是社区提供的养老服务支持和医疗服务支持,最后是政府提供的老年福利和异地就医即时结算(周红云、胡浩钰,2017)。随迁父母来到子代家庭后引起了家庭结构的暂时性改变,他们既要适应城市环境、转变角色、调整习惯,还要在代际家庭的协商合作中寻求心理平衡机制,家庭代际关系时刻影响着他们的随迁生活质量。我们在思考提升随迁父母生活质量和城市融入时,应首要帮助他们提升家庭关系的融洽度与和谐度,以及社区和社会的支持度。家庭社会工作是为帮助解决家庭问题、增加家庭福利、更好地实现家庭功能而进行的社会工作,特指以协助整个家庭为单位的社会工作(朱东武、朱眉华,2011),也是一种重视综融取向的服务,同时社会工作的专业技术和过程智慧能够为精准服务对象提供切入路径(顾东辉,2016)。系统理论是家庭社会工作中的重要和常用理论。其认为家庭是一个社会系统,成员之间相互依存、相互影响,能通过互惠性、模式化以及重复性的互动形成一个"家庭被子"。家庭问题的产生往往与目前家庭的沟通模式有关,家庭根据既定的规则发挥功能,要永久、有效地解决家庭问题,必须改变这些既定规则(柯林斯等,2018)。我们已将随迁父母家庭代际关系提炼划分为亲密和谐型、互惠有间型、疏离忽视型以及失调冲突型四种,并探讨了其在代际互动情境、家庭信念系统和代际沟通过程等方面的不同特征,由此可以根据不同类型代际关系的优势、劣势和潜在需求寻找针对家庭整体或家庭成员的社会工作服务方向。

　　第一，针对亲密和谐型的家庭代际关系，社会工作者可以通过家庭访视、生命历程叙事等手法挖掘其家庭优势，有效巩固其对随迁行动的积极意义建构和继续随迁支持子代的意愿，并将这种积极意愿转化为增进家庭和谐幸福的内生动力；通过梳理其家庭内部的支持性循环因果关系，构建支持网络，用以指导未来的生活与解决可能遇到的问题；也可以通过媒体宣传报道，树立典型形象，引导其传授家庭沟通经验，传播正能量，使之成为其他同质性三代同堂之家的榜样。

　　第二，针对互惠有间型的家庭代际关系，社会工作者可以在了解随迁父母家庭成员互动方式的基础上，多系统评估家庭的优势和劣势。良性的代际沟通应该是双向和互相强化的。通过组织家庭沟通公益讲坛、孝心孝义传达技巧讲座、文化反哺类活动等，引导家庭成员学会用心倾听、用爱沟通；改善代际沟通姿态，进一步明确彼此家庭角色和代际责任。积极关注随迁父母与外部社会系统之间的联系，鼓励随迁父母与邻里互动，丰富社区互动和参与体验。可以通过"以老带新"等方式组织社区联谊活动，以亲缘、地缘为纽带，帮助随迁父母在迁入地构建同质性群体联盟或新的朋友圈，拓展社会网络，重建同伴支持系统，减少他们因原有社会关系断裂而产生的负面情感和消极感受。

　　第三，针对疏离忽视型的家庭代际关系，社会工作者可以协助家庭成员感受彼此的行为和情绪，改变家庭中既定的"想当然"的常态沟通模式，引导家庭成员彼此表达当前阶段的发展需求与价值意义，通过一致的意义建构将家庭成员彼此联结，形成家庭整体感，并在此基础之上制定彼此满意的家庭互动规则和协作方式，重塑优良家风。针对部分随迁父母出现的"精神空巢"现象，可利用小组或个案方式为他们提供倾诉和陪伴服务，适时释放内心的负面情绪。对于迁居融入较为困难的随迁父母，应以其日常生活和社区适应中的困惑点为切入点，开展诸如迁入地城市历史和城市空间导赏活动、社区人文风貌茶话会、本地风味美食品鉴等系列活动，引导随迁父母认识迁入地的物理和人文环境，了解迁入地的语言、风土人情、社会政策和公共服务资源，学习迁入地生活技能，促进随迁父母的再社会化，以提高其适应能力。

　　第四，针对失调冲突型的家庭代际关系，应认识到，家庭面临的危机虽然给家庭带来了不稳定因素，但同时也是家庭改变的机会。社会工作者可以引导家庭成员通过家庭矛盾的解决来了解彼此需求，协助进行家庭中不合理规则的改变与磋商，构建代际双方都能接受的新的行为规范。也可通过心理咨询或个案辅导帮助家庭成员疏解不良情绪，纠正偏差认知，协助其形成积极的信念系统和正面展望，学会以积极乐观的心态面对困境和挫折。最后，督促家庭成员巩固介入成果，共同思考如何维护并持续发挥家庭功能，学会将学习经验迁移运用在不同的场景之中，促进家庭成长。此外，还可发挥社会工作者的文化营造和政策倡导作用，在全社会营造尊老敬老的孝道文化，积极推动有助于随迁父母社会融入和老年权益保障的相关政策制定；在家庭福利政策倡导中为随迁父母家庭提供更多支持性方案，帮助随迁父母家庭链接资源，如在社区范围内构建互助性育儿联盟或引入市场化的可负担的托育服务，有效缓解随迁父母的家庭照料压力。

　　本书对家庭代际关系的类型化分析及其服务策略的探讨仅是理想化的学理探究，现实中家庭代际关系是各种因素交织在一起后呈现的不同类型的动态组合形态，需要我们结合社区环境、家庭资源、家庭发展阶段、个体利益需求及情感意愿等做出判断。

第七章　地域认同感、生活幸福感及 居留养老意愿

在前几章中，我们基本掌握了随迁父母群体在迁入地的生活质量和双向代际支持情况，那么作为特殊的新移民群体，他们对迁入地的地域认同感和主观融入意愿如何？哪些因素可能影响其对迁入地的地域认同感和主观融入意愿？他们对于随迁生活的幸福感知度如何？哪些因素可能影响其随迁生活的主观幸福感？当孙辈长大，不再需要他们的照料时，他们是否打算继续居留迁入地养老？哪些因素可能影响其继续居留迁入地养老的意愿？他们对于居留迁入地养老又有哪些现实顾虑？围绕上述问题，本章将重点研究随迁父母的地域认同感及其影响因素、主观幸福感及其影响因素、居留养老意愿及其影响因素，在理论推导和假设检验的基础上，尝试对上述问题进行学理解释。

第一节　地域认同感和主观融入意愿

社会融合的心理建构理论经历了西方对社会距离、社会认同、社会适应即再社会化理论研究的探索后，逐步由过去关注个体单向的适应和融入，转向强调移民与城市的双向互动，即理想的社会融合应该是移民积极主动地认同迁入地社会，迁入地社会也以更具包容性的姿态接纳移民，且二者通过相互作用，达到互相渗透、互惠互补，形成新的交融社会文化体系的过程（任远、邬民乐，2006；黄匡时，2008；周皓，2012；肖子华，2018）。吉登斯的结构化理论认为，流动人口社会融入不仅为客观"结构"所规定，还具有主观选择能动性，前者主要指经济融入、行为适应等显性

的客观社会融入，后者主要指价值观念、身份认同等隐性的主观社会融入（Goldlust & Richmond，1974；杨菊华，2010）。社会融合在个体层面上体现为个人的地域认同感和归属感，真正的社会融合，必然是建立在流动人口对流入地高度的心理认同之上的（崔岩，2012）。研究随迁父母的地域认同感和主观融入意愿也是评价该群体社会心理文化融合程度的重要依据。

已有关于外来人口地域认同或融入意愿的研究更多关注农村进城务工人员、失地农民、城市新移民（白领）等劳动年龄人口，这些人员的流动主要是以获得经济回报和就业发展为目的。学界对于随迁中老年人口在非生产性、非营利性流迁过程中的地域认同和融入意愿的关注甚少，即使有，也大多是分析该群体在迁入地城市的客观融入困境（张岳然等，2021），而鲜少探析随迁父母对迁入地城市的主观融入意愿。究其原因，一方面是一些研究存在一定的思维定式，即事先预设了随迁父母需要并渴望融入，因此缺乏对主观融入意愿的研究意识，也未能关注客观融入程度和主观融入意愿之间的内在联系；另一方面是学界对涉及地域认同和主观融入意愿的概念内涵和评价标准尚未达成共识，因此相关测量方式和研究结论也存在较多争议。

一些研究中对于流动人口的城市融入意愿采用了个体身份认同、社区融入和城市认同等综合性指标测量方式（杨菊华，2015；谢桂华，2012），如刘启超（2022）的研究采用了国家卫健委"中国流动人口动态监测数据"（CMDS）社会融合专项调查数据中的归属意愿（"我感觉自己属于这个城市"）、身份认同（"我觉得我是这个城市的成员"）、城市认同（"我把自己看作这个城市的一部分"）和社区融入意愿（"我愿意融入社区或大单位，成为其中的一员"）等多种指标（回答分为"完全不同意""不同意""基本同意""完全同意"四种）来表征农民工的城市融入意愿。李锐等（2022）使用"市民化意愿"来表征农村户籍流动人口的城市融入意愿，并采用国家卫健委"中国流动人口动态监测数据"（CMDS）问卷中的"如果您符合本地落户条件，您是否愿意把户口迁入本地？"的单一题项（回答选项分为"愿意"、"不愿意"和"没想好"）来表征农民工群体的市民化意愿。不过本书的调查对象不仅包括农村户籍随迁父母，也包括外地城市户籍随迁父母，因此以融入意愿而非市民化意愿来表示更为合适。

还有研究将认同感和归属感视为流动人口心理文化融合的评估指标，其中的认同感指标主要是统计流动人口中愿意转为城镇户口的比例，用于衡量流动人口对流入地城镇居民身份的认同程度；而归属感则主要评价流动人口对"我喜欢现在居住的城市""我关注现在居住城市的变化""我很愿意融入本地人当中，成为其中一员"三个题项的认可程度（肖子华，2018）。肖宝玉等（2021）的研究认为，融入意愿是流动人口主观上对所流入地的心理接纳程度以及对融入的期待程度，并使用"中国流动人口动态监测数据"（CMDS）问卷中"我喜欢现在居住的城市/地方"、"我关注现在城市/地方的变化"和"我很愿意融入本地人当中，成为其中一员"三个题项来综合表征流动人口的融入意愿。肖富群和陈丽霞（2021）在研究中将地域认同视为社会认同（包括文化认同、地域认同、群体认同和地位认同）的其中一个维度，并从流入地对"老漂族"的吸引力以及"老漂族"在流入地的居留意愿两个方面来测量"老漂族"的地域认同。本书赞成上述关于融入意愿和地域认同的评估方式，不过与肖富群和陈丽霞的看法不同的是，本书并不认同将居留意愿作为衡量地域认同感的指标项目，居留意愿反映的不仅仅是迁入地的地域吸引力或地域认同感强弱，其在很大程度上也受到家庭代际关系和个体因素的影响，考虑到居留意愿也是本书的重要研究内容之一，故将单列一节（参见本章第三节）来进行分析，在此仅就迁入地对于随迁父母的吸引力层面检测地域认同感或地域好感度。

在综合借鉴前人研究的基础上，本书采用多指标测量方式来考察随迁父母对迁入地的地域认同感和主观融入意愿，二者都是随迁父母基于其迁入地城市生活体验做出的评价。其中对迁入地地域认同感的测量主要体现为询问受访者对迁入地城市（本研究调查地厦门）的喜欢程度（回答分为"非常不喜欢"、"不太喜欢"、"比较喜欢"和"非常喜欢"，并根据喜欢程度分别赋值1~4分，分值越高表示对迁入地城市的喜欢程度越高）以及对现在居住城市发展变化的关注程度（回答分为"完全没关注"、"不太关注"、"比较关注"和"密切关注"，并根据关注程度分别赋值1~4分，分值越高表示对城市发展变化的关注度越高）。而对融入意愿的测量则主要针对外地户籍者（约占总体样本的 70.0%）单独追问"如果有机会的话，您是否愿意拥有本地（迁入地）户籍？"[①] 回答分为"不愿意"、"看情况"和"愿意"，根据外地户籍者对取得迁入地户籍的意愿程度分别赋值 1~3分，其中"不愿意"为 1分，"看情况"为 2分，"愿意"为 3分，分值越高，表示越期望拥有迁入地户籍，在某种程度上也表示对迁入地的融入意愿更高。

　　调查结果显示（见表 7-1），超过九成的随迁父母对迁入地城市有较高的喜欢程度，仅 6.5%和 1.2%的人表示"不太喜欢"或"非常不喜欢"迁入地城市，充分体现了随迁父母对迁入地城市建设和生活环境的满意态度，也说明了该群体对迁入地城市有着较高的地区好感度或地域认同感。超过半数的随迁父母表示"密切关注"（9.3%）和"比较关注"（46.4%）迁入地城市的发展变化，另有 31.2%和 13.1%的受访者表示"不太关注"和"完全没关注"。尽管随迁父母属于外来群体，但他们仍然积极关注着迁入地城市的发展变化，这在一定程度上也反映了该群体较高的地域认同。肖富群和陈丽霞（2021）对北京等五个城市的研究也显示，"老漂族"的地域认同水平与社会认同其他维度（文化认同、群体认同和地位认同）相比，平均得分是最高的，可见迁入地的地域吸引力颇为突出。这与本书的结论基本一致，也隐含了大多数随迁父母对于子女在城市化进程中实现跨越式向上流动的现实认同。而且需要指出的是，《中国城市流动人口社会融合评估报告》[②] 对全国 50 个城市的调查显示，厦门市的流动人口公共服务融合水平、流动人口心理文化融合水平、流动人口社区参与水平在所有被评估城市中均排名第一（肖子华，2018），虽然该项调查是针对所有流动人口的调查，但也能表明厦门地区包容性、和谐性的城市建设使包括随迁父母在内的外来人口获得了较大收益。

---

①　由于问卷题目设计所限，对于已经取得迁入地户籍的随迁父母（占比为 30.0%），我们姑且认为他们通过户籍转迁行动已经表明了对迁入地的高度融入意愿。

②　该报告是由国家卫健委流动人口服务中心牵头组织，中国人民大学人口与发展研究中心、中国社会科学院人口与劳动经济研究所和中国人口与发展中心合作完成的。

表 7-1　随迁父母主观融入意愿的描述性分析

单位：人，%

对迁入地城市的喜欢程度	非常不喜欢		不太喜欢		比较喜欢		非常喜欢	
	频数	占比	频数	占比	频数	占比	频数	占比
	9	1.2	48	6.5	449	60.6	235	31.7
对迁入地城市发展的关注程度	完全没关注		不太关注		比较关注		密切关注	
	频数	占比	频数	占比	频数	占比	频数	占比
	97	13.1	231	31.2	344	46.4	69	9.3

在外地户籍随迁父母中，有44.8%的受访者表示"愿意"拥有本地户籍，15.5%表示"看情况"（可能愿意也可能不愿意），39.7%则表示"不愿意"（见图7-1）。如果将回答"看情况"的这部分群体也一并算入意愿融入比例中（假设回答"看情况"的那一部分随迁父母最后都愿意留在迁入地了），那么外地户籍随迁父母的意愿融入比例大致在44.8%~60.3%。本书关于随迁父母地域认同和主观融入意愿的相关调查结果与已有同类研究结论基本相近，如肖宝玉等（2021）通过对福厦泉城市群2017年流动人口动态监测数据的研究发现，福厦泉城市群流动人口主观社会融入意愿较高，流动人口认为"我喜欢现在居住的城市/地方""我关注现在居住城市/地方的变化""我很愿意融入本地人当中，成为其中一员"的比例分别为97.69%、94.29%、88.31%，总体来看，流动人口主观上对流入地的评价是比较积极的，并有较强的融入意愿。肖宝玉等还指出，流动人口的主观社会融入需要从态度上关注、喜爱流入地并被接纳，继而调整观念习惯，并最终形成心理归属，认同流入地身份，这一转变绝非一蹴而就，而是需要漫长和复杂的过程。本书的调查对象和相关变量提问方式与上述研究有所不同，但不管其最初的迁居动机是主动随迁还是被动随迁，随迁父母与其他流动人口一样对迁入地城市（子女所在城市）都有较高的地域认同感和融入期望，他们中的一部分人其实已经通过户籍转迁方式实现了身份转变，而外地户籍者中也有近半数明确希望拥有迁入地户籍，因此如何有效回应随迁父母的融入意愿、充分满足他们的融入需求，是迁入地城市在发展过程中不可回避的问题。

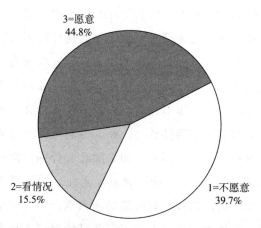

图 7-1　外地户籍随迁父母对于取得迁入地户籍的意愿程度

说明：$N = 519$。

究竟有哪些因素可能影响他们的地域好感或地域认同感？已有研究在探讨外来人口主观融入意愿的影响因素时，更多的是以劳动力流动人口（如外来务工人员）为分析对象，如相关研究发现个人和家庭特征、流动因素以及社会福利等都会影响农民工流动人口的融入意愿（朱雅玲、李英东，2016；罗丞，2017；孙友然等，2017；刘达等，2018；陆万军、张彬斌，2018；黄敦平、王高攀，2021），但随迁父母与外来务工人员等就业型群体在流迁目的和群体特征等方面存在较大差异，因此需要保守借鉴相关研究结论。现有关于老年流动人口社会融入问题的研究更多的是针对从农村到城市的"乡—城"型流动老人，对"城—城"型流动老人的关注比较不足（李含伟，2020）。已有针对随迁父母群体的研究认为该群体存在较多的融入困境，但并没有考虑到当前融入体验、融入现状、融入难度等因素也可能影响其对迁入地的地域认同感和主观融入意愿。

有关老年人迁移的地域认同理论认为，地域认同有强烈的主观色彩，迁移者愉快的年轻时代在迁出地度过，会给予迁出地更加正面的评价和认同，而对于知之甚少的迁入地则充满疑虑，只能通过长期体验才能有效认知（Lee，1966）。对于随迁中老年人来说，由于生活习惯已经固化，其对新事物的接受意愿和能力相对较弱，尤其当迁入地和迁出地的外部环境存在较大差异时，原有的"知识库存"或生活经验不足在其继续进行日常活动时，便很可能降低其对迁入地的认同感和主观融入意愿。比如张岳然等

（2021）在利用 CGSS 2015 调查数据进行的研究中就指出，同省迁移在生活环境、风俗习惯和语言交流等方面的微小变化可能不会给随迁老人带来过多的不适，适应和融入迁入地城市也较为容易，而跨省市迁移的随迁老人则会因环境气候不适、饮食习惯与沟通交流等方面的较大差异产生对迁入地城市的排斥感。综上，本书假设，如果随迁父母在迁入地感受到的地区差异程度较低，客观适应难度较小，那么他们可能产生对迁入地更高的地域认同感或主观融入意愿。同时，如果随迁父母的迁居时间较短、迁移距离较长（如跨省迁居），则可能因为对迁入地了解不足而难以产生喜欢之情，但随着迁居时间的延长，有可能对迁入地产生一定认同情感，而且能够维持较长随迁年限的中老年人，本身就可能对迁入地有较深情感。从理论上来说，迁居时间越长、随迁距离越近的随迁父母可能对迁入地有更强的融入意愿和主观认同感。

从融入方式和实际融入程度来看，已有研究表明，对个体来说，流动人口在迁入地的社会关系越丰富，社会参与程度越高，对当地居民信任感越强，就会有越强的身份认同和心理文化融合水平（任远、乔楠，2010；宋月萍、陶椰，2012；侯亚杰、姚红，2016）。此外，对于从古至今都十分看重买房置业的中国人而言，住在自有住房里（包括自己名下的住房以及子代名下的住房）意味着无须漂泊的安定感，这种安定感或许会增进他们对迁入地的地域认同感和主观融入意愿。因此，如果随迁父母住在家庭自有住房里，那么他们可能会有更高的地域认同感和主观融入意愿，更进一步说，如果他们直接获得了迁入地户籍，那么他们对迁入地的认同感也会明显增强。有关随迁父母对迁入地的地域认同感（包括对迁入的喜欢程度和对迁入地城市发展的关注程度）以及外地户籍随迁父母对迁入地的主观融入意愿（拥有迁入地户籍的意愿程度）的相关预测模型如图 7-2 所示。

为简化分析，我们将随迁父母对迁入地城市的喜欢程度和对城市发展的关注程度作为评价其地域认同感和主观融入意愿的两个关键变量，由于这两个变量之间显著相关（相关分析显示二者的 Pearson 相关系数为 0.303，显著性为 0.000），所以在进行假设检验时，将分别以一个变量为因变量，另一个变量为控制变量。针对所有样本，以随迁前后地区差异程度因子值来代表随迁父母在迁入地的客观适应难度即融入难度；用随迁父母在迁入地的

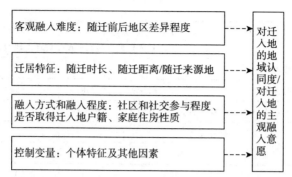

图 7-2　随迁父母对迁入地的地域认同度和主观融入意愿的解释性框架

社区和社交参与程度、是否取得迁入地户籍（转换为虚拟变量，1 表示已取得迁入地户籍，0 表示仍然是外地户籍）以及家庭住房性质（1 表示住在自有住房里，0 表示没有住在自有住房）代表其实际融入程度（包括社交融入、户籍融入以及购房融入）；同时增加受访者的年龄（以 2019 年为标准计算周岁）、性别（1＝男，0＝女）、受教育程度等个体特征变量，以及随迁时长（以 2019 年为标准计算年限）、随迁来源地（转换为虚拟变量，1＝跨省迁居，0＝省内迁居）、对居住小区/社区的喜欢程度（1＝非常不喜欢，2＝不太喜欢，3＝比较喜欢，4＝非常喜欢）等迁居特征因素作为控制变量。由此构建随迁父母对迁入地城市喜欢程度和对迁入地城市发展关注程度的解释模型。考虑到研究假设中涉及的自变量较多且它们之间可能存在共线性问题，故采用逐步回归分析法来进行研究假设的检验。最终建立的两个模型解释性方差分别为 37.5% 和 22.3%，模型解释力较高。逐步回归法所得到的最终模型中自动删除了对模型贡献不显著的变量，模型方差结果的 F 值检验 sig. 值均为 0，说明最终模型的整体线性关系是显著成立的。对两个最终模型的共线性诊断显示 VIF 统计量均小于 2，说明最终模型中不存在共线性问题（见表 7-2）。

表 7-2　随迁父母对迁入地地域认同感的影响因素分析

变量	模型 1 对迁入地城市喜欢程度	模型 2 对迁入地城市发展关注程度
客观融入难度		
随迁前后地区差异程度	−0.046** （−0.077）	—

变量	模型 1 对迁入地城市喜欢程度	模型 2 对迁入地城市发展关注程度
融入方式和融入程度		
社区和社交参与程度	0.059 *** （0.098）	0.154 **** （0.185）
是否取得迁入地户籍（参考类别：否）	0.093 ** （0.070）	—
家庭住房性质（参考类别：自有住房）	—	—
迁居特征		
随迁时长	—	0.002 **** （0.140）
随迁来源地（参考类别：省内）	-0.171 **** （-0.135）	—
控制变量		
性别（参考类别：女）	—	0.143 ** （0.078）
年龄		
受教育程度	-0.040 ** （-0.083）	0.141 **** （0.210）
对居住小区/社区的喜欢程度	0.531 **** （0.504）	
对迁入地城市喜欢程度	—	0.282 **** （0.203）
对迁入地城市发展关注程度	0.131 **** （0.182）	
常数	1.397 ****	1.018 ****
N	696	696
调整后的 R^2	37.5%	22.3%
F 值	58.799（$p=0$）	39.792（$p=0$）

注：（1）采用逐步回归法，表中仅报告最终进入模型的变量检验信息。

（2）括号内为标准回归系数；* $p \leqslant 0.1$，** $p \leqslant 0.05$，*** $p \leqslant 0.01$，**** $p \leqslant 0.001$。

（3）受访者的年龄以 2019 年为标准计算实际岁数（周岁）。

如表 7-2 所示，在控制其他变量的情况下，随迁前后的客观适应或融入难度对受访者对于迁入地城市喜欢程度会产生消极影响。也就是说，当随迁父母感知到迁入地在日常语言、饮食口味、气候和风土人情等方面与迁出地存在较大差异时，他们较难对迁入地产生喜爱之情。从融入方式和融入程度来看，如果随迁父母在迁入地拥有良好的社区社交参与，那么他们对迁入地城市喜欢程度及对迁入地城市发展关注程度也会随之提升，可见社会融入程度对主观地域认同存在显著的积极影响。已取得迁入地户籍者对迁入地城市喜欢程度高于外地户籍者，但是显著性水平和回归系数并不高，而且取得迁入地户籍者也没有表现出对迁入地发展变化的高度关注度。正如本书在对研究对象进行界定时所指出的，一些随迁父母事实上已经通过户籍落地政策取得了迁入地户籍，之所以把这部分群体也视为"随迁父母"群体，是因为他们此前并没有迁入地的长期生活经历，其对迁入地的心理归属依然不强，在潜意识里仍然认为自己是外地人。拥有迁入地户籍或许只是一部分人方便获取迁入地公共福利资源的一种工具性策略，而非感性认同，由此也可以看出随迁父母群体在主客观融入上的复杂性。研究还发现，住在自有住房里的随迁父母并没有如本书所假设的那样对迁入地城市产生更多的喜欢和关注，这可能与本书调查在询问随迁父母的家庭住房性质时，将随迁父母与子女家庭视为居住整体，未能将随迁父母的子女拥有房产和随迁父母本人拥有房产的情况区分开有关，如果随迁父母住在子女所拥有的自有住房里也同样计入"住在自有住房"选项，因此导致住房性质对地域认同度的影响并不显著。此外，随迁父母对居住小区或社区的喜欢程度越高，则他们对迁入地城市的喜欢程度也越高。随迁父母对迁入地城市发展的关注程度越高，他们对迁入地自然倾注了越多关切和情感，由此也会带来更多的喜爱度和认同感；反之则相反。

从迁居特征来看，随迁时长会提升随迁父母对迁入地城市发展的关注程度，但是其影响力十分微弱；而随迁时长并不会影响他们对迁入地城市的喜欢程度，这与本书的假设并不一致，在一定程度上反驳了随迁父母对于迁入地可能"日久生情"的理论假设。本书认为，正因为控制了其他因素，才使得随迁时长对地域认同感的影响不显著，换句话说，随迁时长的作用中存在中介因素，时间的投入带来了迁入地社会参与度的提升和生活经验的丰富，才逐渐产生了地域认同，因此在数据上表现为在控制其他变量的情况下，随迁时长的影响反而不显著。相比于跨省随迁的父辈而言，来自省内其他地区的随迁父母对迁入地有更强的认同度，这一方面是因为跨省迁居的随迁父母往往需要面对更多由自然环境改变、人文氛围转换和福利制度不兼容所导致的迁居困境，提高了随迁成本，他们难以对迁入地产生好感。就拿福建省医保报销制度来说，持省内医保卡的随迁父母在全省联网定点医疗机构就医的，其普通门诊、住院治疗实行免报备即时刷卡结算，但是持省外医保卡的随迁父母，在异地门诊就医，则需要办理异地就医备案，再选择可以异地就医的定点医院，相比之下，手续更复杂，且报销标准大多需要参照参保地的报销比例。另一方面路途遥远、旅途周折且旅费较高等因素也使得跨省随迁父母很难像省内随迁父母那样可以经常往返于迁入地和迁出地来调节随迁生活带来的不适。再者，本书调查地区厦门作为全省经济和社会综合实力最强的城市，对省内人口产生较强的聚集力，其不仅吸引着省内年轻人，也吸引着追求养老生活质量的中老年群体，省内随迁父母借由随迁的方式体验到更好的生活环境，且并没有付出较高成本，因此更容易产生对迁入地的认可度。

从个体特征来看，男性随迁者比女性随迁者更关心迁入地城市的发展和变化。受教育程度越高的随迁父母越关注迁入地城市的发展和变化，但同时对迁入地城市的喜欢程度也越低，这可能跟受教育程度越高者对城市发展以及城市公共服务水平有更高期望有一定关系。张岳然等（2021）在研究中发现非农户口随迁父母比农业户口随迁父母的城市融入度较低时，也曾给出了相似的解释，他们认为，非农户口随迁父母对迁入地公共服务有更高的期望，如果迁入地城市公共水平达不到他们的预期，可能会导致他们对迁入地城市的评价降低，影响其城市融入。本书中随迁父母的受教育程度对其对迁入地地域认同感的影响逻辑也与此类似。我们在质性访谈中不乏遇到一些受教育程度较高的随迁父母，他们表示自己平时也会积极关注社区所发生或正在实施的建设举措，甚至曾主动就其所生活社区和城市的发展问题提出自己的意见和建议，但是当他们发现自己的意见和建议没有被采纳或者所关注的问题没有被及时妥善解决时，会对城市产生更多失望，因此可能产生较低的认同度。相比之下，受教育程度较低者较为缺乏关注和参与城市发展建设的意愿或能力，他们对迁入地城市的好感或许带有一定的盲目性，也可能由于随迁所带来的环境新鲜感和视野扩增而更容易产生对城市的喜欢感。

为了进一步验证上述估计结果的稳健性，本书通过替换被解释变量、替换核心解释变量，采用将全部自变量放入模型的输入方式进行回归分析，并将两个被解释变量视为连续变量进行有序 Logistic 回归分析，结果与上述分析基本一致，表明本书的回归结果具有稳健性。虽然户籍融入并非衡量主观融入意愿的最佳变量，但由于研究设计局限，我们没能直接面向所有随迁父母受访者询问"您是否愿意融入当前所在的城市或社区，成

为其中的一员"等普适性问题，问卷调查中仅针对外地户籍者（样本量为
519 人）询问"是否愿意拥有迁入地户籍"来测量他们对迁入地城市的主
观融入意愿。表 7-3 显示了外地户籍随迁父母的群体特征，其在性别、年
龄、受教育程度、随迁时长、住房性质、随迁来源地、随迁前常住地的城
市类型等方面的分布情况与随迁父母总样本基本一致。

表 7-3　外地户籍随迁父母的群体特征（N=519）

单位：人，%

特征	频数	占比	特征	频数	占比
性别			随迁时长		
女性	354	68.2	迁居 1 年及以下	66	12.7
男性	165	31.8	迁居 2~3 年	88	17.0
年龄（以 2019 年为标准计算周岁）			迁居 4~5 年	84	16.2
55 周岁及以下	95	18.3	迁居 6~10 年	177	34.1
56~60 周岁	108	20.8	迁居 11~15 年	66	12.7
61~65 周岁	162	31.2	迁居 16~20 年	23	4.4
66~70 周岁	103	19.8	迁居 20 年以上	15	2.9
71 周岁及以上	51	9.8	随迁前常住地的城市类型		
随迁前的常住地（随迁来源地）			省会城市	13	2.5
来自省外	199	38.3	市级城市	120	23.2
来自省内	320	61.7	县城	126	24.4
受教育程度			乡镇	105	20.3
未完成小学教育	130	25.0	村里	153	29.6
完成小学教育	149	28.7	宗教信仰		
完成初中教育	119	22.9	有宗教信仰	150	28.9
完成高中/中专/高职教育	84	16.2	无宗教信仰	369	71.1
完成大专及以上教育	37	7.1			
住房性质					
住在自有住房	353	68.0			
不住在自有住房	166	32.0			

注：个别项目有缺失值。

我们仍然使用上文针对地域认同感影响因素分析的相关预测变量作为
外地户籍随迁父母主观融入意愿的解释变量，同时增加代表地域认同感的

主要变量（对迁入地城市的喜欢程度和对迁入地城市发展的关注程度）作为控制变量，以此分析迁居后的客观融入难度、融入方式和融入程度以及地域认同感是否影响外地户籍随迁父母加入迁入地户籍的意愿，采用有序回归（Ordinal Regression）分析方法构建该群体主观融入意愿的解释性模式（见表 7-4）。

表 7-4　外地户籍随迁父母对迁入地融入意愿的有序回归模型

变量	参数估计结果 （括号里为标准误）	Wald 检验的 显著性水平
个体特征		
性别（参考类别为女）	0.125（0.151）	0.409
年龄	-0.015（0.010）	0.151
受教育程度	-0.002（0.068）	0.982
户籍性质（参考类别为外地农村户籍）	0.301**（0.164）	0.047
迁居特征		
随迁时长	-1.755E-5（0.001）	0.987
随迁来源地（参考类别为来自省内）	-0.345**（0.166）	0.038
客观融入难度		
随迁前后地区差异程度	-0.094（0.082）	0.253
融入方式和融入程度		
社区和社交参与程度	0.252***（0.099）	0.008
家庭住房性质（参考类别为自有住房）	0.349**（0.148）	0.018
地域认同感		
对居住社区/小区的喜欢程度	0.096（0.131）	0.460
对迁入地城市喜欢程度	0.455***（0.124）	0.003
对迁入地城市发展关注程度	0.289****（0.083）	0.000

注：（1）$N=519$，在"是否愿意拥有迁入地户籍"的回答中，选择"不愿意"赋值 1 分，选择"看情况"赋值 2 分，选择"愿意"赋值 3 分，其中以赋值 3 分（主观融入意愿最高）为参照组。

（2）链接函数：Complementary log-log（补充对数-对数）；最终模型卡方检验显著性为 0.000，模型显著成立。

（3）显著性水平：$^* p \leqslant 0.1$，$^{**} p \leqslant 0.05$，$^{***} p \leqslant 0.01$，$^{****} p \leqslant 0.001$。

　　如表 7-4 所示，在控制其他变量的情况下，迁居后的客观融入难度并没有影响外地户籍随迁父母的主观融入意愿，但是如果在迁入地拥有家庭自有住房，那么随迁父母的主观融入意愿就会更高。从实际融入情况来看，在迁入地的社区和社交参与程度越高，他们对迁入地的主观融入意愿越高，可见客观融入程度与主观融入意愿之间有着高度一致性。从地域认同感的影响来看，对迁入地城市喜欢程度以及对迁入地城市发展关注程度均会提高他们对迁入地的主观融入意愿，不过事实上，主观融入意愿和地域认同感之间可能存在相互促进的关系。就迁居特征来看，同样是外地户籍的随迁父母，相比于来自省内的随迁父母而言，来自省外的随迁父母更希望拥有迁入地城市的户籍，这或许是因为医保等社会福利政策在省际的待遇差异比在省内跨地市间的待遇差异更明显，跨省流迁的中老年人如果能够实现户口落地，就能够更好地解决社会福利待遇转接不畅等问题。虽然上文分析发现住在自有住房并不会提升随迁父母对迁入地的好感或认同感，但是在外地户籍随迁父母群体中，相比于家庭没有自有住房者而言，住在自有住房中的随迁父母的主观融入意愿明显更高，这主要是因为当前落户政策与住宅房产①息息相关，拥有房产是申请落户的必备条件，对于家庭（包括自身及其子女）没有房产的随迁父母而言，自然不敢"奢望"能够拥有迁入地户籍，因此也就是表现出较低的融入意愿，反之，拥有自有住房者就对落户迁入地有较高的期待。从个体特征来看，年龄、性别、受教育程度均不会影响外地户籍随迁父母的主观融入意愿。不过，相比于外地城市户籍者而言，外地农村户籍的随迁父母更希望拥有迁入地城市户籍，这可能也与随迁父母社会福利待遇的城乡差距较大有一定关系，城市的社会福利资源明显优于农村地区，在城乡发展不平衡的背景下，拥有外地农村户籍者对于取得迁入地户籍身份及其附属城市待遇的迫切程度比外地城市户籍者更为强烈。

　　综上，由于研究设计的局限性，本书关于随迁父母地域认同感（城市

---

①　如厦门地区"父母投靠子女落户"相关政策规定，男性年满 60 周岁，女性年满 55 周岁，子女厦门户籍满 5 年，父母结婚登记时间满 5 年，本人和配偶及被投靠子女或配偶，在厦拥有所有权份额所占比例不低于 50% 的住宅房产可落户岛内。男性年满 60 周岁，女性年满 55 周岁，子女厦门户籍满 3 年，父母结婚登记时间满 3 年，本人和配偶及被投靠子女或配偶，在厦拥有所有权份额所占比例不低于 50% 的住宅房产可落户岛外。针对"外来人员的落户政策"也规定，申请落户者需要在本市社保连续缴满 5 年且持有暂住证/居住证满 5 年，且在本市拥有所有权份额所占比例不低于 51% 的住宅房产。

好感度和城市关注度）以及外地户籍随迁父母的主观融入意愿（取得迁入地户籍的意愿程度）的理论假设仅部分得到证实。迁居后的客观融入难度、融入方式和融入程度会在一定程度上影响随迁父母对迁入地的地域认同和主观融入意愿。随迁前后地区差异程度以及随迁父母在迁入地的社区和社交参与程度会在较大程度上影响他们对迁入地的情感认同。当然，随迁父母对于迁入地城市的主观认同或关注度也可能反过来影响他们在迁入地的实际融入策略和融入行动，从而影响他们的融入结果。本书的调查意义在于积极重视随迁父母群体的主观能动性，并非所有的随迁父母都拥有饱满的融入意愿，因为现实的融入障碍（如地域差异的适应困境）和相对被动的融入方式（如社交网络断裂以及被挤压的社会参与空间）很可能会影响他们的地域认同感和融入积极性。因此，深入关注该群体的地域认同感、主观融入意愿及其影响机制对于帮助其顺利实现对迁入地的融入预期具有重要的现实指导意义。

第二节　主观幸福感及其影响因素

一般认为，主观幸福感是个体在情感与认知方面对自身生活现状及生活现状与预想生活模式相吻合程度所做出的肯定性和概括性评价，评价结果取决于个体自身情绪对现实状况的主观反应，是个体生活质量与生活水平的一种综合的、积极的和主观的测量评价指标（Diener，2000；徐映梅、夏伦，2014），其体现在测量维度上就包括积极情感、消极情感和生活满意度，而且生活满意感（或总体幸福感）是独立于消极情感和积极情感之外的（吴明霞，2000），反映的是老年人对幸福感的认知程度（Diener，1996）。本书对随迁父母主观幸福感的考察也包含情感和认知两个层面，其中对情感层面的研究体现为随迁父母精神健康状况调查中正面和负面的情绪体验评价，在此不再赘述。本节仅就认知层面的生活幸福感加以讨论。在第二章第三节中，已就中老年人主观幸福感及其影响因素进行过文献综述，现有研究表明个体特征（包括年龄、性别、婚姻状况等）、个体资源差异（包括经济能力、受教育程度、健康状况等）、家庭因素（包括子女因素、双向代际支持、代际关系好坏等）和社会因素（包括社会支持、社会参与、社会网络等）对中老年人的主观幸福感或生活满意度都会产生一定影响，但是现有多数研究的对象往往是整个老年人群体，并不能帮助我们准确掌握随迁父母的主观幸福感，毕竟随迁父母特有的短期生活目标（帮助子代家庭照料孙辈）以及群体特征与一般老年人之间存在较大差异。根据对随迁父母相似群体的相关研究大致可以得出，性别、年龄、婚姻状况、业余爱好和是否患慢性病等个体因素（胡艳霞等，2013），家庭关系（崔烨、靳小怡，2016），社会支持网络规模和紧密度（王雅铄、殷航，2016），社会资本（刘亚娜，2016），以及流动目的和流动特征（肖富群、陈丽霞，2021）等因素会影响相关群体的生活福祉或某些维度的生活质量，进而可能影响其主观幸福感或生活满意度。

本书将随迁父母主观幸福感的测量操作化为"总体而言，您对自己目前在本地的生活是否觉得幸福？"，选项分为"非常不幸福"、"不太幸福"、"比较幸福"和"非常幸福"，根据所选择的幸福程度分别赋值1~4分，分值越高表示个人主观幸福感越高。为避免问卷中的情感和认知两种主观感受间相互引导，在问题设计顺序上将对主观幸福感的提问放在"代际支持和认知观念"部分而没有放在"个人身心健康状况"部分，保证了其相对独立性，且使用了较为概括性的语言发问。数据分析结果显示，就当前生活的总体幸福感评价来看，大部分受访者认为自己的生活"比较幸福"（占64.7%）或"非常幸福"（占30.6%），仅有少部分受访者表示生活"不太幸福"（占4.4%）或"非常不幸福"（占0.3%）。可见，随迁父母的总体生活满意度较高，并非如新闻报道中所建构出来的那般充满悲观色彩。肖富群和陈丽霞（2021）对北京等五个城市"老漂族"群体的网络调查结果也显示，"老漂族"群体对流入地的生活总体上是比较满意的，达到了良好水平，并认为新闻媒介及部分质性研究中对"老漂族"不适应、漂泊、孤独等刻板形象的塑造可能缺乏充足的实证资料支撑。有研究表明，随迁父母的主观幸福感并不会因迁移带来的环境改变而降低（Peng et al.，2015），反而会因为流动后与子女同住而缓解之前无人照料的困境，这在一定程度上可以提高其生活满意度（杨梨、徐庆庆，2018）。因此我们还需更深入探讨影响随迁父母生活幸福感的可能因素。

有关主观幸福感的解释性理论包括人格特质理论、比较理论、目标理论和期望理论等。其中，人格特质理论认为人格与个体的主观幸福感具有较高的一致性。人格中的自尊、控制倾向、自我和谐、外倾性、神经质等，都与个体的主观幸福感有密切的关系，一般来说，内控倾向、自我和谐度高、人格外倾、低神经质的个体感受到的幸福指数更高（Steel et al.，2008；李芳燕，2016）。关于主观幸福感如何产生，人格特质理论中有两种不同的观点：特质论认为，个体内在的人格倾向决定了个体感受到多少幸福感；状态论则认为，生活中总共经历过的积极快乐事件减去消极痛苦事件的结果就是个体体验到的幸福（邱林、郑雪，2005）。由于人格特质理论偏向心理学的研究，本研究无意也无力对该理论在随迁父母主观幸福感问题上的解释力进行检验。

比较理论认为，幸福感是把自己的现状同某种参照标准进行比较判断而产生的感觉。判断的关键在于所选的参照标准，这种参照标准可以是自己内定的，也可以是外界评定的。当现实条件高于或优于参照标准时，主观幸福感就高；反之，如果发现自己的条件低于参照标准，那么他的主观幸福感就低。该理论流派下还包括期望理论、适应理论、自我比较理论、社会比较理论等子理论。期望理论是把期望值当作个人在进行主观幸福感评价时的参考标准，期望值与成就水平的差异会影响主观幸福感，期望值本身并不能直接预测幸福感，而期望值与个体的现实条件、个人外在资源（权力、财富、地位、社会关系等）和内在资源（气质、外貌等）是否一致，可以作为主观幸福感的预测指标（Diener & Fujita，1995）。期望的内容比期望实现的可能性对幸福感更为重要。尽管高期望值对幸福感可能是一个威胁，个体设定了高期望值之后，离目标相去甚远，但是在向最终目标靠近的过程中能够体验到满足感（Wilson，1967）。适应理论是个体将自己的过去和现在做纵向的比较，如果自己现在比过去过得好，那么他就感受到幸福；反之，则感到不幸福。自我比较理论或自我决定理论认为，个体主要与自己设定的"理想自我"进行比较，即把"理想自我"当作参照标准，当现实的自我优于或与理想自我一致时，个体会感受到幸福，反之则会产生焦虑、抑郁、沮丧等消极情绪，并感觉到不幸福。社会比较理论是把自己和他人进行横向比较，当个体觉得自己过得比别人好，就会感觉幸福，反之则感觉到不幸福。与更幸福的人比较（向上比较）会降低主观幸福感，与更不幸福的人比较（向下比较）会提高主观幸福感（Diener，1998）。根据该理论，本书关于随迁父母主观幸福感影响因素的第一个假设为：随迁父母迁居后，会对迁出地和迁入地的生活条件进行对比，如果迁入地的各方面生活条件比迁出地更好，他们就会感到幸福。

目标理论认为，幸福感产生于需要的满足和目标的实现，目标和价值取向决定了人的幸福感，也是人们获得和维持幸福感的重要来源和依据。个人目标和价值取向的差异导致了人们不同的幸福感水平。自我效能感在目标与主观幸福感之间起到中介的作用，因此，目标达成越多，个体获得成功的体验越多，自我效能感越强，就会感到越幸福。当然，目标的设定必须与人的内在动机或需要相适应，如果一个人设定的目标与他的动机不一致，目标的达成也不能提升主观幸福感，内在的价值目标（如利他性、亲和性等）比外在的目标（如金钱、地位、荣誉、美貌等）更能激起人的幸福感（Brunstein et al.，1998；张艳红、胡修银，2009）。此外，跨文化比较研究认为，目标的设定需要与个人生活背景（社会文化）相适应才能带来积极的影响，不同的目标在不同文化背景下有不同的意义，幸福取决于个体与在一定文化影响下所形成的个人目标的接近程度。根据该理论，本书关于随迁父母主观幸福感影响因素的第二个假设为：对于以照料孙代为主要目的的随迁父母而言，对于隔代照料的照料动机（目的）会影响他们的主观幸福感判断。在控制代际支持情况的前提下，对隔代照料持积极认同态度的随迁父母更容易在随迁生活中获得幸福感或获得的主观幸福感更多；反之，对隔代照料持消极被动态度的随迁父母在随迁生活中更不容易获得幸福感或获得的主观幸福感更少。

为了检验上述两个研究假设，我们以随迁父母的主观幸福感为核心被解释变量，以代表随迁父母迁居前后的生活条件对比情况的社区环境改善度、活动便捷性改善度、室内居所条件改善度三个因子为检验第一个假设的核心解释变量；以代表随迁父母孙代照料动机的积极认同态度、工具理性态度和消极被动态度三个因子为检验第二个假设的核心解释变量。在借鉴已有研究成果的基础上，本书的控制变量包括：表征随迁父母个体特征的性别、年龄、受教育程度、身体健康自评度和精神健康自评度等变量；表征随迁父母代际支持和代际关系的每天家务劳动时间、子代孝心表达程度（操作化为"子代是否做过或表示过传递孝心的事情"[①]，得分越高表示子代传达孝心的方式越多）、子代有没有给生活费、与子代家庭的整体沟通满意度等变量[②]；表征随迁父母在迁入地社会融入程度的社区和社交参与因子和在迁入地的交友数量两个变量（由于闲暇娱乐活动参与度因子中的一些项目属于自娱自乐活动，并不完全能够代表融入迁入地社会的情况，因此在此不作为社会融入程度的表征）。

根据第一个研究假设，我们建立了比较理论的假设检验模型（见表7-5），模型拟合度为34.6%，解释力较好。共线性诊断显示，各变量允差均大于0.1，VIF均小于2，变量间不存在明显共线性问题。回归分析结果显示，在控制其他因素的情况下，随迁父母的随迁前后生活条件比较结果对其随迁生活主观幸福感具有显著影响。当随迁父母感到迁居后的社区环境、居所活动便捷性以及室内居所条件比迁居前更好，就会产生幸福的主观感受。需要说明的是，由于变量设计的限制，该模型仅适用于检验适应理论，对于比较理论流派中其他子理论的适用性还有待后续研究进行更多的探讨，今后如果有条件的话，可以增加非随迁父母的调查样本，再将随迁父母与非随迁父母的主观幸福感进行对比，方能检验社会比较理论等其他理论的适用性。

表7-5 比较理论的假设检验模型

变量	因变量：主观幸福感	容差	VIF
随迁前后生活条件比较结果			
社区环境改善度	0.030* （0.054）	0.967	1.034
活动便捷性改善度	0.039** （0.072）	0.956	1.046

---

① 询问子代是否做过或表示过传递孝心的事情包括：购买服装、购买保健品、购买其他生活用品、陪同旅游/游玩、陪同看病买药、陪同参加健身运动或休闲娱乐活动、陪同参加有意义的社团活动。如果子代（包括儿媳和女婿在内）有表示过一项得1分，最低1分，最高7分，得分越高说明子代表达孝心的形式越多。

② 探索性分析显示，多孩照料者与一孩照料者在主观幸福感上并没有显著差异，照料一孩及以下随迁父母的生活幸福感均值（3.25）与照料二孩及以上者的生活幸福感均值（3.26）不存在明显差异（独立样本t检验显著性大于0.1）。可以认为，子代生育情况与随迁父母的主观幸福感并没有直接关联，因此在此不再将照料孙辈数量作为代际支持关系的表征性变量放入模型中。

续表

变量	因变量：主观幸福感	容差	VIF
室内居所条件改善度	0.041 ** (0.076)	0.945	1.059
社会融入程度			
社区和社交参与因子	0.002 ** (0.088)	0.744	1.344
在迁入地的交友数量	0.015 (0.038)	0.836	1.195
代际支持和代际关系			
每天家务劳动时间	−0.019 *** (−0.095)	0.901	1.110
子代有没有给生活费	0.103 *** (0.089)	0.926	1.079
子代孝心表达程度	0.031 ** (0.078)	0.919	1.088
与子代家庭的整体沟通满意度	0.438 **** (0.436)	0.915	1.093
个体特征			
性别	−0.064 (−0.054)	0.830	1.205
年龄	0.008 *** (0.104)	0.900	1.111
受教育程度	−0.034 ** (−0.078)	0.785	1.275
身体健康自评	0.064 *** (0.089)	0.725	1.380
精神健康自评	0.150 **** (0.134)	0.720	1.389
常数	0.492 **		
N	722		
调整后的 R^2	34.6%		
F 值	24.757 ($p=0$)		

注：括号内为标准回归系数；* $p \leqslant 0.1$, ** $p \leqslant 0.05$, *** $p \leqslant 0.01$, **** $p \leqslant 0.001$。

　　根据第二个研究假设，我们建立了比较理论的假设检验模型（见表 7-6），模型拟合度依然较好（34.8%）。共线性诊断显示，各变量允差均大于 0.1，VIF 均小于 2，变量间不存在明显共线性问题。回归分析结果显示，在控制其他因素的情况下，对于隔代照料持有积极认同态度的随迁父母，能够在随迁生活中收获较多的幸福感；而对于隔代照料持有消极被动态度的随迁父母，在随迁生活中所获得的幸福感较少；对隔代照料的工具理性态度则不会影响随迁父母的主观幸福感。因此，本书关于随迁父母主观幸福感的第二个研究假设也得到了验证。由于变量设计有限，虽然未能测量随迁父母的自我效能感，但模型结果表明隔代照料的动机和目的对于随迁父母的主观幸福感是有直接影响的。

表7-6 目标理论的假设检验模型

变量	因变量：主观幸福感	容差	VIF
隔代照料认知观念（目的）			
积极认同态度	0.065**** (0.120)	0.893	1.120
工具理性态度	0 (0)	0.913	1.096
消极被动态度	−0.040** (−0.073)	0.865	1.155
社会融入程度			
社区和社交参与因子	0.003**** (0.126)	0.759	1.317
在迁入地的交友数量	0.015 (0.039)	0.829	1.206
代际支持和代际关系			
每天家务劳动时间	−0.021*** (−0.103)	0.896	1.116
子代有没有给生活费	0.084** (0.073)	0.921	1.086
子代孝心表达程度	0.037*** (0.095)	0.913	1.095
与子代家庭的整体沟通满意度	0.369**** (0.367)	0.807	1.239
个体特征			
性别	−0.061 (−0.052)	0.837	1.195
年龄	0.010**** (0.122)	0.893	1.120
受教育程度	−0.041*** (−0.094)	0.787	1.270
身体健康自评	0.055** (0.076)	0.711	1.406
精神健康自评	0.146**** (0.128)	0.697	1.435
常数	0.667**		
N	729		
调整后的 R^2	34.8%		
F 值	23.523 ($p=0$)		

注：括号内为标准回归系数；* $p \leqslant 0.1$，** $p \leqslant 0.05$，*** $p \leqslant 0.01$，**** $p \leqslant 0.001$。

　　如表7-7所示，我们将随迁前后生活条件比较结果变量和隔代照料认知观念（目的）变量共同放入模型，模型解释力（35.2%）有所提高，各预测变量对于因变量的影响关系依然不变，可见它们对于主观幸福感都有独立的影响。随迁父母对于随迁生活的主观幸福感既受到随迁前后生活条件改善程度的影响，又受到个人隔代照料观念和动机的影响，前者反映了影响随迁父母主观幸福感的外在因素，后者反映了影响随迁父母主观幸福感的内在因素。此外，三个回归模型结果均表明，随迁父母在迁入地的社区和社交参与程度以及代际支持和代际关系能够显著影响其在迁入地的主观幸福感。在迁入地社区和社交参与程度越高的随迁父母能够获得越强的幸福感，但是在迁入地的交友数量并不会影响其主观幸福感，这或许是因为参与社区活动更能够带来融入社会生活的体验感和自我效能感。从代际支持关系来看，花在家务劳动上的时间越多，越会降低随迁父母的主观幸福感；而子代给予的"向上"经济支持（生活费）和生活支持（孝心表达）越多，越能够让随迁父母感受到幸福；与子代家庭的总体沟通情况越好，越能提升随迁父母的主观幸福感。

表 7-7　随迁父母主观幸福感的综合解释模型

变量	因变量：主观幸福感	容差	VIF
随迁前后生活条件比较结果			
社区环境改善度	0.033 ** （0.059）	0.958	1.044
活动便捷性改善度	0.038 *** （0.071）	0.936	1.068
室内居所条件改善度	0.042 *** （0.079）	0.934	1.071
隔代照料认知观念（目的）			
积极认同态度	0.062 **** （0.116）	0.882	1.134
工具理性态度	0.001 （0.002）	0.900	1.111
消极被动态度	−0.036 ** （−0.065）	0.867	1.153
社会融入程度			
社区和社交参与因子	0.002 *** （0.105）	0.744	1.344
在迁入地的交友数量	0.011 （0.029）	0.828	1.207
代际支持和代际关系			
每天家务劳动时间	−0.018 *** （−0.089）	0.887	1.128
子代有没有给生活费	0.089 ** （0.077）	0.919	1.088
子代孝心表达程度	0.028 ** （0.073）	0.907	1.103
与子代家庭的整体沟通满意度	0.387 **** （0.383）	0.801	1.248
个体特征			
性别	−0.065 （−0.055）	0.816	1.225
年龄	0.009 **** （0.118）	0.889	1.124
受教育程度	−0.038 *** （−0.089）	0.765	1.307
身体健康自评	0.051 * （0.070）	0.712	1.404
精神健康自评	0.155 **** （0.136）	0.690	1.450

变量	因变量：主观幸福感	容差	VIF
常数	0.661**		
N	710		
调整后的 R^2	35.2%		
F 值	19.668（$p=0$）		

注：括号内为标准回归系数；* $p \leq 0.1$，** $p \leq 0.05$，*** $p \leq 0.01$，**** $p \leq 0.001$。

综上分析，随迁父母的主观幸福感不仅来自与迁入前生活条件的比较评价，也来自个人对于照料孙代之动机的目标设定，比较理论和目标理论对于随迁父母主观幸福感均有较好的解释力。研究还发现，在迁入地的社会参与程度以及与子代家庭的代际支持关系都显著影响随迁父母的主观幸福感。从某种意义来说，随迁父母的幸福感不是追求代际团圆的假象，而是生活条件实实在在的改善；不是消极被动地履行孙代照料任务，而是积极主动地融入家庭生活和社会生活；不是为子女过度操劳和付出，而是接受晚辈的孝敬和奉养。数据分析结论也提示我们应当从减轻随迁父母的家务负担，发扬孝道文化，构建健康和谐代际关系，促进随迁父母身心健康的角度出发来进行相关的政策研究。

第三节　居留养老意愿及其影响因素

有关人口流动的决策实际上包含两个阶段，一是流动前的决策（迁移决策），二是流动后的决策（居留决策）。迁移决策主要包括是否迁移以及迁移到哪里（Wiseman & Roseman，1979）；居留决策或留居意愿（也被称为居留意愿）则是在做出迁移决策及迁移行动后，需要做出的另一项重要决策。它常被当作衡量流动迁移人口社区或社会归属感和认同感的重要指标之一，它是一种主观态度，是指外来人口进入流入地并在该地生活一段时间后对未来迁居安排的愿望和想法（孟兆敏、吴瑞君，2011），这种个体意愿直接决定了居留决策的行为选择。随着家庭模式和养老观念的转变，家庭养老正在从以文化伦理为主的模式转变为一种"非强迫性、非规范性、以家庭个体能力资源选择的行为模式"（姚远，1998）。有关随迁父母相似群体的居留意愿已经在第二章第三节进行了相关研究的综述。本书对随迁父母居留意愿的研究侧重以养老为目的的定居打算，也可称为"居留养老意愿"。因为不少研究认为照料型随迁父母只是暂时来支援成年子女家庭，待完成"任务"或实现流迁目的后就会回老家或原居住地，这也是大众媒介报道中所谓的"漂浮不定""心无所依"的重要原因（肖富群、陈丽霞，2021），因此，采用以养老决策为标准的测量方式更能够反映随迁父母对在迁入地生活的真实心态，如果在完成孙辈照料任务后仍然想留下养老，说明其对迁入地确实有足够的认同感和归属感，而且针对养老安排的居留意愿研究结论也更有助于为迁入地城市做出相应的公共政策更新和养老设施布局等提供有益参考。

　　为了解随迁父母的居留养老意愿，本书邀请受访者回答"如果将来您的孙子女/外孙子女长大不再需要您帮忙照顾了，您是否愿意继续留在厦门养老"，频数统计结果显示（见图7-3），49.0%的受访者"非常愿意"或"比较愿意"留居迁入地，即近半数的受访者非常愿意或比较愿意留在迁入地养老，14.5%的受访者持"说不清"的犹豫态度，如把这些人也追加到愿意留居的比例中，那么可以认为随迁父母愿意留居迁入地的比例大致介于49.0%~63.5%。需要说明的是，本书在调查中采用了"是否留在本地养老"的问法，这里不仅涉及居留意愿的选择，还涉及养老需求的考虑，因此选择继续留在迁入地的随迁父母在一定程度上表达了更为强烈的依赖子女（包括精神上的依赖）养老的传统观念。虽然本书在调查对象的界定上与以往研究有所差异，但在居留意愿比例上与其他学者的研究结果相似。

　　对于表示"比较愿意"和"非常愿意"留居迁入地养老的随迁父母，我们继续追问了他们愿意留下的原因，受访者们给出的解释包括："希望靠近子女/喜欢陪在孩子身边/想与子女亲近""想继续看着孙子长大""这里医疗条件更好""子女和老伴都在这里了，儿子也有能力养老""已经把老家的房子卖了，老家没有房子养老了""城市生活更方便、更开心，想买什么都有""觉得厦门很宜居""只有一个孩子，和独生子女在一起也方便他们照顾老人""几个孩子都在这里安家，留在这里可以相互照顾""儿子在哪，自己就留在哪/跟着儿孙走""跟孩子待在一起有天伦之乐""孩

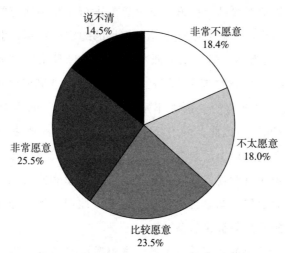

图 7-3　随迁父母对于留居迁入地养老的意愿

子在这边买房了，生活稳定了""户口已经迁过来了""厦门不排外、文明程度高/人文素养好、卫生好、配套措施好、社会服务也很周到""年纪大了得靠儿子，留下更方便""老了离不开孩子，孩子也放心不下老人""厦门绿化好/环境好，气候舒服，适合养老""在这里生活更充实/在这里过得很开心""已经习惯了这边""子女不让走"等。从上述回答可以看出，随迁父母愿意留在迁入地的原因主要包括对迁入城市的客观环境和人文环境比较满意、具备居留养老经济条件以及对传统家庭主义伦理有比较深的认同。本书对随迁父母隔代照料观念的调查结果显示，随迁父母群体中有相当一部分人对于老人帮子女带孩子持积极肯定态度，通过随迁承担照料孙代"责任"后，其家庭责任意识得到了强化，对子代和孙代有更多依赖感，因此更期待靠近子女进行养老。

数据分析结果显示，有 18.0% 和 18.4% 的受访者表示"不太愿意"或"非常不愿意"留在迁入地继续养老。由于随迁父母进入城市的首要目的并不是赚钱，不需要通过参与城市的经济建设活动而获得维持生活的需要以及改变生存的状态（刘庆，2012）。他们是否选择在城市定居取决于社会文化和心理层面的适应过程，而这个过程又是一个艰难且相对漫长的过程，他们既受到迁入地文化的冲击和影响，又依然保持着对故土的记忆和认同，流而不迁的非永久迁移是一种常态化现象。本书在对那些居留意愿不强（回答"不太愿意"和"非常不愿意"）的受访者追问原因时，他们给出的回答包括："落叶归根/老家更有归属感""对老家更有感情/乡土情结""故土难离""在这边买不起房子和墓地""年轻人不愿意和老人住一起""和儿女一起住终究不方便""不喜欢/不习惯城市生活、物价太高""不适应这边的气候和环境""老家还有老伴""老家地更大/更宽敞，这边房子太小不够住""父母尚在老家，年纪大需要照顾，有所牵挂""回老家比较自由、能养活自己就不给子女添麻烦""老家的朋友亲人多，回老家更好聊天/在这里没有熟人说话/人地生疏，语言不通""留在厦门开支大/回老家物价、房价更合适，生活压力也小一点""回老家更悠闲、安逸""农村合作医疗保险关系还在老家，老家看病更方便""老家的空气和环境更好""老家的邻里更和睦友好""老年人有老年的生活""能够自理的时候就回老家，不能自理的时候打算住养老院""年轻人有自己的生活，不想干预他们，让他们自己经营自己的家""与亲家关系不好，影响家庭氛围""不想再伺候子女，在这边自己的时间被剥夺""有条件才留下，不然就回老家，不想拖累子女/怕给孩子增加负担""这边住处没有电梯，老了爬不动楼梯"等。我们从受访者的养老意愿解释中可以看出，随迁父母对于养老地的选择是一场综合了自身养老能力、家庭经济条件、代际关系、客观环境、地区政策、传统观念、个人喜好和主观情感等因素在内的理性判断。

从个体特征来看，分性别比较显示，女性随迁者和男性随迁者的居留养老意愿并无显著差异，但受教育程度与居留养老意愿之间存在显著正相关关系（Pearson 相关系数为 0.109，显著性为 0.003），这在某种程度上可能是因为受教育程度所带来的城市适配性较高以及对居留养老的能力更有信心，使得自身受教育程度越高的随迁父母更有勇气居留迁入地养老。相关分析显示，随迁父母年龄与居留养老意愿存在显著正相关关系（相关系数为 0.145，显著性为 0.000），因此可能存在年龄越大者，居留养老意愿越高的现象。这与其他一些研究中所得出的年龄与定居意愿呈负相关关系的结论正好相反，这可能与不同研究对于居留意愿的测量方式有关。比如肖富群和陈丽霞（2021）的研究中对居留意愿的测量是询问受访者"未来很长一段时间（至少 5 年）是否愿意继续在子女所在地生活"，因此其结论为，随着"老漂族"年龄增大，子女家庭逐步走上正轨，孙辈逐渐长大，因此对照料的需求减少，父辈对于子代家庭的作用降低，还会成为子女的负担，因此他们选择返回流出地。但是本书居留意愿是直接针对养老目的进行询问的，随着随迁父母年龄增大，身体机能退化，被照料的养老需求更加强烈，加之目前社会养老保障机制不健全以及家庭养老文化惯性，因此高龄随迁父母会表现出希望靠近子女养老的意愿。偏相关分析显示，在控制年龄的情况下，随迁父母居留养老意愿与其精神健康和身体健康的总体自评情况均呈现微弱正相关关系（偏相关系数分别为 0.062 和 0.087，显著性分别为 0.019 和 0.095），且显著性水平并不高。

从不同照料情况来看，照料多孩（包括二孩及以上）随迁父母的居留养老意愿均值（3.02）显著低于照料一孩随迁父母的居留养老意愿均值（3.34），均值比较显著性为 0.003，且在控制了受访者年龄、孙辈最小年龄和孙辈最大年龄后，随迁父母帮子代照料孩子的数量（处理为定距变量）与其居留养老意愿之间仍然存在负相关关系（相关系数为-0.084，显著性为 0.08）。肖富群和陈丽霞（2021）通过研究发现，是否需要照料孙辈对"老漂族"在流入地定居的意愿并没有明显影响，但国内其他相关研究并没有探讨过照料孙辈数与随迁父母居留养老意愿间的关系。本书认为上述结果可能存在两种原因：第一，随迁父母照料的孙辈数量越多，说明子代生育数量越多，其抚养成本也必然增加，父辈可能不忍心再增加子代的赡养压力而选择回到迁出地养老；第二，随着子代生育数量的增加，以帮子女照料孩子为目的的随迁父母就需要为子代家庭分担更多的照料责任，这在某种程度上可能加剧对父辈的"代际剥削"，因此，出于对"代际剥削"的"逃离"心态，随迁父母最终选择放弃居留迁入地养老的打算。从伴侣陪同情况来看，有伴侣陪同的随迁父母的居留养老意愿（均值为 3.32）显著高于单独随迁者（居留养老意愿均值为 2.94），t 检验显著性为 0.001，这说明单独随迁的中老年人更容易把随迁支持子代家庭视为暂时性行动。

中国传统文化讲求"养儿防老"，虽然在随迁父母中，随儿子迁居者的数量远高于随女儿迁居者，但是均值比较显示，随儿子迁居者与随女儿迁居者的居留养老意愿间并没有统计上的显著差异。换句话说，对于随迁父母群体而言，为儿子提供帮助的代际责任意识可能依然存在，但依靠儿子养老的期望已经明显发生变化。不过，独生子女家庭随迁父母的居留养老意愿（均值为 3.52）明显高于非独生子女家庭随迁父母的居留养老意愿（均值为 3.04），统计显著性为 0.000。由于子代数量的减少，独生子女家庭的随迁父母有更强烈的意愿留在子女所在地进行养老，而非独生女家庭的随迁父母可能因子女在不同城市而有更多选择余地。当然随迁父母的居留养老计划最终还是要落实到与子代家庭的相处上来，在控制了个人生育子女数的前提下，随迁父母与子女家庭的整体沟通满意度与其居留养老意愿间呈显著正相关关系（偏相关系数为 0.139，显著性为 0.000），我们可以推测，就算是独生子女家庭，只有与子女家庭相处融洽的随迁父母才更有可能居留在迁入地养老。

　　偏相关分析显示，在控制随迁时长和随迁来源地的基础上，随迁父母的居留养老意愿与其在迁入地的社区和社交参与因子、闲暇娱乐活动参与因子、在迁入地的交友数量都呈现显著正相关关系（偏相关系数分别为 0.271、0.140 和 0.175，显著性均为 0.000）；与其所感受到的随迁前后地区差异因子呈显著负相关关系（偏相关系数为 -0.108，显著性为 0.005）；与其所感受到的随迁前后的社区环境改善度因子、活动便捷性改善度因子以及室内居所条件改善度因子也呈显著正相关关系（偏相关系数分别为 0.230、0.097 和 0.125，显著性分别为 0.000、0.011 和 0.001）。这些探索性分析表明，随迁父母的居留养老意愿可能与其在迁入地的社会参与和融入程度、对迁入地社会生活的适应性及客观生活感受均有密切关系。虽然随迁父母是为了支援子代家庭而来到子女所在地，但当他们真正成为迁入地城市的一员时，他们必须面临对城市环境的适应和对社会生活的参与，这些也将影响其做出是否继续居留迁入地养老的决定和判断。

　　以上探索性研究帮助我们初步了解了可能影响随迁父母居留养老意愿的相关因素，但我们还需要对变量间的真实关系及其影响机制进行检验和论证。就人口迁移的动力机制来看，英国学者 Ravenstein（1885）首次提出了人口迁移定律理论，即人口的迁移与迁入地经济水平、城乡差别、迁移距离及个体的性别、年龄有关，尤其指出人口迁移的根本动力是提高生活质量。Lee（1966）在此基础上进一步将该理论发展为人口迁移的推拉理论，指出当迁出地的排斥力或迁入地的吸引力大到足以抵抗迁移中的干涉障碍时，就会产生迁移行为，迁移类型也相应分为迁出地推出和迁入地拉入两种（黄璜，2013）。总之，按照该理论的经济人假设，追求更好的生活质量被认为是国外老年人迁移的重要因素（宋健，2005）。但针对国内的研究则认为，中国随迁老人的迁移行动一般不是出于自身发展或生活享乐等个人原因，而是出于子女和孙辈需要的家庭因素，是以家庭整体利益为出发点做出的行动决策（汪玲萍，2017）。然而，随迁父母居留决策和迁移决策的出发点显然不同，如果说父辈大多是出于帮助子代分担生活压力、满足家庭整体利益需要而做出临时性迁居行动，是传统家庭文化和代际伦理责任驱动的家庭共同决策，那么当孙代长大或子代家庭不再需要中老年人的帮衬时，随迁父母对于是否继续留在迁入地安享晚年的决策依据就不再局限于家庭利益和家庭需要，也可能根据迁居后的生活适应情况及自身主观偏好来做出综合判断，因此对个人美好生活的追求不应被排除在居留意愿的探讨之外。由此，本书对随迁父母居留养老意愿的第一个假设为：如果随迁父母感觉迁居后的物质生活环境或客观居住条件比迁居前更加优越，那么迁入地对于他们长期定居的吸引力就越大，他们就会表现出越强烈的居留养老意愿。

地域认同理论认为，迁移行动的实现取决于老年人对特定地域的心理认同，这种认同通过旅行和居住经历、住宅所有状况、社会关系等方式获得和强化，进而成为老年人迁移的风向标（Longino et al.，2008）。虽然随迁父母可能因为对迁入地知之甚少而对居留养老生活充满疑虑，正如国内大多数研究所指出的，他们容易遭遇语言障碍、水土不服、社会关系断裂、社会交往萎缩等融入困境（刘庆、冯兰，2013；杨芳、张佩琪，2015；穆光宗，2017a；孙丽、包先康，2019）而对迁入地缺乏归属感和认同感（姚兆余、王鑫，2010；张新文等，2014），但是，该群体在人际交往中的泛人际圈潜力较大，迁入地熟人网络的扩大也会对其社会融入程度具有促进作用（王雅铄、殷航，2016）。此外，虽然"老漂族"总体上仍然希望依赖子女进行养老，但随着代际观念和养老观念的转变，老年人同样会根据社会变迁趋势调整自身的行为选择，他们中的一部分人开始寻求晚年生活自主性和追求高品质生活（刘成斌、巩娜鑫，2020）。本书认为，随迁父母对迁入地的地域认同并不是一成不变的,如果他们迁居后感到对迁入地的生活适应难度并不大、在迁入地有较好的居住体验和社会参与或在迁入地建立了自己的社交关系,就可能产生正面的评价和认同,进而提升人们在迁入地居留养老的意愿。因此,本书对随迁父母居留养老意愿的第二个假设为:作为社会人的随迁父母,其在迁入地的生活适应难度越小、社会参与程度越高、交友数量越多,就会对迁入地有越多主观认同或喜爱,从而有越强的居留养老意愿。

经典人口迁移理论以"理性经济人"为前提,认为人口迁移的行为决策主要基于个人的理性动机,但新迁移经济理论指出,迁移决议不是独立的个体行为,而是由更多相关的人组成的一个更大的单位——家族或家庭的行为,迁移决策是根据全家人收益最大而确定的,从而突出了家庭因素在迁移决策中的影响(Stark & Bloom,1985)。随迁父母的迁移行动就被认为是老年人与子女共同做出的理性决定(孟向京等,2004),研究随迁父母的居留意愿也离不开对家庭思维的探讨。迁居后的父母与子代家庭之间更是存在广泛的代际交换和频繁的代际互动,因此不可忽视随迁父母家庭内部的代际交换关系和家庭特征对其居留养老意愿的影响。再者,根据代际交换理论,中国家庭的代际交换属于"双向型"(或称"反哺型")交换模式。在这种模式中,父母对子女承担抚养义务,子女对父母承担赡养责任。这在随迁父母所生活的临时性扩大家庭中可以理解为,父母帮助子代分担育儿照料责任,由此换取在子代家里或子代所在城市安度晚年的回馈,前者连接着"幼有所育",后者关系着"老有所养",其在现实中体现为亲代之间的历时性互惠,即随迁帮扶子代家庭的实践行动影响着父母的养老意愿。

陶涛等(2018)通过对2014年中国老年社会追踪调查数据的分析指出,隔代照料会影响老年人的养老意愿,提供高强度隔代照料的老年人更倾向于未来与子女同住,体现出代际交换与家庭责任的相互交织,而非完全的利他主义。从家庭视角出发,本书对随迁父母居留养老意愿的第三个假设为:随迁父母与子代之间在经济上、照料上和情感上的双向互助联系越紧密,他们可能越倾向于居留迁入地养老。此外,特殊的家庭迁移特征,如独生子女家庭以及因随迁而带来的老年分居等都有可能对父辈的居留养老意愿产生影响。相比于多子女的随迁父母而言，只有一个孩子的随迁父母可能更倾向于留居迁入地（子/女所在地）养老；根据中国人的赡养传统习惯，随儿子迁居者可能比随女儿迁居者有更高的居留养老意愿；出于对伴侣的牵挂等原因，因随迁而与伴侣分居的随迁父母的居留养老意愿可能更低。随迁父母居留养老意愿的预测模型如图7-4所示。

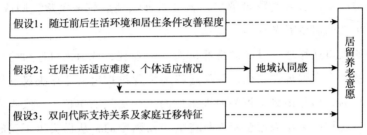

图7-4　随迁父母居留养老意愿的预测模型

为检验上述三个研究假设并构建综合性解释框架，我们以随迁父母居留养老意愿为因变量，与上述三个假设中涉及的相关预测变量共同放入模型，同时对随迁父母个体特征加以控制，分别建立多元回归模型（见表7-8和表7-9）。

表7-8　迁居体验感及社会适应性对居留养老意愿的影响

变量	模型1 因变量： 居留养老意愿	模型2（a） 因变量：对迁入 地城市喜欢程度	模型2（b） 因变量： 居留养老意愿	模型2（c） 因变量： 居留养老意愿
个体特征				
性别	-0.320 *** (-0.100)	0.014 (0.011)	-0.130 (-0.041)	-0.133 (-0.042)
年龄	0.030 **** (0.136)	0.010 *** (0.107)	0.027 **** (0.123)	0.023 *** (0.104)
受教育程度	0.127 **** (0.107)	-0.021 (-0.043)	0.027 (0.023)	0.035 (0.029)
身体健康自评	0.030 (0.015)	0.066 ** (0.082)	-0.059 (-0.031)	-0.085 (-0.044)
随迁前后生活环境和居住条件改善程度				
社区环境改善度	0.294 **** (0.200)	0.061 *** (0.099)	0.261 **** (0.178)	0.237 **** (0.161)

变量	模型 1 因变量： 居留养老意愿	模型 2（a） 因变量：对迁入 地城市喜欢程度	模型 2（b） 因变量： 居留养老意愿	模型 2（c） 因变量： 居留养老意愿
活动便捷性改善度	0.243 **** （0.165）	0.054 *** （0.089）	0.191 **** （0.130）	0.169 **** （0.115）
室内居所条件改善度	0.242 **** （0.165）	0.058 *** （0.095）	0.195 **** （0.132）	0.173 **** （0.117）
迁居生活适应难度及个体适应情况				
随迁前后地区差异程度		−0.006 （−0.009）	−0.139 *** （−0.094）	−0.137 *** （−0.093）
社区和社交参与程度		0.124 **** （0.204）	0.348 **** （0.237）	0.298 **** （0.203）
在迁入地的交友数量		0.055 **** （0.127）	0.108 *** （0.103）	0.086 *** （0.082）
对迁入地城市喜欢程度				0.396 （0.165）****
常数	0.973 *	2.277 ****	1.370 **	0.477
N	708	708	708	708
调整后的 R^2	12.5%	13.2%	20.3%	23.6%
F 值	15.478（$p=0$）	11.537（$p=0$）	18.454（$p=0$）	19.140（$p=0$）

注：（1）括号内为标准回归系数；（2）* $p \leqslant 0.1$，** $p \leqslant 0.05$，*** $p \leqslant 0.01$，**** $p \leqslant 0.001$；（3）受访者的年龄以 2019 年为标准计算实际岁数（周岁）。

表 7-8 中的模型 1 单独检验了随迁前后生活环境和居住条件改善程度对随迁父母居留养老意愿的影响，模型拟合度为 12.5%，研究发现，客观生活条件改善的三个因子对随迁父母居留养老意愿均有显著的正向影响，他们感受到迁居后的客观生活条件越好，其对迁入地的居留养老意愿就越强烈。在此基础上，我们继续验证地域认同理论对随迁父母居留养老意愿的适用性。表 7-8 中的模型 2 分三步对第二个假设进行了检验，其中模型 2（a）用以检验迁居后的居住体验和社会适应状况是否会影响随迁父母对迁入地的地域认同感，模型拟合度为 13.2%，研究结果显示，随迁前后生活环境和居住条件的改善、在迁入地有较高的社会参与度和人际交往，随迁父母对迁入地的心理认同或主观偏好就越强，但是随迁前后地区差异程度即迁居适应难度并不会影响其地域认同感。通过对模型 2 中（a）（b） （c）三个子模型的比较可以得出，对迁入地的地域认同感在个体适应情况对居留养老意愿的影响过程中发挥了部分中介作用。模型2（c）中增加了对迁入地城市喜欢程度变量后，整体模型拟合度从未增加时的20.3%提高到了23.6%，随迁前后生活环境和居住条件改善程度、在迁入地的社区和社交参与度和在迁入地的交友数量对居留养老意愿的正向影响均变小了，但依然具有统计显著性。此外，迁居生活的适应难度虽然不影响随迁父母对迁入地的主观态度，但是会直接影响随迁父母的居留养老意愿，迁居生活适应难度越大，则随迁父母居留迁入地的意愿也越弱。

表7-9 代际支持关系和家庭迁移特征对居留养老意愿的影响及综合解释模型

变量	因变量：居留养老意愿			
	模型3	模型4		
个体特征			容差	VIF
性别	−0.338*** （−0.105）	−0.186 （−0.058）	0.817	1.224
年龄	0.041**** （0.190）	0.029**** （0.134）	0.848	1.179
受教育程度	−0.015 （−0.012）	−0.061 （−0.051）	0.626	1.597
身体健康自评	0.009 （0.005）	−0.143** （−0.074）	0.885	1.130
双向代际支持关系和家庭迁移特征				
是否提供"向下"经济支持	0.371**** （0.124）	0.344*** （0.114）	0.796	1.256
是否照料多个孙子女	−0.344**** （−0.118）	−0.237*** （−0.081）	0.951	1.052
子代是否给生活费/伙食费	0.056 （0.018）	0.053 （0.017）	0.908	1.101
子代表达孝心程度	0.135**** （0.130）	0.087*** （0.083）	0.921	1.086
与子代家庭的整体沟通满意度	0.282*** （0.105）	0.250*** （0.092）	0.869	1.150
是否随儿子迁居	−0.043 （−0.014）	−0.020 （−0.007）	0.936	1.068
是否独生子女家庭	0.370*** （0.118）	0.296*** （0.094）	0.726	1.378
是否因随迁而分居	−0.657**** （−0.186）	−0.405**** （−0.115）	0.842	1.187
随迁前后生活环境和居住条件改善程度				
社区环境改善度		0.197**** （0.134）	0.909	1.100
活动便捷性改善度		0.178**** （0.122）	0.920	1.087
室内居所条件改善度		0.158*** （0.107）	0.938	1.066
迁居生活适应难度及个体适应情况				
迁居适应难度		−0.162**** （−0.109）	0.929	1.077

变量	因变量：居留养老意愿			
	模型3	模型4		
社区和社交参与程度		0.247****（0.169）	0.708	1.412
在迁入地的交友数量		0.076**（0.072）	0.807	1.239
对迁入地城市喜欢程度		0.353****（0.144）	0.790	1.265
常数	−0.838	−0.566		
N	708	708		
调整后的 R^2	14.2%	30.8%		
F值	10.561（$p=0$）	15.059（$p=0$）		

注：括号内为标准回归系数；* $p \leqslant 0.1$，** $p \leqslant 0.05$，*** $p \leqslant 0.01$，**** $p \leqslant 0.001$。

表7-9中的模型3用以检验家庭双向代际支持关系和家庭迁移特征对随迁父母居留养老意愿的影响，回归模型拟合度为14.2%。结果显示，双向代际支持情况会对随迁父母居留养老意愿产生影响。从"向下"代际支持来看，如果随迁父母为子代家庭买车、买房（包括车位）、租房等大额开支提供过经济资助，那么其留居迁入地的意愿会更高，但是如果其为子代家庭照料多个孙代（也说明子代生育了两个及以上孩子），那么其居留养老意愿则明显降低。究其原因，为子代提供"向下"经济支持意味着父辈有较强的经济实力，这类随迁父母在自我养老方面也一样有较强的经济能力，又加上为子代提供过经济资助，有较高的自我价值感和效能感，因此对于留居迁入地养老也更有底气。相比于生育一个孩子的子代家庭，生育多孩的子代家庭意味着更多的照料负担和住房压力，毕竟多生一个孩子就需要更多的抚养成本和居住空间，随迁父母可能出于不愿意加重子代家庭的赡养负担和住房压力而选择回到迁出地养老。资源稀释理论能够为我们解释祖代和孙代之间的资源竞争关系，该理论主要用于解释家庭中孩子数量和家庭成员间资源分配的关系，它假定家庭中的资源是有限的，家庭资源分配受到家庭结构和规模的影响（Blake，1981），一个家庭中孩子数量越多，分到每个孩子身上的资源就会相应越少，但在经济实力强的家庭中这种稀释作用较弱。一些研究将这一理论拓展到家庭三代人视角，并发现孙子女数量的增加也会稀释家庭养老资源（郭林、曾福星，2017；郑丹丹，2018；刘慧君、王惠，2022），因此出于对居留养老之家庭成本和养

老资源分配的考虑，帮子女照料多孩的随迁父母在进行养老决策时可能自觉选择退出子女家庭。从"向上"代际支持来看，子代家庭是否提供生活费或伙食费并不会影响父辈的居留意愿，即随迁父母的居留养老意愿并不会因为子女是否给予"向上"经济支持而发生变化。比起经济支持等"有形支持"，如果子代能够给予随迁父母更多的日常陪伴和生活照料，传达更多的孝心孝意，那么父辈的居留养老意愿会更强烈。此外，父辈与子代家庭间的沟通交流情况体现了代与代间的情感互动关系，对与子代家庭的整体沟通满意度越高，其居留养老意愿也越强。

从家庭迁移特征来看，随迁父母个体生育子女数量和随迁分居情况对其居留养老意愿有显著影响，独生子女家庭的随迁父母更倾向于留在唯一的子女所在地，而多子女家庭的随迁父母或许因为可以选择到其他子女所在地养老，所以降低了留在当前迁入地的意愿。已有研究也显示，当只有一个子女或者多个子女均在随迁城市时，随迁老人的居留意愿更强（张航空，2018）。因随迁而"被动"分居的状态对随迁父母的居留养老意愿存在较大影响，且回归系数为负数，究其原因，因随迁而与伴侣分居的中老年人或因需要顾及分居伴侣的养老意愿或因希望回伴侣身边养老，故而单方面选择居留迁入地养老的意愿度相对较低。不过，是否随儿子迁居则并不会影响随迁父母的居留养老意愿，这一点与景晓芬和朱建春（2015）的研究结论不同（他们的研究认为，与住在女儿家相比，与儿子同住的迁移老人定居城市意愿更高），这可能是因为他们的研究对象仅限于从农村迁移到城市的老人，这部分群体受传统性别文化影响更深，但是本书随迁父母样本的来源地更加多元，因此是否随儿子迁居对居留养老意愿并不具有统计上的影响关系。

表7-9中的模型4是有关随迁父母居留养老意愿的综合解释模型，我们将所有自变量放到同一个模型中（共线性诊断显示，各变量容差均大于0.1，VIF均小于3，变量间不存在明显共线性问题），以此检验不同理论假设中的解释变量对随迁父母居留养老意愿的影响，最终模型拟合度为30.8%，明显高于单个理论假设的检验模型。从研究结果来看，由推拉理论、地域认同理论、新迁移经济理论推导出来的各理论假设均对中国随迁父母的居留养老意愿有一定的解释力，因此需要以综合性的理论视角来看

待随迁父母的居留养老意愿。相比为了支援子代而做出迁移行动而言，随迁父母居留养老意愿的决策逻辑往往更为复杂，它发生于随迁后的具体生活情境中，是迁居后的个人生活、家庭生活和社会生活的发酵效应，因此既要关注随迁前后生活条件变化所带来的居住体验对比感受，也要重视其与正在帮助的子代家庭之间所发生的千丝万缕的代际联系和家庭迁移特征，还要考虑迁居融入难度以及个人对迁入地社会生活的适应情况。最后，从个体特征来看，或许是出于养老的现实需求和对子女的依赖心理，年龄越大者和身体健康自评情况越差者越倾向于留居迁入地养老，这与已有相关研究（景晓芬、朱建春，2015；张李越、梅林，2020）的结论也基本一致。

对上述结论的另一种理解可以为，有意愿留居在迁入地养老的大多是年长的、身体健康状况较差的、对子代家庭有更多经济支持的、子代家庭经常表达孝心的、与子代家庭沟通交流良好的、个人只生育一个孩子的、子代也只生育一个孩子的、有伴侣陪同一起随迁的、对随迁后的客观居住条件有更高评价的、对迁入地社会生活适应性更好的、对迁入地社会参与程度更高的、在迁入地的交友数量更多的、对迁入地认同感更强的随迁父母。对于这部分随迁父母来说，如果居留养老能够成为现实，不失为一个良好结局，因为他们不论在家庭生活还是社会生活方面都拥有不错的生活质量，当他们年纪渐长、身体机能退化之时，不论最终是在迁入地的社会养老机构中养老还是在子女家中安度晚年，都拥有靠近子女养老和享受迁入地优质养老资源的双重优势。虽然随迁父母在某种程度上会增加迁入地的公共资源紧张程度和社会负担，但这是传统家庭育儿模式尚未发生根本性变化以及城市化进程裹挟下的家庭育儿成本加大诱导出来的特殊结果，而政策改革和社会发展的目标也应帮助随迁父母改善现实中的家庭生活，提高社会生活质量，助力其实现居留养老，尤其是在生育政策放开的背景下，要特别注意缓解子代生育数量增加而造成的对中老年人养老资源的稀释和挤压，通过为家庭提供更多的支持，保障随迁父母的养老福利和晚年福祉。

通过对居留养老意愿影响因素的分析可以发现，单一的理论不足以解释随迁父母居留养老意愿的复杂动因。从某种意义上说，随迁父母的居留养老决策既体现了他们追求更好生活环境和更高生活质量的个体诉求，也反映了他们同样看重与伴侣、与子代家庭、与迁入地社会之间的多重角色关系。随着城市生活竞争和家庭抚养成本不断加大，父母随子代家庭迁居并为其提供力所能及的代际支持已成为一种社会常态，这种跨区域的迁移行动不仅有利于减轻子代家庭的生活负担，实现代与代间的抱团取暖，而且老来迁居在一定程度上增加了父辈留居迁入地养老的概率和选择机会，使其成为新型城镇化的重要力量。从随迁父母较高的居留意愿来看，迁入地城市将不可避免地迎来日益庞大的中老年移民群体，做好随迁父母就地养老的战略安排应成为迁入地城市顺应群众期盼、积极应对人口老龄化的应有策略。在充分肯定和进一步发挥随迁父母代际支持积极效用的同时，应加强对该群体居留养老需求的调研，重视他们在迁入地所面临的生活适应困境和公共服务资源不足等现实难题，不断提升其随迁生活质量；同时，需要为这类扩大化家庭提供更多的家庭发展支持，减轻随迁父母居留养老的家庭成本，助推"幼有所育、老有所养"的家庭功能建设。

第八章　研究结论与政策建议

随迁父母的出现是新型城镇化背景下中国家庭为应对转型压力而产生的一种富有韧性的智慧之举。随迁父母们大多数任劳任怨，积极融入，为子代家庭发展和孙代茁壮成长付出许多，是值得敬佩的中国父母和祖父母，他们的晚年福利与生活诉求事关千万个家庭的幸福与社会的和谐稳定，也事关中国生育新政的实施成效和积极应对人口老龄化的政策走向。本章将回顾本书主要研究结论，总结本书的学术贡献和不足之处，在积极看待父母随迁现象的社会价值和时代意义的前提下，探索提升其个体生活福利和提供家庭发展支持的政策建议，最后结合个人研究体会对该领域的研究进行学术反思与研究展望。

第一节　研究结论

本书立足国情，在生育政策变迁和人口老龄化的时代背景下，通过辨析随迁父母相关群体概念，准确把握随迁父母的群体属性，强调了其随子女迁居的迁移方式以及为子女提供育儿照料协助等代际支持的迁移目的，放宽了研究中对群体年龄和户籍性质的限制。本书通过对相关文献的研究综述和学术评价，明确了研究设想和创新之处。本书以随迁父母的生活质量研究为切入点，运用定量为主、定性为辅的方式收集了第一手素材，通过对问卷调查数据和访谈资料的分析，探讨了该群体迁居概况、身心健康状况、社会参与情况、双向代际支持情况、孙代照料观念和照料意愿、居留意愿以及家庭代际关系等议题，为我们掌握随迁父母的群体特征及生活现状提供了实证资料，也为探索针对该群体及其家庭的支持性对策提供了政策依据。本书的主要发现有以下几个方面。

第一，从群体特征来看，随迁父母呈现低龄化特点，多为56~70周岁（占比为72.0%），年龄优势使他们拥有较好的身心健康条件为子代家庭提供代际帮助，甚至还可预支个人养老资本优先助力子代家庭的运转和发展。从个人生育情况来看，32.3%的随迁父母只拥有1个孩子（独生子女家庭），37.0%的随迁父母生育2个孩子，21.2%的随迁父母生育3个孩子，9.6%的随迁父母生育4个及以上孩子。对于多子女的随迁父母，在调查时强调以其正在帮助或同住的那个子女家庭为子代家庭的标准。随迁父母中的女性占比远超过男性，体现了抚幼育婴和家庭照料工作中的性别分工差异。他们的总体受教育程度不高，约七成受访者的受教育程度低于高中/中专/高职水平，完成大专及以上教育的仅占9.0%。一些随迁父母已通过随子女落户等方式获得迁入地的户籍，但大部分随迁父母仍保留外地户籍，且外地农村户籍者占比较高（46.4%），这与城市化过程中青年人口的流动规律有密切关系。他们退出社会生产劳动之前的主要工作性质比较多元，其中以农林牧副渔从业人员以及国企或事业单位工作人员居多，在某种程度上反映了随迁父母这一代人退休前主要职业的时代特征。通过与已有相关研究的相似群体特征进行对比后发现，本书的样本质量较好，具有较高的代表性。

第二，本书对随迁父母迁居特征的调研主要包含随迁时长、随迁来源地、随迁居住安排、随迁后的居住条件等方面。随迁父母的随迁时长跨度较大，平均随迁时间为8.23年，迁居5年及以下、6~10年以及10年以上者分别占比37.9%、31.2%和31.0%。从随迁来源地来看，约64.9%的受访者来自省内其他地区，约35.1%的受访者来自省外，省内跨市流动比例远高于跨省流动比例的原因之一是本书以随迁前常住地而非随迁前的户籍地作为随迁来源地的统计口径；原因之二是本书调查的厦门地区是福建省人口流入集中地，城市集聚能力不强，对省内人口有较强的吸引力，城市集聚能力远不如北上广深等大城市，因此聚集了更多来自省内的随迁父母。从随迁前常住地属性来看，随迁父母是一个异质性较高的群体，既有来自农村和乡镇的，也有来自县城、其他城市甚至省会城市的，他们每年在迁入地和随迁前常住地之间的平均走访次数是3.5次。从随迁后的居住安排来看，94.3%的受访者都跟子代家庭同住或住在距离子代家庭很近的地方。其中，随儿子迁居的比例（66.4%）远高于随女儿迁居的比例（32.0%），来自多子女家庭的随迁父母选择随儿子迁居的比例（70.1%）更高，而来自独生子女家庭的随迁父母随儿子迁居的比例（59.0%）也高于随女儿迁居的比例（41.0%），由此可见传统父权制和亲缘文化对随迁父母代际支持性别选择的深远影响。从随迁父母的居住条件来看，74.0%的受访者目前的住房性质是自有住房（包括个人或其子代名下拥有的住房），能够拥有独立卧室者也占总受访者的七成以上。随迁前常住地与迁入地居住条件的对比调查结果显示，除"屋内人均使用面积"外，随迁父母迁居后的客观居住条件在社区环境、活动便捷性、室内居所条件三个方面均有所改善。相比于随迁前常住地的客观居住条件，51.4%随迁父母表示迁入地的客观居住条件总体上更好，27.9%表示随迁前后的居住条件差不多，20.8%表示迁入地的条件更差。此外，中老年人随迁也遭遇了一些客观上的适应困境，他们对迁出地与迁入地的饮食口味和风土人情/文化习俗方面的差异感知较小，在生活消费、日常语言和气候方面的差异感知较大，且省外迁入的随迁父母所面临的地域差异更大。

第三，本书对随迁父母身心健康的调查均采用自评自测方式收集资料。总体来看，随迁父母群体的身体健康状况和精神健康状况均较为良好，这也是他们有能力向子代家庭提供支持和帮助的前提所在。在身体健康方面，11.3%的随迁父母表示自己目前的身体健康状况"非常好"，46.7%表示"比较好"，两项合计58.0%，35.9%表示"还过得去"，仅5.8%和0.3%表示"不太好"和"非常不好"，虽然对身体健康状况的总体自评较好，但是随迁父母患慢性病的比例较高，过半数（54.3%）的受访者自报患有慢性病，且年龄越大者自报患有慢性病的比例也越高；约四成（38.6%）的随迁父母自报长期服用慢性病药物（不包含保健品）。从性别差异来看，女性随迁者的身体健康状况不如男性随迁者，体现为女性受访者自报患有慢性病的比例（57.6%）要高于男性（46.6%），且女性随迁者对个人身体健康的自评均值也低于男性。本书对身体健康状况的调查为当下时点的瞬时取样，我们主张将目前的身体健康状况视为反映个人身体素质的基础变量，并将其视为导致随迁生活其他方面差异的原因变量，而非结果变量。

在精神健康方面，15.6%的随迁父母认为自己的总体精神健康状况"非常好"，76.6%的随迁父母自评"比较好"，仅7.4%和0.4%的随迁父母精神状况自评"比较差"和"非常差"。尽管随迁父母的精神健康自评情况总体较好，不过仍有三成左右的受访者自报存在不同程度的负面情绪（如情绪容易波动、易急躁、生气或烦躁）。经过因子分析，随迁父母精神健康自评项目可划分为负面情绪因子和正面情绪因子，良好的精神健康状况就表现为较低的负面情绪因子得分和较高的正面情绪因子得分。从性别差异来看，女性随迁者的精神健康状况不如男性随迁者，体现为女性随迁者的正面情绪因子均值低于男性而负面情绪因子又高于男性。由此可见，女性随迁者的身心健康状况皆不如男性随迁者。当然身体健康与精神健康高度相关，但也不排除中老年女性因更年期与家庭操劳的双重压力而存在比男性更明显的身心受损。

第四，社会交往和社会参与是随迁生活质量研究的重要组成部分，也是衡量随迁父母社会融入的关键指标。本书主要从社区和社交参与状况和闲暇娱乐状况两个方面来进行调研。87.2%的随迁父母自报在迁入地除了子女及家人/亲人之外"还有其他可以一起聊天闲玩的朋友"，这些拥有朋友的人中有75.0%表示平时能和朋友"经常见面"，12.7%的人表示跟朋友"有时见面"，虽然不同受访者对"朋友"的定义可能存在较大差异，但从随迁父母自己的认定和统计情况来看，他们在迁入地的社交情况总体还比较乐观。交叉分析表明，交友情况与随迁时长存在较大关联，随迁时长不足三年的中老年人交友情况并不理想，随着随迁时长的延长，随迁父母的交友情况可以得到较大改善。就社会参与情况来看，随迁父母的总体参与度并不高，半数以上受访者没有参与过小区或社区的文体活动，七成以上受访者没有参与过社区公益/志愿服务活动以及各类讲座/沙龙等学习活动。这种局面一方面是与随迁父母的社会参与时间和能力不足有关，另一方面与随迁父母在当前城市社区的参与途径和参与渠道有限有关。研究发现，随迁父母社区和社交参与程度与其对业余生活的满意度、对随迁生活总体幸福感、对居住小区/社区的喜欢程度、对迁入地城市喜欢程度、对迁入地城市发展关注程度都有显著的正相关关系。从个人闲暇娱乐活动参与情况来看，三成以上随迁父母能够保持每天参与运动类的活动（广场舞、球类、太极拳、爬山等），六成以上能够保持每天进行休闲类活动（散步、钓鱼、养花、书画、摄影等）。同样，闲暇娱乐活动参与度也与业余生活满意度以及随迁生活幸福感呈正相关关系。通过假设检验和回归分析，本书论证了随迁父母的个体特征、随迁特征以及亲代代际支持（隔代照料投入）等因素对其社会参与程度的影响。结果显示，受教育程度越高的、身心状况越好的、能够加入本地户籍的、有伴侣陪同随迁的、迁居时间越长的、最小孙辈年龄越大的、每日家务劳动时间不长也不短的随迁父母的社会参与程度越高。

第五，随迁父母与子代家庭之间的双向代际支持情况是本书的重要内容，本书对随迁父母所处家庭的双向代际支持研究包括经济支持、家务劳动、精神支持以及孙代教育协助等方面。从亲代"向下"经济支持情况来看，47.6%的随迁父母为子代家庭提供过至少一项经济支持（包括购房、购车位、购车、家用补贴或孙辈教育开支等），52.4%的随迁父母表示没有为子代家庭提供任何经济支持。受教育程度越高者、随迁前工作为公务员、事业单位工作人员等传统"铁饭碗"职业、拥有城镇户籍的随迁父母能够为子代家庭提供更多种类的经济支持。从"向下"精神支持情况来看，超过半数的随迁父母表示当晚辈（子女或孙辈）遇到困境/困难时，自己能够给予较大或最重要的精神支持，四成左右随迁父母则表示能够给予有限的精神支持。进一步分析发现，随迁父母提供代际支持的程度与其自身能力和潜在资源差异有关，也与其家庭特征以及代际关系有关。从随迁父母对子代家庭的家务支持情况来看，近七成随迁父母在子代家庭承担了打扫家里卫生，买菜、备饭、做饭，洗、晾、收衣服等低知识输出的日常家政劳动；在孙辈已经上学的家庭中，将近五成至六成的随迁父母完全或大部分分担了接送孙辈上下学的日常工作，但表示自己"承担全部"或"承担大部分"陪孩子做功课等事宜的仅占 6.5% 和 6.0%，随迁父母在子代家庭中所承担的照顾活动以体力活动居多，脑力活动偏少。他们每天花在所有家务活动上的时间平均是 4.1 小时/天，男性长者每天在各项家务上花费的时间（3.2 小时/天）要比女性长者（4.535 小时/天）少 1.335 个小时。在控制孙辈数量的情况下，随迁中老年人所照顾的最小孙辈的年龄越小，其在家务劳动上的时间也越长。受教育程度较高者能为子代提供更多的经济支持和精神支持，但提供更少的家政支持。

从子代所提供的"向上"代际支持情况来看，66.3%的子代家庭（包括儿子、媳妇、女儿、女婿）有向随迁父母提供生活费或伙食费，所给予的生活费月平均2138.6元。六成以上的子代家庭比较多地为随迁父母购买各类生活用品或经常表达此类孝心；近半数子代家庭能比较多地陪同随迁父母看病或帮忙买药；四成左右的子代家庭能够较多地表示或实际带着随迁父母旅游或游玩。子代"向下"代际支持通过因子分析降维为"子代的生活支持因子"和"子代的情感支持程度"。从子代的"向上"精神支持来看，当随迁父母遇到苦恼的事或者心情低落时，超过六成晚辈能够给予很大（占比15.7%）或较大（占比48.1%）的精神安慰和情感支持。我们发现能够给予随迁父母较多经济支持和生活陪伴的晚辈，也能给随迁父母带来较大的精神支持，事实上，子代家庭可以通过多种方式让随迁父母感受到来自晚辈的精神支持，而且代与代间的精神支持是相互的，随迁父母"向下"精神支持程度与晚辈"向上"精神支持程度高度相关。

第六，中老年人随迁的最大目的是为子代家庭提供育儿照料协助，为此本书全面考察了随迁父母的隔代照料情况、隔代照料观念、隔代照料感受、二孩生育期望以及二孩照料支持。数据分析结果显示，帮助子女照料一个及以下孩子的随迁父母占比为52.4%，帮助子女照料多孩的随迁父母占比为47.6%。在拥有多子女的随迁父母（占总样本的67.9%）中，有47.7%的受访者曾帮助多个不同的子女家庭照看孩子。经量表测量和降维分析，本书发现随迁父母隔代照料认知观念包括"积极认同态度"、"工具理性态度"和"消极被动态度"，"工具理性态度"相比于其他两种态度而言，是一种情感相对中立的认知态度。从群体层面来看，多数随迁父母对于帮子女带孩子持积极认同态度，体现了从家庭整体利益出发的传统责任伦理的广泛影响。随迁父母参与孙辈照料，虽然遭遇了体力精力不足、休闲娱乐受限、代际育儿矛盾、安全责任压力等方面的不小挑战，但他们对于"向下"代际支持行动的主观感受结果依然比较乐观。统计结果显示，大部分随迁父母在"向下"代际支持过程中拥有较为正面的主观感受（九成左右的受访者表示对生活感到充实、增进了其与子代家庭的情感等），但也有部分随迁父母感受到了消极的主观感受（近三成受访者表示对于帮子女带孩子感到心理压力很大或与子代家庭在生活上有差异）。本书以 ABC 情绪理论框架为参考，通过假设检验证实了随迁父母对隔代照料的观念态度会显著影响他们代际支持的主观感受和情绪，此外，部分双向代际支持情况以及代际沟通关系也会影响他们代际支持的主观感受。

第七，从随迁父母对子代的生育期望来看，他们对二孩政策的认同度相当高，九成以上随迁父母将一男一女视为理想的家庭生育状况。32.1%的随迁父母曾经就子代的生育情况提出过一定的要求或暗示，其余 67.9%表示自己对子代的生育情况没有具体要求或暗示。在有向子代提出过生育期待的随迁父母当中，62.5%的人提出过关于生育数量方面的要求；25.0%的人表达过关于生育性别方面的期待；10.4%的人提出过有关孙辈养育方面的要求或暗示；6.3%的人提出过关于孙辈姓氏方面的要求。在当前子代家庭高度依赖随迁父母隔代照料支持的大背景下，随迁父母对于帮子女照料未来第二个孩子的意愿在很大程度上可能影响子代的二孩生育意愿，因此本书着重针对当前帮子女照料一个孩子的随迁父母的二孩照料意愿进行了调查，结果发现，近八成受访者表示"非常愿意"（37.8%）或"比较愿意"（40.6%）继续帮子代照看二孩，可见随迁父母的二孩照料意愿是比较强烈的。根据认知行为理论的解释框架，本书对照料一孩随迁父辈的二孩照料意愿进行了假设检验，回归分析结果证实，随迁父母对于隔代照料的态度倾向以及他们在提供一孩照料支持中形成的主观感受显著影响随迁父母的二孩照料意愿，对隔代照料持有积极认同态度和工具理性态度，在提供一孩照料支持过程中的负向感受越少、正向感受越多的随迁父母越愿意帮助子代照顾未来的第二个孩子。

第八，随迁分居是本书重点关注的子话题之一，研究显示，由于配偶一方仍未退出生产性劳动（如未达到退休年龄或需要继续打工、务农等）或需要照顾其他家庭成员（如需要照顾家里长辈或照顾其他子女及其家庭）等诸多原因，随迁父母"劳燕分飞"的情况约占全部有配偶者的 1/4，这个比例看似不大，但是具体到个体现实生活的影响却是实实在在的。因随迁而与伴侣分居的中老年人以低龄的、低受教育程度的农村女性居多。与伴侣分居的随迁父辈面临着夫妻彼此相互牵挂、缺少伴侣的生活协助和精神支持等诸多不良影响。通过假设检验和回归分析，本书论证了因随迁照料孙辈而导致的分居状态会抑制随迁父母对随迁生活的积极体验感，还会通过影响随迁父母的家庭融入和社会融入而降低其对于随迁生活的积极体验感，但并不会增加其对随迁生活的消极体验感，尽管如此，与伴侣分居对于随迁父母家庭融入和社交融入的消极影响也是不容忽视的。对随迁分居者样本的单独分析显示，减轻随迁父母的家务劳动负担、增强子代的代际关怀能够帮助其减少独自随迁生活的消极体验感，而促进随迁父母与子代家庭的沟通以及在迁入地的社会交往对于增强他们的积极体验感和减少消极体验感均有十分重要的作用。

第九，家庭是中老年人随迁以后直接的依赖对象和重要的支持来源，父母随迁参与子代家庭生活既增强了代际联系和代际团结，也增加了代际冲突和代际矛盾发生的可能性，使这种临时性扩大家庭中的家庭代际关系充满张力。定量分析显示，大部分随迁父母与子代家庭成员的相处关系比较融洽；大多数随迁父母表示对与子代一家人的沟通交流现状感到满意（33.9%表示"很满意"，61.6%表示"比较满意"）；41.6%和45.6%的随迁父母认为自己的子女"非常孝顺"或"比较孝顺"。相比于子女提供生活费/伙食费等固定经济支持而言，子女提供日常生活关心和陪伴支持更能够让随迁父母感受到子女的孝心。本书采用定性分析技术对随迁父母家庭代际关系进行了类属化分析，得到了随迁父母所处家庭的四种代际关系类型，即亲密和谐型、互惠有间型、疏离忽视型以及失衡冲突型，每种家庭代际关系在代际互动、家庭信念、代际沟通方面具有不同的特征和问题，在此基础上，本书从家庭社会工作层面探索了各种类型家庭的服务实践方向。

第十，随迁父母的地域认同感和主观融入意愿是评价该群体社会心理融合程度的一个重要依据。调查结果显示，随迁父辈对于迁入地有较高的地域认同感和主观融入意愿，他们中的一部分人其实已经通过户籍转迁方式实现了身份转变，而外地户籍者中也有约半数明确希望拥有迁入地户籍。回归分析显示，在控制个体特征的情况下，随迁父母的随迁时长、随迁距离、迁居后的客观融入难度（随迁前后地区差异程度）、融入方式和融入程度均会影响随迁父母对于迁入地的地域认同感。针对外地户籍者的主观融入意愿影响因素的相关分析显示，随迁父母的随迁距离、社区和社交参与程度以及地域认同感将影响他们对迁入地的主观融入意愿。从促进迁移融入的角度出发，要积极关注随迁父母的地域认同感和主观融入意愿，及时缓解他们的融入困境和满足融入需求，打造更加开放、包容、公平的政策环境和社会氛围，为随迁父母的城市融入创造更多机会和条件。

第十一，随迁生活的主观幸福感是衡量随迁父母生活质量的综合性指标。调查显示，随迁父母的总体幸福感评价比较乐观，30.6%和64.7%的随迁父母认为自己当前的随迁生活"非常幸福"或"比较幸福"，4.4%和0.3%的随迁父母认为自己的生活"不太幸福"或"非常不幸福"。基于比较理论和目标理论的解释框架，本书从随迁前后生活条件比较结果以及随迁父母参与隔代照料认知观念（目的）两个维度考察了随迁父母主观幸福感的影响因素，回归分析结果显示，如果随迁父母在迁入地的各方面生活条件比迁出地的生活条件更好，他们就会感受到幸福；对于帮子女带孩子持有积极认同态度的随迁父母能够对随迁生活感到更幸福，对于帮子女带孩子持消极被动态度的随迁父母则较少体验到随迁生活的幸福感，而对于帮子女带孩子持工具理性态度则不会对随迁父母的主观幸福感产生影响。此外，在迁入地的社区和社交参与越多、接受子代的"向上"代际支持越多、与子代家庭的整体沟通越融洽，随迁父母就越能感受到幸福感，而在家务劳动上投入的时间越多，其幸福感则会越低。因此，切实减轻随迁父母的家庭照料负担、提升随迁父母在迁入地的生活条件和社会参与程度、弘扬孝道文化、改善随迁父母的家庭代际关系都是提升其随迁生活幸福感的可行策略。

第十二，随迁父母留居养老意愿研究能够为我们及时对该群体的养老需求和晚年生活期待做出政策回应提供重要依据。本书对随迁父母居留意愿的研究就是侧重以养老为目的的留居打算，数据统计结果显示，近半数的受访者"非常愿意"（25.5%）或"比较愿意"（23.5%）留在迁入地养老，14.5%的受访者持"说不清"的犹豫态度，三者相加可得随迁父母愿意留居迁入地的比例大致介于49.0%~63.5%。本书从人口迁移的推拉理论、新迁移经济理论、资源稀释理论以及地域认同理论出发，提供了一个有关随迁父母居留养老意愿影响因素的综合性解释框架。研究证明，相比于为了支援子代而做出随迁行动而言，随迁父母居留养老的决策逻辑往往更具复杂性，需要以综合性的视角结合迁居后的个人生活、家庭生活和社会生活状况来加以解释。通过理论假设检验发现，随迁前后生活环境和居住条件改善程度、双向代际支持关系和家庭迁移特征、迁居生活适应难度及个体适应情况以及个体特征等因素都会对随迁父母居留养老意愿的强弱产生影响。如果将一部分随迁父母在晚年自愿放弃熟悉的故土而选择以子代家庭所在地为自身养老归宿的决策意愿，与随迁父母所处家庭中代际支持"下位运行"特点以及随迁父母在处理与子代代际关系时所表现出来的家庭话语权的示弱加以综合分析，我们可以看到扩大化家庭重心的转移不仅体现在家庭经济资源和家庭权力资源的明显倾斜上，也体现在随迁父母对子代家庭的情感依赖和晚年安养夙愿上。针对该群体的居留期望，迁入地城市应加快做好随迁父母就地养老的战略性安排，提升人口治理能力及家庭发展能力，降低随迁父母居留养老成本，促进其晚年幸福与家庭社会和谐。

第二节　政策建议

随迁父母群体兼具老年属性和外来属性，探索与其相关的福利政策也应重点关注这两个维度。我国颁布的《中华人民共和国老年人权益保障法》明确指出，县级以上人民政府及其有关部门根据经济社会发展情况和老年人的特殊需要，制定优待老年人的办法，逐步提高优待水平；对常住在本行政区域内的外埠老年人给予同等优待。该制度为我们进行随迁父母相关群体的福利研究和政策倡导提供了重要依据。联合国大会于 2015 年 9 月通过的《2030 年可持续发展议程》指出，确保健康的生活方式、促进各年龄所有的福祉对于建设繁荣社会和可持续发展至关重要。2019 年 11 月，中共中央、国务院发布的《国家积极应对人口老龄化中长期规划》首次将积极应对人口老龄化上升到国家战略层面，并分别制定了至 2022 年、2035 年和 21 世纪中叶的综合性指导方针，为我国积极老龄化进程提供了政策支持和具体战略规划（杨凡等，2021）。2021 年 11 月，中共中央、国务院发布的《关于加强新时代老龄工作的意见》进一步强调，要走出一条中国特色积极应对人口老龄化道路，并指出要鼓励老年人继续发挥作用，尤其是在家庭教育、家风传承等方面的积极作用。积极老龄化倡导老年人基于自身意愿和能力选择社会参与形式、生活方式的理念。"积极"也被赋予了更具包容性的含义，包括劳动参与、孙子女照料、政治参与、志愿服务等多方面的内容（Zaidi et al.，2013）。从践行积极老龄化视角出发，应切实保障随迁父母能够基于自身意愿参与子代家庭照料、参与迁入地的社会生活，并能充分享有迁入地的社会保障权益，提升该群体的福利待遇和生活质量。

然而，作为典型的"未富先老"型国家，我国养老等公共资源供需之间一直存在较明显的矛盾，由于国内中老年迁移人口的迁入地过于集中，对迁入地的养老等相关公共物品和服务供给造成了较大压力，由迁移引起的老年人口分布对老年人需要的健康照护、医疗投入、健身娱乐、公共服务[①]等资源在数量和质量上都提出了更高要求，尤其是作为主要迁入地的东部沿海城市，其本身就面临快速老龄化局面，又遭遇了一定规模的中老年迁入人口，这无疑是双重的压力（张伊娜、周双海，2013）。事实上，那些从异地流入且不参与迁入地生产性劳动的随迁父母，很容易被迁入地城市视为"包袱"而非城市发展的贡献者。由于父辈随迁现象通常发生在私密性较强的家庭领域，对劳动力市场和婚恋市场等不存在实质性影响，他们的需求和声音难以达到受关注度较高的公共领域，对于地方政府来说，该群体在他们已经很拥挤的责任清单中并不处于重要位置，惠及该群体的政策少之又少（肖富群、陈丽霞，2021），而该群体所遭遇的制度排斥、融入困境、养老危机也导致了社会的紧张和家庭的不稳定。

目前各地政府及其城市发展规划中并没有专门针对这部分中老年人的相应政策，虽然在现有老年政策中有部分涉及随迁父母，但总体来说，除公交出行和公园景点政策相似之外，各地在其他生活福利方面的差距仍然明显（王心羽、李晓春，2017），而基于劳动年龄人口而制定和完善的流

---

① 公共服务是指以服务形式存在的公共物品（肖子华，2018）。根据 2022 年 1 月国家发展改革委、中宣部、教育部等 21 个部门联合印发的《"十四五"公共服务规划》，从服务供给的权责分类来看，公共服务包括基本公共服务、普惠性非基本公共服务两大类。该规划明确提出，"十四五"时期要推进基本公共服务均等化、扩大普惠性非基本公共服务供给以及系统提升公共服务效能等建设目标。

动人口相关政策也并不完全适用于这部分中老年流动人口（肖富群、陈丽霞，2021）。当地居民不愿意自己所在社区因老年人口流入比例较高而成为老年社区。社区管理工作中对于老年流动人口的关注不足、服务态度消极等（李雨潼，2022），此外，当前城市社区中针对随迁老人开展融入服务的平台和活动也较少，部分活动流于形式，难以真正缓解其实际困境，加之社区的经费和设施有限，甚至无法满足在地老人的需求，更难为随迁老人提供服务（李芳燕，2016）。总而言之，该群体面临基础福利不健全、特殊福利难以享受、公共福利未惠及、精神福利被忽视的诸多福利困境（易艳阳、周沛，2016）。这种整体性排斥的状态不仅对随迁父母个人和其家庭生活产生诸多负面影响，也不利于区域潜在消费的开发和相关产业的发展，更是区域内养老服务市场活力不足、发展不充分的一种表现（李雨潼，2022）。

不可否认，随迁父母的迁居行动对于部分迁入地区城市发展确实意味着不小的挑战，其所引发的公共物品资源供给和配置矛盾逐渐成为新的社会问题。对于迁入地而言，为维护本地老年居民的养老保障权益，一些大中型城市纷纷设置严格的养老服务和公共资源享受标准，规定某些优惠待遇只能受惠于拥有本地户籍的居民。比如，目前大多数城市地区 60 周岁以上的老年人持"老年人优惠服务证"或"老年人优待证"[①] 即可享受乘坐汽车、火车、飞机时优先购票、检票、进站、乘车、登机等服务；免费享受公证处、律师事务所和其他法律咨询服务机构提供的法律咨询服务。但"老年人优待证"的办理一般有两个条件，一是年龄，二是户籍或居住时间，且大部分省份有户籍的要求（肖富群、陈丽霞，2021）。户籍制度如同一堵无形的墙，将非户籍随迁父母屏蔽在分享迁入地公共资源的范围之外。以笔者所调研的厦门地区为例，政府在高龄津贴发放、老年节发放过节费、独生子女扶助金、免费或优惠进公园景点、免费投保意外伤害险、免费乘坐公交或 BRT、特困老人生活保障、免费体检、便利就医等方面都

[①] "老年人优待证"是国家、政府为了完善社会保障制度，按照规定给予老人的一种优惠、照顾，是给老年人的一种享受和待遇。

设置了户籍限制①，使非户籍随迁父母无法享受与本地户籍者同等的老年优待政策和福利保障。

虽然我国一直在致力于推进户籍制度改革，力图从制度上解决流动人口的社会融入问题，但户籍制度并不是单纯的人口登记制度，而是 20 世纪 50 年代以来形成的国家治理的基础性制度。自 2014 年国家户籍制度改革方案颁布以来，全国 30 个省（区、市）均取消了农村户籍与城市户籍之间的区分。但户籍制度作为城市公共福利体制的母体性制度和载体性制度的性质没有改变，不同类型城市政府会根据自身利益对入户条件进行设定，做出对自己最有利的选择，这成为影响流动人口城市融入的第一道门槛（肖子华，2018）。一些随迁父母采取了投靠子女落户迁入地的方式实现户籍跨越，但现实中，父母投靠成年子女落户的申请条件也较高。通过对全国不同省份的中老年父母投靠成年子女落户政策的梳理，我们发现，人口迁出地区的父母投靠子女落户政策要求都比较宽松，如吉林、黑龙江、青海、甘肃、重庆、河南、河北、山东、安徽、海南、湖南、贵州等地的父母投靠子女落户条件都比较低，大多以具有合法固定住所或合法稳定住所、稳定生活来源或子女稳定职业为基本落户条件。相比之下，人口流入地区的父母投靠子女落户政策要求则比较高，现行政策一般对申请落户者年龄、迁居时间、被投靠子女的户籍情况以及房产等方面提出了多项具体要求（见表 8-1）。而上海地区实行了最严格的投靠子女落户政策，按照相关规定，只有原本是上海户籍的人（上海支内、知青或因其他原因去外省市工作的人员），因工作在外地落户的，现在年老（男性年满 60 周岁、女性年满 55 周岁）需要回来上海落叶归根的，才可以投靠子女或其他亲属落户；而作为新一代上海人，外地户籍父母是无法投靠的。由于种种落户限制，作为迁入城市中的"新移民"族群，随迁父母不能完全享有

①　厦门市的各项老年优待政策均设置了户籍限制。比如规定"本市户籍百岁以上老人每人每月可领取市、区发放的 1100 元高龄津贴；各区还为 80~89 周岁、90~99 周岁的老人每人每月分别发放 100 元、200 元的高龄津贴""各区人民政府为辖区 60 周岁以上的户籍老年人投保了厦门市老年人幸福安康险，老年人在本市范围内因意外伤害身故（含猝死）、伤残、骨折和产生意外伤害医疗的，均可获保险赔偿""60 岁以上的本市户籍老年人可免费或优惠进办的公园景点""65 岁以上的本市户籍老人和 70 岁以上的本省户籍老人可免费乘坐公交汽车和 BRT""市基层医疗卫生机构为辖区 65 周岁以上老人提供免费体检，建立健康档案，开展家庭医生签约服务并为符合条件的老人提供上门诊疗"等。

与本地居民同等的福利待遇，被排斥于（或部分排斥于）迁入地的老年公共服务优待政策之外，又因为在迁出地背井离乡而游离于迁出地的养老服务体系，从而陷入尴尬的养老困境。部分福利受损提高了中老年人的随迁成本，并将可能面临的风险完全交由中老年人个人及其家庭来承受，从而在一定程度上增加了家庭的潜在压力和脆弱性，影响了随迁父母对于城市家庭育儿之积极支持效用的发挥，并导致家庭冲突和社会矛盾。

表 8-1　部分地区中老年人口随成年子女落户条件（不完全统计）

地区	年龄要求	子女户籍要求	房产要求	迁居时间	其他要求
天津	男性满 60 周岁，女性满 55 周岁，已办理退休手续	子女均为我市居民户口	子女需有合法固定住所	本人连续居住满 5 年	
山西		子女有常住户口	需提供子女"房屋产权证"（"不动产权登记证"）或房地产管理部门备案的商品房买卖合同。农村地区的"宅基地使用权证"或土地部门（乡、镇政府）出具的房屋产权证明		
北京	无业老人投靠要求：男性满 60 周岁，女性满 55 周岁，且夫妻需同时申请	申请人外省市无子女；被投靠人为本市非农业户口	在京有合法固定住所		
	离退休老人投靠要求：达到离退休年龄（干部男性满 60 周岁，女性满 55 周岁；工人男性满 55 周岁，女性满 50 周岁），并已办理离退休手续	申请人外省市无子女	在京有合法固定住所		

地区	年龄要求	子女户籍要求	房产要求	迁居时间	其他要求
大连	男性满 60 周岁，女性满 55 周岁	子女或在主城区落户 8 年以上，或在新市区落户 5 年，或在新区落户 3 年	子女需有合法稳定住所		投靠人员在 80 周岁以上的，其子女在本市的落户年限则不做要求
武汉	男性满 60 周岁，女性满 55 周岁	子女为武汉市常住户口	子女需有自有房屋		父母同时投靠的还需提供结婚证
成都	男性满 60 周岁，女性满 55 周岁	子女通过购房入户本市 5 年后，其老年父母（男性满 60 周岁，女性满 55 周岁）可投靠入户	本人或子女需有合法稳定住所		
昆明	男性满 60 周岁，女性满 55 周岁或离退休人员	子（女）为本市常住户口，子（女）户口因购房迁入，需常住户口满一定年限	子（女）或父母在本市有合法固定住所		父母身边无其他子女；对于多子女的可由申请人自行选择需投靠的子女入户
苏州	男性满 60 周岁，女性满 50 周岁	子女为 5 年以上市区家庭户口	子女拥有合法稳定住所，父母迁入后人均住房面积不低于市区住房保障面积标准		生活保障水平不低于苏州最低标准的人员
杭州	男性满 60 周岁，女性满 55 周岁	子女为我市居民户口。申请人身边无子女，子女全部或多数在杭州	本人或子女在市区城镇有合法固定住所	持有在杭申领的有效"浙江省居住证"	
深圳	男性满 60 周岁，女性满 55 周岁且夫妻需同时提出申请	被投靠人属本市家庭户成员，被投靠人本市户口当前有效且连续满 8 年			
广州	男性满 60 周岁，女性满 55 周岁或离休干部	所有子女均具有广州市户籍			子女属于现役军人且已注销户籍或者子女在国（境）外定居且无国内户籍的，不计入所有子女均具有广州市户籍的要求

地区	年龄要求	子女户籍要求	房产要求	迁居时间	其他要求
厦门	男性满 60 周岁，女性满 55 周岁	将户口迁入思明区、湖里区，需子女一方登记为本市户籍人口满 5 周年且父母结婚登记时间满 5 周年；将户口迁入集美区、海沧区、同安区、翔安区的，需子女一方登记为本市户籍人口满 3 周年且父母结婚登记时间满 3 周年	本人或配偶及被投靠子女或配偶在厦拥有"厦门市土地房屋产权证"或"不动产权登记证"（房屋用途为住宅，且所有权份额所占比例不得低于 50%）的房产		父（母）年龄满 80 周岁的，投靠本市户籍子女（女）不受以上条件限制

注："合法固定住所"一般是指满足居住生活条件并实际居住的自购房、合法自建房。"合法稳定住所"是指除合法固定住所之外的合法稳定住所。

已有研究中，与户籍制度捆绑在一起的医疗保障制度的差别化问题也被不断提及（李倩，2014；李升、黄造玉，2018）。吴少杰（2016）的研究指出，尽管九成的流动老人参加了各种形式的医疗保险，但 92.9% 是在户籍地参加的医保，其中 58.2% 参加的是"新农合"，异地尤其是跨省报销存在较大困难。2017 年 3 月 24 日，国家异地就医医保结算系统正式上线运行，目前，全国住院费用跨省直接结算已经实现全覆盖，门诊费用跨省直接结算试点稳妥有序推进，但存在的细节问题仍然较多，如备案流程不清晰、备案有效期长短不一、材料申办手续繁杂、长期跨省居住人员在备案地和参保地不能双向享受待遇、跨省临时外出就医人员备案后报销比例偏低等（吴佳佳，2022）。综合来看，各地医保报销政策、保障范围和基金支付水平仍有差异，各地区医疗保障信息系统建设规划仍不同步，全国范围内跨省异地直接结算存在信息化建设的智能化、标准化不足，跨省结算"待遇差"，标准认定不统一等方面的问题，无法一蹴而就（林江洪，2022），这无形中增加了随迁父母个体及其家庭在就医用药时的经济负担。好在近年来，跨省异地就医和跨省医保异地结算始终备受党和政府的高度重视。2023 年 1 月 1 日起正式实施的《基本医疗保险跨省异地就医直接结算经办规程》明确了参保人员完成异地就医备案后，在备案地开通的所有跨省联网定点医疗机构均可享受住院费用跨省直接结算服务，门诊就医时按照参保地异地就医管理规定选择跨省联网定点医药机构就医购药。该政策还明确了按照"就医地目录、参保地政策、就医地管理"的要求，参保人员跨省异地就医直接结算住院、普通门诊和门诊慢特病医疗费用时，原则上执行就医地规定的支付范围（基本医疗保险药品、医疗服务项目和医用耗材等支付范围）及有关规定，执行参保地规定的基本医疗保险基金起付标准、支付比例、最高支付限额、门诊慢特病病种范围等有关政策。支持跨省异地长期居住人员在备案地和参保地双向享受医保待遇。上述制度的实施对于随迁父母群体而言无疑是个福音，至少在异地就医方面，比本书开展调查时的政策环境已有了重大进步，但今后相当长一段时间内，仍需对相关政策的执行成效和实施困境进行充分调研和论证优化。

在本书的问卷调查中，我们采用开放性问题询问了受访者对有关随迁中老年人的支持性政策和惠民措施的政策需求和意见建议（本题回答者为542人，有效百分比为73.1%），笔者根据受访者的建议要点进行了民意类型划分，大致可归纳为四个方面的政策意见（见表8-2）。这些政策诉求既反映了随迁父母所面临的诸多困境，也体现了他们对于体面养老和追求品质生活的现实愿景。因此，随迁父母在迁入地城市"安放"问题的解决是对社会分层、制度分割与社会不平等等社会问题的正面回应（姚丽萍，2017）。在养老事业的建设方面，受访者提出了包括增加养老院、老年大学、社区老年食堂、老年活动场所等硬件投入的期待，以及举办老年文体活动和健康知识讲座、提供老年健康服务、加强尊老敬老传统美德宣传、提供独生子女随迁中老年人养老优惠政策等软件投入的期待。在同城待遇方面，受访者要求实现包括医保报销、景区门票、公交优惠、家庭医生服务、退休待遇调整、社区免费体检等方面的平等待遇。还有一些受访者呼吁能够出台专门针对随迁父母的专项利好政策，以及缓解育儿照料负担和降低家庭生活压力的相关政策。

表 8-2　随迁父母对于政策意见的观点整理

政策建议和意见摘选	核心观念归纳
"希望当地政府不要差别对待外地来的老人,不同户口的老人要平等对待""各地区退休待遇差距很大,希望政府能够适当调控下""重阳节能享受与本地老人一样的待遇""景区对外地老人也应该免费开放""希望解决下外地户口无法享受当地医保的问题""现在只能定点看病拿药,很不方便,建议改善医保报销制度""建立全国医保联网政策/医保可以全国通行""建议建立医保跟人走的制度/希望能让外来老人把医保或社保移到本地来交""希望社保关系也能够随户口迁入本地""随迁中老年人也应该享受家庭医生""希望外地老人也能够享受公交免费政策""能享受社区免费体检"……	希望与本地居民享受同等的老年人优惠政策
"希望多成立一些社区老年食堂""多办一些老年大学""多建设些老年活动场所/体育健身设施等""建议每个小区都要建麻将馆、篮球场等活动设施""多举办一些让老年人开心的文体活动""多组织一些健康知识讲座""要保障老年人权益、多开设养老院和敬老院""建设价格实惠、优质的养老院,当我们生活不能自理时就近养老""每个社区都给老人提供三高监测之类的服务""多组织志愿者活动,教我们唱歌跳舞""举办一些既能带孩子玩,又可以让我们学习做手工的活动项目""举办一些老年人防诈骗的法律宣讲或理财方面的培训""增加有关尊老爱幼传统美德的宣传""希望能建设老年人的保障性住房或者租赁房,方便外来老人就近安居,不用跟子女挤"……	希望政府在养老事业的硬件和软件方面都加大投入力度
"希望政府改善户口迁入制度""希望父母随子女落户的政策规定能放宽,年限要求再缩短""适当补贴随迁中老年人来回迁入地和老家之间的交通费""给随迁中老年人半年组织一次短途旅行,让大家互相认识、放松心情""建议出台一些措施照顾下没有退休金和没有医保的农村随迁中老年人""希望出台优惠政策,让三代同居的城市家庭有条件能换大房子""政府应该多关心独生子女这代人的外来父母养老问题,对有随迁中老年人的独生子女家庭多一些帮扶和家庭养老优惠政策"……	希望出台专门针对随迁中老年人的利好措施
"多盖一些学校,解决孩子上学问题,让上学竞争不要这么大""希望社区或单位多开展一些托幼服务,不要总把带孩子的责任压在老人身上""希望能有更多服务帮助孙子辅导作业,也算减轻我们的负担了""希望我们有需要的时候政府能及时帮忙,特别是0~3岁小孩的教育""可以开展一些教老年人如何照顾孙辈(让我们跟子女交流没有代沟)、如何理财以及缓解心理压力方面的培训""多给独生子女一些养老陪护假""要加强对电动车的管理,明确电动车道,让我们老人小孩走在路上都多一份安全保障""多建一些便民超市或农贸市场,让我们买菜更方便,降低生活成本""希望房价低点"……	希望缓解照料负担,减轻家庭生活成本

　　随迁父母现象是传统家庭育儿模式尚未发生根本性变化以及城市化进程裹挟下的家庭育儿成本加大所导致的必然结果,在三孩政策影响下,这种局面较难扭转,且有加剧的趋势,必须有长远的眼光,采取接纳措施和

及时的政策回应。在宽松生育政策的背景下，既要发挥好随迁父母对子代家庭生育和抚养工作的支持作用，又要让他们在随迁生活中享受到更多的获得感、安全感、成就感和幸福感，获得家庭"幼有所育、老有所养"的双重保障，这不仅是学术研究的方向，也是政策发展的目标。由于随迁父母群体的育儿照料、社区融入与社会参与、市民化待遇、医疗养老服务等现实需求涉及多个领域，因此针对该群体的相关政策探索也需遵循多视角、多维度、多元主体参与的思路。

一　立足国情，积极看待随迁父母现象的社会价值和时代意义

有关随迁父母的建设性意见应建立在理解、认可、重视该群体之积极效用的思想共识基础上，因此在讨论具体对策建议之前，有必要对父辈随迁的价值意义进行适当梳理。

首先，由于劳动力市场受缺乏灵活工作岗位、家庭政策缺位、儿童照顾市场化程度较低、传统家庭文化等因素影响，父辈随迁并广泛参与儿童照顾，不管是对子代个人、家庭还是社会而言，都是一项极具价值的"红利"。在微观层面上，基于家庭特定经济状况、对儿童安全风险的规避（与纯市场手段相比，许多家庭普遍认为由老人带孩子更安全、更放心），扩展家庭做出的父辈迁居安排及代际分工合作，使得这项"红利"不仅有丰富的呈现方式，还具有不可替代性（钟晓慧、郭巍青，2017）。从中国家庭城镇化趋势与家庭发展实践来看，随迁父母实际上仍然充当着家庭资源提供者的角色，年轻人需要父辈共同分担城镇化的社会成本（刘成斌、巩娜鑫，2020）。随迁父母尽其所能在经济上、精神上、家务劳动上为子代家庭排忧解难，让子女在生育后仍能集中精力从事社会劳动，为子女安心工作解除了后顾之忧。在社会层面上，隔代抚育促进了生育率的提高，是当代社会再生产过程的必要内容（Hank & Kreyenfeld，2003；Thomese & Liefbroer，2013）。随迁父母是育婴扶幼工作中的重要人力资源，中老年人随迁参与隔代照料的群体性实践缓解了社会结构中育儿公共产品供给的不足。随迁父母虽然已经退出劳动力市场回归家庭，但并不是回到安享晚年生活的角色之中，而是从社会场域退到家庭场域，间接在为社会做贡献，因此，不可否认随迁父母群体在社会分割与融入张力之间，源于血缘亲情逻辑的对缓

解养老保障资源紧缺、学前儿童照料体制缺失难题的社会贡献（李容芳，2020）。

其次，父辈随迁适度参与隔代抚养在一定程度上能够提高中老年人的生活质量，促进家庭代际交往与合作，有利于中老年群体的积极老龄化。一些研究中用代际妥协（翁堂梅，2019）来概括父代和子代之间在风险社会背景下迫于个体生存需要（如青年夫妇需要父辈提供隔代照料支持，而父辈则需要子代为其养老送终）和家庭整体利益最大化而不得不做出代际合作之选择的无奈状态，但本书调查分析结果显示，随迁父母对隔代照料有较强的积极认同意识和自觉行动意愿，我们有理由相信儿孙绕膝、含饴弄孙的天伦之乐不仅是传统代际互动延续至今的理想描摹，是中国人精神世界中的幸福景象，也是中国现代家庭的伦理期盼与制度目标。在老龄化越来越严重的背景下，随迁父母能够通过代际支持和隔代抚养等方式发挥"余热"，实现了自我价值，也为自己的养老生活找到了更多选择，这在一定程度上可缓解社会养老保险的支出压力。本书通过调查发现，大多数随迁父母通过迁居改善了客观生活条件，增进与子代之间的代际互动与交流，他们对与子代家庭的沟通关系较为满意，对随迁生活幸福感的总体评价较高。因此，不应给随迁父母过度粘贴负面标签，要树立积极的随迁父母社会形象，促使全社会认同、吸纳照料型随迁中老年人，为其在迁入地的"老有所为""老有所乐""老有所养"创造条件。

最后，父辈随迁为子代家庭提供抚育支持还隐藏了代际养老的期盼和行动，因此兼具"幼有所育"和"老有所养"协同发展的双维功能。家庭化迁居浪潮下的随迁父母能够通过城市融入和留居城市实现市民化转变，有利于推进新型城镇化进程；对于迁入地而言，随迁父母的留居意愿能在一定程度上刺激迁入地"银发经济"的发展。比如已有研究指出，老年流动人口增加了迁入地城市的消费总量，对迁入地社会经济发展做出了一定的贡献（王亚菲等，2020）。近年来，一些城市在为老年人口增长做准备的过程中掀起了养老产业建设的热潮，激活了养老消费市场的巨大潜力。本书所调查的随迁父辈是新中国第一代和第二代婴儿潮叠加人群，也是第一批独生子女的父母，他们受益于中国改革开放后经济、社会高速发展的红利，在资产价格还未上涨时已经满足了相关刚性的需求，并大多留有一定的积蓄，他们对生活质量和生活环境有一定追求，也是未来养老消费的主力军。他们对迁入地有较强融入意愿，加之寻求代际团圆的人之常情，对留居迁入地养老也有一定期待，满足他们就近实现"老有所依、老有所养、老有所乐"的养老需求是未来养老产业的发展方向和机遇。此外，随迁父母所处的家庭结构对于传承中国传统家庭"我养你小，你养我老"的抚育-赡养模式具有天然的优势，能够对居家养老模式的重构与发展发挥重要推动作用。

二　引入"家庭思维"，加大以家庭为本理念下的政策探索

Rumbaut（1997）提出，理解老年移民有必要把其放到家庭中去考察。在研究随迁父母相关问题时，也要引入"家庭思维"，用家庭的需求来理解随迁父母迁移产生的机制和过程，同时，以家庭需求为导向来破解随迁父母的养育照料负担和养老困境等问题。"家庭思维"是老年社会工作服务中提出的一个理念，即将老人看作复杂多代系统中的一部分，这一系统对老人的生活事件有重大影响，因而为老人服务时要充分发掘家庭的社会支持系统（全国社会工作者职业水平考试教材编写组，2014）。虽然这一思维是针对如何构建老年人社会支持网络的，但它的系统视角对分析随迁父母现象也非常适用。随着人口迁移从"个体化"向"家庭化"转变，如何提升随迁父母隔代照料的幸福感和获得感，如何平衡好中老年人晚年生活安顿和解决儿童照料资源不足的利益诉求……对这些问题的回应都需要深入生育和养育的关系、抚养和赡养的关系上理解现代家庭面对的压力和挑战及其对生育决策和养老意愿等方面造成的影响，积极探索针对隔代抚养尤其是随迁参与隔代抚养的临时性扩大化家庭的系统性支持政策，提供优质可及的公共服务和种类齐全的市场化服务，在顺应传统家庭主义文化惯性和现代社会"去家庭化"潮流的博弈间实现"幼有所育""老有所养"的民生共识，积极为世界贡献我国应对育儿和养老问题的中国智慧。

从家庭需求角度来看，中老年人随迁现象是家庭化流动趋势增强、家庭育儿成本加大、传统家庭文化观念延续等多种因素共同作用的结果，是家庭应对现代化过程中诸多风险的一种家庭策略。有研究认为，随迁父母参与孙代抚养是父母和子女的共同需要。一方面，隔代抚养可以在一定程

度上缓解子女的经济压力，有效提高子女劳动供给，降低子女的养育成本。虽然新生代家庭的托育照护需求旺盛，但市场缺口巨大，儿童福利政策不健全，双职工家庭陷入儿童抚育困境，加上中国传统家本位思想的影响，抚养幼儿被视为家庭应尽之责，家庭成员尤其是老年人仍然是当前双职工家庭教养工作的主力军（澎湃新闻，2019）。尤其是 0～3 岁儿童的照料安排，（外）祖父母往往在其中扮演极其重要的角色。另一方面，隔代照料作为一种家庭代际交换条件存在，中老年群体通过照看孙辈可以获得子女在精神或物质方面的支持，子女的养老行为也会随之增加（王伟同、陈琳，2019）。可见，家庭发展需要影响着随迁父母的去和留。

由于中国一直缺乏以家庭为单位的整体性福利制度，现行的社会保障政策（养老、生育、医疗等）大多是以"个体"为单位运作，有限的以家庭为主的保障政策则主要表现为对诸如城市"三无家庭"或农村"五保户"等特殊困难家庭的关注和支持，这种政策取向其实是对家庭承担社会责任的惩罚（张秀兰、徐月宾，2003），大多数的普通家庭得不到政策的直接支持。已有研究（田晓佩，2016；李静雅，2017）表明，儿童照顾资源不足是制约育龄期人群生育的重要因素之一，当前在私人层面上发展出来的隔代协助抚养模式如果在全社会范围内运行顺利的话，尚且可能进一步提高年轻人的生育意愿，进而缓解人口老龄化压力；但如果运行不顺利，那么靠随迁父母照料孙辈的社会"红利"将会渐渐消失，年轻人面临激烈的社会竞争将更少考虑生育孩子。因此在讨论生育政策时，有必要从养育角度去理解生育政策遇冷问题，不能仅停留于生育限制的放宽，而应当从以生育为中心的单纯的人口政策，转型升级为以养育为中心的复合型家庭支持政策（钟晓慧、郭巍青，2017）。《国家人口发展规划（2016—2030 年）》明确提出，要建立完善包括生育支持、幼儿养育、青少年发展、老人赡养、病残照料、善后服务等在内的家庭发展政策。完善税收、抚育、教育、社会保障、住房等政策，减轻生养子女家庭负担。以该规划为依据，在人口转变和迁徙家庭化趋势明显的当下，应在充分肯定和引导随迁父母为子代家庭提供优质育儿协助的前提下，以家庭整体需求为导向，从家庭政策层面助推"幼有所育、老有所养"的家庭功能建设。

首先，构建支持家庭照料和支持家庭照顾者的积极性、建设性的家庭发展政策。国务院办公厅于 2020 年 12 月发布的《关于促进养老托育服务健康发展的意见》提出，要加强政策宣传引导，强化家庭赡养老年人和监护婴幼儿的主体责任，以满足老年人生活需求和营造婴幼儿成长环境为导向，推动形成一批具有示范意义的活力发展城市和社区。可见"一老一小"早已成为民生共识，是实现人民美好生活愿望的重要工程。在完善现有生育保障制度和养老保险制度的基础上，应加大对提供家庭照料人群（如全职妈妈、提供隔代照料的中老年人、家庭养老的全职照料者）的社会福利供给，保障以家庭支持为主的亲职照料、隔代照料、老年照料的有效运转，缓解家庭育儿压力，同时也帮助家庭顺利养老。进一步推动父亲和母亲的亲职育儿假落实，让随迁父母在子代有育儿保障的情况下，更大程度地获得隔代照料压力的释放（林彬彬，2019）；进一步完善子女护理假/陪护假制度，缓解养老压力。

其次，调动更多社会力量参与以家庭育儿-养老为核心的相关福利供给。通过政府补贴或直接购买服务等方式，支持市场及非营利性组织提供更多普惠性的家庭照料服务、家庭应急服务、家庭医疗服务、家庭沟通技能培训和家庭关系调解服务，针对"一老一小"照护需求开发个性化服务和创新型产品，助力随迁父母所处的多代共居家庭的家庭功能正常发挥和家庭良性发展。可以探索中老年人抚幼支持与子孙养老支持的兑换机制，如以时间银行方式将随迁父母参与"幼有所育"的服务供给与其"老有所养"所需的资金、服务和精神慰藉资源进行存储兑换，不仅子代，包括成年后的孙代也要为祖辈提供情感、财务和工具性支持，在条件成熟的情况下还可将代际兑换机制拓展至非亲缘关系的老中青三代群体中（吴帆、尹新瑞，2020；陈景亮，2021）。此外，要呼吁企业承担社会责任，用人单位应认识到职工家庭中随迁父母的到来可以有效缓解职工的工作-家庭冲突，使职工有更多精力和时间投入工作，并有更高的工作质量，因此用人单位可以根据自身经济实力，将职工家庭中随迁老人的养老保障作为一项人力资源管理策略，通过定期发放老龄津贴或委托代理购买服务的方式为达到一定级别或有突出贡献的职工提供随迁父母的养老保障服务，辅之以带薪休假奖励或物资支持，消除职工后顾之忧，为单位留住有用之才（宿晓乔，2019）。

最后，注重家庭家教家风，弘扬孝道文化、践行孝道关怀。在现代家庭中，传统家长权威逐渐丧失，代际关系重心下移，代际互惠明显向子代倾斜。在代际合作育儿过程中，中老年人承担大多数家务而放弃或让渡大部分的决策权，出现了老人"保姆化"的倾向（Goh & Kuczynski，2014）。随迁父母对子代家庭的贡献很容易被视为理所当然，加之其外来者的角色，使他们在子代家庭中的话语权呈现边缘化，得不到应有的感恩和尊重，最终消磨了代际情感，也伤了随迁父母的心。随迁父母因帮子代照料孩子而迁居到子女家庭当中，这个临时扩大的三代同堂之家不仅是家庭成员团结协作实现抚婴育幼的代际合作场所，也应该是子女以传统孝道实现孝老敬亲的场所，促进抚幼、养老和育人的有机结合。子代家庭成员对随迁父辈的态度和情绪反应将直接影响他们对自己随迁意义和价值的判断，因此，要强化家庭情感慰藉功能，发挥亲情关怀作用，通过家庭文化与家风建设弘扬"百善孝为先"的传统美德，让家庭回到爱子有道和孝亲有道的轨道上（穆光宗，2017b），如加大孝文化的宣传报道，让年轻父母们认识到，孝敬长辈不单单是帮助老人保持身心舒畅，还是教育孩子、营造尊老爱幼家庭氛围。

三 为随迁父母的婴幼儿照料工作"减负"，维护其隔代照料的积极性和可持续性

2019 年 5 月，国务院办公厅发布的《关于促进 3 岁以下婴幼儿照护服务发展的指导意见》指出，坚持家庭为主、托育补充的基本原则，加大对社区婴幼儿照护服务的支持力度，规范发展多种形式的婴幼儿照护服务机构。在大多数随迁父母所处的家庭中，中老年人都是儿童家庭照护的重要提供者，虽然调查显示他们尚有较为积极的照料意愿，但限于年龄、身心、能力、环境等各种因素的影响，他们在孙辈照料过程中面临诸多烦恼或困境，因此需要全社会共同努力，为家庭照料提供更多支持，也为该群体减轻照料的压力。

首先，将隔代照料纳入整体托育服务体系，使这种代际支持服务成为托育服务中的重要供给力量，保证这种照料模式的健康持续发展，能够分担国家责任、降低社会服务供给的成本（杨菊华、杜声红，2017；杨菊

华，2018a）。根据子代生育数量，从家庭税收、购房优惠等方面为随迁父母所处家庭提供不同程度的物质支持和经济补贴或直接为照料幼儿的随迁中老年人发放生活津贴等劳动补偿，在激发随迁父母为子代家庭提供幼儿照料支持热情与活力的同时缓解扩大化家庭的经济生活压力。比如借鉴台湾地区的经验，不仅在政策上鼓励老人参加保姆课程训练，而且拿到证书的老人如果照料孙辈，政府还会给予一定的经济补贴。改善婴幼儿照护服务供给，在加大对幼儿照料公共资源投入的同时，鼓励支持有条件的用人单位以单独或联合相关单位共同举办的方式，在工作场所为职工提供福利性婴幼儿照护服务（有条件的可向附近居民开放），减轻职工家庭中随迁父母的照料工作量。加强对儿童照料市场的引导，发展多元主体供给的多层次托育服务机构，建设标准化、嵌入式的社区托育场所，提供全日托、半日托、临时托、计时托等多样化普惠性托育服务，满足各年龄段婴幼儿家庭照料需求，有效分解随迁父母的育儿照料压力。

其次，在构建托育服务体系的同时，为家庭幼儿照料者提供"喘息服务"。"喘息服务"也叫短期照顾服务。它可以为长期照护者提供短暂性、间歇性的服务，是让主要照护者有短暂休息的一种服务。这些照护者和家庭通常要照顾残疾人、特殊儿童、失能失智老人等长期有照护需求的人。1981 年，美国政府开始制定为家庭照护者服务的"喘息服务"相关政策，目的是通过政府提供照料服务，为家庭照料者减压，起到"喘息"作用。随着生育政策的放开，随迁父母将面临同时帮子女照料多个孙辈的重任，需要承担更加繁重的育儿照料任务和家务劳动，而且随着年龄增长，随迁父母的体力可能面临无法胜任高强度照料负荷或因病无法提供适当照料的情况，如果能够将当前养老照料服务领域中的"喘息服务"借鉴到幼儿照料领域，将照料幼儿也纳入"喘息服务"的公共服务体系，那么将使随迁父母在繁忙的照料工作之余能够获得必要的休息和放松，从而以更充沛的精力和更积极的心态投入对子代家庭的代际支持中去。为了提供专业的、让人放心的"喘息服务"，就需要国家调动政策和资金资源，允许社会资本进入托育行业（杨菊华等，2016；杨菊华，2018a），推动社会力量共同为隔代照料者提供专业的"喘息服务"，加强社区配套"喘息服务"机构的建设，可以参照城市社区居家养老服务的方式，为隔代照料家庭尤其是多孩的、随迁分居的、残疾的、特困的以及其他有特殊需求的家庭建立服务需求档案，安排专业服务资源优先提供社区育婴照料服务或上门托育服务。

最后，为家庭照料型随迁中老年人提供育婴照料支持和技术辅导，如通过社区公益讲座、网络平台宣传、入户访视指导等方式向随迁父母普及专业的、科学的育婴知识，提高其获取现代育儿资讯的便利性，甚至可以将育儿技能学习的相关议题纳入老年人终身教育和课程规划体系，使中老年人在育儿观念和技巧上与时俱进，降低与子代之间因养育主张代沟而产生代际矛盾的概率，提高他们在抚婴育幼工作中的能力自信和价值认同。这类工作在欧美、东亚、东南亚国家和地区已有比较成熟的运行机制和模式，如科罗拉多州立大学的"隔代抚养祖辈网站"、基于社区的"展现健康祖辈"计划等（吴祁，2017；刘中一，2019）。此外，有研究证实，采用"结对关爱"的方式互帮互助能够有效满足老年人的心理诉求（王放，2008），为此，应积极构建中老年人育婴话题及经验的交流平台，促进区域性的同质群体交流互助联盟的形成，增进随迁中老年人与非随迁中老年人的资源共享，通过融入情况相似的随迁中老年人育儿圈，帮助他们减少在照料孙辈过程中遭遇育儿难题时的焦虑，转移不良情绪和照料压力，助力他们养育身心健康的孩子，提升他们的照料幸福感。

四 优化随迁中老年人相关福利政策和社会服务，增进该群体社会融合和养老福祉

2003年，欧盟在关于社会融合的联合报告中将社会融合定义为：确保具有风险和受到社会排斥的群体能够获得必要的机会和资源，使其全面参与经济、社会和文化生活，享受正常的生活和在他们居住的社会享受正常的社会福利，减少不同群体间的隔阂，不同身份背景能享受到平等、正常的权力和福利（嘎日达、黄匡时，2008）。自此，反社会排斥成为一个政策性和可操作性的概念，社会融合也逐渐成为西方社会移民政策研究和实践的核心概念（肖子华，2018）。国内研究认为，社会融合是指社会中某一特定人群与社会主流群体公平公正地、同等地获取和享有经济、政治、公共服务等公共资源和社会福利的动态过程或状态，强调流动人口社会融

合的要素都与制度有直接或间接的关联（崔岩，2012；李树茁、悦中山，2014）。加快与随迁中老年人利益息息相关的制度的变革和政策的发展，不断优化该群体相关市民待遇和社会服务，是破解当前随迁中老年人社会融合困境的首要命题；公共服务和福利资源分配的均等化是提升随迁中老年人归属感、促进其社会融合的基础性环节。

首先，应加快户籍制度改革，建立户口随迁支持政策，基于自愿原则允许和鼓励照料孙代型随迁父母随子女迁移落户。对于无法落户的随迁父母，应适度将部分有居留养老意愿的随迁中老年人纳入迁入地养老保障体系。通过深入调研，全面掌握该部分随迁中老年人的养老需求和养老意向，制定基本养老服务清单，大力推进迁入地养老保障体系建设，以普惠为导向，加大多元主体参与的养老设施和养老服务供给，从优化老龄产业结构布局和加大养老公共物品供给上满足随迁中老年人就近养老的需求。破除户籍壁垒，为随迁中老年人提供均等化的基本公共服务和老年人优待服务。根据对随迁中老年人的流迁动态数据监测和需求调查测算，迁入地城市可以适当放开对随迁中老年人的福利限制，如家庭医生签约服务和健康管理、家庭税收减免等与其生活密切相关的福利待遇，不断提高随迁父母在迁入地的生活满意度。山东省率先于 2021 年 1 月 1 日起实施 60 周岁及以上的老年人不分国籍、不分地域，一律同等享受免费乘坐城市公共交通工具等六项优待政策①，在全省形成只认年龄、不限户籍的优待共识，体现服务"均等化"。这一政策的实施，移除了省外来鲁老年人无法享受省内优待政策的门槛，也解决了省内各市之间部分优待政策不互认的问题。该政策最大限度地实现了老年人优待方式便捷化，提高了随迁中老年人的幸福感和获得感，因此，有些政策应该在全国更大范围内推广开，使更多随迁中老年人感受到迁入地的友善和关爱。

---

① 六项优待政策内容为，一是免费乘坐城市公共交通工具。二是半价乘坐政府投资建设的国有景区内的观光车、缆车等代步工具。三是优先就诊、化验、检查、缴费、取药，优先安排住院；省外老年人来鲁旅行期间突发疾病的，医疗机构提供急诊"绿色通道"。四是免购政府兴办或支持的公园、景点门票，社会力量兴办的公园、景点，70 周岁以上免购门票，不满 70 周岁半价购买门票。五是免费进入公共文化馆、图书馆、博物馆、科技馆、美术馆、展览馆、纪念馆等场所。六是按照时段免费或半价进入政府兴办或支持的公共体育健身场所健身。

其次，加快社会保险全国统筹进程，尤其是与随迁中老年人利益关系最为密切的医疗保险和养老保险。要贯彻落实跨省异地就医直接结算相关制度，实现农村与城市、小城市与大城市之间的医疗保障体系一体化。目前医保异地结算的基础性制度安排已经基本实现全国覆盖，存在的问题主要是各地医保报销标准和支付能力的差距，以及在转移连接方面存在的时滞和耗损。我国养老保险已基本实现省级统筹，但由于各个地区之间经济发展水平不平衡，加上各个地区养老保险抚养比差异较大，尚未实现全国统筹（肖富群、陈丽霞，2021）。因此还要持续推动基本养老保险由国家统筹，统一退休职工基本养老金的确定和调整方法，逐步实现地区之间参保职工基本养老金权益的平等。推进全国统筹意味着社会保险的手续接续流转更加通畅，代表着从迁出地跨越到迁入地时可通过资质审查从迁入地获得相应的保障权益，而不会由于区域流动和参保关系的空间分离而沦为制度的游离者与保障权益的不可获得者，确保随迁中老年人在迁入地获得合理的医疗和养老保障待遇。基于地区间保障水平的差异，在统筹进程中可引入"差异性原则"，即允许养老保障权益在不同地区之间进行流转，但流转之后的养老保险金收入应以迁出地的养老保险金收入水平为基准，允许处于异地养老状态时与本地老年居民存在养老金收入偏差（宿晓乔，2019）。

最后，通过社区服务加快随迁中老年人对城市社区生活的适应和融入速度。大部分随迁中老年人在随迁后就成为社区的常住人口，这需要引起社区的重视。应充分挖掘该群体作为社区常住居民的主观能动性，培养他们参与社区治理和社会发展的能力，拓宽他们的社区参与渠道，鼓励他们走出家门参与社区事务、党团活动、志愿服务、公益活动等，增强其在迁入地生活效能感和价值感。可以通过社区走访，建立随迁中老年人基本信息、服务需求和特长技能等有效数据和相关资源台帐，以随迁中老年人日常生活和社区适应的困惑点为切入点，运用社会工作服务方法开展社区工作或团体工作，例如开展迁入地城市历史和城市空间导赏活动、社区人文风貌茶话会、本地风味美食品鉴等，引导随迁中老年人认识迁入地的物理和人文环境，熟悉迁入地的语言、文化习俗、社会政策和公共服务资源，习得迁入地出行和生活技能，促进随迁中老年人的再社会化，减轻迁居后因地域差异而产生的负面影响。打造包容性的友爱互助的社区文化，增进本地居民与其他常住居民的交流与互动，开展系统性关爱活动、主题性联谊活动、短途旅游交友活动、兴趣社团活动、邻里守望互助活动等，帮助随迁中老年人在迁入地搭建社交桥梁，寻找新社会参与渠道，拓展新的社会网络，构建新的朋友圈和社会支持系统，帮助他们走出边缘化境地，在丰富其晚年生活的同时提升他们对社区生活和迁入地的归属感与认同感。对于个别有特殊适应困难的随迁中老年人，应及时提供有针对性的精神慰藉、心理咨询、法律援助、情绪疏导、家庭治疗等个案服务，最大限度提升随迁中老年人在迁入地的生活安宁感和幸福感。社区和大众媒介要承担起各项福利政策宣传和权益保障法规普及的责任，避免随迁中老年人因信息不畅或对政策解读能力有限而造成福利缺失或权益受损。

第三节　研究反思与展望

一　本书的主要优点

本书从随迁父母群体概念的辨析到随迁生活质量的系统测量，初步实现了对随迁父母个人、家庭和社会生活概况的系统研究和理论建构，综合来看，本书存在以下几个优点。

第一，选题立意和研究设计体现了对随迁中老年群体的浓厚的学术关怀。通过对实证数据的客观的、多元的分析，展现随迁父母的群体特征和生活状态，消解大众对该群体形成的一些负面预设以及媒介建构出来的悲情印象，为人们重新认识该群体的真实状态和积极贡献提供了知识增量，也为解决该群体的现实难题提供了政策启示。一些将随迁中老年人视为城市公共资源挤占者、城市适应障碍者或城市养老负担的"问题化"思维并不利于发挥随迁父母对于育婴抚幼以及青年夫妇个人和家庭发展的巨大支持作用。研究发现，该群体总体年龄并不大而且精力富足，他们拥有身心健康的优势，有着较强的家庭整体利益至上思想和家庭伦理责任意识，主动承担较多的代际支持责任，积极关注迁入地的城市发展，并有较高的城市融入意愿和二孩照料意愿，是当前家庭福利政策缺失背景下不可多得的育儿成本分担者。虽然他们在随迁生活中或多或少遭遇了某些现实困境，但困难并非生活的全部，且该群体面对问题的自我化解能力也不容小觑。对该群体的全方位调研和价值中立分析，正是为其个人及家庭提供更好社会支持服务和政策回应的重要前提。

第二，本书对随迁父母概念和群体范畴的准确界定，最大限度包容了该人群在年龄、户籍、来源地等方面的多元性，通过对调查对象的严格筛选，获得了较高质量的样本数据，最大限度呈现了该群体的真实样貌。以中老年父母随迁后的现实生活为出发点，对随迁生活质量及其指标体系的科学建构，使得相关测量方式更契合随迁父母的特殊性，同时注重客观性指标和主观性指标、单维度指标和综合性指标的有机结合。例如，在研究社会参与和闲暇娱乐活动时，既有个人人际交往和社区社会参与情况的客观测量，也有对业余生活安排满意度的主观评价；在考察随迁生活主观感受时，既有正面情绪和负面情绪的自测量表，又有对随迁生活幸福感的总体性评价；在考察随迁后的物质生活条件时，以随迁前后客观居住条件的对比评价而不是在迁入地的客观居住条件为衡量标准，更能体现随迁所带来的物质生活条件改变程度；考虑到随迁父母迁居前可能存在其他流迁情况，故将迁入前的常住地而不是传统意义上的老家或户籍所在地作为判断其来源地城市化水平的依据变量；围绕中老年人随迁后可能遭遇的日常生活困境，以其自身所感受到的随迁前后地区的语言、饮食、气候等方面差异程度为迁入地客观融入难度的代表性指标。

第三，本书对随迁父母所处家庭中的双向代际支持状况以及家庭代际关系的研究，为家庭发展政策的制定及社会服务的开展提供了重要依据。在分析代际关系时，对父辈"向下"代际支持情况和子代家庭的"向上"代际支持情况均进行了测量，通过对各种代际支持维度间以及代与代间相互支持关系的分析，使随迁父母与子代家庭之间的互助交换关系及其影响因素呈现得更加清晰明了。在实地调研中，笔者直观感受到家庭代际关系对于中老年人随迁生活品质的重大意义，但大多数社区和社会工作服务机构并未重视或正式提供家庭关系介入服务，加之家庭代际关系本身复杂多变，难以用冰冷数据予以描绘，故不再采用定量分析方法，转为在扎根理论指导下的质性分析策略，引导随迁父母敞开心扉自我叙述，从中体会他们对于随迁生活的意义建构和情绪感受，通过对随迁父母家庭代际关系的类属化分析，总结出四种家庭代际关系在代际互动、代际沟通和家庭信念上的差异特征及存在问题，为探索随迁父母家庭代际关系的社会工作服务策略指明了方向。

第四，本书对随迁父母向子代家庭提供隔代照料支持的观念、实际照料情况、照料感受以及二孩照料意愿影响关系的分析，既帮助我们理解了随迁父母帮子代照料孩子的代际支持动机，又提供了一个从养育支持的角度来讨论生育新政配套对策的新视角。大多数研究在分析生育问题时习惯性地站在生育者的立场分析生育压力和生育意愿，却较少关注提供养育支持的随迁中老年人的隔代照料压力和照料支持意愿。本书通过挖掘随迁父母的隔代照料观念和一孩照料体验对二孩照料意愿的影响，对评估随迁父母照料孙代的可持续性给出了预测性的解释，也明确了减轻隔代照料负担、提升隔代照料幸福感对于更好地发挥随迁父母之于生育新政的潜在助攻效用的重要意义。

第五，本书对随迁父母被动分居和居留养老意愿的研究，不仅关注到了随迁给中老年人的晚年生活带来的"阵痛"，也看到了随迁给其养老选择带来的更多空间和可能性。本书通过对随迁分居现象的实证分析，论证了随迁分居现象对于随迁父母家庭融入和社会融入的影响，以及对随迁生活主观体验感的间接影响路径，在一定程度上弥补了已有文献缺乏学理论证的不足。通过对随迁父母居留意愿的影响因素分析，证实了随迁父母居留养老决策的复杂性和多因性，其既体现了他们追求更好生活环境和更高生活质量的个体诉求，也反映了他们同样看重与伴侣、与子代家庭、与迁入地社会之间的多重利益关系。基于家庭育儿-养老双向互惠的代际协同模式在中国仍有较强的文化根基和现实基础，作为迁入地的城市，既要创造条件帮助随迁父母更好地发挥其在抚幼育婴上的助力作用，也要积极关注他们的流迁规律和养老诉求，为他们提供必要的养老公共物品和家庭支持政策，以减轻随迁可能带来的老龄化危机和家庭生活风险。

二　本书的不足之处与后续研究展望

每一项学术研究的完成都带着些许遗憾，这也是激励我们继续前行的动力所在。本书虽然按照既定研究目标和设计思路实现了对随迁父母生活质量等各个方面的资料收集和系统研究，加深了我们对随迁中老年人相关议题的认识和思考，但是就学术研究活动本身而言，仍然存在这样或那样的不足，在此对这些不足之处予以总结反思，希望在今后的研究中加以克服并有所进步。

第一，真正科学权威的量化研究应该是全国范围的大样本随机抽样调查，且尽量保证各地区在同时间段内采用一致的抽样方式选取样本，但这种高质量数据往往需要依靠国家行政部门或大型科研机构的组织推进。由于群体归属比较模糊，目前随迁中老年人相关群体的生活质研究多属于地区性的小范围研究，缺乏有组织的全国性的大样本调查数据。本书选取了福建省厦门市作为取样地区，对同类型城市或地区而言有一定代表性，但也存在地区特殊性。由于未能在其他城市进行多区域的资料收集，尤其是 2020 年后由于新冠疫情，跨地区的实地调查和现场访问变得尤其困难，因此在将本书结论推及更大范围时需保持谨慎态度。虽然研究中将所得到的有关随迁父母的研究结论与普通中老年群体相关研究结果进行了对比，但由于缺乏对非随迁父辈的抽样调查和实地访谈，难以进行更有针对性的分群体比较研究，实属缺憾，今后若能专门收集非随迁父辈群体的生活质量数据，再与本书结论成果加以对照分析，对于了解随迁所带来的主客观影响效应将大有裨益。

第二，本书以定量为主，定性为辅的研究方法存在一定的局限性。例如，以定量研究结果来表达随迁父母所处家庭的双向代际支持关系显得过于生硬，虽然在家庭代际关系研究中侧重用访谈的方式收集资料，但由于对研究对象的约访并取得信任存在较大困难，所收集的访谈资料不够深入，难以将家庭内部较为隐私和微妙的互动细节和情感关系等加以生动描绘。而就定量研究来看，虽然问卷中有涉及对随迁前后居住状况及客观环境的对比评价问题，但采用横截面抽样调查的静态观测方式也很难深入掌握父辈随迁前和随迁后的生活变动经历及其对生活质量的影响效应。此外，有关生活质量的测量维度分解和指标体系构建还无法面面俱到，问卷设计有待进一步完善，今后如果有条件，还可以增加对家庭经济（包括个人与配偶经济状况、子代经济收入水平、在迁入地的人均居住面积和住房均价核算等）、其他层面的社会融入（如经济融入、心理融入、文化融入等）、个人综合养老能力和养老观念、倾向性养老方式、个人社会资本和社会信任水平等方面的测量，以便对随迁父母群体有更细致的认识。在统计分析时，对变量间关系的假设检验也需要寻找更多竞争性理论加以诠释。

第三，本书对家庭整体视角的把握还不够充分，因未能对子女一方进行调查，无法展现代际双方在提供代际支持和接受代际支持过程中的不同立场和态度差异，也未能对代际支持的协商过程和交换机制做更有深度的分析。对于中老年人随迁前后家庭整体结构和代际关系变化的研究还有较多留白空间。有别于西方家庭生命周期的标准模式，我国的代际家庭会根据育儿需要进行阶段性的"分"与"合"、核心家庭与主干家庭轮番出现（李芬、风笑天，2016）。围绕着育儿工作，代与代之间会阶段性地组建为临时主干家庭（姚俊，2012）、隔代抚养家庭、邻住家庭、轮住家庭、拆住家庭等多种特殊家庭形式（石金群，2014）。在今后的研究中，希望能更多关注父辈随迁至子代家庭后对城市家庭结构及代际关系所产生的影响。此外，本书对既定生活现状表象下可能存在的随迁父母个体、家庭与社会结构之间更为复杂的互构关系也未能有更多探讨。上述问题均需要在今后的研究中逐步改进并深化。

参考文献

边燕杰、李煜，2000，《中国城市家庭的社会网络资本》，《清华社会学评论》第 2 期。

曹维明、杨华、李凯，2017，《杭州市随迁女性老人心理健康现状及其社会影响因素研究》，载魏颖主编《杭州妇女发展报告（2017）：女性与健康》，社会科学文献出版社。

曹杨、王记文，2015，《公益活动参与对退休老人生活满意度的影响——基于北京市西城区的调研》，《人口与发展》第 4 期。

陈柏峰，2007，《"气"与村庄生活的互动——皖北李圩村调查》，《开放时代》第 6 期。

陈红艳，2017，《家庭环境与老年人主观幸福感的关系》，《中国老年学杂志》第 11 期。

陈皆明，1998，《投资与赡养——关于城市居民代际交换的因果分析》，《中国社会科学》第 6 期。

陈皆明、陈奇，2016，《代际社会经济地位与同住安排——中国老年人居住方式分析》，《社会学研究》第 1 期。

陈景亮，2021，《抚育式养老图景：来自进城隔代抚育祖辈的实践》，《南方人口》第 6 期。

陈宁、石人炳，2017，《流动老人健康差异的实证研究》，《重庆社会科学》第 7 期。

陈琪尔，2000，《提高老年人的生活质量是实现"健康老龄化"的根本保证》，《中国初级卫生保健》第 5 期。

陈胜利、张世琨主编，2003，《当代择偶与生育意愿研究——2002 年城乡居民生育意愿调查》，中国人口出版社。

陈盛淦，2016，《人口迁移视角下的随迁老人城市居留意愿研究》，《长春大学学报》第 3 期。

陈盛淦、吴宏洛，2016a，《二孩政策背景下随迁老人城市居留意愿研究——基于责任伦理视角》，《东南学术》第 3 期。

陈盛淦、吴宏洛，2016b，《随迁老人的城市定居意愿及其影响因素分析——以福建省为例》，《晋阳学刊》第 2 期。

陈英姿、邓俊虎，2011，《长春市老年人口生活质量评价》，《人口学刊》第 6 期。

陈英姿、赵玉港、胡亚琪，2022，《社会融合视角下中国老年流动人口居留意愿的影响因素》，《人口研究》第 1 期。

程昭雯、叶徐婧子、陈功，2017，《中老年人隔代照顾、居住安排与抑郁状况关联研究》，《人口与发展》第 2 期。

池上新、吕师佳，2021，《社会融入与随迁老人的身心健康——基于深圳市调查数据的分析》，《深圳社会科学》第 5 期。

崔岩，2012，《流动人口心理层面的社会融入和身份认同问题研究》，《社会学研究》第 5 期。

崔烨、靳小怡，2015，《亲近还是疏离？乡城人口流动背景下农民工家庭的代际关系类型分析——来自深圳调查的发现》，《人口研究》第 3 期。

崔烨、靳小怡，2016，《家庭代际关系对农村随迁父母心理福利的影响探析》，《中国农村经济》第 6 期。

党俊武、李晶主编，2019，《中国老年人生活质量发展报告（2019）》，社会科学文献出版社。

德内拉·梅多斯、乔根·兰德斯、丹尼斯·梅多斯，2013，《增长的极限》，李涛、王智勇译，机械工业出版社。

狄金华、郑丹丹，2016a，《"恩往下流"：农村养老的伦理转向》，《中国社会科学报》6 月 14 日。

狄金华、郑丹丹，2016b，《伦理沦丧抑或是伦理转向——现代化视域下中国农村家庭资源的代际分配研究》，《社会》第 1 期。

董晔珏，2016，《社区社会工作介入老漂族城市社会适应研究——以南京市 J 社区为例》，南京大学硕士学位论文。

杜亚军，1990，《代际交换—对老化经济学基础理论的研究》，《中国人口科学》第 3 期。

范靖，2013，《老漂族社会融入需求及老年小组工作介入研究——以西安市 T 社区为例》，西北大学硕士学位论文。

费孝通，1983，《家庭结构变动中的老年赡养问题——再论中国家庭结构的变动》，《北京大学学报》（哲学社会科学版）第 3 期。

风笑天，2007，《生活质量研究：近三十年回顾及相关问题探讨》，《社会科学研究》第 6 期。

风笑天，2022，《社会研究方法》（第 6 版·数字教材版），中国人民大学出版社。

风笑天、易松国，1997，《武汉市居民生活质量分析》，《浙江学刊》第 3 期。

冯立天主编，1992，《中国人口生活质量研究》，北京经济学院出版社。

冯晓黎、李兆良、高燕等，2005，《经济收入及婚姻家庭对老年人生活满意度影响》，《中国公共卫生》第 12 期。

弗朗索瓦·德·桑格利，2012，《当代家庭社会学》，房萱译，天津人民出版社。

嘎日达、黄匡时，2008，《西方社会融合概念探析及其启发》，《理论视野》第 1 期。

甘皙，2015，《"老漂族"：何处安放晚年？》，《工人日报》2 月 25 日。

高歌、高启杰，2011，《农村老年人生活满意度及其影响因素分析——基于河南省叶县的调研数据》，《中国农村观察》第 3 期。

高健、贾梦、康铁君等，2010，《授受性社会支持对退休老人心理健康和主观幸福感的影响》，《中国老年学杂志》第 18 期。

顾东辉，2016，《精准扶贫内涵与实务：社会工作视角的初步解读》，《社会工作》第 5 期。

顾溪羽，2017，《代际关系视角下漂族老人在新家庭的适应研究——以南京市 J 区 S 街道为例》，南京理工大学硕士学位论文。

顾炎，2017，《为随迁老人融入城市社区尽一己之力》，《中国社会工作》第 6 期。

郭静、薛莉萍、范慧，2017，《流动老年人口自评健康状况及影响因素有序 logistic 回归分析》，《中国公共卫生》第 12 期。

郭林、曾福星，2017，《中国家庭养老资源的稀释机制》，《学海》第 4 期。

郭秋菊、谢娅婷、李树茁，2020，《家庭代际关系类型及其城乡差异分析》，《华中农业大学学报》（社会科学版）第 6 期。

郭星华、李飞，2009，《漂泊与寻根：农民工社会认同的二重性》，《人口研究》第 6 期。

郭志刚、刘鹏，2007，《中国老年人生活满意度及其需求满足方式的因素分析——来自核心家人构成的影响》，《中国农业大学学报》（社会科学版）第 3 期。

国家卫生和计划生育委员会流动人口司编，2016，《中国流动人口发展报告 2016》，中国人口出版社。

国家卫生计生委家庭司编著，2016，《中国家庭发展报告 2016》，中国人口出版社。

韩保庆、王胜今，2019，《照料孙子女对中老年人健康的影响》，《人口研究》第 4 期。

郝元涛、方积乾、Power M. J. 等，2006，《WHO 生存质量评估简表的等价性评价》，《中国心理卫生杂志》第 2 期。

何惠亭，2014，《代际关系视角下老漂族的城市适应研究》，《前沿》第 Z9 期。

何兰，2018，《城市随迁老人社会融入影响因素及实现路径研究——以西安市为例》，西北大学硕士学位论文。

何文炯、张雪、刘来泽，2022，《社会参与模式对老年人心理健康的影响——基于个人-家庭平衡的视角》，《治理研究》第 5 期。

贺雪峰，2009，《农村代际关系论：兼论代际关系的价值基础》，《社会科学研究》第 5 期。

贺寨平，2002，《社会经济地位、社会支持网与农村老年人身心状况》，《中国社会科学》第 3 期。

贺志峰，2011，《代际支持对农村老年人主观幸福感的影响研究》，《人口与经济》第 S1 期。

侯建明、李晓刚，2017，《我国流动老年人口居留意愿及其影响因素分析》，《人口学刊》第 6 期。

侯亚非、马小红、黄匡时，2008，《北京城市女性独生子女生育意愿和生育行为研究》，《人口与发展》第 1 期。

侯亚杰、姚红，2016，《流动人口身份认同的模式与差异——基于潜类别分析的方法》，《人口研究》第 2 期。

胡晨沛，2016，《农村中老年人生活满意度及其影响因素差异——基于代际情感互动和经济支持视角的研究》，《湖南农业大学学报》（社会科学版）第 6 期。

胡叠泉，2018，《城市随迁家庭的实践逻辑及情理困境》，《深圳大学学报》（人文社会科学版）第 4 期。

胡宏伟、高敏、王剑雄，2013，《老年人主观幸福感的影响因素与提升路径分析——基于对我国城乡老年人生活状况的调查》，《江苏大学学报》（社会科学版）第 4 期。

胡薇，2009，《累积的异质性：生命历程视角下的老年人分化》，《社会》第 2 期。

胡雅萍、刘越、王承宽，2018，《流动老人社会融合影响因素研究》，《人口与经济》第 6 期。

胡雅萍、王承宽，2018，《国内外流动老人社会融合研究的知识图谱分析》，《南京邮电大学学报》（社会科学版）第 3 期。

胡艳霞、龙理良、尹亦清，2013，《城市老漂族的生命质量及其影响因素分析》，《中国现代医生》第 3 期。

胡湛，2016，《中国当代家庭的发展困境》，《西安交通大学学报》（社会科学版）第 6 期。

黄敦平、王高攀，2021，《社会融合对农民工市民化意愿影响的实证分析——基于 2016 年中国流动人口动态监测调查》，《西北人口》第 3 期。

黄国桂、杜鹏、陈功，2016，《隔代照料对于中国老年人健康的影响探析》，《人口与发展》第 6 期。

黄璜，2013，《老年人口迁移研究述评》，《人文地理》第 4 期。

黄匡时，2008，《社会融合的心理建构理论研究》，《社会心理科学》第 6 期。

黄丽芬，2019，《进城还是返乡？——社会空间与"老漂族"的自我实现》，《北京社会科学》第 11 期。

黄庆波、杜鹏、陈功，2017a，《成年子女与老年父母间代际关系的类型》，《人口学刊》第 4 期。

黄庆波、胡玉坤、陈功，2017b，《代际支持对老年人健康的影响——基于社会交换理论的视角》，《人口与发展》第 1 期。

J. 罗斯·埃什尔曼，1991，《家庭导论》，潘允康、张文宏、马志年、唐桂青、唐茂恒译，中国社会科学出版社。

加耳布雷思，1965，《丰裕社会》，徐世平译，上海人民出版社。

姜晶、梅林玲、孙国强等，1998，《我国城市老年人幸福感的主要影响因素探讨》，《中国老年学杂志》第 3 期。

姜向群、杨菊华，2009，《中国女性老年人口的现状及问题分析》，《人口学刊》第 2 期。

蒋怀滨、林良章，2008，《老年人主观幸福感的影响因素及其调适的调查研究》，《中国老年学杂志》第 24 期。

金岭，2011，《老年人生活满意度的影响因素及其比较分析》，《人口与经济》第 2 期。

金一虹，2013，《社会转型中的中国工作母亲》，《学海》第 2 期。

靳小怡、崔烨、郭秋菊，2015，《城镇化背景下农村随迁父母的代际关系——基于代际团结模式的分析》，《人口学刊》第 1 期。

靳小怡、刘妍珺，2017，《照料孙子女对老年人生活满意度的影响——基于流动老人和非流动老人的研究》，《东南大学学报》（哲学社会科学版）第 2 期。

靳小怡、刘妍珺，2019，《农村随迁老人的社会融入研究》，《西安交通大学学报》（社会科学版）第 2 期。

靳永爱、赵梦晗、宋健，2018，《父母如何影响女性的二孩生育计划——来自中国城市的证据》，《人口研究》第 5 期。

景晓芬，2019，《老年流动人口空间分布及长期居留意愿研究——基于 2015 年全国流动人口动态监测数据》，《人口与发展》第 4 期。

景晓芬、朱建春，2015，《农村迁移老人的城市定居意愿研究》，《四川农业大学学报》第 1 期。

瞿红霞，2012，《随迁老人的社会融入状况及其影响因素探析——基于对现居于华中科技大学社区 25 位随迁老人的访谈》，华中科技大学硕士学位论文。

瞿小敏，2015，《代际交换与城市老年人的生活满意度》，《重庆大学学报》（社会科学版）第 5 期。

赖新环、张尽晖，2008，《大城市候鸟式老人生活状况研究——以广州市为例》，《西北人口》第 5 期。

雷鹏、徐玲、吴耀春，2011，《中国居民自感健康与常见慢性病关系》，《中国公共卫生》第 4 期。

李春平、葛莹玉，2017，《代际支持对城乡老年人生活质量的影响——基于中国健康与养老追踪调查数据的实证研究》，《调研世界》第 12 期。

李德明、陈天勇、吴振云，2007，《中国女性老年人的主观幸福感及其影响因素》，《中国老年学杂志》第 8 期。

李芳、龚维斌、李姚军，2016，《老年流动人口居留意愿的影响因素分析——以布迪厄理论为视角》，《人口与社会》第 4 期。

李芳、李志宏，2016，《流动老人社会融合的概念和指标体系研究》，《南方人口》第 6 期。

李芳燕，2016，《随迁老人主观幸福感及其影响因素研究》，云南师范大学硕士学位论文。

李芬、风笑天，2016，《照料"第二个"孙子女？——城市老人的照顾意愿及其影响因素研究》，《人口与发展》第 4 期。

李含伟，2020，《老年流动人口群体差异及异地生活感知研究》，《中国人口科学》第 3 期。

李红飞、甘满堂，2017，《随迁老人的社区融入及社会工作介入研究——以深圳市 L 社区为例》，《社会工作与管理》第 1 期。

李建新，2007，《老年人口生活质量与社会支持的关系研究》，《人口研究》第 3 期。

李建新、李嘉羽，2012，《城市空巢老人生活质量研究》，《人口学刊》第 3 期。

李静雅，2017，《已育一孩职业女性的二孩生育意愿研究——基于生育效用感和再生育成本的实证分析》，《妇女研究论丛》第 3 期。

李立、张兆年、张春兰，2011，《随迁老人的精神生活与社区融入状况的调查研究——以南京市为例》，《法制与社会》第 31 期。

李倩，2014，《代际关系与随迁老人的城市适应——以上海市 M 社区为例的质性研究》，华东理工大学硕士学位论文。

李容芳，2020，《分割与融入："老漂族"群体的社会行动逻辑》，《云南师范大学学报》（哲学社会科学版）第 1 期。

李锐、李艳、齐亚，2022，《新型城镇化背景下陕西省农民工市民化意愿影响因素研究》，《湖北农业科学》第 7 期。

李珊，2010，《城市化进程中移居老年人的问题研究》，《济南大学学报》（社会科学版）第 6 期。

李珊，2011，《我国移居老年人的居住意识研究》，《西北人口》第 5 期。

李升、黄造玉，2018，《超大城市流动老人的流动与生活特征分析——基于对北上广深流动家庭的调查》，《调研世界》第 2 期。

李树茁、悦中山，2014，《中国流动人口市民化政策指数研究》，载国家卫生和计划生育委员会流动人口司编《流动人口社会融合理论与实践》，中国人口出版社。

李学龙、万越、韩秀霞、胡庆庆、李光琳、马爱国，2010，《1590 名农村中老年人的生存质量》，《中国老年学杂志》第 7 期。

李永萍，2018，《老年人危机与家庭秩序 家庭转型中的资源、政治与伦理》，社会科学文献出版社。

李雨潼，2022，《中国老年流动人口的社会融入及其影响因素分析》，《人口学刊》第 1 期。

李宗华，2009，《近 30 年来关于老年人社会参与研究的综述》，《东岳论丛》第 8 期。

林彬彬，2019，《城市"二孩"家庭中随迁老年女性的隔代照料及主体建构——基于厦门市的个案研究》，福建师范大学硕士学位论文。

林江洪，2022，《关于推进跨省异地就医直接结算工作的几点思考》，《中国农村卫生》第 9 期。

林南、卢汉龙，1989，《社会指标与生活质量的结构模型探讨——关于上海城市居民生活的一项研究》，《中国社会科学》第 4 期。

林南、王玲、潘允康、袁国华，1987，《生活质量的结构与指标——1985年天津千户户卷调查资料分析》，《社会学研究》第 6 期。

刘成斌、巩娜鑫，2020，《老漂族的城市居留意愿和代际观念》，《中国人口科学》第 1 期。

刘达、韦吉飞、李晓阳，2018，《人力资本异质性、代际差异与农民工市民化》，《西南大学学报》（社会科学版）第 2 期。

刘丹晨，2019，《随迁老人生活满意度的影响因素研究——以南京市为例》，《农村经济与科技》第 10 期。

刘二鹏、张奇林，2018，《代际关系、社会经济地位与老年人机构养老意愿——基于中国老年社会追踪调查（2012）的实证分析》，《人口与发展》第 3 期。

刘慧君、王惠，2022，《三孩政策下低龄孙子女数量对祖父母心理福利的影响——家庭资源代际分配的作用》，《人口学刊》第 2 期。

刘吉，2015，《我国老年人生活满意度及其影响因素研究——基于 2011 年"中国健康与养老追踪调查"（CHARLS）全国基线数据的分析》，《老龄科学研究》第 1 期。

刘晶，2009，《城市居家老年人主观生活质量评价及其影响因素研究》，《西北人口》第 1 期。

刘娜、董莉娟、乔晓霞、田晓宇、王翠丽，2017，《中文版简版老年人生活质量问卷应用于社区老年人的信效度检验》，《解放军护理杂志》第 22 期。

刘佩瑶，2015，《老年人口迁移问题综述》，《经济与社会发展》第 1 期。

刘启超，2022，《聚居选择对农民工城市融入意愿的影响》，《城市问题》第 6 期。

刘庆，2012，《"老漂族"的城市社会适应问题研究——社会工作介入的策略》，《西北人口》第 4 期。

刘庆，2014，《漂泊与归根：随迁老人社会认同的实证分析》，《学习月刊》第 14 期。

刘庆、陈世海，2015，《随迁老人精神健康状况及影响因素分析——基于深圳市的调查》，《中州学刊》第 11 期。

刘庆、冯兰，2013，《移居老年人的城市定居意愿及其影响因素分析——基于深圳市的实证研究》，《天府新论》第 5 期。

刘泉，2014，《中国家庭代际关系与老年男子生活幸福度》，《南方人口》第 4 期。

刘仁刚、龚耀先，1998，《老年人主观幸福感概述》，《中国临床心理学杂志》第 3 期。

刘颂，2006，《老年社会参与同自我和谐的相关性》，《南京人口管理干部学院学报》第 2 期。

刘颂，2007，《老年社会参与对心理健康影响探析》，《南京人口管理干部学院学报》第 4 期。

刘素素、张浩，2018，《随迁老人社会融入的社会工作介入路径》，《社会工作与管理》第 6 期。

刘晓雪，2012，《"老漂族"的养老问题初探》，《西安财经学院学报》第 6 期。

刘亚芳，2011，《老年人主观幸福感的实证分析》，《南京人口管理干部学院学报》第 2 期。

刘亚娜，2016，《社区视角下老漂族社会融入困境及对策——基于北京社区"北漂老人"的质性研究》，《社会保障研究》第 4 期。

刘渝琳、王路、赵卿，2005，《中国老年人口生活质量评价指标体系的构造》，《重庆大学学报》（自然科学版）第 8 期。

刘中一，2019，《祖辈托育及其与积极老龄化的关系》，《城市问题》第 10 期。

芦恒、郑超月，2016，《"流动的公共性"视角下老年流动群体的类型与精准治理——以城市"老漂族"为中心》，《江海学刊》第 2 期。

鲁兴虎、兰青，2019，《融合与排斥：都市"老漂族"代际关系矛盾心境分析》，《人口与社会》第 2 期。

陆杰华、李月、郑冰，2017，《中国大陆老年人社会参与和自评健康相互影响关系的实证分析——基于 CLHLS 数据的检验》，《人口研究》第 1 期。

陆万军、张彬斌，2018，《就业类型、社会福利与流动人口城市融入——

来自微观数据的经验证据》，《经济学家》第 8 期。

罗伯特·卡明斯，2017，《生活质量测量领域的金三角》，李敬译，《残疾人研究》第 2 期。

罗丞，2017，《安居方能乐业：居住类型对新生代农民工市民化意愿的影响研究》，《西北人口》第 2 期。

骆为祥、李建新，2011，《老年人生活满意度年龄差异研究》，《人口研究》第 6 期。

孟向京、姜向群、宋健、万红霞、陈艳、韩中华、何云燕，2004，《北京市流动老年人口特征及成因分析》，《人口研究》第 6 期。

孟兆敏、吴瑞君，2011，《城市流动人口居留意愿研究——基于上海、苏州等地的调查分析》，《人口与发展》第 3 期。

苗瑞凤，2012，《老年流动人口城市适应性的社会学分析》，《中国老年学杂志》第 18 期。

穆光宗，2002，《家庭养老制度的传统与变革：基于东亚和东南亚地区的一项比较研究》，华龄出版社。

穆光宗，2017a，《"老漂族"的"水土不服"》，《人民论坛》第 16 期。

穆光宗，2017b，《让隔代抚养回归慈孝之道》，《人民论坛》第 34 期。

聂欢、潘引君、孙炜、鲍勇，2017，《上海市流动老人自评健康状况——基于 2015 年全国流动人口动态监测调查的数据分析》，《上海交通大学学报》（医学版）第 1 期。

宁玉梅，2013，《进城老人的社会排斥与整合社工介入探讨》，《学理论》第 27 期。

欧阳铮、刘素素，2019，《老年人生活质量问卷（CASP）在老年群体中的应用价值研究》，《老龄科学研究》第 6 期。

佩德罗·孔塞桑、罗米娜·班德罗，2013，《主观幸福感研究文献综述》，卢艳华译，《国外理论动态》第 7 期。

彭大松，2020，《家庭化流动背景下老年流动人口的城市融入研究》，《深圳大学学报》（人文社会科学版）第 6 期。

彭大松、张卫阳、王承宽，2017，《流动老人的心理健康及影响因素分析——基于南京的调查发现》，《人口与社会》第 4 期。

彭希哲，2018，《关爱"老漂族"实现代际和谐》，《中国社会工作》第
　　23 期。

澎湃新闻，2019，《计迎春：现代中国家庭关系如马赛克般杂糅 | 我们这个
　　家》，11 月 11 日，https://www.sohu.com/a/352945466_260616。

齐亚强，2014，《自评一般健康的信度和效度分析》，《社会》第 6 期。

邱林、郑雪，2005，《主观幸福感的结构及其与人格特质的关系》，《应用
　　心理学》第 4 期。

曲江斌、杨倩，2009，《临沂市城区老年人生活质量现况及其影响因素调
　　查》，《中国预防医学杂志》第 3 期。

曲壹方，2018，《随迁老年人定居意愿及影响因素研究——以济南市为
　　例》，济南大学硕士学位论文。

全国社会工作者职业水平考试教材编写组编写，2014，《社会工作实务
　　（中级）》，中国社会出版社。

人民网，2016，《我国流动老人不断增多　43% 因照顾晚辈流动》，10 月 19
　　日，http://health.people.com.cn/n1/2016/1019/c14739-28791992.html。

任远、金雁、陈虹霖，2020，《多类型和具体文化制度环境下的老年人口
　　迁移流动：一个解释性的框架》，《华东师范大学学报》（哲学社会科
　　学版）第 4 期。

任远、乔楠，2010，《城市流动人口社会融合的过程、测量及影响因素》，
　　《人口研究》第 2 期。

任远、邬民乐，2006，《城市流动人口的社会融合：文献述评》，《人口研
　　究》第 3 期。

沈奕斐，2013a，《个体家庭 iFamily：中国城市现代化进程中的个体、家庭
　　与国家》，上海三联书店。

沈奕斐，2013b，《后父权制时代：性别与代际交叉视角下的个体家庭》，
　　《中国妇女报》8 月 13 日。

施艳琼，2011，《"老漂族"：城市里孤独的"候鸟"》，《云南政协报》9
　　月 26 日，https://wenku.baidu.com/view/86735d83844769eae109ed35.
　　html?fr=sogou&_wkts_=1681818815822。

石金群，2014，《独立还是延续：当代都市家庭代际关系中的矛盾心境》，

《广西民族大学学报》（哲学社会科学版）第 4 期。

石金群，2015，《当代西方家庭代际关系研究的理论新转向》，《国外社会科学》第 2 期。

石智雷、杨云彦，2014，《符合"单独二孩"政策家庭的生育意愿与生育行为》，《人口研究》第 5 期。

史国君，2019，《城市"老漂族"社会融入的困境及路径选择——基于江苏 N 市的调查与分析》，《江苏社会科学》第 6 期。

宋贵伦、冯虹主编，2017，《2017 年北京社会建设分析报告》，社会科学文献出版社。

宋健，2005，《流迁老年人口研究：国外文献评述》，《人口学刊》第 1 期。

宋璐、冯雪，2018，《隔代抚养：以祖父母为视角的分析框架》，《陕西师范大学学报》（哲学社会科学版）第 1 期。

宋璐、李亮、李树茁，2013，《照料孙子女对农村老年人认知功能的影响》，《社会学研究》第 6 期。

宋璐、李树茁，2006，《代际交换对中国农村老年人健康状况的影响：基于性别差异的纵向研究》，《妇女研究论丛》第 4 期。

宋璐、李树茁、李亮，2008，《提供孙子女照料对农村老年人心理健康的影响研究》，《人口与发展》第 3 期。

宋璐、李树茁、张文娟，2006，《代际支持对农村老年人健康自评的影响研究》，《中国老年学杂志》第 11 期。

宋晓星、辛自强，2019，《随迁老人和本地老人的群际接触与其幸福感的关系》，《心理发展与教育》第 5 期。

宋月萍、陶椰，2012，《融入与接纳：互动视角下的流动人口社会融合实证研究》，《人口研究》第 3 期。

宿晓乔，2019，《"老漂族"的养老尴尬问题研究》，《中国集体经济》第 4 期。

孙金明，2015，《农村随迁老人城市适应问题的社会工作介入——基于"积极老龄化"视角》，《人民论坛》第 36 期。

孙鹃娟，2008，《北京市老年人精神生活满意度和幸福感及其影响因素》，《中国老年学杂志》第 3 期。

孙鹃娟，2017，《中国城乡老年人的经济收入及代际经济支持》，《人口研究》第 1 期。

孙鹃娟、冀云，2017，《家庭"向下"代际支持行为对城乡老年人心理健康的影响——兼论认知评价的调节作用》，《人口研究》第 6 期。

孙丽、包先康，2019，《随迁老人城市适应状况及社会工作介入研究——以"城市性"兴起为背景》，《广西社会科学》第 7 期。

孙友然、彭泽宇、韩紫蕾，2017，《流动动因对农民工市民化意愿影响的机理模型与实证研究》，《学习与实践》第 10 期。

谈孝勤、解军，2005，《上海浦江镇老年人心理健康状况及其影响因素调查分析》，《医学文选》第 5 期。

唐丹、邹君、申继亮、张凌，2006，《老年人主观幸福感的影响因素》，《中国心理卫生杂志》第 3 期。

唐佳伟，2019，《社会工作介入随迁老人城市社会适应问题的研究——以阿拉善盟 A 厂随迁老人为例》，内蒙古师范大学硕士学位论文。

唐金泉，2016，《代际支持对老年人主观幸福感的影响——基于年龄组的差异性分析》，《南方人口》第 2 期。

唐钧，2011，《关注"老漂"一族》，《中国社会保障》第 10 期。

唐纳德·柯林斯、凯瑟琳·乔登、希瑟·科尔曼，2018，《家庭社会工作》（第 4 版），刘梦译，中国人民大学出版社。

陶涛、刘雯莉、孙铭涛，2018，《代际交换、责任内化还是利他主义——隔代照料对老年人养老意愿的影响》，《人口研究》第 5 期。

陶涛、杨凡、张现苓，2016，《"全面两孩"政策下空巢老年人对子女生育二孩态度及影响因素——以北京市为例》，《人口研究》第 3 期。

田晓佩，2016，《全国妇联：一半以上一孩家庭没有生育二孩的意愿》，央视新闻，12 月 22 日，http://m. news. cctv. com/2016/12/22/ARTIu13U kkodqIdk9vQHZavh161222. shtml。

同钰莹，2000，《亲情感对老年人生活满意度的影响》，《人口学刊》第 4 期。

汪玲萍，2017，《发展主义、全球化、新家庭主义与老人随迁》，《成都理工大学学报》（社会科学版）第 2 期。

汪玲萍、风笑天、李红芳，2017，《老人随迁的多元动力机制与制度逻辑》,《常州大学学报》(社会科学版) 第 3 期。

王大华、佟雁、周丽清、申继亮,2004,《亲子支持对老年人主观幸福感的影响机制》,《心理学报》第 1 期。

王放,2008,《人口老龄化背景下的中国老年志愿者服务》,《中国青年政治学院学报》第 4 期。

王红,2015,《中国老年人主观幸福感研究:缘起、现状与方向》,《西北人口》第 1 期。

王积超、方万婷,2018,《什么样的老人更幸福?——基于代际支持对老年人主观幸福感作用的分析》,《黑龙江社会科学》第 5 期。

王建平、叶锦涛,2018,《大都市老漂族生存和社会适应现状初探——一项来自上海的实证研究》,《华中科技大学学报》(社会科学版) 第 2 期。

王晶、杨小科,2017,《城市化过程中家庭照料分工与二孩生育意愿研究》,《公共行政评论》第 2 期。

王磊,2013,《人口老龄化社会中的代际居住模式——来自 2007 年和 2010 年江苏调查的发现》,《人口研究》第 4 期。

王莉莉,2011,《中国老年人社会参与的理论、实证与政策研究综述》,《人口与发展》第 3 期。

王萍、高蓓,2011,《代际支持对农村老年人认知功能发展趋势影响的追踪研究》,《人口学刊》第 3 期。

王萍、李树茁,2011a,《代际支持对农村老年人生活满意度影响的纵向分析》,《人口研究》第 1 期。

王萍、李树茁,2011b,《农村家庭养老的变迁和老年人的健康》,社会科学文献出版社。

王侨蜀、赵欣,2015,《老年夫妻为何无奈被"分居"》,《老同志之友》第 19 期。

王世斌、连茜平、申群喜,2014,《广州市流动老年人养老问题的调查与分析》,《温州职业技术学院学报》第 2 期。

王世斌、申群喜、连茜平,2013,《广州流动老年人口的社会支持与融入》,《探求》第 3 期。

王世斌、申群喜、王明忠，2015，《比较视角下流动老年人社会参与的实证研究》，《南方人口》第 5 期。

王婷，2011，《在城市的夹缝中生存——透视"老漂族"的社会状况》，贵州省社会科学界联合会，2011 年贵州省社会科学学术年会论文集。

王伟同、陈琳，2019，《隔代抚养与中老年人生活质量》，《经济学动态》第 10 期。

王武林，2012，《中国老年人的宗教信仰与主观幸福感》，《中国老年学杂志》第 12 期。

王心羽、李晓春，2017，《城市化进程中"老漂族"异地养老问题》，《人口与社会》第 4 期。

王雪、董博，2018，《城市随迁老人社区融入状况研究》，《护理研究》第 17 期。

王雅铄、殷航，2016，《社会支持网络视角下"老漂族"的社会融合状况研究——以广州市为例》，《老龄科学研究》第 10 期。

王亚菲、王瑞、徐丽笑，2020，《流动人口消费的就业效应——基于多区域投入产出视角》，《中国人口科学》第 2 期。

王颖、黄迪，2016，《"老漂族"社会适应研究——以北京市某社区为例》，《老龄科学研究》第 7 期。

王跃生，2010，《农村家庭代际关系理论和经验分析——以北方农村为基础》，《社会科学研究》第 4 期。

王跃生，2011，《中国家庭代际关系内容及其时期差异——历史与现实相结合的考察》，《中国社会科学院研究生院学报》第 3 期。

韦传慧，2019，《"老漂族"群体特征研究——以合肥市为例》，《合肥学院学报》（综合版）第 3 期。

韦宏耀、钟涨宝，2016，《代际交换、孝道文化与结构制约：子女赡养行为的实证分析》，《南京农业大学学报》（社会科学版）第 1 期。

卫生部北京老年医学研究所流行病学研究室，1996，《老年人生活质量调查内容及评价标准建议（草案）》，《中华老年医学杂志》第 5 期。

翁堂梅，2019，《转型期老年群体的双重挑战：隔代照料与夫妻分离》，《云南民族大学学报》（哲学社会科学版）第 2 期。

邬沧萍，2002，《提高对老年人生活质量的科学认识》，《人口研究》第 5 期。

邬沧萍、姜向群主编，2015，《老年学概论》（第 3 版），中国人民大学出版社。

邬沧萍主编，1999，《社会老年学》，中国人民大学出版社。

吴帆、尹新瑞，2020，《中国三代家庭代际关系的新动态：兼论人口动力学因素的影响》，《人口学刊》第 4 期。

吴芳、郭艳，2016，《有独生子女的城市老年人亲子支持和一般自我效能感与主观幸福感的关系》，《中国心理卫生杂志》第 11 期。

吴佳佳，2022，《破解异地就医堵点难点》，《经济日报》8 月 8 日。

吴金晶、梁博姣、张旭，2012，《城市老人从事志愿者活动对自身主观幸福感的影响——基于北京市朝阳区的调查》，《南方人口》第 5 期。

吴明霞，2000，《30 年来西方关于主观幸福感的理论发展》，《心理学动态》第 4 期。

吴培材，2018，《照料孙子女对城乡中老年人身心健康的影响——基于 CHARLS 数据的实证研究》，《中国农村观察》第 4 期。

吴祁，2014，《农村进城照顾孙辈的"候鸟式"老人在城生活状况调查——一项探索性研究》，《南方人口》第 3 期。

吴祁，2017，《进城隔代抚养的祖辈生活满意度及其影响因素》，《南通大学学报》（社会科学版）第 5 期。

吴少杰，2016，《43% 流动老人流动原因为照料晚辈》，《中国人口报》10 月 27 日。

吴盛海，2009，《农村老人生活质量现状及影响因素分析——基于江苏省农户微观数据的分析》，《农业经济问题》第 10 期。

吴要武，2013，《独生子女政策与老年人迁移》，《社会学研究》第 4 期。

《厦门日报》，2014，《省内其他城市入厦人口最多，湖里成落脚首选》，12 月 19 日，http://www.mnw.cn/xiamen/news/833661.html?pepk3e。

闽南网，2021，《厦门市第七次全国人口普查流动人口专题分析公布》，10 月 10 日，http://www.mnw.cn/xiamen/news/2524884.html。

向运华、姚虹，2016，《城乡老年人社会支持的差异以及对健康状况和生活满意度的影响》，《华中农业大学学报》（社会科学版）第 6 期。

肖宝玉、朱宇、林李月，2021，《多维耦合视角下的流动人口主观社会融入研究——以福厦泉城市群为例》，《人文地理》第 2 期。

肖富群、陈丽霞，2021，《家庭合作与利己养老："老漂族"生活的实证研究》，中国社会科学出版社。

肖雅勤，2017，《隔代照料对老年人健康状况的影响——基于 CHARLS 的实证研究》，《社会保障研究》第 1 期。

肖子华主编，2018，《中国城市流动人口社会融合评估报告 No.1》，社会科学文献出版社。

谢东虹，2019，《户籍、流动原因与老年人的长期居留意愿——基于 2015 年流动人口动态监测数据》，《调研世界》第 3 期。

谢桂华，2009，《老人的居住模式与子女的赡养行为》，《社会》第 5 期。

谢桂华，2012，《中国流动人口的人力资本回报与社会融合》，《中国社会科学》第 4 期。

谢少飞、席淑华、金荣、朱丽妹，2007，《社区高龄独居老人健康状况调查》，《解放军护理杂志》第 18 期。

邢占军，2011，《我国居民收入与幸福感关系的研究》，《社会学研究》第 1 期。

熊跃根，1998，《中国城市家庭的代际关系与老人照顾》，《中国人口科学》第 6 期。

徐安琪，2001，《家庭结构与代际关系研究——以上海为例的实证分析》，《江苏社会科学》第 2 期。

徐华、牟书、徐娟、曾美英，2014，《北京地区随迁中老年人的主观幸福感及其相关因素》，《中国老年学杂志》第 17 期。

徐映梅、夏伦，2014，《中国居民主观幸福感影响因素分析——一个综合分析框架》，《中南财经政法大学学报》第 2 期。

许加明，2017，《"老漂族"的社会融入困境及出路探析——基于江苏省 H 市的调查与分析》，《社会福利》（理论版）第 8 期。

阎寒梅、朱志申、闵晓莹，2017，《社会支持、主观幸福感与农村老年人精神生活满意度——基于辽宁省三个市的调查》，《调研世界》第 4 期。

阎云翔，2006，《私人生活的变革：一个中国村庄里的爱情、家庭与亲密关系 1949—1999》，龚小夏译，上海书店出版社。

杨爱水，2018，《代际关系视角下随迁老人的社会适应研究——以昆明市 H 社区为例》，云南大学硕士学位论文。

杨凡、黄映娇、王富百慧，2021，《中国老年人的体育锻炼和社会参与：健康促进与网络拓展》，《人口研究》第 3 期。

杨芳、张佩琪，2015，《"老漂族"面临的政策瓶颈与突破路径——基于广州 H 社区的实证分析》，《社会保障研究》第 3 期。

杨华、项莹，2014，《浙江农村老年人社会参与影响因素研究》，《浙江社会科学》第 11 期。

杨静，2019，《随迁老人的城市融入问题研究》，《湖北文理学院学报》第 6 期。

杨菊华，2010，《流动人口在流入地社会融入的指标体系——基于社会融入理论的进一步研究》，《人口与经济》第 2 期。

杨菊华，2015，《中国流动人口的社会融入研究》，《中国社会科学》第 2 期。

杨菊华，2018a，《将"隔代照料"纳入婴幼儿托育服务体系》，《中国社会科学报》5 月 30 日。

杨菊华，2018b，《流动时代中的流动世代：老年流动人口的多维特征分析》，《人口学刊》第 4 期。

杨菊华、杜声红，2017，《建构多元一体的婴幼儿托育服务体系》，《中国社会科学报》8 月 23 日。

杨菊华、扈新强、杜声红，2016，《家庭友好政策有助落实"普二新政"》，《中国社会科学报》9 月 22 日。

杨梨、徐庆庆，2018，《社会适应的动态性与情感体验的双重性——基于上海市老漂族的质性研究》，《老龄科学研究》第 6 期。

杨妮、许倩、王艳，2018，《"老漂族"长期定居意愿研究——基于成功老龄化的框架》，《人口与发展》第 3 期。

杨珍珍，2016，《宗教信仰对老年人健康影响——基于 CGSS2010 数据的分析》，华中科技大学硕士学位论文。

杨中新，2002，《构建有中国特色的老年人生活质量体系》，《深圳大学学报》（人文社会科学版）第1期。

杨宗传，2000，《再论老年人口的社会参与》，《武汉大学学报》（人文社会
科学版）第1期。

姚俊，2012，《"临时主干家庭"：城市家庭结构的变动与策略化——基于
N市个案资料的分析》，《青年研究》第3期。

姚丽萍，2017，《从疏离到靠近：推动"老漂族"社区融入的实物探索——
以深圳市X社区为例》，郑州大学硕士学位论文。

姚远，1998，《对中国家庭养老弱化的文化诠释》，《人口研究》第5期。

姚兆余、王鑫，2010，《城市随迁老人的精神生活与社区融入》，《社会工
作（下半月）》第9期。

易丹，2014，《随迁老人：一个亟需社会关注的群体》，《兰州教育学院学
报》第2期。

易艳阳、周沛，2016，《城市"老漂"群体实态：一个副省级城市证据》，
《重庆社会科学》第12期。

殷星辰主编，2017，《北京社会治理发展报告（2016~2017）》，社会科学
文献出版社。

于桂兰、主理群、徐维珍，2005，《417例老年高级知识分子及局级干部生
活质量调查》，《中国自然医学杂志》第2期。

余梅玲，2015，《代际交换：农村家庭养老的过程研究——基于浙北A乡
的实证分析》，华东理工大学硕士学位论文。

余泽梁，2017，《代际支持对老年人生活满意度的影响及其城乡差异——
基于CHARLS数据7669个样本的分析》，《湖南农业大学学报》（社会
科学版）第1期。

袁小波，2008，《2000—2005年高龄老人生活满意度的变化分析》，《西北
人口》第4期。

曾旭晖、李奕丰，2020，《变迁与延续：中国家庭代际关系的类型学研
究》，《社会》第5期。

张迪、何作顺，2015，《老年人生命质量研究状况》，《中国老年学杂志》
第2期。

张航空，2018，《子女因素对随迁老人居留意愿的影响》，《人口与发展》

第 2 期。

张继海、杨士保，2004，《老年人生活质量测量与评价研究》，《中国老年学杂志》第 4 期。

张敬伟、马东俊，2009，《扎根理论研究法与管理学研究》，《现代管理科学》第 2 期。

张李越、梅林，2020，《代际支持视角下随迁老年人长期居留意愿研究》，《老龄科学研究》第 7 期。

张倩楠，2016，《赋权和社会网络双视角下老漂族幸福生活的实现》，《新闻传播》第 24 期。

张田、傅宏，2017，《隔代抚养关系中老年人心理状态的影响因素》，《中国老年学杂志》第 20 期。

张伟、胡仲明、李红娟，2014，《城市老年人主观幸福感的影响因素分析》，《人口与发展》第 6 期。

张文娟、纪竞垚，2018，《经济状况对中国城乡老年人生活满意度影响的纵向研究》，《人口与发展》第 5 期。

张文娟、李树茁，2005，《子女的代际支持行为对农村老年人生活满意度的影响研究》，《人口研究》第 5 期。

张文娟、赵德宇，2015，《城市中低龄老年人的社会参与模式研究》，《人口与发展》第 1 期。

张新梅，1999，《家庭养老研究的理论背景和假设推导》，《人口学刊》第 1 期。

张新文、杜春林、赵婕，2014，《城市社区中随迁老人的融入问题研究——基于社会记忆与社区融入的二维分析框架》，《青海社会科学》第 6 期。

张秀兰、徐月宾，2003，《建构中国的发展型家庭政策》，《中国社会科学》第 6 期。

张雪霖，2015，《城市化背景下的农村新三代家庭结构分析》，《西北农林科技大学学报》（社会科学版）第 5 期。

张琰，2020，《城市"老漂族"社会适应与社会支持问题的个案研究——以济南市 A 社区保姆型"老漂族"为例》，山东大学硕士学位论文。

张艳红、胡修银，2009，《主观幸福感研究综述》，《长春师范学院学报》

（人文社会科学版）第 1 期。

张艳红、张海钟，2019，《基于甘肃省 Y 村个案的随迁老人城市社区适应
　困境研究》，《社科纵横》第 9 期。

张伊娜、周双海，2013，《中国老年人口迁移的选择性》，《南方人口》第
　3 期。

张岳然、张文武、李如如，2021，《代际扶持、迁移跨度与中国随迁父母
　的城市融入——基于 CGSS2015 数据的分析》，《江海学刊》第 2 期。

张震，2002，《家庭代际支持对中国高龄老人死亡率的影响研究》，《人口
　研究》第 5 期。

章蓉、李放，2019，《江苏省城乡老年人生活满意度及其影响因素分析》，
　《人口与社会》第 1 期。

赵华硕、王可、金英良、许爱芹、黄水平，2012，《农村空巢老人 SF-36
　量表应用信度及效度评价》，《中国公共卫生》第 7 期。

赵梅、邓世英、郑日昌、周霞，2004，《从祖父母到代理双亲：当代西方
　关于祖父母角色的研究综述》，《心理发展与教育》第 4 期。

郑丹丹，2018，《个体化与一体化：三代视域下的代际关系》，《青年研究》
　第 1 期。

郑丹丹、易杨忱子，2014，《养儿还能防老吗——当代中国城市家庭代际
　支持研究》，《华中科技大学学报》（社会科学版）第 1 期。

郑宏志、陈功香，2005，《社会支持对老年人主观幸福感的影响》，《济南
　大学学报》（社会科学版）第 5 期。

郑真真，2015，《从家庭和妇女的视角看生育和计划生育》，《中国人口科
　学》第 2 期。

郑志丹、郑研辉，2017，《社会支持对老年人身体健康和生活满意度的影
　响——基于代际经济支持内生性视角的再检验》，《人口与经济》第
　4 期。

"金融界"百家号，2020，《"移民"指数 PK，你所在的城市排第几?》，8 月
　20 日，https://baijiahao.baidu.com/s?id=1675520774942863158&wfr=
　spider&for=pc。

钟晓慧、郭巍青，2017，《人口政策议题转换：从养育看生育——"全面

二孩"下中产家庭的隔代抚养与儿童照顾》,《探索与争鸣》第7期。

周皓,2002,《省际人口迁移中的老年人口》,《中国人口科学》第2期。

周皓,2012,《流动人口社会融合的测量及理论思考》,《人口研究》第 3期。

周红云、胡浩钰,2017,《社会支持对流动老人社会融合的影响——基于 武汉和深圳的调查数据》,《西北人口》第4期。

周晶、韩央迪、Weiyu Mao、Yura Lee、Iris Chi,2016,《照料孙子女的经 历对农村老年人生理健康的影响》,《中国农村经济》第7期。

朱东武、朱眉华主编,2011,《家庭社会工作》,高等教育出版社。

朱冬梅、郑若楠,2019,《"进城困养"的农村随迁老人情感保障问题研 究》,《西南交通大学学报》(社会科学版)第4期。

朱雅玲、李英东,2016,《城乡福利差异对农民工市民化影响实证》,《西 安交通大学学报》(社会科学版)第1期。

祝银、李拉、刘慧涵、韩雨霜、洪凌,2010,《北京市流动老人生活状况 研究》,《凯里学院学报》第5期。

左伟、吕立国,2008,《高校退休教师社会参与的调查研究》,《吉林师范 大学学报》(人文社会科学版)第3期。

Aldous, J. 1995. "New Views of Grandparents in Intergenerational Context," *Journal of Family Issues*, 16 (1).

Al-Hamad, A., R. Flowerdew, L. Hayes. 1997. "Migration of Elderly People to Join Existing Households: Some Evidence from the 1991 Household Sample of Anonymised Records," *Environment and Planning A*, 29 (7).

Andrews, F. M. & S. B. Withey. 1976. *Social Indicators of Well-being: Americans' Perceptions of Life Quality*. New York: Plenum Press.

Appollonio, I., C. Carabellese, A. Frattola, & M. Trabucchi. 1997. "Dental Status, Quality of Life, and Mortality in an Older Community Population: A Multivariate Approach," *Journal of the American Geriatrics Society*, 45 (11).

Arpino, B. & V. Bordone. 2014. "Does Grandparenting Pay Off? The Effect of Child Care on Grandparents' Cognitive Functioning," *Journal of Marriage and Family*, 76 (2).

Axinn, W. G, M. E. Clarkberg & A. Thornton. 1993. "Family Influences on Family Size Preference," *Demography*, 31 (1).

Baker, L. A. & M. Silverstein. 2008. "Depressive Symptoms Among Grandparents Raising Grandchildren: The Impact of Participation in Multiple Roles," *Journal of Intergenerational Relationships*, 6 (3).

Balukonis, J. , G. D. E. Melkus & D. Chyun. 2008. "Grandparenthood Status and Health Outcomes in Midlife African American Women with Type 2 Diabetes," *Ethnicity and Disease*, 18 (2).

Barber, J. S. 2000. "Intergenerational Influences on the Entry into Parenthood: Mothers' Preferences for Family andNonfamily Behavior," *Social Forces*, 79 (1).

Barro, R. J. 1974. "Are Government Bonds Net Wealth?" *Journal of Political Economy*, 82 (6).

Baruch, G. K. & R. C. Barnett 1986. "Consequences of Fathers' Participation in Family Work: Parents' Role Strain and Well-Being," *Journal of Personality and Social Psychology*, 51 (5).

Becker, G. S. 1974. "A Theory of Social Interactions," *Journal of Political Economy*, 82 (6).

Bee, A. 2001. "Grandparents Children & youth Nonfiction," *Families & Family Life*.

Bengtson, V. L. & J. Kuypers. 1985. "The Family Support Cycle: Psychosocial Issues in the Aging Family," In Munnichs, J. M. A. & E. olbrich (eds.), *Life-Span and Change in a Gerontological Perspective*. New York: Academic Press.

Bengtson, V. L. & R. E. L. Roberts. 1991. "Intergenerational Solidarity in Aging Families: An Example of Formal Theory Construction," *Journal of Marriage and Family*, 53 (4).

Billington, D. R. , J. Landon, C. U. Krägeloh & D. Shepherd. 2010. "The New Zealand World Health Organization Quality of Life (WHOQOL) Group,"

The New Zealand Medical Journal, 123 (1315).

Blake, J. 1981. "Family Size and the Quality of Children," *Demography*, 18 (4).

Bonsang, E. & V. Bordone. 2013. "The Effect of Informal Care from Children on Cognitive Functioning of Older Parents," *SSRN Electronic Journal*.

Bowling, A. & P. Stenner. 2011. "Which Measure of Quality of Life Performs Best in Older Age? A Comparison of the OPQOL, CASP – 19 and WHO-QOL-OLD," *Journal of Epidemiology and Community Health*, 65 (3).

Bowling, A., M. Hankins, G. Windle, C. Bilotta & R. Grant. 2013. "A Short Measure of Quality of Life in Older Age: The Performance of the Brief Older People's Quality of Life Questionnaire (OPQOL-brief)," *Archives of Gerontology and Geriatrics*, 56 (1).

Brunstein, J. C., O. C. Schultheiss, R. Grässmann. 1998. "Personal Goals and Emotional Well-Being: The Moderating Role of Motive Dispositions," *Journal of Personality and Social Psychology*, 75 (2).

Bulanda, J. R., M. P. Jendrek. 2016. "Grandparenting Roles and Volunteer Activity," *Journals of Gerontology Series B: Psychological Sciences and Social Sciences*, 71 (1).

Campbell, A., P. E. Converse & W. L. Rodgers. 1976. *The Quality of American Life: Perceptions, Evaluations, and Satisfactions*. New York: Russell Sage Foundation.

Carta, M. G., M. Bernal, et al. 2005. "Migration and Mental Health in Europe (The State of the Mental Health in Europe Working Group: Appendix 1)," *Clinical Practice and Epidemiology in Mental Health*, (1).

Chambers, M., A. A. Ryan & S. L. Connor. 2001. "Exploring the Emotional Support Needs and Coping Strategies of Family Carers," *Journal of Psychiatric and Mental Health Nursing*, 8 (2).

Chevan, A. 1995. "Holding on and Letting Go: Residential Mobility During Widowhood," *Research on Aging*, 17 (3).

Chen, F. & G. Liu. 2012. "The Health Implications of Grandparents Caring for

Grandchildren in China," *The Journals of Gerontology Series B：Psychological Sciences and Social Sciences*, 67 (1).

Chen, F. & S. E. Short. 2008. "Household Context and Subjective Well-Being Among the Oldest Old in China," *Journal of Family Issues*, 29 (10).

Chen, F., G. Liu & C. A. Mair. 2011. "Intergenerational Ties in Context：Grandparents Caring for Grandchildren in China," *Social Forces*, 90 (2).

Chen, X. & M. Silverstein. 2000, "Intergenerational Social Support and the Psychological Well-Being of Older Parents in China," *Research on Aging*, 22 (1).

Chen, Y., A. Hicks & A. E. While. 2014a. "Quality of Life and Related Factors：A Questionnaire Survey of Older People Living Alone in Mainland China," *Quality of Life Research*, 23 (5).

Chen, Y., A. Hicks & A. E. While. 2014b. "Validity and Reliability of the Modified Chinese Version of the Older People's Quality of Life Questionnaire (OPQOL) in Older People Living Alone in China," *International Journal of Older People Nursing*, 9 (4).

Cheng, S. T. & A. C. M. Chan. 2006. "Filial Piety and Psychological Well-Being in Well Older Chinese," *The Journals of Gerontology Series B：Psychological Sciences and Social Sciences*, 61 (5).

Choi, N. G. 1996. "Older Persons Who Move：Reasons and Health Consequences," *Journal of Applied Gerontology*, 15 (3).

Coall, D. A. & R. Hertwig. 2011. "Grandparental Investment：A Relic of the Past or a Resource for the Future?" *Current Directions in Psychological Science*, 20 (2).

Cong, Z. & M. Silverstein. 2008. "Intergenerational Time-for-Money Exchanges in Rural China：Does Reciprocity Reduce Depressive Symptoms of Older Grandparents?" *Research in Human Development*, 5 (1).

Cong, Z. & M. Silverstein. 2012. "Caring for Grandchildren and Intergenerational Support in Rural China：A Gendered Extended Family Perspective," *Ageing and Society*, 32 (3).

Connidis, I. A. & J. A. McMullin. 1993. "To Have or Have Not: Parent Status and the Subjective Well-Being of Older Men and Women," *The Gerontologist*, 33 (5).

Cox, D. 1987. "Motives for Private Income Transfers," *Journal of Political Economy*, 95 (3).

Croll, E. J. 2006. "The Intergenerational Contract in the Changing Asian Family," *Oxford Development Studies*, 34 (4).

Cuba, L. & D. M. Hummon. 1993. "A Place to Call Home: Identification With Dwelling, Community, and Region," *The Sociological Quarterly*, 34 (1).

Cuba, L. 1989. "From Visitor to Resident: Retiring to Vacationland," *Generations: Journal of the American Society on Aging*, 13 (2).

Cummins, R. A. 2005. "Moving from the Quality-of-Life Concept to a Theory," *Journal of Intellectual Disability Research*, 49 (10).

Di Gessa, G., K. Glaser & A. Tinker. 2015. "The Health Impact of Intensive and Nonintensive Grandchild Care in Europe: New Evidence From SHARE," *The Journals of Gerontology Series B: Psychological Sciences and Social Sciences*, 71 (5).

Di Gessa, G., K. Glaser & A. Tinker. 2016. "The Impact of Caring for Grandchildren on the Health of Grandparents in Europe: A Life Course Approach," *Social Science & Medicine*, 152.

Diener, E. & F. Fujita. 1995. "Resources, Personal Strivings and Subjective Well-Being: A Nomothetic and Idiographic Approach," *Journal of Personality and Social Psychology*, 68 (5).

Diener, E., R. A. Emmons, R. J. Larsen & S. Griffin. 1985. "The Satisfaction with Life Scale," *Journal of Personality Assessment*, 49 (1).

Diener, E. 1996. "Traits Can be Powerful, But Are not Enough: Lessons from Subjective Well-Being," *Journal of Research in Personality*, 30 (3).

Diener, E. 1998. "Subjective Well-Being and Personality," in Barone, D. F., Hersen, M., Van, H., et al., *Advanced Personality*. New York: Plenum Press.

Diener, E. 2000. "Subjective Well-Being: The Science of Happiness and a Proposal for a National Index," *American Psychologist*, 55 (1).

Dolan, P., T. Peasgood & M. White. 2008. "Do We Really Know What Makes Us Happy? A Review of The Economic Literature on the Factors Associated with Subjective Well-Being," *Journal of Economic Psychology*, 29 (1).

Easterlin, R. A. 2006. "Life Cycle Happiness and its Sources," *Journal of Economic Psychology*, 27 (4).

Ellison, C. G. & J. S. Levin. 1998. "The Religion-Health Connection: Evidence, Theory, and Future Directions," *Health Education & Behavior*, 25 (6).

Euler, H. A., S. Hoier & P. A. Rohde. 2001. "Relationship-Specific Closeness of Intergenerational Family Ties," *Journal of Cross-Cultural Psychology*, 32 (2).

Evandrou, M., Falkingham, J., Maslovskaya, O. & A. Vlachantoni. 2011. "Transitions into Residential Care in Later Life: Evidence from the British Household Panel Survey, 1991-2009," *British Society of Population Studies*.

Ferraro, K. F. 1982. "The Health Consequences of Relocation Among the Aged in the Community," *Journal of Gerontology*, 38 (1).

Fujiwara, T. & C. K. Lee. 2008. "The Impact of Altruistic Behaviors for Children and Grandchildren on Major Depression Among Parents and Grandparents in the United States: A Prospective Study," *Journal of Affective Disorders*, 107 (1-3).

Fyrand, L. 2010. "Reciprocity: A Predictor of Mental Health and Continuity in Elderly People's Relationships? A Review," *Current Gerontology and Geriatrics Research*.

Ghuman, S. & M. B. Ofstedal. 2004. *Gender and Family Support for Older Adults in Bangladesh*. USA: Population Studies Center, University of Michigan.

Goh E. C. L. & L. Kuczynski. 2014. "'She Is Too Young For these Chores' — Is Housework Taking a Back Seat in Urban Chinese Childhood?" *Children and Society*, 28 (4).

Goldlust, J. & A. H. Richmond. 1974. "A Multivariate Model of Immigrant Adaptation," *International Migration Review*, 8 (2).

Goode, W. J. 1960. "A Theory of Role Strain," *American Sociological Review*, 25 (4).

Grossman, M. 1972. "On the Concept of Health Capital and the Demand for Health," *Journal of Political Economy*, 80 (2).

Grundy, E. M., C. Albala, E. Allen, A. D. Dangour, D. Elbourne & R. Uauy. 2012. "Grandparenting and Psychosocial Health Among Older Chileans: A Longitudinal Analysis," *Aging & Mental Health*, 16 (8).

Gu, S., N. Zhu, X. Chen & J. Liang. 1995. "Old-Age Support System and Policy Reform in China," *Korea Journal of Population and Development*, 24 (2).

Gurin, G., J. Veroff & S. Feld. 1960. *Americans View Their Mental Health: A Nationwide Interview Survey*. New York: Basic Books.

Gutek B. A., S. Searle & L. Klepa. 1991. "Rational Versus Gender Role Explanations for Work-Family Conflict," *Journal of Applied Psychology*, 76 (4).

Gutke, A., M. Lundberg, H. C. Östgaard & B. Öberg. 2011. "Impact of Postpartum Lumbopelvic Pain on Disability, Pain Intensity, Health-Related Quality of Life, Activity Level, Kinesiophobia, and Depressive Symptoms," *European Spine Journal*, 20 (3).

Haas, W. H., D. E. Bradley, C. F. Longino Jr, E. P. Stoller, W. J. Sero. 2006. "In Retirement Migration, Who Counts? A Methodological Question with Economic Policy Implications," *Gerontologist*, 46 (12).

Halvorsrud, L., M. Kalfoss & A. Diseth. 2008. "Reliability and Validity of the Norwegian WHOQOL-OLD Module," *Scandinavian Journal of Caring Sciences*, 22 (2).

Hank, K. & M. Kreyenfeld. 2003. "A Multilevel Analysis of Child Care and Women's Fertility Decision in Western Germany," *Journal of Marriage and Family*, 65 (3).

Hayslip, B. & P. L. Kaminski. 2005. "Grandparents Raising Their Grandchildren：A Review of the Literature and Suggestions for Practice," *The Geron-tologist*, 45 (2).

Hayslip, B. , H. Blumenthal & A. Garner. 2014. "Health and Grandparent-Grandchild Well-Being," *Journal of Aging and Health*, 26 (4).

Heller, K. , M. G. Thompson, I. Vlachos-Weber, A. M. Steffen & P. E. Trueba. 1991. "Support Interventions for Older Adults：Confidante Relationships, Perceived Family Support, and Meaningful Role Activity," *American Journal of Community Psychology*, 19 (1).

Hicks, R. , R. N. Lalonde & D. Pepler. 1993. "Psychosocial Considerations in the Mental Health of Immigrant and Refugee Children," *Canadian Journal of Community Mental Health*, 12 (2).

Hirshleifer, J. 1985. "The Expanding Domain of Economics," *The American Economic Review*, 75 (6).

Hughes, M. E. , L. J. Waite, T. A. LaPierre & Y. Luo. 2007. "All in the Family：The Impact of Caring for Grandchildren on Grandparents' Health," *The Journals of Gerontology Series B：Psychological Sciences and Social Sciences*, 62 (2).

Hyde, M. , R. D. Wiggins, PHiggs & D. B. Blane. 2003. "A Measure of Quality of Life in Early Old Age：The Theory, Development and Properties of a Needs Satisfaction Model (CASP-19)," *Aging & Mental Health*, 7 (3).

Inagaki, T. K. & N. I. Eisenberger. 2012. "Neural Correlates of Giving Support to a Loved One," *Psychosomatic Medicine*, 74 (1).

James, D. C. S. 1997. "Coping with a New Society：The Unique Psychological Problems of Immigrant Youth," *Journal of School Health*, 67 (3).

Ji, Y. C. , X. G. Wu, S. W. Sun & G. Y. He. 2017. "Unequal Care, Unequal Work：Toward a more Comprehensive Understanding of Gender Inequality in Post-Reform Urban China," *Sex Roles*, 77 (11-12).

Jung, M. , C. Muntaner & M. Choi. 2010. "Factors Related to Perceived Life Satisfaction Among the Elderly in South Korea," *Journal of Preventive Medicine and Public Health*, 43 (4).

Kalmijn, M. 2018. "The Effects of Ageing on Intergenerational Support Exchange: A New Look at the Hypothesis of Flow Reversal," *European Journal of Population*, 35 (2).

Kate, D. & R. L. Kahn. 1978. *The Social Psychology of Organizations*. New York: John Wiley& Sons.

Kawase, A. & K. Nakazawa. 2009. "Long-Term Care Insurance Facilities and Interregional Migration of the Elderly in Japan," MAGKS Joint Discussion Paper Series in Economics. No. 39-2009. Marburg: Philipps-Universität Marburg.

Khaw, K. T. 1997. "Epidemiological Aspects of Ageing," *Philosophical Transactions of the Royal Society B: Biological Sciences*, 352 (1363).

Kim, J., E. C. Park, Y. Choi, H. Lee & S. G. Lee. 2017. "The Impact of Intensive Grandchild Care on Depressive Symptoms Among Older Koreans: Intensive Grandchild Care and Depressive Symptoms," *International Journal of Geriatric Psychiatry*, 32 (12).

Kim, S. Y. & S. R. Sok. 2012. "Relationships Among the Perceived Health Status, Family Support and Life Satisfaction of Older Korean Adults," *International Journal of Nursing Practice*, 18 (4).

Kim, W., S. Y. Kang & I. Kim. 2015. "Depression Among Korean Immigrant Elders Living in Canada and the United States: A Comparative Study," *Journal of Gerontological Social Work*, 58 (1).

Klein, D. M. & J. M. White. 1996. *Family Theories: An Introduction*. Newbury Park, CA: Sage.

Klimaviciute. J., S. Perelman, P. Pestieau & J. Schoenmaeckers. 2017. "Caring for Dependent Parents: Altruism, Exchange or Family Norm?" *Journal of Population Economics*, 30 (3).

Krause, N. 1995. "Assessing Stress-Buffering Effects: A Cautionary Note," *Psychology and Aging*, 10 (4).

Krause, N. 1997. "Received Support, Anticipated Support, Social Class, and Mortality," *Research on Aging*, 19 (4).

Krause, N. 2001. "Social Support," In Binstock, R. L. & L. K. George (eds.), *Handbook of Aging and the Social Sciences.* San Diego: CA: Academic (5thed).

Ku, L. J., S. C. Stearns, C. H. van Houtven, S. Y. Lee, P. Dilworthanderson & T. R. Konrad. 2013. "Impact of Caring for Grandchildren on the Health of Grandparents in Taiwan," *Journals of Gerontology*, 68 (6).

Kulik, L. 2015. "The Impact of Multiple Roles on the Well-being of Older Women: Strain or Enrichment?" In Muhlbauer, V., Chrisler, J., Denmark, F. (eds.), *Women and Aging: An international, Intersectional Power Perspective.* Berlin: Springer, 51-69.

Lawton, M. P. & E. M. Brody. 1969. "Assessment of Older People: Self-maintaining and Instrumental Activities of Daily Living," *Gerontologist*, 9 (3).

Leder, S., L. N. Grinstead & E. Torres. 2007. "Grandparents Raising Grandchildren: Stressors, Social Support, and Health Outcomes," *Journal of Family Nursing*, 13 (3).

Lee, E. S. 1966. "A Theory of Migration," *Demography*, 3 (1).

Lee, G. R., J. K. Netzer & R. T. Coward. 1994. "Filial Responsibility Expectations and Patterns of Intergenerational Assistance," *Journal of Marriage and Family*, 56 (3).

Lee, G. R. 1985. "Kinship and Social Support of the Elderly: The Case of the United States," *Ageing and Society*, 5 (1).

Lee, S., G. Colditz, L. Berkman & I. Kawachi. 2003. "Caregiving to Children and Grandchildren and Risk of Coronary Heart Disease in Women," *American Journal of Public Health*, 93 (11).

Letiecq, B. L., S. J. Bailey & M. A. Kurtz. 2008. "Depression Among Rural Native American and European American Grandparents Rearing Their Grandchildren," *Journal of Family Issues*, 29 (3).

Levin, I. 2004. "Living Apart Together: A New Family Form," *Current Sociology*, 52 (2).

Liang, J., N. M. Krause & J. M. Bennett. 2001. "Social Exchange and Well-

Being: Is Giving Better than Receiving?" *Psychology and Aging*, 16 (3).

Liaw, K. L., W. H. Frey & J. P. Lin. 2000. "Location of Adult Children as an Attraction for Black and White Elderly Migrants in the United States," Social and Economic Dimensions of an Aging Population Research Papers.

Lin, J. P., T. F. Chang & C. H. Huang. 2011. "Intergenerational Relations and Life Satisfaction Among Older Women in Taiwan," *International Journal of Social Welfare*, 20 (s1).

Litwak, E. & C. F. Longino. 1987. "Migration Patterns Among the Elderly: A Developmental Perspective," *The Gerontologist*, 27 (3).

Livingston, G. & S. Sembhi. 2003. "Mental Health of the Ageing Immigrant Population." *Advances in Psychiatric Treatment*, 9 (1).

Longino, F. C. & W. V. Marshall. 1990. "North American Research on Seasonal Migration," *Research on Aging*, (12).

Longino, F. C., D. E. Bradley, E. P. Stoller & W. H. Haas III. 2008. "Predictors of Non-local Moves Among Older Adults: A Prospective Study," *The Journals of Gerontology Series B: Psychological Sciences and Social Sciences*, 63 (1).

Longino, F. C. 1979. "Going Home: Aged Return Migration in the United States 1965–1970," *Journal of Gerontology*, 34 (5).

Lowenstein, A. & R. Katz. 2005. "Living Arrangements, Family Solidarity and Life Satisfaction of Two Generations of Immigrants in Israel," *Ageing and Society*, 25 (5).

Lumsdaine, R. L. & S. J. C. Vermeer. 2015. "Retirement Timing of Women and the Role of Care Responsibilities for Grandchildren," *Demography*, 52 (2).

Lüscher, K. & K. Pillemer. 1998. "Intergenerational Ambivalence: A New Approach to the Study of Parent-Child Relations in Later Life," *Journal of Marriage and the Family*, 60 (2).

Lüscher. 2011. K. "Ambivalence: A 'Sensitizing Construct' for the Study and Practice of Intergenerational Relationships," *Journal of Intergenerational*

Relationships, 9 (2).

Maltby, J. , C. A. Lewis & L. Day. 1999. "Religious Orientation and Psychological Well-Being: The Role of the Frequency of Personal Prayer," *British Journal of Health Psychology*, 4 (4).

Man G, A. Lemke, X. Dong. 2022. "Sources of Intergenerational Conflict in Chinese Immigrant Families in the United States," *Journal of Family Issues*, 43 (9).

Minkler, M. & E. Fuller-Thomson. 1999. "The Health of Grandparents Raising Grandchildren: Results of a National Study," *American Journal of Public Health*, 89 (9).

Minkler, M. 1999. "Intergenerational Households Headed by Grandparents: Contexts, Realities, and Implications for Policy," *Journal of Aging Studies*, 13 (2).

Murphy, M. & D. Wang. 2001. "Family-Level Continuities in Childbearing in Low-Fertility Societies," *European Journal of Population*, 17 (1).

Newbold, K. B. 2007. "Return and Onwards Migration among Older Canadians: Findings from the 2001 Census," Social and Economic Dimensions of an Aging Population Research Papers 171, Hamilton: McMaster University.

Nguyen, A. W. , L. M. Chatters, R. J. Taylor & D. M. Mouzon. 2016. "Social Support from Family and Friends and Subjective Well-Being of Older African Americans," *Journal of Happiness Studies*, 17 (3).

Oberg, K. 1960. "Cultural Shock: Adjustment to New Cultural Environments," *Practical Anthropology*, 7 (4).

Oehmke, J. F. , S. Tsukamoto & L. A. Post. 2007. "Can Health Care Services Attract Retirees and Contribute to the Economic Sustainability of Rural Places?" *Agricultural and Resource Economics Review*, 36 (1).

Ogburn, W. F, 1938, "The Changing Family," *The Family*, 19 (5).

Parrott, T. M. & V. L. Bengtson. 1999. "The Effects of Earlier Intergenerational Affection, Normative Expectations, and Family Conflict on Contemporary Exchanges of Help and Support," *Research on Aging*, 21 (1).

Peel, N. M., H. P. Bartlett & A. L. Marshall. 2007. "Measuring Quality of Life in Older People: Reliability and Validity of WHOQOL-OLD," *Australasian Journal on Ageing*, 26 (4).

Peng, H., X. Mao, D. Lai. 2015. "East or West, Home is the Best: Effect of Intergenerational and Social Support on the SubjectiveWell-Being of Older Adults: A Comparison Between Migrants and Local Residents in Shenzhen, China," *Ageing International*, 40 (4).

Piercy, K. W., C. Cheek & B. Teemant. 2011. "Challenges and Psychosocial Growth for Older Volunteers Giving Intensive Humanitarian Service," *The Gerontologist*, 51 (4).

Pigou, A. C. 1920. *The Economics of Welfare*. London: Macmillan.

Pillemer, K., J. J. Suitor, S. E. Mock, M. Sabir, T. B. Pardo & J. Sechrist. 2007. "Capturing the Complexity of Intergenerational Relations: Exploring Ambivalence within Later-Life Families," *Journal of Social Issues*, 63 (4).

Pinquart, M. & S. Sörensen. 2001. "Gender Differences in Self-Concept and Psychological Well-Being in Old Age: A Meta-Analysis," *The Journals of Gerontology. Series B, Psychological Sciences and Social Sciences*, 56 (4).

Pluzhnikov, A., D. K. Nolan, Z. Tan, M. S. McPeek & C. Ober. 2007. "Correlation of Intergenerational Family Sizes Suggests a Genetic Component of Reproductive Fitness," *The American Journal of Human Genetics*, 81 (1).

Ramos, M. & J. Wilmoth. 2003. "Social Relationships and Depressive Symptoms Among Older Adults in Southern Brazil," *The Journals of Gerontology Series Psychological Sciences and Social Sciences*, 58 (4).

Ravenstein, E. G. 1885. "The Laws of Migration," *Journal of the Statistical Society of London*, 48 (2).

Ray, R. E. 1996. "A Postmodern Perspective on Feminist Gerontology," *The Gerontologist*, 36 (5).

Raymer, J., G. Abel & P. W. F. Smith. 2007. "Combining Census and Registration Data to Estimate Detailed Elderly Migration Flows in England and Wales," *Journal of the Royal Statistical Society: Series A (Statistics in So-*

ciety), 170 (4).

Reinkowski, J. 2013, "Should We Care that They Care? Grandchild Care and Its Impact on Grandparent Health," IFO Working Paper 165, https://ideas. repec. org/p/ces/ifowps/_165. html.

Roseneil, S. 2006. "On Not Living with a Partner: Unpicking Coupledom and Cohabitation," *Sociological Research Online*, 11 (3), http://www. socresonline. org. uk/11/3/roseneil. html.

Rostow, W. W. 1971. *Politics and the Stages of Growth*. Cambridge: Cambridge University Press.

Rumbaut, R. G. 1997. "Ties That Bind: Immigration and Immigrant Families in the United States," In Booth, A. , A. C. Crouter & N. S. Landale (eds.), *Immigration and the Family: Research and Policy on U. S. Immigrants*. Mahwah, New Jersey: Lawrence Erlbaum.

Schwarz, B. , I. Albert, G. Trommsdorff, G. Zheng, S. Shi & P. R. Nelwan. 2010. "Intergenerational Support and Life Satisfaction: A Comparison of Chinese, Indonesian, and German Elderly Mothers," *Journal of Cross-Cultural Psychology*, 41 (5-6).

Serow, W. J. 1978, "Return Migration of the Elderly in the USA: 1955-1960 and 1965-1970," *Journal of Gerontology*, 33 (2).

Shin, D. C. , D. M. Johnson. 1978. "Avowed Happiness as an Overall Assessment of the Quality of Life," *Social Indicators Research*, 5 (4).

Sieber, S. D. 1974. "Toward a Theory of Role Accumulation," *American Sociological Review*, 39 (4).

Silverstein, Merril & V. L. Bengtson. 1997. "Intergenerational Solidarity and the Structure of Adult Child-Parent Relationships in American Families," *American Journal of Sociology*, 103 (2).

Silverstein, M. , C. Zhen & S. Li. 2006. "Intergenerational Transfers and Living Arrangements of Older People in Rural China: Consequences for Psychological Well-Being," *The Journals of Gerontology. Series B: Psychological Sciences and Social Sciences*, 61 (5).

Silverstein, M. , D. Gans, A. Lowenstein, R. Giarrusso & V. L. Bengtson. 2010, "Older Parent-Child Relationships in Six Developed Nations: Comparisons at the Intersection of Affection and Conflict," *Journal of Marriage and Family*, 72 (4).

Stark, O. & D. E. Bloom. 1985, "The New Economics of Labor Migration," *The American Economic Review*, 75 (2).

Steel, P. , J. Schmidt & J. Schultz. 2008. "Refining the Relationship between Personality and Subjective Well-Being," *Psychological Bulletin*, 134 (1).

Sun, S. , J. Chen, M. Johannesson, P. Kind & K. Burström. 2016. "Subjective Well-Being and Its Association with Subjective Health Status, Age, Sex, Region, and Socio-Economic Characteristics in a Chinese Population Study," *Journal of Happiness Studies*, 17 (2).

Suzuki, P. T. 1978. "Social Work, Culture-Specific Mediators, and Delivering Services to Aged Turks in Germany and Aged Chinese in San Francisco," *International Social Work*, 21 (3).

Szinovacz, E. M. , S. Deviney & M. P. Atkinson. 1999, "Effects of Surrogate Parenting on Grandparents' Well-Being," *The Journals of Gerontology. Series B: Psychological Sciences and Social Sciences*, 54 (6).

Tang F. , L. Xu, I. Chi & X. Dong. 2016, "Psychological Well-Being of Older Chinese-American Grandparents Caring for Grandchildren," *Journal of the American Geriatrics Society*, 64 (11).

Thomese, F & A. C. Liefbroer. 2013. "Child Care and Child Births: The Role of Grandparents in the Netherlands," *Journal of Marriage & Family*, 75 (2).

Tonatiuh, G. V. , P. B. Fernandez, B. J. Ortiz, T. J. Yamanis & V. N. Salgado de Snyder. 2007. "Well-Being and Family Support Among Elderly Rural Mexicans in the Context of Migration to the United States," *Journal of Aging and Health*, 19 (2).

Walters, W. H. 2002. "Place Characteristics and Later-life Migration," *Research on Aging*, 24 (2).

Watson, D. , L. A. Clark & A. Tellegen. 1988. "Development and Validation of Brief Measures of Positive and Negative Affect: The PANAS Scales," *Journal of Personality and Social Psychology*, 54 (6).

Wilson, W. 1967. "Correlates of Avowed Happiness," *Psychological Bulletin*, 67 (4).

Wiseman, R. F. & C. C. Roseman. 1979. "A Typology of Elderly Migration Based on the Decision Making Process," *Economic Geography*, 55 (4).

Wiseman, R. F. 1980. "Why Older People Move: Theoretical Issues," *Research on Aging*, 2 (2).

World Health Organization (WHO). 2001. "The World Health Report-Mental Health: New Understanding, New Hope," Switzerland: World Health Organization.

Yen, E. C. , G. Yen & B. Liu. 1989. "Cultural and Family Effects on Fertility Decisions in Taiwan, R. O. C. : Traditional Values and Family Structure Are as Relevant as Income Measures," *American Journal of Economics and Sociology*, 48 (4).

Yeung, G. T. Y. & H. H. Fung. 2007. "Social Support and Life Satisfaction among Hong Kong Chinese Older Adults: Family First?" *European Journal of Ageing*, 4 (4).

Yin, X. , L. A. Abrugwelh & Y. Ding. 2019. "Dynamics of Life Satisfaction among Rural Elderly in China: The Role of Health Insurance Policies and Inter-generational Relationships," *Sustainability*, 11 (3).

Yoo, G. et al. 2012, *Qualitative Research Methods*. Seoul: Park Yeongsa.

Zaidi, A. , K. Gasior, M. M. Hofmarcher, O. Lelkes, B. Marin, R. Rodrigues, & E. Zólyomi. 2013. "Active Ageing Index 2012 Concept, Methodology and Final Results," Research Memorandum/Methodology Report, European Centre Vienna.

Zhang, A. Y. & L. C. Yu. 1998. "Life Satisfaction Among Chinese Elderly in Beijing," *Journal of Cross-Cultural Gerontology*, 13 (2).

Zhang, A. Y. , L. C. Yu, Z. F. Tong, C. Y. Yang & S. E. Foreman. 1997. "Family and Cultural Correlates of Depression Among Chinese Elderly," *International Journal of Social Psychiatry*, 43 (3).

Zhang, W. & M. Chen. 2014. "Psychological Distress of Older Chinese: Exploring the Roles of Activities, Social Support, and Subjective Social Status," *Journal of Cross-Cultural Gerontology*, 29 (1).

Zunzunegui, M. V. , F. Béland & A. Otero. 2001. "Support from Children, Living Arrangements, Self-Rated Health and Depressive Symptoms of Older people in Spain," *International Journal of Epidemiology*, 30 (5).

附录 随迁父母生活质量调查问卷

尊敬的长辈：

您好！本课题为国家人文社科规划项目，拟为全面了解随迁父母的生活现状，为政府制定相关政策提供数据支持。本课题以随子女家庭从外地迁居到厦门并正在帮助或即将帮助子女照顾孙辈至少3个月的中老年长者为调查对象；将围绕随迁和居住现状、社会参与和融入情况、个人身心健康、家庭代际双向支持和养老居留意愿等几个方面进行数据收集。本问卷采用匿名方式填答，答案仅用于学术研究，没有对错之分，请您根据具体情况如实回答即可。我们将在您完成整份问卷的回答后给予一定报酬。感谢您的大力支持！

访谈员：×××学院社会学系学生（姓名/联系方式）

访谈地址：_____区_____街道

_____社区或_____小区

问卷编号：_____访谈员签字：_____录入员签字：_____。

筛查问题：

1. 您是否从外地迁居来厦门的？（   ）

（0）是，我是外地来的

（1）否，我就是厦门本地人（结束访问，并说明原因）

2. 您目前是否还在工作或从事有收入性的社会劳动？（   ）

（0）否，我已退出社会劳动　（1）是，我还有在工作（结束访问，并说明原因）

3. 您是为什么而迁居厦门的？（   ）

（1）为了帮子女带孩子　（2）为了其他事情，具体事由是（结束访问，并说明原因）

一　随迁情况和居住现状

4. 您是哪一年开始从外地迁到厦门长期居住的？＿＿＿年（具体哪一年），到现在为止（本年本月），您来厦门大致长住了多久？＿＿＿个年头＿＿＿个月？（请访问员协助换算）

5. 您来厦门之前的常住地是（　　）？（指包括老家在内的此前长期工作/生活的地方，即心里比较有归属感的地方。如果之前四处打工、居无定所或没在任何地方长期待过，就以老家作为迁居前的常住地）

（0）福建省外。具体地名：＿＿＿＿＿＿＿。

（1）福建省内。具体地名：＿＿＿＿＿＿＿。

6. 您随迁来厦门之前的常住地区属于＿＿＿＿＿＿＿（如果受访者上题已经给出详细地名，访问员可以协助判断；如果受访者没有给出详细地名，就请 TA 选择出对应的类型）

（1）省会城市　　　　　　（2）市级城市

（3）县城　　　　　　　　（4）乡镇

（5）村里　　　　　　　　（6）其他地区，请说明

7. 如果上题中回答的地方不是老家，请追问 TA 老家是哪里？（具体地名）

您的老家属于什么类型的地区？（具体选项参考第 6 题的选项）

8. 您在老家或随迁前常住地与厦门间往返通行时，最常使用什么交通工具（可多选）（　　　　）

（1）飞机　　　　　　　　（2）自驾车

（3）的士/快车/顺风车/专车　（4）火车/动车

（5）城际巴士/大巴车　　　（6）公交车/地铁

（7）其他方式，请说明＿＿＿＿＿＿＿

9. 按照上述最常用的交通方案来计算的话，单趟行程大概要花多久时间？＿＿＿＿＿＿＿小时。

10. 按照上述最常用的交通方案来计算的话，单趟行程大概要花多少

路费？_____元。

11. 您随迁到厦门以后，一般<u>每年</u>能回老家（或回自己之前的常住地）几次？_____次。

（如果算不清楚，可以让受访者回忆下<u>过去的两年间</u>，<u>平均每年回去几次？</u>）

12. 您目前<u>在厦门</u>的主要居住方式属于下列哪种类型？（　　）（如果和老伴一起拥有一个卧室，也算是有独立卧室。但如果是和保姆或和孩子共用一个卧室的，则不能算拥有独立房间）

（1）跟女儿和女婿同住在一个房子里。您是否拥有独立的卧室？

⓪没有　①有

（2）跟儿子和儿媳同住在一个房子里。您是否拥有独立的卧室？

⓪没有　①有

（3）与单身女儿同住在一个房子里。您是否拥有独立的卧室？

⓪没有　①有

（4）与单身儿子同住在一个房子里。您是否拥有独立的卧室？

⓪没有　①有

（5）在两个及以上不同子女家之间轮流居住。

您在最常居住的那个子女家中，是否拥有独立的卧室？

⓪没有　①有

（6）没有与子女同住一个房子，但自己的住处离子女家距离很近（步行距离就能到）

（7）没有与子女同住一个房子，且自己的住处离子女家距离较远（需要乘坐交通工具）

（8）其他情况，请说明_____

13. 您目前<u>在厦门</u>的住房，属于什么性质？（　　）（如果是和子女一起同住，就回答同住房屋的性质；如果不是和子女同住，就回答自己所住的房屋性质）

（1）自有住房（包括登记在孩子名下、自己名下或老伴等直系家人名下，都属于自有住房）

（2）租住住房（包括向个人或单位租住的房子，或者政府的廉租房、

公租房等）

（3）单位宿舍/集体宿舍（产权属于单位或集体，个人以成员身份入住）

（4）居住在亲朋好友的住房中

（5）其他情况，请说明_____

14. 您感觉您老家或之前的常住地（参考第 5 题的回答）与厦门在以下各方面上的差距如何？（本题询问的是地区间的实际差距，而不论受访者是否有受到实际差异的困扰）

	（1）没有差异	（2）差异较小	（3）差异较大	（4）差异非常大
（1）日常语言				
（2）饮食口味				
（3）气候				
（4）风土人情/文化习俗				
（5）生活消费（如物价等）				

某项回答"差异非常大"或"差异较大"时，请追问具体表现在什么方面？如何克服这些不适应？（可否举例说明，并记录在横线处）

_____

15. 请对比您在厦门的住所和过去常住地的住所（以第 5 题的回答为过去常住地标准），两者在以下各种活动上的便捷程度相比如何？（若受访者生活中没有实际发生过以下行为，可以换一个方式询问：假设您要进行以下的活动，是否便捷？）

日常活动	（1）在厦门更不方便	（2）两地差不多	（3）在厦门更方便
（1）日常买菜/购物			
（2）日常买药（药店分布）			
（3）到医院看病问诊			
（4）外出会友或社交			
（5）锻炼健身			

16. 您目前在厦门的住房条件与之前的常住地（以第 5 题回答的地方为常住地标准）相比如何？

居住条件	（1）厦门住处条件更差	（2）两地差不多	（3）厦门住处的条件更好
（1）居住社区的绿化情况			
（2）居住社区的噪声情况			
（3）居住社区的卫生整洁度			
（4）居住社区的安全性/安全感			
（5）外出便利性（如可乘坐的公车线路多寡，乘坐交通工具外出的可及性和便利性等）			
（6）社区休闲娱乐活动等设施条件			
（7）屋内物质生活条件（如是否有洗碗机、洗衣机、扫地机等）			
（8）屋内人均居住面积（房子的宽敞程度等）			
（9）对客观居住条件的总体感受			

17. 您是否喜欢现在居住的小区或社区？（　　　）

（1）非常不喜欢　（2）不太喜欢　（3）比较喜欢　（4）非常喜欢

18. 您是否关注现在居住城市（厦门）的发展和变化？（　　　）

（1）完全没关注　（2）不太关注　（3）比较关注　（4）密切关注

19. 您是否喜欢现在居住的这个城市（厦门）？（　　　）

（1）非常不喜欢　（2）不太喜欢　（3）比较喜欢　（4）非常喜欢

20.（只询问外地户籍者）如果有机会的话，您是否愿意拥有本地户籍？（　　　）

（0）已经是厦门户籍　　（1）不愿意　　（2）愿意

（3）看情况/无所谓（不念）

二　社会交往/社会参与/闲暇娱乐安排

21. 您在厦门地区除子女及家人/亲人之外，是否还有其他能够聊天闲玩的朋友？（　　　）（朋友的定义以受访者自己的界定为准，请 TA 自己判断在厦门有几个好朋友即可）

（0）完全没有，在厦门只跟子女及家人相处（跳过第22题、第23题）

（1）还有其他可以一起聊天闲玩的朋友。请追问这样的人大概有____个。他们中有几个人是您迁居到厦门以后新结交的朋友？____（新朋友的

325

个数）

朋友个数的对应选项：（1）3个及以下　（2）4~8个　（3）9~15个
（4）16~25个　（5）26个及以上

22. 您和厦门地区的朋友是否常见面？（　　）（以最常联系的1个朋友为回答标准）

（1）几乎没见面　（2）偶尔见面　（3）有时见面　（4）经常见面

23. 请举例说说，您和厦门地区的朋友（如有多个朋友分别做不同的事情，以最常联系的1个朋友为回答标准）在一起一般会做些什么？

他们有没有和您在生活上相互帮助？或者曾给您哪些方面的支持？

24. 您在厦门是否有参与下列各项活动？您参与的频率一般是怎样的？（可先告知答案选项）

	（1）从没参与	（2）偶尔参与	（3）有时参与	（4）经常参与
（1）居委会或业主委员会的相关工作				
（2）老乡或老友聚会				
（3）庙会等活动				
（4）社区或小区的文体活动				
（5）公益/志愿服务活动（如护卫队等）				
（6）各类讲座/培训/沙龙等学习活动				

25. 您在厦门是否有从事下列各类业余休闲活动？您参与的频率一般是怎样的？

（可先问参加过哪些活动，括号内仅供参考）	（1）从没参加	（2）每月不足2次	（3）每月3次及以上	（4）每周2次及以上	（5）几乎每天都参与
（1）运动类活动（如舞蹈、球类、太极拳、爬山等）					
（2）智力类活动（如下棋、打牌、电子游戏、打麻将等）					

续表

（可先问参加过哪些活动，括号内仅供参考）	（1）从没参加	（2）每月不足2次	（3）每月3次及以上	（4）每周2次及以上	（5）几乎每天都参与
（3）休闲类活动（如散步、钓鱼、养花、书画、摄影）					

26. 您对自己目前的社会生活或业余活动情况总体是否满意？（　　）

（1）非常不满意　（2）比较不满意　（3）比较满意　（4）非常满意

如果选择"非常不满意"或"比较不满意"，请追问具体是什么方面不满意？

三　个人身心健康

27. 最近半年以内，您感觉自己在以下各方面的健康情况和能力情况如何？（可先告知答案选项）

	（1）很不好	（2）不太好	（3）还过得去	（4）比较好	（5）非常好
（1）睡眠质量					
（2）听力、视力等功能					
（3）食欲、进食情况					
（4）精力、体力					
（5）腰/腿/肩颈/手臂等躯体的活动能力					
（6）牙齿状况和咀嚼能力					
（7）头脑敏捷/语言表达能力					
（8）生活自理能力（如洗澡、更衣、独自出行等）					
（9）管理钱财物的能力					
（10）情绪控制能力					
（11）记忆能力					
（12）总体的身体健康情况					

28. 回想过去半年的生活中，总体而言，您体会到以下情绪或感受的频率是？

近半年的感受和情绪	(1) 从来没有	(2) 很少	(3) 有时	(4) 经常	(5) 总是
(1) 感到平静/轻松					
(2) 感到生气/愤怒					
(3) 感到担忧/焦虑					
(4) 感到愉悦/享受					
(5) 感到忧郁/悲哀					
(6) 感到情绪容易波动、易急躁					
(7) 感到自己还和年轻时一样快活					
(8) 感到自己的事情能够自己说了算					

请访员根据 TA 的具体回答情况，继续追问：有相关负面情绪的主要原因是什么？或询问，是因为哪些事情让其产生上述不良情绪？

另外，再询问：对于您的相关不良情绪或负面感受，您家人或朋友有没有给过您一些帮助和支持？是谁给过您支持和帮助？具体的帮助或支持有哪些？

29. 您对目前的总体精神健康情况的自我评价是？（　　　）

（1）非常差　　　（2）比较差　　　（3）比较好　　　（4）非常好

30. 您目前身体上是否存在一些慢性疾病（如高血压、糖尿病、哮喘、长期腰腿痛、关节炎等）？（　　　）

（0）没有　　　（1）有，具体是什么疾病？

31. 您是否需要长期服用某种药物（如降压药等，保健品不算药物）？（　　　）

（0）否　　　（1）是。每个月的药费平均是多少？_____元。

四　随迁分居情况及影响

32. 您的老伴是否也和您一起随迁来厦门长期居住？（　　　）

（0）是（跳过本部分的其他题目）

（1）否（不定期分居也算是不在一起。如果存在随迁分居情况，请继续回答以下题目）

（99999）不适用（老伴已故或先前已离异。如选此项，则跳过本部分的其他题目）

33. 您老伴没有和您一起到厦门居住的原因是什么？（本题可多选）
（　　）

（1）TA 之前就和我长期分居（不是因为随迁才导致分居的，比如之前就因异地工作而分居）

（2）TA 在这里待不习惯

（3）TA 还需要继续从事生产性劳动/尚未退出社会劳动

（4）TA 需要去照顾其他子女及其家庭

（5）TA 要照顾家里长辈或其他家事

（6）厦门的居住条件拥挤，如果 TA 来的话居住不方便

（7）其他因素，请说明＿＿＿＿＿

34. 您的老伴是否支持您独自在厦门照顾子女家庭？（　　）

（1）非常不支持　（2）不太支持　（3）比较支持　（4）非常支持

如果选择"非常不支持"或"不太支持"，请追问 TA 不支持的理由是什么？老伴不支持的态度是否会对您造成一定的心理压力？您是怎么看待的？

35. 您和您的老伴大概平均每年有多长时间不能在一起生活？＿＿＿个月。

36. 您和老伴自随迁而分居以来，最久的一次持续多长时间没有相见？
＿＿＿天或者＿＿＿个月。

37. 您和您老伴在随迁分居时的通话频率（包括网络视频或语音通话，但短信等文字信息交流不算）大概是（　　）（如没有可选的选项，可将对方的回答如实记录在横线处）＿＿＿＿＿

（1）平均低于每周 1 次　（2）平均每周 1 次　（3）平均每周 2~3 次

（4）平均每周 4~5 次　（5）平均每天 1 次　（6）平均每天多次

38. 您与老伴因随迁而分开后，是否对您造成一些不良影响？（　　）

（1）完全没有影响（跳过第 39 题）

（2）影响不是不大，很快能克服

（3）有较大影响，我用了很长时间才适应

（4）影响很大，至今仍不太适应和老伴分开

39. 您与老伴因随迁而分开对您造成的不良影响具体有哪些？（可多选）（　　）

（1）日常生活缺少帮手/缺少劳力

（2）没有人一起说话或分享心情

（3）生病没人照顾

（4）互相牵挂对方的生活状况

（5）其他影响，请说明_____

40. 请根据您的现实需求谈谈政府可以如何帮助像您这样的随迁中老年人提高生活质量？

五 "向下"代际支持

41. 您目前在厦门帮忙照看的孙辈子女一共是（　　）个孩子？其中最小的（____）岁（不满 1 岁的均写 1 岁），最大的（____）岁。（如果在厦门并没有孙辈子女，就写 0）

42.（只问一孩照顾者）如果您子女（指目前正在帮助/同住的子女）生二胎的话，您是否愿意继续帮忙照料二孩？（　　）

（1）不愿意　　（2）不太愿意　　（3）比较愿意　　（4）非常愿意

追问为什么"愿意"或"不愿意"？

43.（只问二孩或多孩照料者）您现在照看两个孩子/三个孩子，那么您子女的第一个孩子（大宝）之前也是您带的吗？（　　）

（0）不是，之前主要由_____照看/轮流照看（询问大宝之前的主要照顾者是谁）。

（1）是，两个孩子一直都是我照看的。

追问：照看一孩和照看二孩/三孩，对您的生活有何不同影响？

44. 当子女或孙辈遇到困境/困难时，您是否能够为他们提供精神支持和安慰？

（1）我基本无法给他们精神支持

（2）我能给予他们的安慰和支持很有限

（3）我能给予他们较大的精神支持和安慰

（4）我是他们最重要的精神支持和安慰者

45. 您是否曾为子女家庭（指正在帮忙/正同住的这个子女家庭）提供过一些资金支持？

	（0）没有	（1）有。追问：您全部资助过的金额大概是多少？	
（1）出钱为子女家庭购买房子或车位			总计大约：_____万元
（2）出钱为子女家庭购买车子			总计大约：_____万元
（3）为子女家庭提供日常家用补贴			平均每月_____元
（4）为孙辈子女的教育经费提供补贴			平均每月_____元
（5）出钱为子女分担房租（如果租房）			平均每月_____元

46. 您目前在厦门的子女家中（指正在帮忙/正同住的这个子女家庭）主要承担哪些家务？

	（1）完全没承担	（2）承担一点点	（3）承担大部分	（4）全部承担	（5）不适用，如孙辈未上学或未出生（不念）
（1）打扫家里卫生					
（2）洗、晾、收衣服					
（3）买菜					
（4）备饭、做饭					
（5）洗碗					
（6）送孩子上学					
（7）接孩子放学					
（8）陪孩子上兴趣班					
（9）陪孩子做功课					

47. 您每天花在上述所有家务劳动上的时间，大概是____小时/天？（访问员可帮忙一起计算）

48. 您家中是否还有家政人员帮忙做家务或带孩子？（　　　）

（1）无任何家政帮忙

（2）有请临时的钟点工帮忙

（3）有固定的半天保姆帮忙

（4）有固定的全天保姆帮忙（包括住家或不住家）

如果还有请其他家政人员，请追问，请来的家政人员具体是帮忙干什么活儿？

49. 你在照看孙辈的过程中是否存在以下心情或感受，请对照您的实际想法进行选择。

主观感受	(1) 完全不符	(2) 不太符合	(3) 比较符合	(4) 完全符合
(1) 帮子女看孩子觉得心理压力很大				
(2) 和子女在教育理念或照顾方法上存在较大分歧				
(3) 常觉得精神孤独、寂寞空虚				
(4) 和子女在生活方式或生活习惯上存在较大差异				
(5) 和子女的沟通不好，家庭关系紧张				
(6) 常觉得付出得不到子女的肯定和感恩，心里委屈				
(7) 帮子女带孩子让我感到生活很充实				
(8) 能够见证孙子女/外孙子女的成长，感到很幸福				
(9) 带孩子的过程让我跟子/女一家人的感情更紧密了				
(10) 从晚辈身上学到很多新知识，感觉自己变年轻了				

50. 请您评价下您的子女（指正在帮助/正同住的这个子女）小家庭/两口子的家庭收入或社会经济地位现在在本地大概属于哪个层次？（　　　）

（1）下层　（2）中下层　（3）中层　（4）中上层　（5）上层

六 "向上" 代际支持

51. 您在厦门帮子女带孩子，您的子女是否有给您生活费或伙食费？（　　　）

（0）没有

（1）有，大概平均每月_____元。

52. 您正在帮助/正同住的这个子女及其家庭成员（包括儿媳/女婿）是否为您做过或表示想要为您做以下事情？（如果子女口头表示过，但被老人拒绝，仍属于子女有表示）

他们是否有为您做以下事情？	（1）没有	（2）有，但不多	（3）有，比较多
（1）为您买衣服、鞋子、包包等服装类商品			
（2）为您买按摩工具、艾灸、泡脚工具等保健用品			
（3）带您旅游或出钱游玩（包括市内景点/公园和去外地旅游）			
（4）为您购买商业保险（具体金额：＿＿＿＿元）			
（5）陪您看病、治疗、买药等			
（6）陪您参加有意义的社团活动			
（7）陪您参加健身运动或休闲活动（打球、下棋等）			
（8）为您购买其他您有需要的生活用品			

TA 们是否还为您付出或表示过其他方面的孝心？请说明？

53. 当您遇到苦恼的事或心情低落时，您的子女或孙辈能否及时给予精神安慰和情感支持？（　　）

（1）他们基本不跟我交流或给我精神支持

（2）他们能给我一点安慰和支持

（3）他们能给我较大安慰和支持

（4）他们能给我很大安慰和支持

54. 请您评价一下您目前和子代家庭成员的关系如何？（指正在照料/正同住的这个子女家庭）

	（1）很不好	（2）一般	（3）比较好	（4）非常好	（99999）不适用
（1）和儿子的关系					
（2）和儿媳的关系					
（3）和女儿的关系					
（4）和女婿的关系					
（5）和孙子女/外孙子女的关系					

55. 您对以下说法的赞同程度如何？（可以先告知答案选项）

	（1）完全不同意	（2）不太同意	（3）比较同意	（4）完全同意
（1）老人帮子女带孩子是当前中国家庭的无奈选择				

	（1）完全 不同意	（2）不太 同意	（3）比较 同意	（4）完全 同意
（2）老人帮子女带孩子是中国社会的优良传统（没什么不好）				
（3）老人并没有义务帮子女带孩子				
（4）老人帮子女带孩子，容易让子女养成在家好吃懒做、依赖老人的坏习惯				
（5）不管儿子还是女儿，只要他们有需要，都应该尽力去帮他们带孩子				
（6）老人要帮子女带孩子，才能得到子女的孝顺和尊重				
（7）帮子女带孩子，让我感觉自己很有价值、被人需要				
（8）现在的年轻人生活负担很重，老人能帮他们的时候应该尽量多帮他们				
（9）老人要帮子女带孩子，才能培养与孙辈的感情，否则不会有很深的感情				
（10）老人帮子女带孩子是吃力不讨好的行为，不仅累坏自己还增加家庭矛盾				
（11）有老人帮忙带孩子，更能促进子女生育二胎或三胎				
（12）照看孙辈可以弥补我过去对子女成长照顾上的遗憾和欠缺				
（13）如果重新让我选择一次，我更希望让子女自己请保姆或想办法自己带孩子				

56. 您和子女一家人（指正在帮助/正同住的这个子女）目前的总体沟通交流现状，您还满意吗？（　　　）

（1）我很不满意　　　　　（2）我不太满意

（3）我比较满意　　　　　（4）我很满意

追问：您"很不满意"或者"不太满意"原因具体是什么？

57. 总体而言，您对自己目前在本地（厦门）的生活是否感到幸福？（　　　）

（1）非常不幸福　　　　　（2）不太幸福

（3）比较幸福　　　　　　　（4）非常幸福

58. 如果将来您的孙子女/外孙子女长大不再需要您帮忙照顾了，您是否愿意继续留在厦门养老？（　　）

（1）非常不愿意　　　　　　（2）不太愿意

（3）比较愿意　　　　　　　（4）非常愿意

（5）说不清（不念出来）

继续追问，您"愿意"/"不愿意"留在厦门养老的原因是什么？哪些因素有可能会影响您对养老地区的选择？

您自己有没有为将来养老做过哪些具体打算？

如果有条件，您希望您的子女将来能为您的养老做哪些事情？

59. 总体来说，您认为您的子女（指正在帮助/正同住的这个子女）对您是否孝顺？（　　）

（1）很不孝顺　　　　　　　（2）不太孝顺

（3）一般孝顺　　　　　　　（4）比较孝顺

（5）非常孝顺

七　对子代的生育期望和二孩照顾意愿

60. 您个人一共有几个孩子（不含已故子女）＿＿＿个？其中＿＿＿个儿子，＿＿＿个女儿？

61. 如果不考虑政策和其他任何因素的影响，您认为社会上的一般家庭应该生育＿＿＿个孩子最为理想，其中男孩＿＿＿个，女孩＿＿＿个（指社会上的一般家庭的理想子女数量）。

62. 如果是基于您个人喜好，您希望您的儿子/女儿（指正在帮助/正同住的这个子/女）生育＿＿＿个孩子，其中男孩＿＿＿个，女孩＿＿＿个。而TA目前生育情况是：＿＿＿个男孩，＿＿＿个女孩。

63. 您是否对您子女（指正在帮助/正同住的这个子女）的生育问题提过某些要求或暗示？（比如要求孩子尽量再多生孩子或暗示子女不要再生了，或要求子女能生一个男孩最好，或希望孙子的姓氏跟自己姓，或暗示不想再给子女看孩子了等）。本题着重询问TA是否曾经就以下问题跟子女进行过暗示、交流或探讨。请根据具体情况勾选下列选项，并问出<u>具体的</u>

期望及原因。

（1）完全没有对子女提过任何关于生育方面的要求、期望或暗示。（直接跳到第 65 题）

（2）提出过生育数量方面的要求/期望/暗示：＿＿＿＿＿＿

为什么？您的理由是：＿＿＿＿＿

（3）提出过生育性别方面的要求/期望/暗示：＿＿＿＿＿＿

为什么？您的理由是：＿＿＿＿＿

（4）提出过孙子女养育方面的要求/期望/暗示：＿＿＿＿＿＿

为什么？您的理由是：＿＿＿＿＿

（5）提出过孙子女姓氏方面的要求/期望/暗示：＿＿＿＿＿＿

为什么？您的理由是：＿＿＿＿＿

（6）提出过其他方面的要求/期望/暗示：＿＿＿＿＿＿

为什么？您的理由是：＿＿＿＿＿

64. 您的子/女对您这些要求/期望/暗示的回应是什么？他们是否表示同意？（　　）

（1）非常反对　（2）比较反对我的期望/要求　（3）无所谓

（4）较为认同我的期望/要求　（5）非常认同我的要求/期望

TA 们是否提出过什么异议？或有没有跟您针对上述生育相关问题进行过哪些具体协商或沟通？＿＿＿＿＿

65. 您是否曾帮助多个不同的子女家庭照看过孩子？（　　）

（0）否　　（1）是　　　（99999）受访者只有一个孩子，不适用

66. 您在帮助子女照顾孙子女/外孙子女的过程中有没有遇到过哪些问题/困境让您感到比较烦恼？＿＿＿＿＿

您希望政府对于像您这样的随迁中老年人出台哪些支持性政策和惠民措施？＿＿＿＿＿

八　个人信息和家庭特征

67. 受访者性别：（　　）

（0）女　　　　（1）男

68. 您的出生年份是：＿＿＿年，以 2019 年为标准计算周岁：＿＿＿岁。

69. 您的受教育程度是_____？您正在帮助/正同住的这个子/女的受教育程度是？（　　）

（1）未上学　　　　　　　　（2）小学

（3）初中　　　　　　　　　（4）高中/中专/职高技校

（5）大专　　　　　　　　　（6）大学本科

（7）硕士研究生　　　　　　（8）博士研究生

70. 在迁居到厦门带孙子女/外孙子女之前，您个人主要从事什么性质的工作（如有多份工作或多重身份，以最主要的一份有收入工作为回答标准；也可直接记录对方的详细回答，访谈过后再做判断）（　　　）

（1）一直都在家带孩子做家务，没有参加过任何有收入的社会劳动

（2）农林牧副业从业者（主要指靠务农、出售农作物或渔猎物而取得收入）或做手工活

（3）打零工（没有固定期限、没有固定工作地、没有签订劳动合同等）

（4）个体工商户（自营劳动）

（5）公务员（包括党政机关、人民团体和军队的领导干部和一般职员）

（6）国有企业员工（包括领导管理人员和一般职员）

（7）事业单位员工（包括领导管理人员和一般职员）

（8）私企、外资企业和三资企业员工（包括领导管理人员和一般职员）

（9）自由职业者（指微商、自由撰稿人、自由投资人、自由炒股等）

（10）自治组织（村委会、居委会等）工作人员和社会组织（红十字会等）工作人员

（11）其他，请说明_____

71. 您正在帮助/正同住的这个子/女目前的工作性质是（　　　）。（选项参考上题/第70题）

72. 您个人目前的每月可支配收入（指退休金、投资分红、房租收入、土地收入等的总和收入；如果还未退休，那么询问未来的每月退休收入；如果个人没有任何收入，就填0；但子女给的零花钱和生活费不能算作收入）大概是：_____元。

73. 您目前的户籍性质是：（　　　）

（1）厦门岛内户籍　　　　　　（2）厦门岛外户籍

（3）外地城市户籍　　　　　（4）外地农村户籍

（5）其他，请说明_____

74. 您个人目前是否享有或参加下列社会保障/保险？（请先告知答案选项）

	（0）否	（1）是	（99999）不适用，不念
（1）您是否享有厦门地区的医疗保险/互助医保等			
（2）您是否享有厦门地区的养老保险			
（3）您是否参加厦门以外地区的城市基本医疗保险			
（4）您是否参加厦门以外地区的农村合作医疗保险			
（5）您是否参加了厦门以外地区的城市基本养老保险			
（6）您是否参加了厦门以外地区的农村基本养老保险			
（7）您是否自费购买了其他商业保险（包括子女帮买在内）			

75. 您的宗教信仰是（　　　）

（1）佛教　　　　　（2）道教　　　　　（3）基督教

（4）天主教　　　　（5）伊斯兰教　　　　（6）民间信仰

（7）无宗教信仰　　（8）其他，请说明_____

76. 请问能留下您的联系方式吗？以方便督导员对我们的访谈进行复核。

再次感谢您的支持和配合！请收下我们的礼品作为感谢。

（领取签字）_____

请您帮助我们联系更多符合调查要求的受访者。

后 记

本书是我所承担的国家社科基金青年项目"生育新政背景下随迁父母的生活质量研究"（18CSH032）的阶段性成果。该课题是笔者于之前所承担的教育部人文社科青年基金项目"职业女性二孩生育意愿的女性学研究"（15YJC840018）的延续和拓展。不同的是，前期研究侧重从作为生育主体的职业女性的性别视角讨论生育政策转变对其生育成本和再生育意愿的影响，而本书则侧重从老年社会学视角探讨生育新政背景下作为隔代养育主体的随迁父母的生活质量、代际支持关系、二孩照料意愿和居留养老意愿等。两个课题的出发点都是对调整后的生育政策之于生育者和养育者的影响效应开展基础性研究，落脚点都是为在人口政策变迁环境下保障个人发展和家庭功能的支持性福利措施提供学理依据。

笔者深以为，学术研究是有温度的，其来源于生活才能高于生活，立足生活才能服务于生活。过去十余年间，每一个具有里程碑意义的科研选题节点，都恰逢我人生的重要转折点，每一次重要研究经历都有着我对世俗生活的高度敏感，也承载着我对现实问题的学术思考。2010年博士研究生的学习生涯开启之时，正值我刚迈入婚姻生活的人生新阶段，本着对婚姻中夫妻关系的好奇和对女性学及家庭领域研究的兴趣，我将博士学位论文选题确定为"夫妻权力关系的研究"，并于2013年完成学业，该论文于2015年由厦门大学出版社出版。博士毕业至今，我对生育政策转型的社会影响有着高度的学术关注和极大的研究热忱，这与我所经历的家庭生命历程和角色转变有着密切联系。从2013年底启动的"单独二孩"政策到2016年初出台的"全面二孩"政策，再到2021年中颁布的"三孩"政策，一系列生育政策调整引发了社会各界对于生养话题的热烈讨论，带动相关领域研究成为热点，也使得有关生与不生、怎么生、怎么照料等事项成为摆在包括我在内的所有适龄夫妻面前的重要家庭议题。我的大宝生于2014年，二宝生于2021年，恰逢生育政策不断演变和优化的历史时期，自大宝出生后，我便经常被亲朋好友问及有关再生的问题，也就此有过多次的自问，这些经历促使我产生了对生育新政背景下生育和养育问题的自觉或不自觉的探究欲望与学术行动。大宝出生的第一年，我深切体会到职场妈妈们遭遇育儿-工作双重压力时的艰辛以及在外部生育环境并不友好的背景下继续追生二胎的纠结与顾虑，鉴于此前多年从事社会性别研究的思维惯性和学术想象力，我很自然联想到生育政策放开对女性尤其是职业女性发展所带来的冲击和挑战，于是在2015年申请教育部课题时将选题确定为"职业女性二孩生育意愿的女性学研究"，并从性别视角分析了职业女性生育观念转变以及当前生育成本加大对其再生育意愿的影响关系和作用机制。

我和先生都是这个城市的新移民，自大宝出生以来，以我公公（婆婆因退休后受聘于另一家单位，只能偶尔来帮忙）和我母亲（父亲因常年生病无法帮忙）为主要照料者的随迁父母便轮流迁居到我家中帮我带孩子并照顾我们一家的饮食起居。我由衷感恩父辈们对我的小家庭不遗余力的付出与帮扶，如果没有他们的负重前行和奋力托举，我和先生很难有兼顾家庭和工作的岁月静好，以及让孩子得到最佳照顾的安心惬意，那么纵使有再生育的热情也不敢有再生育的勇气。因此，在教育部课题结项后，我对生育新政遇冷问题的研究觉悟逐渐从对生育者的性别关切转向了对随迁专职带孙辈的中老年隔代照料者的学术关注，故而有了"生育新政背景下随迁父母的生活质量研究"这一选题的确立。由于父辈多年来持续随迁与我同住，在这样三代同堂的家庭结构中，通过对其随迁生活的近距离观察，让我对我的研究有了丰富的感性认识和学术灵感；但同时，将他们作为随迁父母群体的一个缩影也容易给本书的客观性带来一定干扰，好在本书采用以问卷调查为主的定量研究范式，这在一定程度上有助于我坚持价值中立的分析态度，并在研究过程中保持客位视角和反思意识。此外，实证研究的发现也在帮助我不断廓清先前对随迁父母群体的模糊认识，及时纠正可能失真的偏见，这实乃研究之大乐趣。

2018年课题立项之后，我再次经历了怀孕和生育的过程，本以为帮我带到大宝上小学后便可稍稍轻松下来的父辈们，又马不停蹄地投入帮我照料二宝的忙碌之中。虽然有了照料大宝的经验，但他们的身心健康状况确实大不如前（我的父亲因多年患病于 2022 年初离世，母亲几年前为父亲的病情操劳忧虑一度患上抑郁症，公公和婆婆也已经相继步入古稀之年）。在本该颐养天年的人生阶段，因为二宝的到来，他们选择了延长当下的随迁生活，延迟了自身的安养计划。正如本书结论所言，生育政策放开对于隔代照料型随迁父母的晚年生活势必造成不小的影响。随着父母年龄日渐增大，如何养老、在哪养老、由谁养老等终将成为其个人和家庭不可回避的问题。较早些时候我的父亲患病，因此我在面对生育和养育困境的同时也真切体会到父辈养老之路的不易。自父亲 2010 年查出患额颞叶脑萎缩（一种早发型老年认知症）至去世的十余年间，我们亲历了他从自理到半自理再到全护理的整个病程。随着病情恶化，母亲只能放下其他一切事务全权担负起对父亲的生活照料；待父亲病情进入晚期，家庭无法满足父亲因失能失智所需的特殊护理条件，心有余而力不足的我们最终决定将父亲托管在厦门的养老机构，母亲则继续住在我家中一边帮我带孩子一边定期前往养老机构陪伴父亲，直至父亲走完最后病程。父亲遗体火化那天正好是二宝出生的第 100 天，世代间的生死交替让我深切感悟"您养我小，我养你老"之亲情延续的传承使命以及人口再生产的重要意义。

　　我和先生是典型的双独家庭，不论是父母随迁还是居留养老都是我们家庭为应对育儿和养老现实需求所做出的适时选择，父辈赡养保障难以周全以及家庭照料资源不足等窘迫处境使我一度产生放弃再生育的念头。与此同时，中国传承几千年的"一辈管一辈"的反馈型代际关系显然已经被不平衡的单线"向下"支持型代际关系所取代，尤其是对像我和先生这类从外地来到城市就业安家的青年人而言，几乎是举全家之力扶助我们在城市安稳扎根和生养后代，但是反过来我们能为父辈提供的养老回馈却十分有限，当"养儿防老"的预期效用不断降低，"生儿育女"的预期成本不断攀升时，年轻人的生育热情也恐难维持。这些发生在我个人身上的育儿之难和养老之忧集中折射出中国所面临的家庭功能弱化、社会化服务资源供给不足、家庭支持福利缺失等多重考验，亦可见抚育和赡养之于家庭整体幸福而言的内在统一性，以及完善"一老一小"家庭支持政策体系的迫切性。

　　回首这些年的生活磨炼与研究历程，我要感谢至亲至爱的家人们，经历过刻骨铭心的生老病死，我加倍珍惜亲代之间、夫妻之间、祖孙之间的相依相伴和相濡以沫，这些朴素的亲缘情感是我坚持课题研究和相关政策倡导的动力所在。感谢我的硕导胡荣教授和博导叶文振教授为课题申报和结项论证工作提供的宝贵意见和建议，正是他们的悉心点拨和温暖鼓励才有了课题的最终立项和顺利结项。感谢叶文振老师为学生倾情作序，师恩如海，倾我至诚。感谢集美大学姚进忠教授，厦门思明区启福社工服务中心柯毅萍理事长和俞玲敏主任，金燕社工服务中心陈燕卿理事长和虹巧社工、开心社工服务中心吴菲菲副理事长，康乐社区曾清华书记，禾山社区林银玲书记，金安社区网格长钟妙菊，海沧区海景社区工作者林丽，以及前埔社区、金尚社区、湖边社区、银亭社区等多个被调查社区的工作人员对本书数据收集工作的大力支持和热心帮助。感谢所有接受过调查访问的随迁父母们，他们中的一些人曾因在接受调查访问时感受到自己的生活被关注、自己的心声被倾听、自己的情绪被看到而泪流满面，这份真诚、信任和善良是对本书的莫大支持和肯定！

　　本书的研究过程也带动了对随迁父母群体的社会服务探索和对学生育人工作的一系列实践，感谢我所指导的2017级本科生林悦盈、赵珺、郑雪梅、李怡之等同学在课题启发下通过申请国家级大创项目"随迁中老年人社会融入服务项目"与我一起推动随迁父母城市融合的社会工作服务；还有包括蔡燕滨、林雅诗、周诗佳、李吉雨菲、徐婷、林若非、夏煊煊等集美大学2017级至2022级社会工作专业本科生以及杨敏、郭晓慧、杜佳鸿、曾琳、韩欣、张燕灵、林珊珊等2021级至2023级社会工作专业研究生在内的近40名学生协助我进行实地调研、资料整理录入和文稿校对等工作，在此一并表示感谢。最后，还要感谢努力前行的自己，本书的研究过程伴随着生养二孩和赡养病父的家务羁绊、疫情和后疫情时代的不确定性风险挑战，工作与生活的剧烈撕扯时常打乱我的研究思绪和书写节奏，但我仍然感恩生命之精彩，坚守学术之本心。本书还存在诸多遗憾，唯有继续求索和沉淀，将情感的驱动落实为理性的求真，才能收获更多有温度、有深度的学术成果。

2023年10月26日于厦门五缘湾

图书在版编目（CIP）数据

随迁父母生活质量研究 / 李静雅著 . -- 北京：社
会科学文献出版社，2024.8. -- ISBN 978-7-5228-4023-
9

Ⅰ. D669.1

中国国家版本馆 CIP 数据核字第 2024WZ4649 号

随迁父母生活质量研究

著　　者／李静雅

出　版　人／冀祥德
责任编辑／胡庆英
文稿编辑／王　敏
责任印制／王京美

出　　　版／社会科学文献出版社·群学分社（010）59367002
　　　　　　地址：北京市北三环中路甲 29 号院华龙大厦　邮编：100029
　　　　　　网址：www.ssap.com.cn
发　　　行／社会科学文献出版社（010）59367028
印　　　装／三河市尚艺印装有限公司

规　　　格／开本：787mm×1092mm　1/16
　　　　　　印张：22　字数：349 千字
版　　　次／2024 年 8 月第 1 版　2024 年 8 月第 1 次印刷
书　　　号／ISBN 978-7-5228-4023-9
定　　　价／128.00 元

读者服务电话：4008918866